Knaur

Über die Autorin:

Beth MacEoin führt im Nordosten von England eine homöopathische Praxis. Ihr Schwerpunkt liegt auf dem Gebiet der homöopathischen Frauenheilkunde. Sie hat bereits zahlreiche Bücher veröffentlicht. Auftritte im Radio und Fernsehen trugen zu ihrer großen Popularität bei.

Beth MacEoin

Handbuch der praktischen Homöopathie

Der umfassende Führer zur Selbstheilung

Aus dem Englischen von Franchita Cattani

Knaur

Die englische Originalausgabe
erschien 1997 unter dem Titel »Practical Homoeopathy«
bei Bloomsbury, London

Deutsche Erstausgabe August 1998

Umschlagillustration: Susannah zu Knyphausen, München
DTP-Satz und Herstellung: Barbara Rabus
Druck und Bindung: Ebner Ulm
Printed in Germany
ISBN 3-426-76174-2

2 4 5 3 1

Für Denis, von Herzen

Die Angaben in diesem Buch sollen Ratschläge sein und sind kein Ersatz für eine fachärztliche Behandlung. Im Zweifelsfall sollten Sie auf jeden Fall immer Ihren Hausarzt oder Homöopathen aufsuchen.
Weder der Verlag noch die Autorin können für irgendwelche Fehler, Versäumnisse oder Irrtümer im Zusammenhang mit der Anwendung dieses Buches zur Verantwortung gezogen werden.

Dank

Herzlichster Dank gebührt Rowena Gaunt, Teresa Chris, Dr. Mike Whiteside, Kathy Rooney, Kate Bouverie, Isabelle Rickard und Kate Morris, die alle beim Schreiben und der Herausgabe dieses Buches auf vielerlei Arten mitgeholfen haben. Außerdem danke ich meinem Mann Denis und meiner Mutter Nancy ganz besonders für ihre unersetzliche moralische und praktische Unterstützung, als ich beim Schreiben besonders unter Streß stand. Und es kommt auch Samantha ein besonderer Dank zu, die mich wieder zum Lachen brachte und mir Freude bereitete, wenn der Arbeitsdruck unerträglich zu werden drohte.

Inhalt

Einleitung

Die Homöopathie ist eine hochinteressante Sichtweise von Gesundheit und Heilung und eignet sich hervorragend für Menschen, die gesundheitlichen Beschwerden von Grund auf zu Leibe rücken wollen. Statt Symptome vorübergehend zu dämpfen oder zu unterdrücken, regt die Homöopathie die körpereigenen Selbstheilungs- und Erneuerungskräfte an. Daher verschwinden die Symptome erst, wenn die ihnen zugrundeliegende Störung erfolgreich behoben wurde.

Zudem ist die Definition von Heilung aus homöopathischer Sicht äußerst vielschichtig, da sie viel mehr als lediglich die Entfernung von Symptomen oder eine zeitweilige Symptomenfreiheit umfaßt. Aus homöopathischer Sicht ist wirkliche Gesundheit ein positiver Zustand mit erhöhtem Energiepegel, größerem Wohlbefinden und mehr Vitalität, klarerer Denkfähigkeit sowie einer deutlichen seelischen Ausgeglichenheit und Harmonie. Mit anderen Worten könnte man sagen, Heilung sei dann eingetreten, wenn Geist, Seele und Körper ohne Beeinträchtigung durch Schmerz, Sorgen, Erschöpfung oder seelische Erschütterungen in bester Harmonie zusammenarbeiten.

Auch wenn das anfangs etwas entmutigend klingt, sollte man keineswegs vergessen, daß der homöopathische Ansatz auch äußerst erfahren ist und wirksame Behandlungsmöglichkeiten für einen ausgedehnten Problembereich bietet. Patienten begeben sich bei einer Vielzahl von Beschwerden regelmäßig zu Homöopathen in Behandlung, darunter etwa folgenden: Ängste, Arthritis, Ausschlag, Asthma, Bronchitis, Depression, Heuschnupfen, Migräne, Nebenhöhlenentzündung (Sinusitis), prämenstruelles Syndrom, Reizkolon und Schuppenflechte (Psoriasis).

Es gibt jedoch auch Beschwerden, die man erfolgreich zu Hause angehen kann, vorausgesetzt, es stehen einem genügend klare, praktische Informationen zur Selbstbehandlung zur Verfügung. Dieses Buch möchte dem

Einsteiger auf dem Gebiet der Homöopathie die notwendigen Grundinformationen vermitteln, um einfache Beschwerden zuversichtlich und gefahrlos selbst zu kurieren.
Auf dieser Grundlage wurde das Buch eigens als Anleitung für die Selbstbehandlung aufgebaut: Zuerst werden Krankheiten aufgeführt, die man selbst behandeln kann und solche, die man nicht selbst behandeln sollte; darauf folgen klare Hinweise darauf, wie man sich die erforderlichen wichtigsten Informationen zur Wahl der geeigneten homöopathischen Mittel verschafft. Zudem werden allgemeine, praktische, die Genesung unterstützende Selbsthilfemaßnahmen im Bereich Ernährung oder Lebensweise angeführt. Aber am wichtigsten sind die Hinweise darauf, wann man bei einer Selbstbehandlung überfordert ist und ärztlichen (homöopathischen oder allgemeinmedizinischen) Rat braucht.
Möge es dem Leser also gelingen, sich bei einfachen Krankheiten selbst zu behandeln und seine inneren Ressourcen zu entdecken, die sich ihm durch Anwendung einer sicheren, sanften und wirksamen Vorgehensweise zur Wiederherstellung seines Wohlbefindens auftun.

1. Was versteht man unter Homöopathie?

Heutzutage wird in medizinischen Kreisen immer wieder beiläufig bemerkt, wie nützlich ergänzende oder ganzheitliche Therapien bei der medizinischen Betreuung seien. Das könnte einen auf die Idee bringen, die Homöopathie habe, wie die anderen alternativen Heilweisen, lediglich eine zusätzliche Funktion und sei etwas, das an eine durchsetzungsfähigere, herkömmliche Behandlung »angehängt« werde.

Auch wenn die Befürworter ergänzender Heilansätze häufig mit den besten Absichten nach einer besseren Behandlung für ihre Patienten streben, stellt eine derart eingeschränkte Darstellung der Möglichkeiten, die sich durch alternative Heilweisen eröffnen, doch eine starke Verzerrung der Tatsachen dar. Infolgedessen bekommen wir den grundlegenden Unterschied zwischen den Kernaussagen der alternativen und orthodoxen Medizin möglicherweise gar nicht zu fassen.

Bevor wir diesem grundlegenden Unterschied Genüge tun, sollten wir uns die Grundbegriffe Gesundheit und Krankheit ansehen und aufzeigen, wie sich die alternative und die Schulmedizin grundlegend voneinander unterscheiden.

Das Verständnis von Krankheit in der Schulmedizin

Die konventionelle Medizin wird weitgehend durch ein mechanistisches Verständnis von Krankheit abgestützt, indem sie den menschlichen Körper als eine hochentwickelte und hochspezialisierte Maschine betrachtet, die Verletzungen, Ansteckungen und dem Abbau unterliegt. Infolgedessen werden große Anstrengungen bei der Suche nach Möglichkeiten zur Bekämpfung dieser Gefahren unternommen, wobei Operationsmethoden verfeinert und perfektioniert, Medikamente mit »Zauberwirkung« gefunden und entwickelt sowie ausgeleierte oder beschädigte Körperteile, etwa Knie- oder Hüftgelenke, ersetzt werden.

In der Regel wirken herkömmliche Medikamente durch Bekämpfung der Symptome, so daß die Beschwerden zurückgehen, so lange die Arznei wirkt. Gute Beispiele dafür wären beispielsweise Mittel gegen akute Schmerzen, gegen den Überschuß von Magensäure, entzündungshemmende Mittel gegen Entzündungen, Beruhigungsmittel gegen Ängste und Abführmittel gegen Durchfall. Wann aber das Problem, das ursprünglich zur Entstehung der Symptome geführt hat, nicht behandelt wird, stellt manch ein Patient womöglich fest, daß er die Medikamente langfristig oder ständig einnehmen muß, um symptomfrei zu bleiben. Leider treten bei einer solchen langfristigen Medikation manchmal auch unerwünschte Nebenwirkungen auf, die den allgemeinen Gesundheitszustand noch weiter untergraben.

In vielerlei Hinsicht kann man diese Art der Behandlung aggressiv nennen, und in diesem Zusammenhang verwendet man wohl gerne die Redewendung, eine Krankheit zu »bekämpfen«. Deshalb sind manche herkömmlichen Maßnahmen manchmal gewaltsam oder hochgiftig, etwa Totaloperationen, Chemotherapie oder Bestrahlungen bei der Krebsbehandlung. Zur Verteidigung dieser Maßnahmen heißt es dann gemeinhin, daß in einer Krisensituation einschneidende Leiden ebenso einschneidende Lösungen erfordern, wenn die Krankheit überwunden werden soll. Doch wenngleich dieser Ansatz manchmal Erfolge zeitigt, werden diese doch auch mit einem schweren Trauma und großer Erschöpfung auf Kosten des Gesamtzustandes erkauft.

Bevor eine orthodoxe Behandlungsweise festgelegt und angewendet wird, muß eine ganz exakte Diagnose erstellt werden; die Untersuchungen, denen ein Patient sich zu unterziehen hat, gehen oft in erstaunliche Einzelheiten und sind sehr vielfältig. Einerseits spielt dies bei der Feststellung der Art von Krankheit bestimmt eine wichtige Rolle, andererseits entsteht jedoch manchmal eine unerwünschte Distanz zwischen Patient und Arzt, wenn sich dieser immer häufiger auf hochentwickelte und potentiell invasive Technologien stützt.

In der konventionellen theoretischen Medizin wird überdies eine hochgradige Spezialisierung gefördert, bei der erstaunlich detaillierte Informationen über die einzelnen Körperorgane wie Leber, Gehirn, Herz oder Kreisläufe, etwa die endokrinen Drüsen oder das Immunsystem, gesam-

melt werden. Es ist daher anzunehmen, daß die Kenntnisse um so spezialisierter sind, je höher man in der medizinischen Hierarchie steigt.
Hinzu kommt, daß die Behandlung meist speziell auf das betroffene Organ abgestimmt wird; dann bekommen wir beispielsweise für ein Leiden wie überschüssige Magensäure eine Tablettenkur verschrieben, ein anderes Medikament gegen Verstopfung, und noch ein weiteres gegen den Durchfall, der sich möglicherweise infolge einer zu starken Wirkung des Abführmittels einstellt.
Wenn wir diese Gedanken weiterspinnen und bedenken, daß wir jederzeit Beschwerden bekommen können, die mehr als ein Organ betreffen, ergibt sich eine Situation, in der jeder einzelne Körperteil durch einen anderen Arzt behandelt werden müßte. Folglich liegt es auf der Hand, daß wir und unsere Ärzte den Körper als Ganzheit aus den Augen verlieren.

Das Verständnis von Krankheit in der ganzheitlichen Medizin

Alternativmediziner vertreten in der Regel im Gespräch um Gesundheit und Krankheit eine »ganzheitliche« Sicht. Im Gegensatz zu konventionellen Ärzten, die Gesundheit gerne mit Abwesenheit von Krankheit gleichsetzen, verstehen Alternativmediziner Gesundheit als positiven, dynamischen Zustand, der viel mehr beinhaltet als das einfache Fehlen von Krankheiten. Aus dieser ganzheitlichen Sicht besteht Gesundheit aus einem idealen Gleichgewicht und einer Harmonie von Geist, Seele und Körper. Anders ausgedrückt ist ein zeitweiliges Fehlen von Körpersymptomen kein Hinweis auf einen optimalen Gesundheitszustand, wenn beispielsweise Depression und Angst noch vorhanden sind. Erst wenn eine Besserung auf allen Ebenen eingetreten ist, nimmt man an, daß eine tatsächliche Veränderung zum Guten stattgefunden hat.
Im Gegensatz zur Schulmedizin, die die größten Anstrengungen zur Unterdrückung von Symptomen unternimmt, wird in ganzheitlichen Heilmethoden wie der Homöopathie oder Akupunktur versucht, die körpereigenen Selbstheilungskräfte zu aktivieren. Die Behandlung zielt darauf ab, die Selbstheilung des Körpers als Ganzes zu mobilisieren, statt zu versuchen, die Symptome einzeln auszuräumen.
Wir sehen also, daß man sich hier mit den tieferliegenden Krankheitsursachen befaßt, statt sich auf die Unterdrückung der Krankheitssymptome

zu konzentrieren. Gehen die Symptome infolge einer erfolgreichen alternativen Behandlung zurück, dann deshalb, weil der Körper dank der Stärkung seiner eigenen Abwehr die Beschwerden grundlegend beseitigt hat. Dieser wesentliche Unterschied zwischen dem schulmedizinischen und alternativen Ansatz bewahrt den Patienten einer erfolgreichen ganzheitlichen Behandlung davor, ständig Medikamente einnehmen zu müssen, wenn der Körper schon längst wieder die Höhe seiner Leistung erreicht hat.

Man sollte auch erwähnen, daß viele Ganzheitsmediziner über das Verschreiben einer Arznei hinaus gut über zusätzliche Maßnahmen Bescheid wissen, die der Patient als Anregung zu einem allgemein besseren Gesundheitszustand befolgen kann. Dazu gehören in der Regel praktische Hinweise in bezug auf die Ernährung, Entspannung sowie Körperübungen, und manche wenden auch grundlegende Beraterfähigkeiten an, um dem Patienten seine seelischen Nöte sondieren zu helfen. Der ganzheitliche Behandlungsansatz versetzt den Patienten gewöhnlich in eine Lage, in der er das Gefühl hat, selbst mehr steuern und nun wesentliche Veränderungen in seiner Lebensweise vornehmen zu können, die zu einer viel besseren Gesundheit und Vitalität beitragen.

Ein solcher Idealzustand kann durch eine verantwortungsvolle Verschreibung von Kräutermischungen oder homöopathischen Mitteln, von Akupunktur in Verbindung mit chinesischer Kräuterheilkunde, von Hypnosebehandlung, Osteopathie oder Chiropraktik erlangt werden. Die ganzheitlichen Heilmethoden wie die Homöopathie eignen sich zur Behandlung eines breiten Spektrums gesundheitlicher Probleme, angefangen von Akuterkrankungen wie Husten, Erkältungen und Lebensmittelvergiftungen bei zu chronischen Beschwerden wie Heuschnupfen, Asthma, Ekzem, Migräne, Arthritis und wiederkehrende Verdauungsstörungen. Wir sehen also, daß uns die alternativen Therapien auf einem weiten Feld von gesundheitlichen Störungen große Dienste leisten können, und das ist in der Tat spannend!

Trotz ihrer großen Wirksamkeit haben alternative Behandlungsweisen wie die Homöopathie keine toxischen oder belastenden Nebenwirkungen wie manche allopathischen Medikamente. Das liegt daran, daß ein geeignetes Mittel zur Selbstheilung anregt und damit im Einklang mit den

Bemühungen des Körpers und nicht dagegen arbeitet. Was die Homöopathie betrifft, sollte auch erwähnt werden, daß schon eine sehr hohe Verdünnung eines Mittels die Gewähr gegen toxische Nebenwirkungen bietet.

Die Homöopathie und der ganzheitliche Heilansatz

Die Homöopathie ist eine echte Alternative zur herkömmlichen Krankheitsbehandlung. Sie fügt sich wunderbar in einen ganzheitlichen Rahmen ein; das Wichtigste bei dieser Heilweise ist, Gleichgewicht und Harmonie auf der tiefsten Ebene herzustellen. Deshalb ist die Homöopathie für die Behandlung eines breiten Spektrums sowohl geistiger wie körperlicher Störungen bestens geeignet.

Die Behandlung nach dem Ähnlichkeitsprinzip

Die konventionellen Medikamente wirken, wie oben beschrieben, so, daß sie den Symptomen entgegenwirken oder sie bekämpfen; das passende homöopathische Mittel hingegen wird aufgrund seiner Ähnlichkeit zu den Symptomen des Patienten ausgewählt. Dadurch, daß einem Kranken ein Mittel verabreicht wird, das bei wiederholter Gabe bei einem Gesunden ähnliche Symptome hervorruft, werden die körpereigenen Selbstheilungskräfte angeregt. Und da die Symptome der Krankheit durch eine körpereigene Dynamik aufgelöst wurden, ist eine zusätzliche Behandlung nicht mehr nötig. Daher erübrigt sich auch eine dauernde oder häufige Verabreichung homöopathischer Mittel.

Die sanfteste Art zu heilen: eine minimale Dosis

Im Gegensatz zu herkömmlichen Medikamenten werden homöopathische Arzneien in einer höheren Verdünnung eingenommen, damit sich keine Gifte im Körper ansammeln. Die Beschäftigung mit der Idee, eine Heilung herbeizuführen durch einen sanften Impuls eines potenzierten Mittels, stammt von Samuel Hahnemann (1755–1843), dem Vater der homöopathischen Theorie und Praxis.

Wir mögen der Ansicht sein, daß gängige, orthodoxe Therapien jede Menge unerwünschte Nebenwirkungen provozieren, vergleicht man die damaligen Methoden zu Hahnemanns Zeiten und ihre Folgen mit den

heutigen, so stehen sie in einem ungleichen Verhältnis zueinander: Aderlaß und Abführmethoden waren Allheilmittel, die den Patienten extrem schwächten und erschöpften; dazu wurden hochgiftige Stoffe wie Quecksilber zur Behandlung von Geschlechtskrankheiten eingesetzt, deren Nebenwirkungen häufig schlimmer waren als die Krankheit selbst.
Als Hahnemann sah, welche Traumen und Beschwerden die konventionelle Medizin zur Heilung auslöste, gab er seine Arztlaufbahn auf. Er fing nun an, zu experimentieren und sanftere Möglichkeiten zu erforschen, um die Gesundheit der Patienten wiederherzustellen. Als er das Prinzip der Gleichheit (Simileprinzip) begriffen hatte, arbeitete er mit immer höheren Verdünnungen, um störende Nebenwirkungen zu vermeiden. Und während seiner Forschungen stellte er nun fest, daß eine Arznei um so stärker wirkt, desto höher die Verdünnung ist; dazu war es allerdings nötig, sie auf jeder Verdünnungsstufe zu verschütteln. Gleichzeitig mußten die Krankheitssymptome denjenigen Symptomen, die das Mittel bei einem Gesunden auslöste, so ähnlich sein wir nur möglich.

Eine einmalige Gabe

Es gibt zwar homöopathische Mittel, die mit mehreren Einzelmitteln kombiniert werden (Komplexmittel), dennoch verschreiben Homöopathen in der Regel jeweils nur ein einzelnes Mittel. So kann man die Wirkung des Mittels auch beobachten. Werden gleichzeitig mehrere Mittel verabreicht, ist es äußerst schwierig zu bestimmen, welches nun wesentlich zur Besserung beigetragen hat.
In diesem Zusammenhang sollte auch erwähnt werden, daß die genau detaillierten Angaben in der *Materia Medica* (dem Grundlagenwerk der Homöopathie, in welchem die Wirkung jedes homöopathischen Mittels bis in alle Einzelheiten beschrieben wird) durch Anwendung einzelner Arzneien, nicht von Mischungen, zusammengetragen wurden. Daher gibt es keine verläßlichen Angaben über die Wirkung kombinierter Mittel.
Dennoch sind Mittelkombinationen unter bestimmten Umständen angezeigt. Dabei handelt es sich hauptsächlich um Fälle, in denen zu schwierig ist, genügend Leitsymptome vom Patienten zu erfragen, so daß es beinahe unmöglich ist, zwischen dem einen oder anderen Mittel zu unterscheiden. Nehmen wir beispielsweise die Reisekrankheit, wo die Be-

stimmung des in Frage kommenden Mittels, das den Symptomen am besten entspricht, außerordentlich mühsam ist. Genau dieses Problem wird sich auch bei Anfängern bei der Selbstbehandlung stellen, denen die Mittel noch weniger vertraut sind. Dann hilft es manchmal, eine Kombination von bis zu einem halben Dutzend geeigneter Mittel gegen die Reisekrankheit zusammenzustellen. Ist jedoch eine einzelne Arznei eindeutig angezeigt, nachdem man die Hauptsymptome des Patienten gefunden hat, dann lohnt es sich immer, es zuerst mit dem einen Mittel zu versuchen.

Den ganzen Menschen behandeln

Ein Homöopath arbeitet ganz anders als ein herkömmlicher Arzt, wenn er Informationen sammelt, aufgrund derer er das geeignete homöopathische Mittel aussuchen möchte. Während ein normaler Arzt sich für die Symptome interessiert, die in bestimmte Krankheitsbilder fallen, möchte ein Homöopath viel mehr etwas über die Symptome in Erfahrung bringen, die ganz individuelle Aussagen zu dem betreffenden Menschen machen.

Ein Homöopath hat beispielsweise zwei Patienten, bei denen Arthritis diagnostiziert wurde. Zwar haben beide dieselbe allgemeine Diagnose bekommen; der eine klagt jedoch über Gelenkschmerzen, die beim Aufwachen besonders heftig sind und im Laufe des Tages nachlassen, wenn die Glieder geschmeidiger werden. Er ist auch sehr unruhig und niedergeschlagen, wenn er nachts still im Bett liegen will, und fühlt sich nach einem heißen Bad viel wohler. Beim anderen Patienten hingegen bessern sich die Gelenkschmerzen beträchtlich bei Bettruhe oder bei Nichtbelasten des Gelenks. Überhitzung verursacht möglicherweise große Beschwerden und Qualen, während Kühlung allgemein Linderung verschafft.

Wir sehen also, daß jeder Patient die Krankheit auf seine eigene Weise erlebt, obwohl beide unter demselben Übel leiden. Der Homöopath sucht nun aber gerade nach den ungewöhnlichen, ausgefallenen Symptomen, die ihm etwas Eigenständiges vermitteln, und nicht so sehr nach den normalen oder allgemeinen Krankheitsmerkmalen wie Entzündung, Schmerzen oder Schwellungen. Zwar liefern diese gemeinsamen Symptome dem Homöopathen einen Rahmen, innerhalb dessen er arbeitet, doch werden sie dadurch aussagekräftiger, indem er möglichst viele zusätzliche Angaben darüber bekommt.

Für den Homöopathen ist es außerordentlich wichtig, daß er die Art des jeweiligen Symptoms genau erfaßt, um zu verstehen, wie der Patient davon berührt wird. Nehmen wir beispielsweise Schmerz: Hier wird der Arzt den Patienten sehr genau befragen, um die konkrete Empfindung zu bestimmen. Er fragt etwa, wie lange er schon währt, was ihn verstärkt oder lindert, ob er sich von Ort zu Ort verlagert, welche Folgen er auf das Gemüt hat, und wird versuchen, die Art des Schmerzes zu beschreiben (stechend, schneidend, beißend, pochend, wund oder dumpf). Ebenso wird er wahrscheinlich die allgemeinen Auswirkungen chronischer Schmerzen auf Geist und Körper erfragen sowie einige Zeit dazu aufwenden, mögliche Auslöser, die vielleicht zur Krankheit beigetragen haben, auszuloten.

So macht sich der Arzt ein abgerundetes Bild des Leidens im Rahmen des Allgemeinzustandes des Patienten auf der geistigen, seelischen und körperlichen Ebene. Hat der Homöopath all diese Angaben zusammengetragen und beleuchtet, kann er das homöopathische Mittel bestimmen, welches am besten mit der Summe aller Symptome seines Patienten übereinstimmt.

Das homöopathische »Symptombild«

Da also der Allgemeinzustand des jeweiligen Patienten behandelt wird und nicht einfach ein bestimmtes vereinzeltes Symptom, wäre es irreführend, wenn man von bestimmten homöopathischen Arzneien gegen Migräne, Sodbrennen, Ausschlag, Grippe usw. sprechen würde. Es geht vielmehr darum, ein homöopathisches Mittel als eine umfassende Maßnahme zur Behandlung einer ganzen Reihe von Störungen zu betrachten, je nachdem, wie gut die Krankheitsanzeichen des Patienten und die jeweilige Arznei zusammenpassen.

So wird etwa ARSENICUM ALBUM mit Erfolg bei Ängsten, Schlaflosigkeit, Sodbrennen, Lebensmittelvergiftungen, Heuschnupfen, Ausschlag, Durchfall, Menstruationsschmerzen oder Grippe angewendet. Doch ist es bei diesen Leiden nur wirksam, wenn die spezifischen Krankheitssymptome des Patienten mit den Hauptmerkmalen der Arznei übereinstimmen.

Deshalb muß jemand, der gut darauf anspricht, ungeachtet seines Zustandes, folgendes aufweisen: Verstärkung der Symptome nachts, extreme geistige und körperliche Unruhe, Frösteln, brennende Schmerzen mit Besserung durch Wärme sowie spärliche, klare, wundmachende Absonderungen. Wenn er aber friert, Wärme nicht verträgt und sich an frischer Luft gleich viel besser fühlt, wenn er über dicke, gelblich-grüne Absonderungen klagt, die nicht wund machen und dabei sehr weinerlich ist, dann muß ein anderes Mittel gewählt werden, das diesen Merkmalen entspricht, wie PULSATILLA. Für eine Heilung sollten die Krankheitssymptome den Hauptmerkmalen der homöopathischen Arznei möglichst ähnlich sein.

2. Homöopathie zu Hause: Wie man dieses Buch verwendet

Dieses Kapitel entstand in der Absicht, die meisten praktischen Fragen zu beantworten, die sich beim Hausgebrauch homöopathischer Heilmittel stellen. Es geht von der Annahme aus, daß keinerlei Vorkenntnisse über die Homöopathie vorhanden sind und weist auf die hauptsächlichen Fragen oder Verwirrungen hin, die im Umgang mit homöopathischen Mitteln gemeinhin aufkommen.

Zudem liefert es wichtige Informationen über weitere Grundsatzfragen, etwa wo man homöopathische Mittel bekommt, wie man sie aufbewahrt, wie lange sie haltbar sind und wie man sein Grundwissen über Homöopathie erweitert. Noch wichtiger aber sind die exakten Hinweise darauf, wie man eine Situation erkennt, in der ärztliche Hilfe notwendig ist und wie man es vermeidet, sich auf Glatteis zu begeben.

Wenn sich der Leser mit dem Inhalt dieses Kapitels vertraut gemacht hat, sollte er Probleme im Bereich des Möglichen zuversichtlich anpacken und im Bedarfsfall auch unbefangen um weiterführende Hilfe bitten können.

Welche Beschwerden man zu Hause behandeln kann

Bevor wir lernen, das geeignete homöopatische Mittel auszuwählen und zu verabreichen, sollten wir zuerst diejenigen Fälle bestimmen, in denen eine homöopathische Eigenbehandlung überhaupt angezeigt ist.

Im weitesten Sinne handelt es sich bei den Leiden, die gut auf eine homöopathische Selbstbehandlung ansprechen, um *Akutzustände.* Diese sind meist von kurzer Dauer, klar begrenzt und haben einen eindeutigen Anfang, eine mittlere Phase und ein Ende. Einfache Beispiele dafür wären etwa:

- Entzündungskrankheiten wie Erkältungen, Grippe und Windpocken.
- Lebensmittelvergiftungen durch vergiftete Speisen oder verseuchtes Wasser.

- Schnitte, Prellungen und Schürfungen bei Unfällen und Verletzungen.
- Plötzliche seelische Nöte nach einer traurigen Mitteilung oder einem Schock.

Zwar ergeben sich bei solchen Leiden manchmal infolge von Nebenerscheinungen genesungsverzögernde Komplikationen; so bleibt etwa nach einer Erkältung oder Grippe ein wiederkehrender Katarrh oder eine Nebenhöhlenentzündung übrig. Verläuft die Krankheit jedoch ohne Komplikationen, sollte sie gut auf homöopathische Mittel ansprechen, besonders in Verbindung mit einigen praktischen Selbsthilfemaßnahmen.
Viele Leiden fallen jedoch in eine andere Kategorie, nämlich diejenige *chronischer* Krankheiten. Dabei handelt es sich um Leiden, die sich nicht von selbst wieder geben und deren Symptome immer wieder aufflackern, mit der Zeit zudem meist verstärkt und schlimmer. Gute Beispiele für solche Leiden wären etwa:

- Asthma
- Heuschnupfen
- Ausschlag (Ekzem)
- Migräne
- Reizkolon
- Wiederholte Depressionen und wiederkehrende Ängste
- Gelenkentzündung (Arthritis)
- Prämenstruelles Syndrom (PMS)
- Schuppenflechte (Psoriasis)

Da sich diese Zustände aus einer tiefsitzenden Körperschwäche ergeben, die in der Homöopathie häufig als »Konstitution« bezeichnet wird, werden sie am besten durch einen geschulten Homöopathen behandelt, der das Problem von Grund auf behandelt. Er wird ein geeignetes homöopathisches Mittel verschreiben, das er unter Berücksichtigung sämtlicher Symptome des Patienten, seien sie geistiger, seelischer oder körperlicher Art, auswählt.
Da er also das passende homöopathische Mittel auf die Gesamtheit der Symptome abstimmt, wird der ganze Körper des Patienten zu einem ausgeglicheneren und harmonischeren Zustand stimuliert. Wenn das ge-

schieht, verschwinden die Symptome, weil die körpereigenen, selbstregulierenden Kräfte in Gang gesetzt wurden. Da hierzu jedoch kein Mittel ausreicht, das auf die unmittelbaren Symptome des ausgebrochenen Leidens paßt, liegt diese Aufgabe jenseits des Anwendungsgebietes der Selbstbehandlung; der Laie wäre mit einer derart komplexen Situation deutlich überfordert.
Dieser Rat wird nachfolgend in den jeweiligen Abschnitten über die chronischen Krankheiten wiederholt. Zwar werden Selbsthilfemaßnahmen zur grundlegenden Besserung des Leidens aufgeführt (etwa Änderungen des Eßverhaltens, Körperübungen und Entspannung); dennoch wird darauf hingewiesen, wie notwendig ärztlicher Rat ist, wenn man es mit einem anhaltenden Zustand zu tun hat, der in eine der oben genannten Kategorien fällt.

Wie man wichtige Informationen zusammenträgt

Um die besten Resultate zu erzielen, muß man unbedingt genau wissen, welche Informationen einzuholen sind, bevor man mit der Eigenbehandlung beginnt. Ist man sich zu diesem Zeitpunkt sicher, was man zu erfragen hat, können spätere Verwirrungen vermieden werden.

- Zuerst sollte man alle Umstände zusammentragen, die möglicherweise zur Entstehung der Krankheit beigetragen haben. Die Auslöser hierfür liegen manchmal weit auseinander und reichen etwa von einem Aufenthalt an der Kälte oder dem Eintreffen einer traurigen Mitteilung bis zu den Folgen eines Schlafdefizits oder zu großen Alkoholkonsums.
- Halten Sie die wichtigsten Symptome fest und vergessen Sie nicht, daß alle Veränderungen seit Krankheitsbeginn für Sie interessant sind. Anders ausgedrückt: Wenn jemand gewöhnlich eine gute Gesichtsfarbe hat oder von Natur aus reizbar ist, sind solche Zustände für die Behandlung nicht hilfreich. Wenn der Patient jedoch seit Beginn der Krankheit auffallend blaß und weinerlich geworden ist, dann sind das relevante Symptome, die Ihnen Hinweise auf das geeignete Mittel geben.
- Fangen Sie mit Fragen zu den auffälligsten Krankheitsanzeichen wie Fieber, Schmerzen oder Übelkeit an. Mit anderen Worten: Wenn Kopfschmerzen das Hauptproblem sind, fragen Sie, wo die Schmerzen

sitzen, wie sie sich anfühlen und was sie verstärkt oder bessert (Bewegung, Essen, kalte Umschläge usw.).

- Haben Sie alle Informationen zum konkreten Fall eingeholt, holen Sie weiter aus und stellen allgemeinere Fragen zu anderen möglichen Veränderungen seit Krankheitsbeginn. Häufig hilft es, Fragen zu verschiedenen Körperteilen zu stellen, wobei man beim Kopf beginnt und langsam nach unten weitergeht. Sind beispielsweise die Augen lichtempfindlich geworden oder schmerzen sie, tropft die Nase, tun die Ohren oder Zähne weh, sind Aphthen vorhanden, ist der Speichelfluß verstärkt oder geringer geworden, treten ein schlechter Geschmack im Mund, Herpes, geschwollene Drüsen, Halsschmerzen oder Schluckbeschwerden auf? Fragen Sie so weiter, wobei Sie innerlich den Körperteilen entlang nach unten gehen und stets nach Veränderungen Ausschau halten, die seit Krankheitsbeginn aufgetreten sind.
- Haben Sie sich anhand dieser konkreten Befragung ein Bild der gegebenen Symptome gemacht, dann vergessen Sie nicht, auch allgemeinere Fragen zu Empfindungen zu stellen, die den ganzen Körper betreffen. Friert der Patient beispielsweise mehr oder ist es ihm heiß, ist er unruhig, müde, schwitzt oder leidet er seit Einsetzen des Leidens vermehrt unter Austrocknung? Das ist der geeignete Moment, um herauszufinden, unter welchen Umständen es dem Patienten besser oder schlechter geht. Diese können gar vielfältig sein, etwa: frische Luft, Bewegung, Ausruhen, Wärme, Kälte, Essen, Trinken, Gesellschaft, Helligkeit, Dunkelheit, Mitgefühl, Weinen, Ruhe oder Ablenkung.
- Das wichtigste aber ist herauszufinden, ob seit Krankheitsbeginn Veränderungen der Gefühlslage stattgefunden haben. Vergessen Sie nicht: Angst ist bei einem ängstlich Veranlagten kein so deutlicher Hinweis wie etwa Reizbarkeit oder Schroffheit bei einem sonst friedfertigen Menschen, oder Weinerlichkeit bei jemanden, der sich gewöhnlich nichts anmerken läßt.

Wie man das geeignete Mittel findet

- Lesen Sie Ihre Aufzeichnungen der Symptome noch einmal durch und versuchen Sie, etwas Typisches zu finden, das sich wie ein roter Faden durchzieht, oder etwas, das die Krankheit ausgelöst haben könnte. Zu letzterem könnten Streß oder Aufenthalt an der Kälte gehören, zu ersterem irgendwelche hervorstechenden, typischen oder unüblichen Merkmale. Was Ihnen hierzu auffällt, schreiben Sie unter *Typische Merkmale* in eine Liste.

- Arbeiten Sie sich durch die gewonnenen Informationen hindurch und ordnen Sie sie nach Wichtigkeitsgrad (wie schwer sind die Symptome oder wie stark die Schmerzen, unter denen der Patient leidet). Vielleicht hilft es Ihnen, die wichtigsten Symptome dreimal, die etwas weniger schwerwiegenden oder typischen zweimal und die am wenigsten auffälligen einmal zu unterstreichen. Haben Sie Ihre Symptome so geordnet, listen Sie sie unter der Überschrift *Allgemeine Symptome* auf.
- Denken Sie daran, daß diejenigen Symptome am aussagekräftigsten sind, die Sie als seltsam, selten oder absonderlich erachten. Anders ausgedrückt handelt es sich dabei um unerwartete oder ungewöhnliche Symptome (trockener Mund ohne Durst, Verdauungsstörung oder Übelkeit mit Besserung durch Essen oder heiße, brennende Schmerzen, die durch Wärme gelindert werden). Sind solche Anzeichen vorhanden, sollten Sie sie als besonders wichtig werten, da sie bei der Wahl des Mittels häufig das Zünglein an der Waage darstellen.
- Ermitteln Sie schließlich diejenigen Umstände, unter denen sich der Patient besser oder schlechter fühlt. Denken Sie daran, sowohl auf diejenigen Dinge zu achten, die den Allgemeinzustand des Patienten bessern oder verschlechtern, als auch auf solche, die einzelne Symptome lindern oder verstärken (z. B. bessern sich Kopfschmerzen an der kühlen, frischen Luft, während der Patient generell jedoch im Warmen bleiben sollte). Diese Informationen führen Sie unter *Verschlimmerung (durch)* und *Besserung (durch)* auf.

Wie man die Arzneimitteltabellen verwendet

- Jetzt sind Sie so weit, daß Sie sich den jeweiligen Tabellen zuwenden können, um dasjenige homöopathische Heilmittel zu bestimmen, welches den Symptomen Ihres Patienten am nächsten kommt. Vergleichen Sie dazu Ihre Aufzeichnungen unter *Typische Merkmale* mit den Angaben der ersten, linken Kolonne unter *Art* ... und suchen sie die Ähnlichsten heraus.

- Haben Sie eine allgemeine Ähnlichkeit mit Ihren Erhebungen gefunden, gehen Sie zur nächsten Kolonne mit der Überschrift *Allgemeine Symptome* weiter. Vergewissern Sie sich, daß die entsprechenden Angaben weitgehend mit den Symptomen unter derselben Überschrift auf Ihrer Liste übereinstimmen. Es spielt dabei keine Rolle, wenn sich nicht sämtliche Anzeichen dieser Spalte mit Ihren Aufzeichnungen decken, vorausgesetzt diejenigen tun es, die Sie zwei- oder dreimal unterstrichen haben (siehe oben). Mit anderen Worten: Die typischsten oder schwerwiegendsten Symptome sollten mit den entsprechenden Angaben in den Tabellen übereinstimmen, auch wenn dies für die anderen nicht zutrifft.
- Sind Sie mit der Ähnlichkeit zwischen Ihrer Symptomliste und den unter *Allgemeine Symptome* aufgeführten Angaben in der Tabelle zufrieden, fahren Sie mit den Kolonnen *Verschlimmerung (durch)* und *Besserung (durch)* fort und stellen fest, ob auch diese zu den Aussagen Ihres Patienten passen. Wenn ja, dann ist die unter *Homöopathisches Mittel* aufgeführte Arznei höchstwahrscheinlich für den Patienten auch angezeigt.
- Hegen Sie aber den geringsten Zweifel, lesen Sie die im *10. Kapitel* aufgeführten Informationen über das jeweilige homöopathische Mittel nach, um Ihre Wahl zu bestätigen.
- Denken Sie stets daran, daß die Angaben in den Tabellen über homöopathische Hilfe im Bedarfsfall auch als weiterführende Anregung dienen. Wenn beispielsweise jemand gleichzeitig Erkältung und Husten oder Brechdurchfall hat, kann man die Angaben beider Tabellen kombinieren und bestimmen, ob eines der Mittel die typischen Symptome beider Leiden abdeckt. Wie gesagt, sollten Sie jedoch im Zweifel sein, ob das gewählte Mittel auch geeignet ist, oder müssen Sie sich zwischen zwei möglicherweise geeigneten Mitteln entscheiden, lesen Sie diese im *10. Kapitel* nach, um sich die Wahl zu erleichtern.
- Wenn Sie sich mit den Mitteltabellen vertraut gemacht haben, wird Ihnen auffallen, daß manche homöopathischen Mittel immer wieder unter verschiedenen Beschwerden aufgeführt werden. So findet beispielsweise BELLADONNA Anwendung bei einer ganzen Reihe verschiedenster Leiden wie etwa Ohrenschmerzen, hohes Fieber, Hals-

schmerzen, Windpocken, Blasenentzündung (Zystitis) und Sonnenbrand, während man ARSENICUM ALBUM zur Behandlung von Schlaflosigkeit, Ängsten, Erbrechen, Durchfall, Husten, Grippe und Sodbrennen einsetzt.

Die Wahl der richtigen Potenz

- Bevor man sich für die jeweilige Potenz eines bestimmten Mittels entscheidet, muß man unbedingt die Schwere der Symptome abschätzen. Anders ausgedrückt: Wenn sich eine Krankheit langsam und schleichend über mehrere Tage entwickelt hat und leichte Symptome auslöst, gibt man am besten einige Tage lang zwei- oder dreimal täglich ein Mittel in niedriger Potenz, um den Körper sanft und durch eine sich steigernde Stimulation zur Genesung anzuregen.
- Wenn die Krankheit jedoch plötzlich und mit ausgesprochen schweren Krankheitsanzeichen ausbricht, ist es angebrachter, die Potenz des Mittels auf die Stärke der Symptome abzustimmen. Daher ist bei schweren, sich rasch verstärkenden Symptomen eine höhere Potenz angezeigt, die im Frühstadium der Krankheit alle halbe bis dreiviertel Stunde, auch bis zu drei Mal die Stunde, eingenommen werden sollte, bis sich eine Besserung abzeichnet.
- Wenn in der Homöopathie von der niedrigsten Potenz die Rede ist, meint man damit in der Regel eine C 6-Potenz (C bedeutet eine hundertfache Verdünnung, d. h. das Mittel ist im Verhältnis 1 : 99 mit Wasser und Alkohol verdünnt). Das ist die gängigste Potenz, die man auch in der Apotheke bekommt.
- Im allgemeinen ist die C 6-Potenz auch die beste Potenz für den Anfänger, wenn er seine Hausapotheke zusammenstellt, da sie auf die meisten Erste-Hilfe- oder Selbstbehandlungsgefühle zutrifft.
- Sollte eine höhere Potenz erforderlich sein, dann meist C 12 oder C 30; auch diese sind in Apotheken erhältlich, und wenn sie nicht vorrätig sind, können sie bestellt werden. Bedenken Sie stets, daß höhere Potenzen weniger häufig als niedrige verabreicht werden sollten, um eine Überreaktion oder einen zu starken Eingriff in energetische Vorgänge zu vermeiden.
- Es ist sicher auch hilfreich, sich daran zu erinnern, daß man sich wegen

der Potenz keine grauen Haare wachsen lassen sollte, vorausgesetzt, man ist sich der Wahl des Mittels einigermaßen sicher. Stimmt das homöopathische Mittel mit den Krankheitssymptomen weitgehend überein, sollte es eine positive Reaktion auslösen. Wenn Sie also nur eine C 6-Potenz zur Hand haben und der Meinung sind, eine größere Potenz wäre im vorliegenden Fall vorzuziehen, sollten Sie dennoch Ihre C 6-Potenz ohne Zögern einsetzen; Sie werden sie einfach nur etwas häufiger verabreichen müssen als die höhere Potenz.

Wie man das geeignete Mittel verabreicht

- Haben Sie nun das geeignete Mittel und die Potenz bestimmt, geben Sie eine Gabe (3–5 Globuli, 3–5 Tropfen oder 1 Tablette) auf einen sauberen Löffel oder den Verschluß der Einnahmeflasche, ohne sie zu berühren, weil die Arznei dadurch verunreinigt werden könnte.
- Lassen Sie die Globuli oder Tropfen unter der Zunge zergehen, Tabletten lutschen oder kauen Sie, damit die Wirkstoffe von den Mundschleimhäuten aufgenommen werden können. Nehmen Sie jedoch auf keinen Fall Mittel ein, wenn aromatische Stoffe dessen Wirkung beeinträchtigen könnten. Dazu gehören etwa starker Tee oder Kaffee, Pfefferminze, grüne Minze, Eukalyptus oder stark aromatisierte Mundwasser. Ebenso wird die Wirkung homöopathischer Mittel etwa durch stark duftende Öle oder Einreibemittel wie Olbastropfen, Inhaliermittel sowie manche ätherischen Öle wie Lavendel-, Rosmarin- oder Eukalyptusöl gehemmt.
- Bei der Behandlung von Kleinkindern oder Babys sind Globuli praktischer als Tabletten.
- Ist Eile geboten, können Sie Tabletten zu Pulver zerstoßen oder Tropfen verwenden (Dosierung wie Globuli). Die Tabletten zerstoßen Sie entweder zwischen zwei sauberen Löffeln zu einem feinen Pulver, oder Sie legen zwei Tabletten in ein gefaltetes, sauberes Papier und zerstoßen sie beispielsweise mit einem Nudelholz.
- Geben Sie eine Messerspitze Pulver oder Globuli in die Backe Ihres Kindes oder zerreiben Sie sie auf dem Zahnfleisch. Dadurch wird es von den Mundschleimhäuten sofort aufgenommen, und Ihr Kind braucht keine harte Tablette zu lutschen oder zu zerkauen.

- Sind versehentlich zuviele Tabletten oder Globuli aus der Flasche gerutscht, werfen Sie sie lieber weg, da sie möglicherweise verunreinigt sind.

Die Reaktion beurteilen

- Nach einer ersten Gabe warten Sie eine halbe Stunde und beobachten etwaige Veränderungen im Zustand des Patienten. Dazu gehören:
  - Linderung der Beschwerden oder Schmerzen
  - Rückgang des Fiebers
  - Appetitzunahme
  - Mehr Energie und/oder größeres Wohlbefinden
  - Bessere Erholung oder weniger körperliche und/oder geistige Unruhe
  - Quält und ängstigt sich weniger, ist weniger niedergeschlagen

  Diese Liste soll keine erschöpfende Aufstellung aller Symptome sein, die sich nach Einnahme eines Mittels bessern können, sondern nur aufzeigen, welch großer Bereich an Empfindungen und Anzeichen beim Abschätzen einer Reaktion auf ein sorgfältig ausgewähltes homöopathisches Mittel zu berücksichtigen ist.
- Tritt bei ausgeprägten, akuten, rasch stärker werdenden Symptomen nach einer halben Stunde keine Besserung ein, dann verabreichen Sie eine weitere Gabe, wenn Sie sich Ihrer Wahl des Mittels sicher sind. Das sollten Sie auch tun, wenn die Besserung nur von kurzer Dauer ist.
- Denken Sie bei dieser Beurteilung daran, daß die Reaktion positiv ist, wenn sich der Patient *allgemein* besser fühlt, obwohl bestimmte Symptome möglicherweise noch vorhanden sind. So kann jemand beispielsweise nach Einnahme eines Mittels vitaler und kräftiger sein, obwohl die Kopf- und Halsschmerzen oder Verdauungsstörungen sich noch nicht gebessert haben. In diesem Fall werden zuerst die durch das Symptom hervorgerufenen allgemeinen Beschwerden gelindert, bevor das Symptom selbst zurückgeht. Dies sollte als positive Reaktion gewertet und keine weitere Gabe verabreicht werden, es sei denn, es kommt zu einem Rückfall.
- Tritt nach drei Gaben im Abstand einer halben bis dreiviertel Stunde bei rasch fortschreitenden oder schwerwiegenden Krankheitsanzei-

chen keine Besserung ein, nehmen Sie sich die Mitteltabellen nochmals vor und sehen nach, ob ein anderes Mittel besser paßt.

- Das sollten Sie auch tun, wenn die Arznei die ersten Anzeichen gelindert hat und sich diese nun verändern. So verwandelt sich beispielsweise nach einem sorgfältig ausgesuchten Mittel ein trockener Kitzelhusten in einen Husten mit viel lockersitzendem Schleim, oder aber spärlicher, durchsichtiger, brennender Nasenschleim wird dick, grünlich-gelb und nicht ätzend. In einem solchen Fall sollte man unbedingt mit einem Mittel weiterfahren, das den neuen Symptomen möglichst gut entspricht.
- Hat eine niedrige Potenz (C 6) anfangs sehr geholfen, wirkt dann aber bei denselben Anzeichen nicht mehr, dann sollte man eine höhere Potenz (C 12 oder C 30) in Betracht ziehen. Dabei sollte man allerdings nicht vergessen, daß höhere Potenzen nicht so häufig verabreicht werden sollten wie niedrige. Halten Sie sich an die oben erwähnten Richtlinien, um zu entscheiden, wann ein Mittel verabreicht werden sollte und wann nicht, und warten Sie je nach Reaktion zwei Stunden zwischen zwei Gaben, die sie bei einer C 6 auch warten würden.
- Bei schleichenden, sich langsam über mehrere Tage bemerkbar machenden Anzeichen empfiehlt es sich, so zu dosieren, daß der Körper langsamer und über längere Zeit stimuliert wird. In solchen Fällen kann man das Mittel drei bis vier Tage lang zwei- bis dreimal täglich verabreichen. Allerdings sind bei eintretender Besserung dieselben Grundsätze wie oben zu beachten.
- Verschlimmern sich die Krankheitssymptome nach zu häufiger Verabreichung eines geeigneten Mittels, korrigiert man dies durch Absetzen. Das Problem tritt manchmal bei Überstimulierung des Körpers bei seiner Reaktion auf die Krankheit auf und hat eine kurzfristige Verstärkung der Symptome zur Folge. Eine solche Reaktion erkennt man jedoch leicht, da darauf – im Gegensatz zu einer allgemeinen Verschlimmerung der behandelten Beschwerden – rasch eine Besserung folgen sollte, wenn das Mittel nicht mehr verabreicht wird und der Körper wieder ins Gleichgewicht kommt. Am besten kann das Problem dadurch vermieden werden, daß man nach einsetzender Besserung aufhört, ein homöopathisches Mittel regelmäßig einzunehmen.

Wann ärztlicher Rat notwendig ist

- Jeder Abschnitt über die nachfolgend behandelten Krankheiten enthält Richtlinien dafür, wann ärztlicher Rat eingeholt werden sollte. Außerdem sind dort auch diejenigen Symptome aufgeführt, die auf einen möglichen Notfall schließen lassen, der Selbstbehandelnde sollte sich völlig darüber im Klaren sein, daß sich bei einem Leiden, dem man zu Beginn gut zu Hause zu Leibe rücken kann, später doch Komplikationen einstellen können, die eine ärztliche Hilfe erfordern. In einem solchen Fall ist es außerordentlich wichtig, die Anzeichen so rasch wie möglich zu erkennen, damit alles möglichst günstig verläuft.
- In diesem Zusammenhang bedeutet das Einholen von ärztlichem Rat, daß man in weniger dringenden Fällen den Hausarzt oder Heilpraktiker aufsucht und in dringenderen Fällen einen Krankenwagen ruft oder den Patienten in die Notfallstation des nächsten Krankenhauses bringt. Machen Sie ich große Sorgen um den Zustand eines Patienten oder haben Sie das Gefühl, die Lage verschlechtere sich rapide, sollten Sie keine Zeit verlieren und sofort den Arzt rufen.
- Wenn Sie in weniger drastischen Fällen als dem eben beschriebenen generell das Gefühl haben, Sie erzielten keine Besserung mit den Selbsthilfemaßnahmen und der Eigenbehandlung oder seien damit überfordert, sollten Sie sich niemals scheuen, ärztlichen Rat einzuholen, sei es bei Ihrem Heilpraktiker, Hausarzt oder Homöopathen.
- Gehen Sie bei der Pflege von Babys, Kleinkindern und älteren Leuten besonders sorgfältig vor; typisch für sie ist, daß sie erschreckend rasch und schwer erkranken. Speziell bei Kindern kann man nicht vorsichtig genug sein, wenn die Anzeichen auf eine schwere Erkrankung hinweisen. Manchmal weint oder ißt ein lustloses Baby nur anders, oder es verhält sich irgendwie auffällig und atypisch oder hat nicht seine gewohnte Energie.
- Außer den konkreten, krankheitsspezifischen Symptomen gibt es weitere Hinweise darauf, daß ärztliche Hilfe notwendig ist, z. B.:
  - Symptome, die nicht auf die Selbsthilfemaßnahmen ansprechen oder sich verschlimmern
  - Anzeichen von Schläfrigkeit, Verwirrung oder Orientierungsverlust
  - Gleichbleibend hohes Fieber bis oder über 40 Grad

- Hartnäckige oder starke Schmerzen in irgendeinem Körperteil
- Muskelverspannung und/oder -steifheit in Verbindung mit Lichtempfindlichkeit und/oder starken Kopfschmerzen
- Bewußtlosigkeit
- Starker oder andauernder Flüssigkeitsverlust bei Schwitzen, Erbrechen und/oder Durchfall – besonders bei Kleinkindern oder alten Menschen ein ernstes Anzeichen
- Allgemeine Schwäche; erholt sich schwer
- Entzündungsanzeichen einschließlich Fieber, Rötung, Schmerzen und/oder Eiterbildung
- Jede schwere Krankheit bei Babys, Kleinkindern und alten Leuten
- Bei Sorgen um den Zustand des Patienten

Das Besorgen homöopathischer Mittel

Seit einigen Jahren erfreut sich die Homöopathie immer größerer Beliebtheit und setzt sich immer deutlicher durch, und daher ist es auch leichter geworden, an homöopathische Mittel heranzukommen. Gewöhnlich findet man die gebräuchlichsten Arzneien und Potenzen in jeder Apotheke, weniger gebräuchliche werden jederzeit besorgt. Zudem kann man sich in Apotheken, die viel mit Homöopathie arbeiten, als Neuling meistens auch Rat holen.

Im *3. Kapitel* finden Sie Anleitungen für die Zusammenstellung der wichtigsten Mittel für eine Hausapotheke und solche, die in besonderen Fällen erforderlich sind, etwa bei *Unfällen, Notfällen und Sportverletzungen* oder für *Mutter und Kind.* Am besten besorgen Sie sich die Mittel in der C 6 und kaufen sich die C 12- oder C 30-Potenzen dazu, wenn Sie mehr Übung im Umgang mit homöopathischen Mitteln gewonnen haben. Die Mittel gibt es auch in Dezimalpotenzen (dann heißen Sie D…). Für die Potenz D 1 wird ein Tropfen dieser Tinktur zu neun Tropfen Alkohol oder destillierten Wassers gegeben und verschüttelt. Wenn man diesen Vorgang wiederholt und einen Tropfen der so erhaltenen Potenz auf neun Tropfen Verdünnungsmittel gibt und dann wieder regelmäßig verschüttelt, erhält man Mittel der Potenz D 2, D 3, D 4 usw. Die zentesimalen C-Potenzen werden genau gleich gewonnen, nur wird dabei 1 Tropfen Urtinktur mit 99 Tropfen destillieren Wassers oder Alkohol verschüttelt.

Die Aufbewahrung homöopathischer Mittel

Werden Sie richtig aufbewahrt, sind homöopathische Mittel offenbar unbegrenzt haltbar. Doch sollte man sie zur Erhaltung ihrer vollen Wirkung nicht an Orten oder in der Nähe von Substanzen aufbewahren, die nachfolgend aufgeführt werden:

- Stark duftende Öle, etwa Aromaöle, Olbastropfen oder kampferhaltige Substanzen.
- Direktes Sonnenlicht schadet homöopathischen Mitteln ebenfalls; bewahren Sie sie daher am besten an einem dunklen Ort auf.
- In extremer Hitze oder Kälte. Am besten ist eine mäßig kühle, aber nicht kalte Umgebung.
- Ständige Zugluft. Die Arzneifläschchen sollten nach der Verwendung stets gut verschlossen werden.
- Röntgenstrahlen bei Gepäckkontrollen am Flughafen können die Wirksamkeit homöopathischer Mittel ebenfalls beeinträchtigen. Am besten reicht man sie dem Kontrollpersonal, statt sie im Gepäck zu lassen.

Die Anwendung homöopathischer Mittel bei gleichzeitiger Einnahme von allopathischen Medikamenten

In der Regel entstehen bei gleichzeitiger Einnahme herkömmlicher Medikamente und homöopathischer Mittel wegen ihrer hohen Verdünnung keine nachteiligen Wirkungen wie z. B. toxische Reaktionen. Bei Antibiotika hingegen und ähnlichen Mitteln ist die Wahrscheinlichkeit groß, daß sie die Heilwirkung einer homöopathischen Arznei beeinträchtigen. Eigentlich eignet sich eine homöopathische Selbstbehandlung gleich zu Beginn der meisten Akutzustände in diesem Buch, bei der sich unter Umständen Antibiotika oder abschwellende Mittel erübrigen. Damit greift man zu sanften und dennoch wirksamen Maßnahmen für ein unmittelbares Problem und behält sich orthodoxe Maßnahmen mit eventuellen Nebenwirkungen nötigenfalls für später vor, sollte sich der Zustand verschlimmern oder nicht auf die ganzheitliche Behandlung ansprechen. Andererseits sollte man unbedingt beachten, daß herkömmliche Medikamente gegen chronische Leiden wie Asthma, hohen Blutdruck oder Ängste *nie* plötzlich oder ohne ärztliche Kontrolle abgesetzt werden sollten,

da das ursprüngliche Leiden sonst bei einem möglichen Rückfall wieder verstärkt auftritt und den Patienten stark schwächt. Bei Fragen zur Langzeitbehandlung eines chronischen Leidens ist es immer am besten, fachärztlichen Rat einzuholen, sei es bei einem Arzt der Naturheilkunde oder einem Schulmediziner.
Um zu erfahren, wie man zwischen einem akuten und chronischen Leiden unterscheidet, lesen Sie am besten den Abschnitt *Welche Beschwerden man zu Hause behandeln kann* zu Beginn dieses Kapitels nach.

Wie findet man einen Homöopathen?
Da in diesem Buch immer wieder darauf hingewiesen wird, daß Rat und Hilfe bei einem geschulten Homöopathen eingeholt werden sollten, wäre es ein Fehler, nicht anzugeben, wie man am besten einen verläßlichen ortsansässigen Homöopathen findet.
Einmal findet man Adressen von Homöopathen in den gelben Seiten. Doch die beste Art, einen kompetenten, erfahrenen Arzt ausfindig zu machen, ist immer noch die Mundpropaganda. War ein Familienmitglied, Freund oder Kollege mit der Behandlung eines Homöopathen zufrieden, dann lohnt es sich bestimmt, mit diesem Kontakt aufzunehmen und praktische Fragen mit ihm zu klären.
Die meisten Heilpraktiker beantworten gerne Fragen am Telefon hinsichtlich des Behandlungsablaufs, etwa zur Länge der ersten Beratung und weiterer Konsultationen, den Kosten und den Erfahrungen, die sie bei der Behandlung von Patienten mit ähnlichen Leiden gemacht haben. Vergessen Sie nicht, daß die Beziehung zwischen Patient und Homöopath einmalig ist und der Arzt, der auf die Bedürfnisse des einen Patienten einzugehen vermag, für einen anderen nicht unbedingt der richtige ist. Ein Loblied von jemandem, dessen Meinung Sie schätzen, ist wohl der beste Wegweiser bei Ihrer Suche.

3. Homöopathische Erste Hilfe

In diesem Kapitel finden Sie eine Reihe gängiger Leiden, die Erste-Hilfe-Maßnahmen erfordern. In diesem Bereich spielt die Homöopathie eine außerordentlich wichtige Rolle. Wird sie Hand in Hand mit anderen grundlegenden Erste-Hilfe-Methoden eingesetzt, erweisen sich homöopathische Rezepturen bei alltäglichen Unfällen und Verletzungen als eine ungeheuer wertvolle Hilfe, um mit körperlichem und seelischem Schock fertig zu werden und sowohl das Trauma als auch die Schmerzen von Schnittwunden und Prellungen zu lindern. Zudem fördern sie das rasche Zusammenwachsen gebrochener Knochen und die Blutresorption aus dem Gewebe.

Bei der Verwendung homöopathischer Mittel für die Erste Hilfe zeigt sich die Effektivität dieser Heilmethode. Wir können nur darüber staunen, wie sehr Ringelblumen- oder Johanniskrautcreme die Wundheilung beschleunigen kann oder wie wirksam Arnika Schmerz und Empfindlichkeit bei inneren Prellungen lindert. Kurz, in diesem Kapitel wird aufgezeigt, wie effektiv die Homöopathie in Fällen eingesetzt werden kann, von denen wir bisher dachten, nur allopathische Maßnahmen kämen dafür zur Behandlung in Frage.

Damit wollen wir nicht sagen, daß wir eine vernünftige konventionell-medizinische Erste Hilfe außer acht lassen; im Gegenteil, das Wissen um entsprechende praktische Vorgehensweisen kann Leben retten. Mit den Informationen in diesem Kapitel fügen wir diesen jedoch eine Reihe zusätzlicher wirksamer Heilmittel hinzu, die sich bei einem Unfall oder Notfall oft als außerordentlich hilfreich erweisen.

Die homöopathische Erste-Hilfe-Apotheke

Außer dem normalen Erste-Hilfe-Bestand an Pflastern, Mullbinden und Verbänden sind folgende homöopathische Mittel die wichtigsten:

Mittel zur lokalen Hautbehandlung

- Eine Mischung aus CALENDULA-Tinktur (Ringelblume) und HYPERICUM-Tinktur (Johanniskraut). Sie können sich diese Mischung auch in der Apotheke zubereiten lassen. Wichtig ist, die Tinkturen vor der Anwendung immer zu verdünnen.
- URTICA-URENS-Tinktur (Brennessel).
- Eine Salbe oder Creme aus CALENDULA und HYPERICUM. Die Cremen verwendet man vorzugsweise bei Schnitt- oder Rißwunden, die Salben eignen sich besser für Schürfwunden oder rauhe Haut. Allerdings sollten Salben bei empfindlicher Haut wegen einer möglichen Reaktion auf das als Basis verwendete Lanolin vermieden werden.
- ARNICA-Creme.

Homöopathische Heilmittel zum Einnehmen

Wenn Sie eine erste Auswahl homöopathischer Mittel zusammenstellen, beginnen Sie am besten mit einer Grundausstattung, die sich später je nach Ihren persönlichen Bedürfnissen erweitern läßt.

Hausapotheke für Unfälle, Notfälle sowie Sportverletzungen		
APIS	HYPERICUM	RUTA
ARNICA	IPECACUANHA	SYMPHYTUM
BRYONIA	LEDUM	URTICA
CANTHARIS	PHOSPHORUS	
CARBO VEGETABILIS	RHUS TOXICODENDRON	
Die erweiterte Hausapotheke Kommen die folgenden Heilmittel zu den obigen hinzu, sollte der Anfänger auf diesem Gebiet damit den meisten Anforderungen gerecht werden können:		
ACONITUM	HEPAR SULFURIS	NUX VOMICA
ARGENTUM NITRICUM	IGNATIA	PULSATILLA
ARSENICUM ALBUM	LACHESIS	SEPIA
BELLADONNA	LYCOPODIUM	STAPHISAGRIA
CALCIUM CARBONICUM	MERCURIUS	SULFUR
GELSEMIUM	NATRIUM MURIATICUM	

Hausapotheke für Mutter und Kind Folgende Mittel sind hilfreiche Ergänzungen der oben genannten:		
BELLIS PERENNIS	DIOSCOREA	KREOSOTUM
CAULOPHYLLUM	FERRUM PHOSPHORICUM	MAGNESIUM PHOSPHORI-CUM
CHAMOMILLA	KALIUM BICHROMICUM	
COLOCYNTHIS	KALIUM CARBONICUM	

Sämtliche Erkrankungen, einschließlich Wechseljahrbeschwerden, Männerleiden und streßbedingte Funktionsstörungen lassen sich meistens mit den oben genannten Mitteln behandeln. Aus den Tabellen für die jeweiligen Beschwerden ersehen Sie, welche Mittel im jeweiligen Fall angezeigt sind.

Bisse und Stiche

Wie schwerwiegend die Symptome nach einem Stich oder Biß sind, hängt sehr stark vom einzelnen Fall ab. Manche Leute bekommen sehr große Schmerzen und Beschwerden, andere hingegen empfinden sie nur als etwas unangenehm. Bisse können verursacht werden von Hunden, Katzen, Schlangen, Mücken, Flöhen und Spinnen. Stiche von Bienen, Wespen, Skorpionen, Bremsen und landesüblichen Insekten, von Brennesseln und Stechpflanzen.

Symptome

- Schmerzen, Rötung und Schwellung um den Einstich herum oder Jucken und Schwellung der Haut bei einem Biß.
- Allgemeine Schmerzen oder Schock.

Erste-Hilfe-Maßnahmen

- Waschen Sie die befallene Stelle mit *verdünnter* HYPERICUM-Tinktur. Dazu gibt man einen Teil Tinktur auf zehn Teile abgekochten, kalten Wassers.
- Nach dem Waschen kann man HYPERICUM-CALENDULA-Creme direkt auf die beschädigte Haut auftragen oder aber HYPERICUM- oder CALEN-

DULA-Creme auf einen sterilen Verband geben und die Wunde damit verbinden.

- Bei Stichen sollten Sie daran denken, daß der Stachel bei Wespen nicht in der Stichwunde bleibt, bei Bienen hingegen schon. Entfernen Sie nach einem Bienenstich den Stachel sorgfältig mit einer Pinzette und achten Sie darauf, dabei den Giftbeutel nicht zu verletzen.
- Bei lästigem Jucken nach der Berührung einer Stechpflanze, beispielsweise einer Brennessel, waschen Sie die befallene Stelle mit *verdünnter* URTICA-Tinktur. Zusätzliche Linderung verschafft URTICA-Creme, die man nach dem Waschen auf die entzündete Haut aufträgt.

Homöopathische Hilfe

Art der Verletzung	*Allgemeine Symptome*	*Verschlechterung (durch)*	*Besserung (durch)*	*Mittel*
Stiche und Bisse sind ödematös, rosa und geschwollen	Extreme Schwellung um den Biß oder Stich, stechende Schmerzen mit großer Nervosität und Unruhe, Kontakt mit Wärme in jeder Form ist unerträglich	Warmes Baden, warme Luft, Berührung, Stillhalten	Kaltes Baden, kalte Luft, Abdekken, Herumgehen	APIS
In das befallene Glied ausstrahlende Stich- und Bißschmerzen	Wunden äußerst berührungsempfindlich, heftige, stechende intermittierende Schmerzen, Wund- und Schmerzempfindlichkeit verschlimmern sich bei jeglicher Kälte	Kälte, Berührung, Bewegung	Stillhalten	HYPERICUM
Stiche und Bisse mit heftigem Brennen	Befallene Stellen brennen entsetzlich, als stünde die Haut in Flammen, übermäßige Berührungsempfindlichkeit der Haut mit extremer Unrast	Bewegung, Berührung	Wärme	CANTHARIS
Stiche und Bisse mit Kälteempfindung oder Taubheit	Stechende, rasende Schmerzen, kaltes Baden der Teile und kühle Luft erleichtert, Stellen geschwollen und prall	Wärme, Bewegung, Berührung	Baden in kaltem Wasser, Kontakt mit kühler Luft, kalte Umschläge, Ruhe	LEDUM

Art der Verletzung	*Allgemeine Symptome*	*Verschlechterung (durch)*	*Besserung (durch)*	*Mittel*
Hautreaktionen, z. B. Nesselsucht nach Biß	Juckende, brennende Schmerzen, die bei Berührung viel schlimmer werden, geschwollene, fleckige, stellenweise erhöhte Haut	Kontakt mit kalter Luft, kaltes Baden, Berührung, Liegen auf der schmerzenden Stelle		URTICA
Stark juckende Mückenstiche	Die Ausdehnung der Insektenstiche treibt zur Verzweiflung, sehr empfindliche Haut mit stechenden, durchdringenden Schmerzen, die geringste Berührung verursacht Qualen	Der geringste Hautkontakt, nachts, Gereiztsein	Ruhe, Wärme	STAPHISAGRIA

Rufen Sie in folgenden Fällen sofort den Arzt:

- Wenn die Person schon früher allergisch auf Bienen- oder Wespenstiche reagiert hat, sollte ärztlicher Rat so rasch wie möglich eingeholt werden, um einen sogenannten anaphylaktischen Schock zu verhindern. Zu den Anzeichen dieses lebensgefährlichen Zustand gehören:
  - Blasse, bläuliche, klamme Haut
  - Unregelmäßige, oberflächliche und schwere Atmung
  - Erschöpfung oder Kollaps
  - Schläfrigkeit, die in Bewußtlosigkeit übergeht
- Bei raschem Anschwellen von Gesicht, Mund oder Hals
- Bei Anzeichen einer Entzündung um die Biß- oder Einstichstellen, wie etwa Rötung, Hitze oder Eiterbildung.
- Besteht ein Verdacht, daß Schmutz in die Wunde gelangt ist, fragen Sie nach, ob die Tetanusimpfung des Verletzten aufgefrischt werden muß.

Blutungen

Ob Unfälle mit Blutungen zu Hause behandelt werden können oder ob ärztlicher Rat erforderlich ist, hängt davon ab, wie groß der Blutverlust ist. Es gibt Blutungen kleinerer Wunden oder Nasenbluten, aber auch schwere, lebensgefährliche Hämorrhagien. Aber auch dann kann die Kenntnis einiger einfacher Erste-Hilfe-Maßnahmen noch Leben retten, während man auf den Notarzt wartet.

Erste-Hilfe-Maßnahmen

- Zuerst sollte man daran denken, die Blutung einzudämmen oder zu stoppen. Bei kleineren Wunden reicht es manchmal schon aus, die Wunde sauber zu verbinden und den Verband mit Klebeband zu fixieren. Wenn das genügt, lesen Sie unter *Schnittwunden, Schürfungen und Quetschungen* nach, wie man sicherstellt, daß die Wunde sauber und gut versorgt ist.
- Bei schweren Blutungen, die kaum zu stillen sind, sollte so rasch wie möglich ein Notarzt geholt werden. Während Sie auf Hilfe warten, entfernen Sie nötigenfalls die Kleidung und drücken fest auf die Wunde, um die Blutung einzudämmen. Bei einer Stichwunde sollten Sie allerdings nie direkt Druck auf die Wunde ausüben, weil dann die Gefahr besteht, daß ein hineingeratener Gegenstand noch tiefer in die Wunde getrieben wird.
- Handelt es sich um schwere Blutungen an verwundetem Arm oder Bein, lagern Sie das verletzte Glied hoch, um den Blutfluß zu verlangsamen. Drücken Sie eine Viertelstunde lang auf den entsprechenden Bereich. Bei Schnitten im Brustbereich sollte der Verwundete aufgestützt sitzen und sich mit der verletzten Seite anlehnen können. Bei Wunden im Rücken, Bauch oder an den Beinen sollte der Patient liegen.
- Hat die Blutung aufgehört oder sich merklich verringert, legen Sie einen sauberen, saugfähigen Verband auf die Wunde und bandagieren ihn rutschfest mit einem sauberen Stück Stoff oder Halstuch.
- Bei Anzeichen von Schläfrigkeit verabreichen Sie weder Essen noch Trinken.
- Kontrollieren Sie Atmung und Puls des Verletzten, wobei Sie besonders auf Anzeichen von Schock achten.
- Rufen Sie den Notarzt, wenn es nach einem Schlag auf den Kopf oder die Brust aus Ohr, Nase oder Mund blutet. Lassen Sie das Blut auf einen sauberen Verband tropfen.

- Entfernen Sie nie einen tief in einer Wunde sitzenden Gegenstand, weil dieser manchmal wie ein Stöpsel wirkt. Wird er ohne fachkundige Hilfe entfernt, kann die Blutung rasch zunehmen.
- Sickert Blut durch einen Verband, nehmen sie ihn nicht ab, sondern umwickeln ihn mit einer zusätzlichen sauberen Stoffschicht.
- Bei einfachem, komplikationslosen Nasenbluten ohne traumatische Einwirkung drücken Sie etwa fünf Minuten mit Daumen und Zeigefinger in den Nasensattel. Fließt Blut in den Mund, sollte es ausgespuckt werden. Durch Abschlucken erhöht sich die Gefahr, es zu erbrechen.

Homöopathische Hilfe

Art der Blutung	*Allgemeine Symptome*	*Verschlechterung (durch)*	*Besserung (durch)*	*Mittel*
Allgemeines Trauma mit Blutverlust und Quetschung	Orientierungslosigkeit nach einem Unfall, weist Hilfe ab und verharmlost die Situation, allgemeiner Blutverlust und Quetschungen nach einem Unfall	Berührung, Angesprochenwerden, Bewegung	Tieflagern des Kopfes	ARNICA
Blässe und Erschöpfung bei Blutverlust	Klamme, blasse, bläuliche Haut, friert und schwitzt, starkes Verlangen nach frischer Luft, besser, wenn Luft zugefächelt wird, schwach, schwindelig, Blutverlust bereitet Übelkeit, dunkle, sickernde Blutung	Stickige, sauerstoffarme Räume, beengende Kleidung	Kühle, frische Luft, Zufächeln frischer Luft, Hochlagern der Füße	CARBO VEG.
Hellrotes, herausschießendes Blut mit schrecklicher Übelkeit	Blutverlust mit Atemlosigkeit, Schwäche und Übelkeit, Allgemeinbefinden viel schlechter bei der geringsten Bewegung	Bewegung, Wärme, Überhitzung oder Unterkühlung	Ausruhen, Stillhalten, Schließen der Augen, frische Luft	IPECACUANHA
Kleine Wunden, die übermäßig stark bluten	Übermäßiger Blutverlust im Verhältnis zur Größe der Wunde, auch bei häufigem oder außergewöhnlich starkem Nasenbluten	Kalte, frische Luft, Alleinsein, Angst	Gut Zureden, Körperkontakt, kalte Gesichtswaschung	PHOSPHORUS

Art der Blutung	*Allgemeine Symptome*	*Verschlechterung (durch)*	*Besserung (durch)*	*Mittel*
Hellrote Blutung mit gerötetem, erhitztem Gesicht	Allgemeine Blutstauung und Reizbarkeit, schneller, pochender und mühevoller Puls, Muskelkrämpfe oder -zuckungen	Berührung, Gesellschaft, Bewegung, Sinnesreize	Aufsitzen, leichtes Zudecken, Ausruhen	BELLADONNA

Rufen Sie in folgenden Fällen sofort den Arzt:

- Bei mehreren Verletzungen mit derart starken Blutungen, daß sie sich nirgendwo stillen lassen.
- Steigt der Puls, nachdem die äußeren Blutungen aufgehört haben, liegt möglicherweise eine innere Blutung vor. In diesem Fall sollte man dringend einen Notarzt rufen!
- Bei Atemschwierigkeiten
- Wenn sich Schockanzeichen bemerkbar machen wie:
  - Verwirrung, Schläfrigkeit oder Bewußtlosigkeit
  - Übelkeit und Erbrechen
  - Eine blasse, graue oder bläuliche Haut
  - Ein schwacher oder rascher Puls
  - Durstzunahme
- Denken Sie daran, daß die Folgen eines großen Blutverlustes bei Kindern schlimmer sind als bei Erwachsenen. Verliert Ihr Kind viel Blut, sollten Sie unverzüglich ärztliche Hilfe herbeirufen.

Knochenbrüche

Das Risiko, sich Knochen zu brechen ist bei Kindern und Jugendlichen, Sporttreibenden und älteren Menschen besonders hoch. Bei Kindern brechen Knochen gewöhnlich im Handgemenge beim Spielen, während energisch durchgeführte Sportarten ihr eigenes Arsenal von Verstauchungen, Zerrungen und geprellten oder gebrochenen Knochen aufweisen.

Die anfälligste Bevölkerungsgruppe jedoch sind Frauen nach den Wechseljahren, und zwar wegen Osteoporose; dabei werden die Knochen porös und brechen bei der kleinsten Belastung oder unter dem geringsten Druck. Davon sind die kleinen Handgelenksknochen, das Rückgrat und die Hüften besonders betroffen.

Symptome

- Beschwerden bei Bewegung oder Belastung des betreffenden Glieds.
- Sehr starke Schmerzen oder offensichtliche Verstauchung der befallenen Gegend.
- Bei Rückgratverletzungen können Taubheitsgefühl, Ameisenlaufen oder Kontrollverlust in den Gliedmaßen sowie starke Schmerzen im Nacken oder an der Wirbelsäule auftreten. In solchen Fällen darf der Verletzte *unter keinen Umständen umgelagert werden,* es sei denn, er könnte an Erbrochenem ersticken. Auch dann sollte man seine Position nur so weit verändern, daß er unbehindert atmen kann.

Erste-Hilfe-Maßnahmen

- Wenn Sie nach einem Unfall einen Knochenbruch vermuten, achten Sie darauf, daß der Verletzte sich so still wie möglich verhält und so bequem wie möglich liegt, während Sie auf den Notarzt warten.
- Bei etwaigen Anzeichen von Bewußtlosigkeit, Schläfrigkeit oder Verwirrung behandeln Sie gegen *Schock* und versichern sich, daß der Notfallwagen unterwegs ist.
- Bei starken Schwellungen und unverletzter Haut legen Sie Eispackungen auf die geschwollenen Stellen.
- Blutet es bei einem Knochenbruch oder ausgerenkten Gelenk stark, bemühen Sie sich, die Blutung zu stillen, bis der Notarzt kommt.

Homöopathische Hilfe

Art der Verletzung	*Allgemeine Symptome*	*Verschlechterung (durch)*	*Besserung (durch)*	*Mittel*
Allgemeine Schmerzen und Trauma nach einem Unfall	Erstes Mittel zur Blutresorption und Schmerzlinderung, auch bei Anzeichen eines seelischen Schocks	Berührung, Angesprochen werden	Liegen bei tiefgelagertem Kopf	ARNICA

Art der Verletzung	*Allgemeine Symptome*	*Verschlechterung (durch)*	*Besserung (durch)*	*Mittel*
Knochenbrüche ohne Positionsveränderung	Erst nach Reposition der Knochen verabreichen, das es die Kallusbildung stark beschleunigt, besonders hilfreich, nachdem Anfangsschmerz und -schwellung nachgelassen haben	Berührung		SYMPHYTUM
Wenig geschwollene, aber stark schmerzende Brüche	Schwäche infolge extremer Schmerzen an der Bruchstelle, starke Schmerzen in den Knochen, überall Muskelschmerzen mit Übelkeit, Unruhe und Frieren	Bewegung, Liegen auf der schmerzenden Stelle, Husten, kalte Luft	Bauchlage, Ansprache	EUPATORIUM
Rippenbrüche mit außerordentlich starken Schmerzen bei jeder Bewegung	Extreme Empfindlichkeit und Qualen bei der kleinsten Bewegung, besser beim Liegen auf der schmerzenden Stelle, will tief einatmen, aber starke Schmerzen hindern ihn	Bewegung, Husten, allgemeine Wärme, Bücken, tiefe Atemzüge, leichte Berührung	Stillhalten, fester Druck, kühle, frische Luft, in Ruhegelassenwerden	BRYONIA
Hartnäckige, nicht heilenwollende Brüche	Verzögertes Zusammenwachsen der Knochen, auch nach Anwendung von SYMPHYTUM, schmerzhafte Steifheit und Taubheit im Bereich der Verletzung, zu weiche, dünne oder brüchige Knochensubstanz	Kälte und Zugluft, Anstrengung, Bewegung, Gewichtheben	Liegen, Wärme und Trokkenheit	CALCIUM PHOS.

Rufen Sie in folgenden Fällen sofort den Arzt:

- Bei mehreren Verletzungen mit starkem Blutverlust.
- Bei Schockanzeichen.
- Bei Verdacht auf einen Wirbelsäulenbruch. Zu den Symptomen gehören starke Schmerzen im Nacken oder Rücken, Taubheit, Ameisenlaufen oder Kraftverlust in den Gliedmaßen. Als zusätzliches Problem kann der Patient die Kontrolle über Blase oder Darm verlieren.

- Kälte, Taubheit oder blaue Verfärbung über die verletzte Stelle hinaus.
- Wenn der verletzte Körperteil verzerrt aussieht.
- Bei starken Prellungen oder Bluterguß um die verletzte Stelle.
- Wenn das verletzte Glied zwölf Stunden nach dem Unfall nicht zu gebrauchen ist.
- Wiederholte Brüche bei Frauen nach den Wechseljahren. Besonders schwache Gelenke sind die kleinen Hand- und Handgelenksknochen sowie das Hüftgelenk.

Schnittwunden, Schürfungen und Quetschungen

Bei jedem Unfall gibt es in der Regel Quetschungen und Schnittwunden; wie schlimm diese sind, hängt jedoch von der Schwere des Unfalls ab. Daher reichen Schnitte und Quetschungen von ganz kleinen, die man leicht zu Hause mit Erster Hilfe versorgen kann, bis zu Notfällen, die dringend im Krankenhaus versorgt werden müssen. Letzteres ist besonders dann der Fall, wenn innere Verletzungen zu vermuten sind.

Erste-Hilfe-Maßnahmen

- Bei kleineren Schnittwunden oder Schürfungen ist zuallererst die Wunde von Fremdkörpern oder Schmutz zu reinigen. Am leichtesten und sorgfältigsten geht dies, wenn man die verletzte Stelle so lange badet oder wässert, bis die Wunde sauber aussieht. Verwenden Sie dazu abgekochtes, kaltes Wasser mit CALENDULA- oder HYPERICUM-Tinktur oder einer Mischung aus beiden. Geben Sie hierzu einen Teil Tinktur auf zehn Teile Wasser.
- Nach dem Säubern sollte man kleinere Schnittwunden oder Schürfungen steril verbinden und CALENDULA-Creme oder CALENDULA-HYPERICUM-Creme oder -Salbe entweder direkt auf die Wunde auftragen oder auf den Verband und diesen auf den Schnitt oder die Schürfung geben. Am besten verwendet man Creme für Schnittwunden mit rissigen Rändern; die Salbe eignet sich besser für Schürfungen und rauhe Haut.
- Ist die Haut nur gequetscht und nicht aufgesprungen, legen Sie etwa eine halbe Stunde lang eine Eispackung auf die Schwellung. Ist die Haut unversehrt, kann man ARNICA-Creme in das blutunterlaufene Ge-

webe einreiben, um den Schmerz zu lindern. Verwenden Sie jedoch *nie* ARNICA-Creme, wenn die Haut aufgebrochen oder zerschnitten ist.

– Denken Sie daran: Wenn eine Schnittwunde sehr groß oder tief ist und die Wundränder sich nicht leicht zusammenfügen lassen, muß sie genäht werden.

Homöopathische Hilfe

Art der Schnittwunde, Schürfung oder Quetschung	*Allgemeine Symptome*	*Verschlechterung (durch)*	*Besserung (durch)*	*Mittel*
Allgemeines Trauma und Quetschung nach einem Unfall	Milder Schock nach Unfall oder Verletzung, Verharmlosung der Situation, lehnt Hilfe ab, schlimme Wundschmerzen, berührungsempfindliche Haut, große Unruhe	Bewegung, Berührung, Angesprochen werden	Teiflagern des Kopfes	ARNICA
Kleinere Schnittwunden und Schürfungen	Nach der Mittelgabe gegen den körperlichen und seelischen Schock sollte CALENDULA-Creme oder -Salbe auf die gesäuberten Schnitt- oder Schürfwunden aufgetragen werden	Berührung, Bewegung	Ausruhen	ARNICA
Geprellte oder gequetschte Finger und Zehen oder tiefe Schnittwunden mit Verletzung der Nerven	Verletzungen von Körperteilen mit vielen Nervenendungen, z. B. Finger, Zehen, Steißbein, intermittierende, heftige Schmerzen schießen durch das verletzte Glied	Ruckartige Bewegungen, Berührung, Kälte oder Feuchtigkeit	Reiben der verletzten Stelle, Stillhalten	HYPERICUM
Quetschung oder blaues Auge, wenn kalte Umschläge Linderung verschaffen	Wenn ARNICA nicht mehr hilft, lindert Schmerzen und beschleunigt die Heilung in der Augenhöhle	Wärme, Bewegung	Kalt Baden, kalte Umschläge, Ausruhen	LEDUM

Art der Schnittwunde, Schürfung oder Quetschung	*Allgemeine Symptome*	*Verschlechterung (durch)*	*Besserung (durch)*	*Mittel*
Blaues Auge oder Verletzungen des Augapfels	Nach Schlag aufs Auge mit einem stumpfen Gegenstand, z. B. Tennisball, *nach* ARNICA angezeigt, wenn die anfängliche Schwellung zurückgegangen ist und es noch schmerzt	Berührung	Bewegen des Kopfes	SYMPHYTUM
Quetschungen der Knochenhaut, z. B. am Schienbein oder Ellbogen	Starke Quetschung der Knochenhaut, die anfänglichen Schmerzen lassen durch ARNICA nach, trotzdem noch Schmerzhaftigkeit der Knochenhaut	Anstrengung, Kälte oder Feuchtigkeit, Bükken, Treppensteigen oder -hinuntergehen	Wärme, Hinlegen	RUTA
Quetschungen tieferliegender Gewebe, z. B. der Brüste	Tiefe Quetschungen nach einem schweren Schlag, z. B. auf die Brüste, auch nach Operation, bei der tieferliegendes Gewebe beschädigt wird	Berührung, Unterkühlung, Wärme	Kalte örtliche Anwendungen	BELLIS PERENNIS
Schnittwunden nach Operationen	Bei Rißwunden mit heftigen, stechenden Schmerzen, häufig nach Operationen im Genitalbereich notwendig, wie Gebärmutterentfernung, Dammschnitt bei der Geburt	Berührung, Strecken der verletzten Stelle, Seelischen Druck	Wärme, Ausruhen	STAPHISAGRIA

Rufen Sie in folgenden Fällen sofort den Arzt:

- Bei tiefen oder großen Wunden, die genäht werden müssen.
- Wenn Blutungen aus einer Wunde sich nicht stillen lassen.
- Bei tiefen Schnittwunden in Brust, Unterleib oder im Gesicht.
- Bei Anzeichen einer Infektion um die Wunde. Dazu gehören Rötung, Hitzeentwicklung, hohes Fieber oder Eiterbildung.
- Bei Tetanusrisiko sollte ärztlicher Rat eingeholt werden. Tetanus ist

ein sehr ernster Zustand, der sich rasch verschlimmern kann. Zu den möglichen Anzeichen gehören:

- Rasch fortschreitende Starre und Muskelkrämpfe in Hals, Rückgrat und Unterleib
- Steife, starre Kiefermuskeln
- Rote Streifen, die von der Wunde aus strahlenförmig über das verletzte Glied laufen

– Wenn tiefsitzender Schmutz nicht aus der Wunde heraus kann
– Bei Wunden an Fingern oder in der Handfläche. Denken Sie daran, daß diese Stellen sich leicht entzünden
– Bei Quetschungen oder Verletzungen am Kopf, insbesondere in Verbindung mit Blutungen aus Nase, Ohren oder Mund
– Taubheit, Ameisenlaufen oder Kräfteverlust im verletzten Glied

Schock

Schwere Schocksymptome sind ein Notfall; ärztliche Hilfe muß so rasch wie möglich eingeholt werden. Eines oder mehrere der folgenden Anzeichen weisen darauf hin, daß jemand unter Schock steht:

– Blasse, klamme oder bläuliche Haut
– Kollaps
– Schläfrigkeit oder Verwirrung
– Bewußtlosigkeit
– Schwere oder unregelmäßige Atmung
– Schwacher oder unregelmäßiger Puls
– Übelkeit

Ein Schock kann bei einem der folgenden Fälle auftreten:

– Einer schweren allergischen Reaktion auf Bisse oder Stiche
– Blutverlust
– Herzanfall
– Schweren Verbrennungen
– Austrockung bei anhaltendem Brechdurchfall
– Blutvergiftung
– Bei inneren Blutungen

Erste-Hilfe-Maßnahmen

- Bestehen Anzeichen dafür, daß jemand in einen Schockzustand abgleitet, ruft man zuallererst unverzüglich einen Arzt.
- Während die Hilfe unterwegs ist, lockern Sie die Kleidung dort, wo sie einengen könnte, z. B. am Hals.
- Ist der Patient bei Bewußtsein, versuchen Sie, die Beine etwas hochzulagern.
- Droht der Patient das Bewußtsein zu verlieren, legen Sie ihn in die stabile Seitenlage, bei welcher der Kopf seitlich liegt, nackenwärts gebeugt und das Gesicht zum Boden gewendet, damit er frei atmen kann. Stellen Sie das Ihnen zugewandte Bein im rechten Winkel auf und rollen Sie ihn dann zu Ihnen hin auf den Bauch. Die Arme sollten in den Ellbogen gebeugt sein, damit das Körpergewicht sicher und bequem abgestützt wird. Stellen Sie sicher, daß der Kopf seitlich geneigt und das Kinn nach oben gezogen wird. Kontrollieren Sie regelmäßig Puls und Atemrhythmus, bis Hilfe zur Stelle ist.
- Wenn jemand nach einer Wirbelsäulenverletzung einen Schock erleidet, sollte er nicht in die Seitenlage gebracht werden, es sei denn, er könnte an Erbrochenem ersticken. In diesem Fall sollte man nur so wenig wie möglich bewegen, um die Wirbelsäule nicht zu dehnen.
- Achten Sie darauf, daß der Verletzte weder extremer Hitze noch Kälte ausgesetzt ist.
- Reden Sie dem Patienten möglichst gut zu, während Sie auf Hilfe warten.

Homöopathische Hilfe

Art des Schocks	*Allgemeine Symptome*	*Verschlechterung (durch)*	*Besserung (durch)*	*Mittel*
Allgemeines Trauma nach einem Unfall	Steht nach einem Unfall auf, verharmlost das Geschehene und lehnt ärztliche Hilfe ab, schwankt zwischen Schläfrigkeit und Verwirrung hin und her, bei Kopf- und Nakkenverletzungen	Angesprochen werden, ruckartige Bewegungen, Berührung	Liegen mit gestrecktem Nacken	ARNICA

Art des Schocks	*Allgemeine Symptome*	*Verschlechterung (durch)*	*Besserung (durch)*	*Mittel*
Seelischer Schock und Panik	Wegen seelischen oder körperlichen Traumas voller Angst und Unruhe, panische Angst vor dem Tod, Kollaps nach plötzlichem Kraftverlust, Schock nach Operation oder Verletzung	Verkühlung, Lärm, helles Licht, Berührung	Ausruhen, frische Luft	ACONITUM
Schock infolge einer schweren allergischen Reaktion	Bei starker Reaktion auf Wespen- oder Bienenstiche, aufgedunsene Schwellungen von Gesicht, Augen, Lippen oder Hals mit Atembeschwerden	Wärme, Berührung, Druck, Liegen	Kalte Luft, kaltes Baden, Aufsitzen, Bewegung	APIS
Schwäche mit blasser, klammer Haut	Kollapszustand mit Lufthunger, fühlt sich besser, wenn Luft zugefächelt wird, in fortgeschrittenem Schockstadium bei schweißnasser, kalter, grauer oder bläulicher Haut	Warme, stikkige Umgebung, Abkühlung, Gewicht oder Druck der Kleider	Frische Luft, Luft zufächeln, Hochlagern der Füße	CARBO VEG.

Schock ist ein Notfall, der rasche ärztliche Behandlung erfordert. Verlieren Sie keine Zeit und rufen Sie bei folgenden Anzeichen sofort den Notarzt:

- Verwirrung oder Schläfrigkeit
- Bewußtlosigkeit
- Schwacher oder rasender Puls
- Oberflächliches Keuchen oder schweres Atmen
- Graue oder bläuliche Haut, besonders um die Lippen
- Schwitzen

Stichwunden

Stichwunden entstehen in der Regel, weil ein scharfer, spitzer Gegenstand in die Haut eingedrungen ist. Bei solchen Verletzungen entstehen Schwierigkeiten, die es bei einfachen Schnittwunden (Rissen) oder

Schürfungen nicht gibt. Dazu gehören die erhöhte Wahrscheinlichkeit, daß Schmutz in die Wunde dringt, und ein entsprechend höheres Starrkrampfrisiko. Zusätzliche Probleme ergeben sich im Zusammenhang mit der Entfernung des Fremdkörpers, wenn dieser tief in der Haut sitzt.

Erste-Hilfe-Maßnahmen

- Versuchen Sie nicht, eine Scherbe oder andere spitze Gegenstände aus einer Wunde zu entfernen, wenn sie tief darin festsitzen und Sie vermuten, daß sie wie ein Stöpsel wirken. Entfernt man sie, bestünde die Gefahr einer sehr starken Blutung mit möglicherweise weiteren Komplikationen. In einem solchen Fall ruft man am besten den Arzt zu Hilfe, damit der Fremdkörper unter Beachtung der nötigen Sicherheitsvorkehrungen entfernt wird.
- Ist ein Verband zur Blutstillung notwendig während Sie auf den Arzt warten, dann verwenden Sie lieber einen weichen gepolsterten Verband, der nicht direkt auf die Eintrittsstelle des Fremdkörpers drückt.
- Üben Sie nie direkt über einer Wunde mit einem spitzen Fremdkörper Druck aus, wenn es die Blutung nach bereits schwerem Blutverlust zu stillen gilt; somit kann verhindert werden, daß der Gegenstand noch tiefer in die Wunde gerät. Drücken Sie statt dessen auf eine Stelle neben der Stichwunde.
- Steckt der spitze Gegenstand nicht mehr in der Wunde, dann vergewissern Sie sich, daß Schmutz und sonstige Rückstände daraus entfernt wurden. Am besten und einfachsten geht dies in der Regel, wenn man die verletzte Stelle in einer Lösung von zehn Teilen abgekochten, kalten Wassers mit einem Teil CALENDULA-Tinktur oder mit CALENDULA-HYPERICUM-Tinktur wäscht. Dieses Bad erfüllt einen doppelten Zweck: einmal bleibt die Wunde offen, und man kann Schmutz und Fremdkörper besser entfernen, und außerdem wird die Blutzirkulation angeregt, was wiederum die Heilung fördert.
- Wenn Sie sicher sind, daß die Wunde sauber ist, geben Sie CALENDULA- oder CALENDULA-HYPERICUM-Creme auf den Verband und legen diesen über der Stichwunde an.
- Wenn die Ränder der Wunde nicht von selbst zusammenhalten, kleben Sie Pflasterstreifen kreuzweise über die Verletzung.

– Ist die Wunde nicht gut zu reinigen oder besonders groß oder tief, sollte ärztlicher Rat eingeholt werden.
– Besteht beim Verletzten ein Tetanusrisiko, sollte ebenfalls um ärztliche Hilfe angesucht werden.

Homöopathische Hilfe

Art der Wunde	*Allgemeine Symptome*	*Verschlechterung (durch)*	*Besserung (durch)*	*Mittel*
Stichwunden, die sich kalt und taub anfühlen	Pralle Schwellung und rasende Schmerzen um die Wunde, befallenes Glied kann sich schwach und taub anfühlen, Schmerzlinderung bei kaltem Baden, obwohl die verletzte Stelle kühl ist	Wärme, Bewegung des verletzten Gliedes	Kaltes Baden, kalte Umschläge, Ausruhen	LEDUM
Aufgedunsene Stichwunden, mit wasserhaltiger Schwellung	Beißende, prickelnde Schmerzen, die Haut um die Wunde ist rosa aufgedunsen, extreme Empfindlichkeit gegen Berührung und Wärme jeder Art	Warme Luft, warmes Baden, Berührung, nach dem Schlafen	Kalte Luft, kaltes Baden, kalte Kompressen, Abdecken, Aufsitzen	APIS
Sehr schmerzempfindliche Stichwunden	Schmerzen schießen intermittierend von der Wunde aus durch das verletzte Glied, bei Verletzungen von Körperteilen mit vielen Nervenendungen	Ruckartige Bewegung, Berührung	Stillhalten	HYPERICUM
Nicht heilenwollende Stichwunden	Bei Menschen mit schlecht heilender Haut, wäßrige, dünne, klare Absonderungen aus der Wunde, wenn schmerzhafte Narben zurückbleiben, Unterstützt das Abstoßen von Fremdkörpern	Kalte Luft, Abdecken, ruckartige Bewegungen, Berührung	Wärme, trokkene, warme Umgebung	SILICEA

Rufen Sie in den folgenden Fällen sofort den Arzt:

- Wenn ein Fremdkörper in der Wunde festsitzt und sich weder leicht noch ohne große Schmerzen entfernen läßt.
- Wenn Sie vermuten, daß der spitze Gegenstand wie ein Verschluß wirkt und einen schweren Blutverlust verhindert. Sehen Sie in einem solchen Fall zu, daß der Verletzte vom Arzt untersucht wird, bevor Sie versuchen, den Fremdkörper zu entfernen.
- Holen Sie stets den Arzt, wenn Schmutz tief in der Wunde sitzt.
- Bei Tetanusrisiko holen Sie so rasch wie möglich ärztlichen Rat ein. Wundstarrkrampf kann lebensgefährlich werden und zeichnet sich durch die folgenden Symptome aus: Verspannung, Steifheit oder starke Muskelkrämpfe im befallenen Glied, die sich auf Nacken, Kiefer, Unterleib oder die Wirbelsäule ausdehnen. Rote Streifen breiten sich von der Wunde strahlenförmig über das verletzte Glied aus.
- Wenn die Stichwunde nach einigen Tagen immer noch sehr wund und schmerzempfindlich ist.
- Bei Anzeichen einer Infektion. Dazu gehören Hitzeentwicklung und Rötung, übermäßige Schwellung um die Wunde herum oder Eiterbildung. Zu den allgemeineren Hinweisen auf eine Infektion zählen erhöhte Temperatur oder Unwohlsein.
- Wenn die Stichwunde die dünne Hautschicht über einem Gelenk verletzt hat, insbesondere bei Anzeichen auf eine Infektion.
- Bei sehr tiefen Stichwunden oder solchen an einer anderen Körperstelle als den Gliedmaßen.
- Wunden an Handflächen oder Handrücken.
- Wenn der Verletzte über Taubheit, Ameisenlaufen oder Schwäche im betroffenen Glied klagt.

Verbrennungen und Verbrühungen

Verbrennungen und Verbrühungen kommen häufig bei kleineren oder größeren Unfällen zu Hause vor. Kleinere Verbrennungen ersten Grades können mit einfachen Erste-Hilfe-Maßnahmen zu Hause behandelt werden, bei schweren Verbrennungen zweiten oder dritten Grades hingegen ist eine ärztliche Behandlung im Krankenhaus erforderlich.

Im nachfolgenden Text haben Sie einige Hinweise darauf, wie man zwischen den Hauptverbrennungsgraden unterscheidet:

- *Verbrennungen ersten Grades* sind kleinere Verbrennungen mit einer schmerzhaften Rötung oder Entzündung der befallenen Haut, jedoch ohne Blasenbildung.
- *Verbrennungen zweiten Grades* erkennt man an starken Schmerzen, Blasenbildung und Flüssigkeitsansammlung unter der Haut an der betreffenden Stelle.
- *Verbrennungen dritten Grades* sind die schlimmsten Verbrennungen, bei denen Gewebe weitflächig oder in der Tiefe zerstört ist und mit Flüssigkeitsverlust und schwerem Schock einhergeht.

Ist eine Verbrennung oder Verbrühung größer als eine Handfläche, ist unverzüglich der Notarzt zu rufen!

Verbrennungen können folgendermaßen entstehen:

- Durch Berührung heißer Ofentüren, Herdplatten oder zu heißer Heizkörper.
- Durch Feuer.
- Durch Reibung.
- Zu langer Aufenthalt in der prallen Sonne.
- Elektrische Verbrennungen durch fehlerhafte oder ungenügend gewartete Elektrogeräte.
- Verätzungen durch Chemikalien bei Hautkontakt mit ätzenden Haushaltsmitteln.

Verbrühungen können folgendermaßen entstehen:

- Durch Kontakt mit sehr heißen Flüssigkeiten, z. B. versehentlich verschüttete Tassen oder Schalen mit siedend heißen Getränken oder Suppen.
- Dampfende Kochtöpfe oder Wasserkocher können böse Verbrühungen verursachen, wenn man den Deckel abnimmt, ohne die Hände etwa mit einem Topflappen oder Tuch zu schützen.
- Zu heißes Badewasser. Kontrollieren Sie stets die Wassertemperatur, bevor Sie ins Bad steigen. Kleine Kinder, Babys und ältere Leute reagieren besonders empfindlich auf derlei Verbrühungen.

Erste-Hilfe-Maßnahmen

- Stammen die Verletzungen von einem Brand, bringt man den Verletzten zuallererst von der Brandstelle weg. Bei brennender Kleidung erstickt man die Flammen mit einem schweren Stoff, den man gerade zur Hand hat, etwa einem Mantel, Vorhang oder einer Wolldecke. Ist das geschehen, behandelt man wie nachfolgend beschrieben.
- Bei einem Unfall mit elektrischen Verbrennungen schaltet man sofort den Hauptstromschalter ab oder bringt den Verletzten vom Strom weg. Dabei sollte man unbedingt daran denken, daß das Opfer möglicherweise noch immer unter Strom steht; in diesem Fall wäre jede Berührung äußerst riskant, weil der Strom auch durch den Hilfeleistenden fließen würde. Deshalb sollte man ein nicht-leitendes Material verwenden, um die Verbindung zwischen Verletztem und dem elektrischen Gerät zu unterbrechen. Dazu eignen sich etwa ein Holzstuhl oder ein hölzener Besenstiel. Ist der Strom erst einmal sicher abgeschaltet, behandelt man wie bei *Schock,* kontrolliert Puls und Atmung und befolgt, wenn nötig, den nachfolgenden Rat.
- Waschen Sie die betroffenen Stellen etwa zehn Minuten lang kalt ab oder legen Sie sie in kaltes Wasser. Haben Sie HYPERICUM- oder CALENDULA-Tinktur zur Hand, geben Sie je zehn Tropfen in einen halben Liter hinein.
- Entfernen Sie sofort sämtlichen Schmuck in der Nähe der beschädigten Haut, weil man ihn sonst kaum mehr abnehmen kann, wenn diese anschwillt.
- Legen Sie einen leichten, sauberen, nichtflusenden, nichtklebenden Verband zur Vorbeugung einer Entzündung an. Versuchen Sie auf keinen Fall, verbrannte, an der Haut klebende Kleidung zu entfernen, sondern verbinden Sie die ganze Stelle.
- Ist die Haut weitflächig betroffen, verwenden Sie besser keinen großen Verband, sondern mehrere kleine, saubere Verbände, die sich dann leichter abnehmen lassen, wenn der Verletzte im Krankenhaus eingetroffen ist.
- Behandeln Sie Verbrennungen äußerst vorsichtig und versuchen Sie, jeden Hautkontakt möglichst zu vermeiden. Stechen Sie Blasen *nie* auf, weil sie einen Schutz vor Infektionen bilden.

- Achten Sie bei schwerem Flüssigkeitsverlust bei einer Verbrennung dritten Grades darauf, daß der Verletzte regelmäßig schluckweise Wasser trinkt, um einer Austrocknung (durch übermäßigen Wasserverlust) vorzubeugen. Versuchen Sie nicht, dem Patienten Flüssigkeiten einzuträufeln, wenn er schläfrig oder bewußtlos ist.
- Wenn Sie befürchten, der Verletzte könne nachts das Bewußtsein verlieren, sehen Sie unter *Schock* nach und behandeln Sie ihn dementsprechend, nachdem Sie den Notarzt angerufen haben.
- Bei Verätzungen durch Chemikalien waschen Sie die betreffende Stelle mit reinem Wasser, um Chemikalienreste zu entfernen, und behandeln die Hautverletzung wie oben beschrieben.
- Bei Verbrennungen ersten Grades oder kleineren Verbrennungen zweiten Grades waschen Sie die betroffene Stelle mit kaltem Wasser, dem Sie URTICA-URENS-Tinktur beigefügt haben (zehn Tropfen Tinktur auf 1/2 Liter Wasser). Bei kleineren Verbrennungen kann man auch eine kalte, in URTICA-URENS-Tinktur getauchte Kompresse auflegen.
- Verbinden Sie die befallene Stelle mit einem sauberen, nichtflusenden Verband, auf den Sie CALENDULA-Creme oder eine CALENDULA-HYPERICUM-Crememischung gegeben haben.
- Diese Anweisungen gelten für alle Verbrennungen außer schwere Verbrennungen zweiten oder dritten Grades, die sofortige ärztliche Notfallhilfe und -behandlung erfordern.

Homöopathische Hilfe

Art der Verbrennung oder Verbrühung	*Allgemeine Symptome*	*Verschlechterung (durch)*	*Besserung (durch)*	*Mittel*
Kleinere Verbrennungen und Verbrühungen ohne Blasenbildung	Schmerzende, empfindliche Haut mit Rötung und Brennen, verbrannte Stelle sticht und schmerzt, Mittel kann oral verabreicht oder als Tinktur zur äußeren Anwendung verwendet werden	Berührung, kaltes Baden		URTICA

Art der Verbrennung oder Verbrühung	*Allgemeine Symptome*	*Verschlechterung (durch)*	*Besserung (durch)*	*Mittel*
Kleinere Verbrennungen zweiten Grades mit minimaler Blasenbildung	Beißende, entzündete Haut mit leichter Blasenbildung, anfangs verdünnte URTICA-Tinktur nur äußerlich, gehen die Blasen auf, wechselt man zu CALENDULA-Tinktur	Berührung, kaltes Baden		URTICA
Schwere Verbrennungen zweiten Grades	Starkes Brennen der Haut mit großen Wundschmerzen, verbrannte Haut fühlt sich roh an, rasche Blasenbildung, Brennen schlimmer bei Berührung der Haut	Berührung	Baden in kaltem Wasser	CANTHARIS
Anhaltende Schmerzen nach tiefen Verbrennungen	Schlimmer, ziehender, anhaltender Schmerz nach oberflächlicher Abheilung der Brandwunde, bei seelischem Trauma nach schwerer, tiefer Verbrennung oder Verbrühung	trockenen, kalten Wind oder Zug, Anstrengung, extreme Temperaturschwankungen	Bettwärme	CAUSTICUM
Allgemeine Schockanzeichen bei kleineren Verbrennungen oder Verbrühungen	Der Verletzte verharmlost den Unfall, lehnt Hilfe ab; zuerst eine Gabe ARNICA, dann eines der o. g. Mittel gegen Verbrennungen oder Verbrühungen	Berührung, Anstrengung, Angesprochenwerden, ruckartige Bewegungen	Tieflagern des Kopfes	ARNICA

Rufen Sie in folgenden Fällen sofort den Arzt:

- Bei einer schweren Verbrennung zweiten oder dritten Grades sowie mehr als handtellergroßen Verbrennungen oder Verbrühungen.
- Bei Anzeichen einer beginnenden Infektion, wenn Blasen aufgegangen sind. Dazu gehören Hitzeentwicklung oder Rötung an den Wundrändern sowie beginnende Eiterungen. Bei schwerer Blasenbildung sollten Sie immer dann ärztlichen Rat einholen, wenn die Blasen aufbrechen.

– Überprüfen Sie stets Puls und Atmung, wenn jemand schwere Verbrennungen erlitten hat, während Sie auf den Notarzt warten. Achten Sie auf Schockanzeichen. Dazu gehören:
  - Blasse oder bläuliche Haut
  - Schläfrigkeit, Verwirrung oder Bewußtlosigkeit
  - Oberflächliche oder schwere Atmung
  - Schwacher, rasender Puls
  - Durst
  - Übelkeit, möglicherweise Erbrechen
  - Gähnen, hecheln oder keuchen

4. Häufige Beschwerden von A bis Z

In diesem Kapitel werden eine ganze Reihe von alters- und geschlechtsunabhängigen Leiden behandelt. Viele davon könnte man »akute« Störungen nennen. Das heißt, daß sie gewöhnlich nach folgendem Muster verlaufen: sie setzen plötzlich ein, sind von kurzer Dauer und lösen sich im allgemeinen bei entsprechenden Genesungsbedingungen von selbst wieder auf. Dazu gehören etwa eine leichte Kost, wenn nötig mehr Trinken, Ruhe und es zu vermeiden, sich starken Temperaturschwankungen auszusetzen. Lesen Sie dazu im 2. Kapitel – *Homöopathie zu Hause: Wie man dieses Buch verwendet* – im einzelnen nach, wie man Akutfälle behandelt. In vielerlei Hinsicht sind die nachfolgend besprochenen Beschwerden das beste Übungsfeld für den Neuling auf dem Gebiet der Homöopathie. Das liegt daran, daß Akuterkrankungen naturgemäß klar umrissen sind und sich viele davon durch die einfachen und praktischen, im jeweiligen Abschnitt aufgeführten Maßnahmen beheben lassen. So kann sich der Anfänger nach und nach daran gewöhnen, homöopathische Heilmittel in Akutfällen einzusetzen und die Behandlung nur in solchen Situationen zu übernehmen, bei denen er sich sicher fühlt. Bei der Abhandlung komplizierterer, »chronischer« Leiden (wie z. B. Asthma) wird auch darauf hingewiesen, weshalb eine Heimbehandlung nicht angezeigt ist.

Asthma

Asthma ist ein Leiden, bei dem die Symptome von leichter Kurzatmigkeit und Engegefühl in der Brust bis zu äußersten Qualen, Keuchen und ausgesprochener Atemnot reichen. Es beginnt oft in der Kindheit und löst sich dann meist zwischen zehn und zwanzig von selbst auf. Doch tritt Asthma ganz allgemein immer häufiger auf, was wahrscheinlich mit der zunehmenden Luftverschmutzung zusammenhängt.

Wenngleich die Homöopathie dem Asthmatiker jeden Alters viel zu bieten hat, sollte diese Leiden durch einen erfahrenen Homöopathen und nicht zu Hause behandelt werden, und zwar deswegen, weil der Homöopath genau weiß, welche Sorgfalt in bezug auf die bestehende konventionelle Medikation aufzuwenden ist und wie wichtig es ist, eine Arznei *nie* von einem Tag auf den anderen abzusetzen. Eine fachärztliche homöopathische Beurteilung ist überaus wichtig, um den Fortschritt im jeweiligen Fall beobachten zu können und um auch zum geeigneten Zeitpunkt nach Absprache mit dem Hausarzt allopathische Mittel adäquat einsetzen zu können.

Außerdem ist die Meinung eines geschulten Homöopathen insofern unersetzlich, als er sämtliche Informationen über den Einzelfall bei der Wahl des angezeigten Mittels mit einbezieht. Wenn jemand beispielsweise sowohl unter Asthma als auch unter Ausschlag und/oder Heuschnupfen leidet, wird er homöopathisch so vorgehen, daß sich alle drei Leiden in ihrer Gesamtheit bessern.

Bei einer solchen Vorgehensweise entstehen manchmal beträchtliche Komplikationen, weil das eine Leiden sich kurzfristig verschlimmern kann, während beim anderen eine Besserung eintritt. Der erfahrene Homöopath verfügt jedoch über den notwendigen Weitblick, um mit der Situation umzugehen und weiß, wann man eingreifen sollte und wann Warten unerläßlich ist.

Sucht ein Asthmatiker einen Homöopathen auf, wird er höchstwahrscheinlich mit einem »Konstitutionsmittel« behandelt. Bei dieser Befunderhebung werden die geistigen, seelischen und körperlichen Symptome sowie die Krankengeschichte der Familie mit einbezogen. Zeichnet sich ein Erfolg ab, hat sich die Gesundheit und das gesamte Allgemeinbefinden des Patienten gebessert, und eingefahrene Krankheitsmuster verschwinden. Infolgedessen ist die Homöopathie eine Heilkunde, die sich nicht einfach mit einer Entfernung oder Unterdrückung von Symptomen befaßt, sondern den viel sinnvolleren Zweck verfolgt, allgemein einen besseren Gesundheitszustand anzustreben.

Soll das bestmögliche Ergebnis erzielt werden, sind Asthmatiker demnach vorzugsweise nach den obigen Ausführungen zu behandeln, und eine Selbstbehandlung zu Hause ist nicht empfehlenswert. Auch wenn

ein passendes Mittel bei einem akuten Asthmaanfall eingesetzt wird und es zu einer kurzfristigen Verbesserung führt, sind dadurch spätere Anfälle nicht unbedingt zu verhindern.
Zusätzlich zu einer fachkundigen homöopathischen Behandlung sind folgende Selbsthilfemaßnahmen manchmal von Nutzen.

Praktische Selbsthilfe

- Vermeiden Sie möglichst jeden Kontakt mit allem, was den Zustand verschlimmern könnte. Die Bandbreite problematischer Auslöser für eine Reaktion ist sehr groß und umfaßt u. a. folgende:
  - Tierfelle oder Vogelfedern.
  - Bestimmte Medikamente.
  - Infektionen des Brustraums.
  - Staub.
  - Körperübungen in eisiger, trockener Luft.
  - Pilzsporen.
  - Haushaltssprays und Reinigungsmittel.
  - Blütenpollen.
  - Manche Nahrungsmittel wie Eier, Schalentiere oder Milch.
  - Streß oder seelischer Druck.
- Praktische Maßnahmen, um einige dieser Auslöser einzudämmen, können folgende sein: die Aufenthaltsräume so staubfrei wie möglich halten, Kissen mit künstlichen Fasern statt Federn und Entendaunen zu verwenden und in der Heuschnupfensaison sooft wie möglich bei geschlossenen Türen und Fenstern im Haus bleiben.
- Ist der auslösende Faktor Streß, kümmern Sie sich um Entspannungs- und Atemtechniken. Lesen Sie dazu im 8. Kapitel – *Vom Umgang mit Streß im Alltag* – die Hinweise zum allgemeinen Umgang mit diesen Problemen.
- Kleine Schlucke eines warmen Getränks in entspannter Atmosphäre zu trinken lindert oft leichte Hustenanfälle, besonders wenn diese durch Einatmen kalter Luft ausgelöst werden.
- Bei Atemnot sollten Sie sich nicht hinlegen, weil gewöhnlich alles nur noch schlimmer wird. Die größte Erleichterung bringt Ihnen ein leicht nach vorn gebeugtes Sitzen während Sie die Ellbogen auf einer Stuhl-

lehne abstützen. Entspannen Sie sich dabei so gut wie möglich, atmen sie so gleichmäßig und leicht wie es geht und konzentrieren Sie sich darauf, den Brustkorb von innen zu öffnen.

– Vermeiden Sie Milchprodukte wie Milch, Sahne und Käse sooft Sie können. Sie sind nicht nur mögliche *Allergene* (Stoffe, die eine allergische Reaktion auslösen können), sondern sie fördern auch die Schleimbildung, was alle Leiden im Brustraum verschlimmert. Weitere mögliche Allergene sind etwa Schokolade, Fertiggerichte mit Farbstoffen und Konservierungsmitteln, Schalentiere und Erdnüsse.

Rufen Sie in folgenden Fällen sofort den Arzt:

– Bei einem schweren Asthmaanfall mit einem der folgenden Anzeichen:
  • Lautes Keuchen
  • Blasse und klamme Haut
  • Blaue Verfärbung von Haut und Lippen
  • Schnelles, oberflächliches Atmen
  • Beschleunigter Puls
  • Angst oder Panik

– Wenn ein Asthmatiker eine schwere Infektion des Brustraums bekommt.

– Wenn die Asthmaanfälle immer schwerer oder häufiger werden, wenn Heuschnupfen oder Ausschläge dazukommen.

Ausschlag (Ekzem)

Hinsichtlich ihrer schweren Auswirkungen und dem ständigen Aufflakkern sind Ausschläge dem Asthma sehr ähnlich. Anders ausgedrückt leidet der eine unter ganz leichten, zeitlich begrenzten Reizungen, während beim anderen regelmäßig große Körperflächen mit starkem, trockenem, juckendem Ausschlag bedeckt sind. Zwischen Ausschlag, Asthma und Heuschnupfen besteht ein enger Zusammenhang, und viele, die darunter leiden, leiden zeitweilig auch unter beidem oder einem beider Symptome. Oder in der Familie eines Patienten mit Ausschlag trat schon öfters Asthma oder Heuschnupfen auf.

Homöopathen betrachten ein Hautleiden wie Ausschlag oder Psoriasis als äußeren Hinweis auf eine tieferliegende Störung. Infolgedessen zielt die Behandlung darauf ab, das verlorene Gleichgewicht durch entsprechend ausgewählte homöopathische Mittel wiederherzustellen, und zwar von innen heraus an der Wurzel des Problems. Infolgedessen bessern sich die Symptome gewöhnlich von innen nach außen, wobei Nebenerscheinungen wie Kopfschmerzen, Verdauungsstörungen, Asthma oder Gelenkschmerzen vor dem Hautleiden verschwinden. Mit einsetzender Besserung kann der Homöopath anhand eines festgelegten Musters ablesen, ob sich der Zustand auch positiv entwickelt. Am wünschenswertesten ist es, wenn sich ein Ausschlag zuerst am Kopf, im Gesicht und an den oberen Gliedmaßen bessert, nach und nach weiter nach untenhin verschwindet, bis er weg ist. Wenn die Symptome auch in der umgekehrten Reihenfolge verschwinden, in der sie aufgetreten sind, ist das ein guter Hinweis darauf, daß die Ursache der Krankheit von Grund auf behoben ist.

Weil Hautkrankheiten wie Ekzeme, Schuppenflechte (Psoriasis), Nesselsucht (Urticaria), Warzen und Ausschlag mit vereiterter Blasenbildung (Impetigo) tiefliegende Ursachen haben, sollten sie nicht zu Hause selbst behandelt werden. Der Einsteiger auf dem Gebiet der Homöopathie hat kaum das notwendige klinische Wissen und genügend Erfahrung, um die Reaktionen des Patienten richtig zu deuten und gerät deshalb schnell aufs Glatteis. Darum sollte man bei einem fachlich geschulten Homöopathen Rat suchen, der den Fall den oben ausgeführten Grundsätzen entsprechend einschätzen und behandeln kann. Die folgenden Tips sind zusätzliche Hilfen.

Praktische Selbsthilfe

- Siehe auch *Praktische Selbsthilfe* unter *Asthma.* Einige der Hinweise auf Stoffe, die eine Überreaktion hervorrufen können, sind auch für Hautpatienten hilfreich.
- Ziehen Sie für Haushaltsarbeiten, bei denen Sie mit potentiellen Problemstoffen in Berührung kommen, dünne Baumwollhandschuhe an. Dazu gehört das Schneiden von Zitrusfrüchten, Tomaten oder Kartoffeln sowie die Verwendung von Putzmitteln, die auf der Haut brennen,

jucken oder stechen. Bei einer Gummiallergie sollten Sie Ihre Hände allerdings nicht mit Gummihandschuhen schützen.

- Verwenden Sie speziell für empfindliche Hauttypen oder allergieanfällige Menschen entwickelte Reinigungsmittel. Spülen Sie Ihre Wäsche immer doppelt nach, um sicherzugehen, daß möglichst alle Waschmittelreste aus Kleidern, Bettwäsche und Hand- sowie Badetüchern entfernt wurden.
- Verwenden Sie bei fleckenartigen Ausschlägen im Gesicht oder am Hals spezielle Kosmetika und Hautpflegemittel für Allergiker. Aber auch dann werden Sie möglicherweise etwas experimentieren müssen, bis Sie ein Produkt finden, das auf Ihren Typ paßt. Lassen Sie auch bei Parfüms und bei parfümierten Erzeugnissen wie Seifen, Körperlotionen oder Schaumbädern Vorsicht walten. Testen Sie das neue Produkt vor der Anwendung immer ein paar Tage lang an einer kleinen Hautstelle.
- Ein begrenzter und *maßvoller* Aufenthalt an der Sonne hilft einer recht ansehnlichen Anzahl von Ausschlag- und Psoriasispatienten. Achten Sie jedoch stets darauf, nur kurze Zeit in der direkten Sonne zu bleiben, und das nur zu Tageszeiten, wo die Sonneneinstrahlung nicht mehr so stark ist. Vermeiden Sie also Sonnenbaden am späten Vormittag, mittags und am frühen Nachmittag. Probieren Sie Sonnenschutzmittel aus, die sich für empfindliche oder allergische Haut eignen. Wie erwähnt, sollten Sie auch hier kein neues Produkt großflächig verwenden, bevor Sie es nicht sorgfältig an einer kleinen Hautstelle getestet haben. Denken Sie aber daran, daß der Ausschlag bei manchen Menschen durch Sonneneinstrahlung schlimmer wird und sie bei heißem, sonnigem Wetter besonders aufpassen sollten.
- Halten Sie trockene, juckende Hautpartien gut feucht. Verwenden Sie reichlich Emulsionscremen oder Salben, besonders nach dem Bad und bei kaltem Winterwetter. Achten Sie beim Kauf einer neuen Feuchtigkeitscreme darauf, ob sie Lanolin enthält. Es wird zwar häufig in Hautcremes und Salben gebraucht, kann aber schwere Hautreaktionen zur Folge haben, wenn man allergisch darauf reagiert.
- Bestimmte Speisen können Hautleiden wie Ausschläge verschlimmern. Dazu gehören Milchprodukte, etwa Käse und Milch, sowie Eier,

Zucker, Tomaten, Zitrusfrüchte, Kartoffeln, Fertiggerichte mit Farbstoffen und Konservierungsmitteln, außerdem Weizen in Broten, Soßen und Bindemitteln.
- Nachtkerzenöl lindert erfahrungsgemäß die Reizbarkeit der Haut. Man kann es innerlich als Kapseln einnehmen oder als Öl oder Creme auf gereizte Hautstellen auftragen. Wie gesagt, sollten Sie es vor der ersten Anwendung an einer kleinen Stelle testen.

Wenden Sie sich in folgenden Fällen an einen Arzt:
- Wenn die Haut nach ständigem Kratzen verletzt ist und Anzeichen für eine Infektion bestehen. Dazu gehören u. a. starke Entzündungen, Eiterbildung oder Schwellung.
- Wenn die Ausschläge immer häufiger, weitflächiger oder stärker werden oder sich zusätzliche Komplikationen wie Heuschnupfen oder Asthma einstellen.
- Ausschlag bei Babys oder alten Leuten.

Durchfall (Diarrhoe)

Durchfall ist ein quälendes Leiden, das entweder akut und von kurzer Dauer oder aber länger dauern und chronisch werden kann. Bei vorübergehendem Durchfall hat man gewöhnlich etwas Unverdauliches gegessen. In einem solchen Fall reagiert der Körper, indem er sich des Magen- und Darminhalts so rasch wie möglich durch Erbrechen oder Durchfall entledigt. Durchfall kann auch kurzfristig etwa bei Prüfungsangst oder durch Lampenfieber vor einem Gespräch auftreten. Halten die Ängste oder der seelische Druck längerfristig an, breitet sich das Leiden manchmal aus und verursacht Durchfall und andere Verdauungsstörungen, die man unter dem Sammelbegriff *Reizkolon* zusammenfaßt. Zusätzliche chronische Probleme, die wiederholten Durchfall auslösen können, sind etwa *Magengeschwüre, Morbus Crohn* oder die *Zöliakie.*
Die unten aufgeführten homöopathischen Arzneien sind zur Behandlung von sonst gesunden Menschen bei sporadischem, akutem Durchfall gedacht. Liegt eine längere Verdauungsstörung vor, sollte ärztlicher Rat der Eigenbehandlung vorgezogen werden.

Praktische Selbsthilfe

- Versucht der Körper etwas Unangenehmes aus dem Verdauungstrakt auszustoßen, ißt man am besten nichts mehr, weil die Lage sonst nur schlimmer wird. Eine genügende Flüssigkeitsaufnahme sollte jedoch unbedingt gewährleistet werden, um einer Austrocknung vorzubeugen; das ist bei gleichzeitigem Erbrechen und Durchfall (Brechdurchfall) besonders wichtig, weil das Austrocknungsrisiko dann ausgesprochen groß ist.
- Babys, Kleinkinder und alte Leute sind besonders anfällig für starken Flüssigkeitsverlust. Vermeiden Sie Getränke wie Tee, Orangensaft oder gezuckerte, kohlensäurehaltige Getränke; sie reizen die Magenwände. Nehmen Sie statt dessen stille Mineralwasser oder beruhigende Kräutertees wie Kamille oder Fencheltee. Denken Sie daran, daß Pfefferminze die Wirkung homöopathischer Heilmittel beeinträchtigen kann.
- Da der Körper bei starkem Flüssigkeitsverlust auch Salz verliert, kann man eine ganz schwache Salzlösung wie folgt herstellen: Sie geben einen Viertel Teelöffel Salz und vier gestrichene Teelöffel Zucker in einen halben Liter Wasser, rühren gut um, bis alles vollständig aufgelöst ist, und trinken möglichst oft davon.
- Wenn Sie Hunger haben, sehen Sie zu, daß Sie Leichtverdauliches essen wie nur irgend möglich. Klare Hühnerbrühe und Reis auf Gemüsebasis eignen sich gut, auch selbstgemachte Suppen oder püriertes Gemüse und kurz gedämpfter Fisch. Bei empfindlicher Verdauung sollten Sie u. a. folgendes vermeiden: Käse oder fettes Fleisch, Salami oder Wurst, Bohnen, Gebackenes und sahnehaltige Nachspeisen. Wenn Sie Lust auf Obst oder Gemüse haben, dämpfen sie es kurz; dann ist es leichter verdaulich.
- Denken Sie immer daran, daß die konventionellen Medikamente gegen Durchfall zwar eine vorübergehende Erleichterung verschaffen, aber auch den krampfartigen Ausstoßmechanismus blockieren, durch den sich der Körper von Reizstoffen befreien kann. Wird dieser Vorgang unterbrochen, bevor dessen Ursache behoben ist, dann ist uns manchmal übel und wir fühlen uns unwohl, obwohl der Durchfall aufgehört hat.

– Gönnen Sie sich möglichst viel Ruhe, wenn Sie sich bei Durchfall allgemein nicht wohl fühlen. Wenn Sie den Körper strapazieren, wird die Energie, die er braucht, um sich mit der Infektion auseinanderzusetzen, anderswohin gelenkt, und die Genesung dauert länger.

Homöopathische Hilfe

Art des Durchfalls	*Allgemeine Symptome*	*Verschlechterung (durch)*	*Besserung (durch)*	*Mittel*
Durchfall mit Frieren, Ängstlichkeit und Unruhe	Nach dem Essen von verdorbenem Fleisch oder Obst, zusammen mit Erbrechen, Brennen wird gelindert durch schluckweises Trinken warmer Getränke oder durch warme Anwendungen, ängstlich, reizbar, kaum zufriedenzustellen	Kalte Umgebung, Alleinsein, kalte Getränke, nachts	Wärme, Schlucke warmer Getränke, Gesellschaft, Aufsitzen im Bett	ARSENICUM ALB.
Durchfall mit großem Durst nach kaltem Wasser	Während und nach dem Durchfall kalt, blaß, klamm und zitternd, auch gleichzeitiges Erbrechen bei Lebensmittelvergiftungen, viel Pressen, kollapsähnliche Erschöpfung und Muskelkrämpfe, kann zwischen den Durchfällen Appetit haben	Bewegung, Muskelkrämpfe, Druck, nach dem Trinken	Warm zugedeckt sein, Wärme, Ruhe	VERATRUM ALB.
Durchfall mit starker Gasbildung	Krampfartiger Durchfall mit Schwäche und klammer, blasser Haut, unwillkürlich abgehender Stuhl mit heftigen Winden, beengende Kleidung um die Körpermitte verursacht großes Ungehagen	Überheizte, stickige Räume, enger Bund, Abkühlung, verdorbenes Hühnerfleisch, extreme Temperaturschwankungen	Rülpsen oder Winde, Zufächeln von Luft, frische, kühle Luft, Ausruhen mit hochgelagerten Füßen	CARBO VEG.

Art des Durchfalls	*Allgemeine Symptome*	*Verschlechterung (durch)*	*Besserung (durch)*	*Mittel*
Übermäßiger, wäßriger, schmerzloser Durchfall	Übelkeit und Schwäche nach dem Durchfall, der mit Kopfschmerzen abwechselt, lautes Gurgeln, heftiger vor Entleerung, Verschlimmerung durch Obst und Milch	Frühe Morgenstunden, nach dem Essen, Bewegung, vor, während und nach dem Durchfall	Liegen auf dem Bauch, Massage oder Streicheln	PODOPHYLLUM
Unwillkürlich herausschießender, schmerzloser Durchfall, extreme Ängstlichkeit	Kann den Stuhl nicht zurückhalten, Gefühl, als ob Anus offen sei, Durchfall mit Erschöpfung, nach Schreck oder Schock, starkes Verlangen nach kalten Getränken, die unmittelbar nach der Erwärmung im Magen erbrochen werden	Schock, kalte Luft, Erschöpfung, starke Gerüche, morgens und abends	Gutes Zureden, tiefer Schlaf, kalte Gesichtswaschung, wenig essen, kalte Getränke, bis sie im Magen erwärmt sind, Massage	PHOSPHORUS
Schmerzloser, »nervöser« Durchfall vor wichtigen Ereignissen	In sich gekehrt, matt und lethargisch vor Streßsituationen wie einer Prüfung oder einem Interview, schwere Gliederschmerzen in Armen und Beinen mit Erschöpfung, Neigung zu Kopfschmerzen und Schwindel bei Durchfall	Lampenfieber vor einer Streßsituation, Anstrengung, Angst	Ausruhen, nach vorne beugen, Wasserlassen	GELSEMIUM
Starker Durchfall direkt nach dem Essen oder Trinken	Durchfall bei Erwartungsängsten, ist redselig, erregbar und nervös, aufgeblähter Unterleib mit starken Darmgasen und lautem Rülpsen, geräuschvoller Durchfall mit Verschlechterung durch Süßspeisen, Zittern und Beben bei Durchfall	Angst, enge Räume, Süßigkeiten, kalte oder eisgekühlte Speisen, Menschenansammlungen	Frische, kühle Luft, Druck, Bewegung, Rülpsen, sich Zusammenrollen	ARGENTUM NIT.

Art des Durchfalls	*Allgemeine Symptome*	*Verschlechterung (durch)*	*Besserung (durch)*	*Mittel*
Wäßriger, schmerzloser Durchfall mit besonders starkem Stuhldrang beim Erwachen	Muß morgens zur Toilette eilen, heftiger schäumender Stuhl, roter brennender, juckender Anus wegen häufigen und starken Stuhlgangs, wartet bis zum letzten Moment	Warmes Baden, Bettwärme, Überanstrengung, Süßigkeiten, Milch, Stehen	Frische Luft, Kniee anziehen, gemäßigte Temperaturen, Schwitzen	SULFUR

Rufen Sie in folgenden Fällen sofort den Arzt:

- Bei starkem oder anhaltendem Durchfall bei Babys, Kleinkindern, Schwangeren oder alten Leuten.
- Bei Anzeichen von Austrocknung. Dazu gehören etwa:
  - Trockene Haut, die sich nach Abziehen nicht sofort wieder glättet
  - Verringerte Urinausscheidung oder stark riechender Urin
  - Eingesunkene Augen
  - Eingesunkene Fontanelle bei Babys
  - Fehlender Speichel oder Tränenfluß
- Wenn schwere Leibschmerzen und Erbrechen den Durchfall begleiten.
- Bei Anzeichen von Schleim, Eiter oder Blut im Stuhl.
- Wenn Durchfall mit Verstopfung abwechselt.
- Bei auffälliger, grundloser Veränderung des Stuhlgangs, der sich innerhalb eines angemessenen Zeitraums nicht von selbst wieder normalisiert.

Erbrechen

Ursachen, die zu Erbrechen führen, sind sehr unterschiedlich. Manchmal ist es eines der Hauptanzeichen einer Lebensmittelvergiftung (dann meist in Verbindung mit Durchfall), oder es tritt bei hohem Fieber, Magenreizung nach Alkoholmißbrauch oder als zusätzliche Komplikation bei einer Blinddarmentzündung auf. Zu den möglichen seelischen Auslösern gehören seelischer Schock oder Trauma, Lampenfieber vor einer wichtigen Prüfung, oder es handelt sich um selbst ausgelöstes Erbrechen im Zusammenhang mit einem gestörten Eßverhalten wie Bulimie.

Bei einer akuten Lebensmittelvergiftung sorgt der Brechreiz dafür, daß alles, was aus dem Magen ausgestoßen werden sollte, rasch und gründlich erbrochen wird. Dabei kann der Brechreiz jedoch längere Zeit andauern, was den Patienten erschöpft, wund macht und allgemein zermürbt. Liegen keine weiteren Komplikationen vor, sind die folgenden Selbsthilfemaßnahmen manchmal eine große Hilfe.

Eine homöopathische Selbstbehandlung kann auch hier den Körper außerordentlich unterstützen, so daß er seine Arbeit wirksamer verrichten kann. Darauf stellen sich möglicherweise folgende Erstreaktionen ein: anfänglich stärkeres Erbrechen, welches das Problem endgültig löst. Danach schläft der Patient meist lange und erwacht in einem stark gebesserten Zustand. Umgekehrt setzt das richtige homöopathische Mittel einem trockenen Würgereiz, der nun keine wirksame Funktion mehr erfüllt, rasch ein Ende.

Da Erbrechen manchmal jedoch ein Anzeichen für eine äußerst ernste Störung ist, sollten Sie *immer* unverzüglich den Arzt holen, wenn Sie Anlaß zu den geringsten Bedenken haben. Das ist besonders wichtig, wenn kleine Kinder oder alte Leute erbrechen und/oder starken Durchfall haben.

Praktische Selbsthilfe

- Sorgen Sie durch eine genügende Flüssigkeitsaufnahme dafür, daß der Körper nicht austrocknet, was bei Brechdurchfall von größter Wichtigkeit ist; sonst verliert der Körper in verhältnismäßig kurzer Zeit soviel Wasser, daß es gefährlich wird. Besteht ein Verdacht auf Austrocknung, bestätigen die folgenden Anzeichen Ihre Vermutung:
  - Eingesunkene Fontanelle (weiche Stelle am Scheitel bei Babys)
  - Verminderter Harnabgang oder konzentrierter Urin
  - Trockene oder nicht mehr elastische Haut. Versuchen Sie, die Haut auf dem Handrücken kurz mit Daumen und Zeigefinger zu kneifen. Wenn es lange dauert, bis die Haut wieder in die Ausgangslage zurückgeglitten ist, deutet dies auf eine mögliche Austrocknung hin
  - Eingesunkene oder trockene Augen ohne Tränen
- Wollen Sie einer Austrocknung vorbeugen, trinken Sie reichlich Wasser oder eine ganz schwache Salzlösung aus einem Viertel Teelöffel

Salz und vier gestrichenen Teelöffeln Zucker auf einen halben Liter Wasser. Schmeckt das Getränk unangenehm für den Patienten, nehmen Sie statt dessen klares Wasser oder stark verdünnten Fruchtsaft (vermeiden Sie Zitrusfrüchte wie Orangen- oder Grapefruitsaft, da diese den Magen noch mehr reizen).

- Da der Körper durch Erbrechen oder Durchfall versucht, den Verdauungstrakt von Giftstoffen zu befreien, sollte man ihn am besten nicht noch zusätzlich durch Essen belasten. Die Übelkeit, die häufig zwischen zwei Brechreizen anhält, sorgt in der Regel dafür, daß man nichts ißt, bis der Körper das Problem ganz behoben hat. Läßt die Übelkeit nach und ist der Appetit wiederhergestellt, sollte man darauf achten, mit ganz leicht verdaulichen Speisen zu beginnen. Vermeiden Sie Öl, Fett, scharfe Gerichte sowie Tee oder Kaffee. Wählen Sie statt dessen selbstgemachte Gemüsebrühen, Fruchtsäfte, Joghurt und gedünstetes Obst.
- Viele Menschen erbrechen lieber allein, andere bekommen Angst und geraten in Panik, wenn ihnen übel wird. Vor allem, wenn sie bislang selten erbrochen haben, hilft es zumeist, ihnen die Stirn zu halten oder ihren Kopf zu stützen.
- Nach dem Erbrechen ist es wohltuend, den Mund auszuspülen und das Gesicht mit kaltem Wasser abzutupfen.

Homöopathische Hilfe

Art des Erbrechens	*Allgemeine Symptome*	*Verschlechterung (durch)*	*Besserung (durch)*	*Mittel*
Erbrechen mit Blässe, Erschöpfung und schrecklichem Durst nach kaltem Wasser	Ständiges Verlangen nach eiskaltem Wasser, das kurz nach dem Trinken wieder erbrochen wird, heftiges Würgen mit gewaltsamen Erbrechen, schlimmer bei der geringsten Bewegung. Ist klamm, bleich mit kaltem Schweiß beim und nach dem Erbrechen, häufig bei Brechdurchfall	Trinken, jegliche Anstrengung, Berührung, Druck	Wärme, Zugedecktsein, Liegen, Milchtrinken	VERATRUM ALB.

Art des Erbrechens	*Allgemeine Symptome*	*Verschlechterung (durch)*	*Besserung (durch)*	*Mittel*
Brechanfälle mit Frösteln und Unruhe, Besserung durch Wärme	Brennender Durst, Verlangen nach eiskaltem Wasser, das sofort erbrochen wird, Ekel vor Speisen, schon bei Geruch oder dem Gedanken daran, große Ängstlichkeit während der Übelkeit, schlimmer bei Alleinsein, Brechdurchfall	Alleinsein	Wärme, Schlucke warmer Getränke, Aufsitzen im Bett, Gesellschaft, warmes Einpacken	ARSENICUM ALB.
Starke Übelkeit und Erbrechen mit Verschlimmerung bei der geringsten Bewegung	Schreckliche, beständige Übelkeit, keine Erleichterung nach Erbrechen, durstlos, das Erbrochene schäumt, wunder, aufgeblähter Magen und Unterleib mit intermittierenden kolikartigen Schmerzen	Bewegung, extreme Temperaturschwankungen, überheizte Räume, Liegen	Ruhen, Stillhalten, frische Luft, Augen geschlossen halten	IPECACUANHA
Erbrechen nach Überessen und/oder übermäßigen Alkoholkonsums	Übelkeit und Erbrechen nach Stimulantienabusus, schreckliches Würgen, Mageninhalt will nicht hochkommen, reizbar, kühl, überempfindlich, Kopfschmerzen, nach dem Erbrechen deutliche Besserung	Beim Aufwachen, kalte Zugluft, Abdecken, Überanstrengung, Lärm, Berührung, Druck durch Bund	Ungestörten Schlaf, Ruhe, Wärme, im Verlauf des Tages	NUX VOMICA
Erbrechen, sobald kalte Getränke im Magen warm werden	Entsetzlicher Durst nach kalten Getränken, die anfänglich guttun, dann aber erbrochen werden, sobald sie sich im Magen erwärmen, postoperatives Erbrechen als Reaktion auf die Narkose	Liegen auf dem Rücken, kalte Luft, warme Getränke, Reden, geistige Anstrengung	Kalte Getränke, Schlaf, Massage, Gesichtswaschung mit kaltem Wasser	PHOSPHORUS
Übelkeit und Erbrechen mit ausgesprochener Abneigung gegen Wärme	Deutliche Verschlimmerung der Symptome in warmer Umgebung, obgleich er friert, trockener Mund ohne Durst sowie Magenbrennen, das kurzzeitig durch kalte Getränke gelindert wird, weinerlich, braucht Mitgefühl und Anteilnahme	Überhitzung, Liegen, stickige Räume, warme Getränke, Frieren	Kühle, frische Luft, kalte Getränke, Abdecken, Mitgefühl, sich ausweinen	PULSATILLA

Rufen Sie in folgenden Fällen sofort den Arzt:

- Wenn Verdacht auf Austrocknung besteht, besonders bei Kleinkindern oder alten Leuten.
- Bei Leibschmerzen während des Erbrechens, besonders wenn sie um den Nabel beginnen und nach rechts ausstrahlen.
- Bei hohem Fieber, Kopfschmerzen, steifem Nacken und bei Lichtempfindlichkeit mit Erbrechen.
- Beim geringsten Anzeichen auf frisches oder dunkles, getrocknetes, wie »Kaffee gemahlenes« Blut im Erbrochenen.
- Wenn Übelkeit und Erbrechen sich regelmäßig über längere Zeit hinziehen und mit Gewichts- und Appetitverlust sowie allgemeinem Unwohlsein einhergehen.
- Bei Übelkeit und Erbrechen nach einer Kopfverletzung.
- Bei starken Schmerzen in oder um ein Auge mit verschwommener Sicht.
- Bei mühelosem Erbrechen ohne Übelkeit mit wiederkehrenden Kopfschmerzen beim Erwachen.

Erkältungen

Nur sehr wenige Menschen entgegen den Unannehmlichkeiten gewöhnlicher Erkältungen. An sich sind sie zwar nur eine geringfügige Erkrankung, aber die damit verbundenen Komplikationen wie ein Restkatarrh oder zusätzliche Stirn- oder Nebenhöhlenentzündung können noch wochenlang Beschwerden bereiten, nachdem die ursprüngliche Erkältung schon längst vorbei ist. Für diejenigen, die im Winter unter rezidivierenden Erkältungen leiden, ist das Problem noch größer, weil sie dann einen Großteil der Wintermonate hindurch generell nicht ganz auf dem Damm sind.
In diesem Zusammenhang hat die Homöopathie sehr viel zu bieten. Wenngleich ein geeignetes homöopathisches Mittel eine Erkältung kaum sofort unterbricht (besonders wenn sie schon weit fortgeschritten ist), kann es doch sehr zu einem günstigeren Verlauf der Symptomatik verhelfen. Die Erkältungsstadien gehen schneller und leichter vorüber, was wiederum das Risiko von Nachwirkungen und Komplikationen wie den oben beschriebenen vermindert.

Im allgemeinen kann man sagen, daß eine Erkältung drei Stadien durchläuft. Zum ersten gehören anfängliches Niesen, ein gereizter Hals und ein allgemeines Unwohlsein. Im zweiten Stadium entsteht gewöhnlich ein Schnupfen mit laufender oder verstopfter Nase und möglicherweise ein lästiger Husten. Im dritten Erkältungsstadium hat sich der Husten wahrscheinlich etwas gelöst, oder er wechselt von trockenem zu lockerem Husten. Die Schleimabsonderungen aus Nase und Rachen haben vielleicht eine gelblich-grüne Farbe, und Nase und Ohren fühlen sich häufig verstopft an.

Dies sind zwar die gewöhnlichen Stadien, unter denen Erkältete leiden, aber manche durchlaufen das erste und zweite Stadium ohne den Verlauf des dritten, während die anfänglichen Erkältungsstadien anderen nicht allzu sehr zu schaffen machen, das dritte sich jedoch ewig hinzieht. Für diejenigen unter uns mit geringen Abwehrkräften gegen Infektionen verschwimmen die Grenzen zwischen den einzelnen Erkältungsstadien, weil eine Erkältung in die nächste überzugehen scheint und der Eindruck entsteht, es handele sich um eine nicht endenwollende, Wochen oder Monate dauernde Krankheit.

Praktische Selbsthilfe

- Nehmen Sie bei den ersten Anzeichen einer Erkältung einige Tage lang täglich ein Gramm Vitamin C zu sich. Es ist in Tabletten zu 1 Gramm, 500 mg (einem halben Gramm) oder 250 mg (einem Viertelgramm) erhältlich. Im letzten Fall verteilt man die vier Tabletten über den Tag, nimmt sie also morgens, mittags, nachmittags und abends ein. Zusätzliches Vitamin C scheint den Körper bei der Eindämmung von Entzündungsvorgängen zu unterstützen. Daher ist es oft hilfreich, kurzzeitig eine Vitamin-C-Kur zu machen, und zwar sobald Sie merken, daß Sie mit einem Erkältungsvirus in Berührung gekommen sind und nicht krank werden wollen. Menschen mit Nierensteinen sollten vermeiden, viel Vitamin C über längere Zeit einzunehmen.
- Gönnen Sie sich im Anfangsstadium einer Erkältung soviel Ruhe wie möglich, um die körpereigenen Abwehrkräfte zu unterstützen. Setzen Sie die Energie, die zur Verarbeitung der Erkältung erforderlich ist, anderweitig ein, dauert es meist länger, bis Sie wieder gesund sind.

Treten Sie langsamer, brauchen Sie in der Regel nicht so lang zu Hause zu bleiben. Zudem stellen Sie fest, daß Sie bei Ihrer Rückkehr effektiver arbeiten können als wenn Sie sich zu früh gezwungen hätten – ganz abgesehen davon, daß Sie auf diese Weise die Erkältung im ansteckenden Stadium nicht an Ihre Kollegen weitergegeben haben.

- Trinken Sie soviel Wasser wie möglich, um den Körper bei seiner Ausscheidung von Giftstoffen zu unterstützen. Vermeiden Sie Getränke, die dem Körper Wasser entziehen wie Kaffee, starken Tee und koffeinhaltige, colaartige Getränke. Trinken Sie statt dessen kaltes Wasser und wählen Sie einen erfrischenden Fruchttee als warmes Getränk.
- Halten Sie sich in einer möglichst gleichmäßigen Temperatur auf, um sich nicht zu überhitzen oder auszukühlen. Beide Extreme belasten den Körper zusätzlich, weil zum erforderlichen Wärmeausgleich mehr Energie nötig ist. Dieser Vorgang wird erschwert, wenn der Körper mit seinen eigenen extremen Temperaturschwankungen fertigwerden muß.
- Wenn Sie schon früher Atemwegsinfekte, Stirn- oder Nebenhöhlenentzündungen nach Erkältungen bekommen haben, sollten Sie zusätzlich Knoblauch als natürliches antibakterielles Mittel in Erwägung ziehen. Es löst dicken, farblosen Schleim wohltuend auf.
- Vermeiden Sie es, die Leber zusätzlich durch schwere Speisen und Getränke zu belasten. Die Leber ist eines der Hauptorgane zur Körperentgiftung und sollte bei einer akuten Erkrankung möglichst bei ihrer Aufgabe unterstützt werden. Essen Sie also fettarm und wenden Sie sich statt dessen leichtverdaulichen Suppen, Salaten oder leicht gegartem Fisch oder Huhn zu. Wenn Sie keinen Hunger haben, brauchen Sie gar nicht unbedingt zu essen, aber achten Sie darauf, so viel wie möglich zu trinken. Lassen Sie hingegen Alkohol lieber weg, weil er der Leber zuviel zu schaffen macht.

Homöopathische Hilfe

Art der Erkältung	*Allgemeine Symptome*	*Verschlechterung (durch)*	*Besserung (durch)*	*Mittel*
Frühstadium nach Aufenthalt im kalten Wind	Plötzlich heftige Symptome, die zuerst Nase, Augen und Hals befallen, fiebrig mit trockenem Hals und ausgesprochenem Durst	Kälte, Berührung, nachts, Lärm	Ausruhen, frische Luft	ACONITUM
Frühstadium mit rasch einsetzendem Fieber	Heiß, trocken und glühend mit steigender Temperatur, Haut, Nase und Hals sind hellrot und entzündet, Schluckbeschwerden infolge Halsschmerzen; nippt an Getränken, Beschwerden meist auf der rechten Seite	Ruckartige Bewegungen, Licht, Lärm, Flachliegen, Berührung	Aufsitzen im Bett, leichtes Zudecken, Ausruhen	BELLADONNA
Frühstadium mit Ohren- und Halsschmerzen	Gesichtsfarbe wechselt im Anfangsstadium zwischen rot und blass, wunder, geschwollener Hals, schlimmer durch Speichelschlucken, hört schlecht, Ohrenschmerzen	Nachts, Bewegung, Stoß, Kälte, kalte Getränke	Hinlegen, kalte Umschläge	FERRUM PHOS.
Starker Schnupfen mit tränenden Augen und Triefnase	Brennende, schmerzende Augen mit ständigem, mildem Tränenfluß, Triefnase mit wunden Nasenflügeln und Oberlippe, ständig heftige Niesanfälle mit brennendem Nasensekret	Überheizte Räume, abends, Feuchtigkeit	Baden, Bewegung, kühle, frische Luft	ALLIUM CEPA
Heftiger Schnupfen mit ausgiebiger, brennender Absonderung aus den Augen	Tränenden Augen und Triefnase mit lockerem Husten, reichlich mildes Nasensekret mit scharfbrennenden, schmerzenden, tränenden Augen	Sonne, warme Räume, Aufenthalt im Wind, abends	Blinzeln oder Augenreiben, frische Luft	EUPHRASIA

Art der Erkältung	*Allgemeine Symptome*	*Verschlechterung (durch)*	*Besserung (durch)*	*Mittel*
Erkältungssymptome verschlimmern sich im Laufe der Nacht	Frösteln, fühlt sich krank, ist unruhig und ängstlich, Brennen in Augen, Nase und Hals, Linderung durch Wärme, Engegefühl in der Brust, Keuchen bei lästigem trockenem Husten, muß mit Kissen gestützt aufsitzen, um sich wohler zu fühlen	Aufenthalt im Kalten, im Laufe der Nacht, Liegen auf der schmerzenden Seite, Anstrengung	Wärme, schluckweise warmes Trinken, Wärmflasche, Bewegung, Aufsitzen, Gesellschaft	ARSENICUM ALB.
Schnupfen mit allgemein verkatertem Gefühl und Kopfschmerzen	Müde, reizbar und nörgelig, sehr empfindlich gegen kalte Zugluft, deutliche Besserung bei Ruhe, verstopfte Nase v. a. nachts, Nasenlaufen tags und bei Wärme	Gestört werden, Kälte, laute Geräusche, Beruhigungsmittel oder Stimulantien, beim Aufwachen	Friedliche Umgebung, Wärme, tiefer Schlaf, im Verlauf des Tages, warme Getränke	NUX VOMICA
Erkältungen mit klaren Absonderungen, Triefnase, rinnt wie ein Wasserhahn	Trockene, aufgesprungene Lippen mit Herpes, Nasensekret entweder farblos – triefend oder wie Eiweiß, Atemnot wegen verstopfter Nase	Sonnenlicht, Trost, Anstrengung, Lärm, Berührung	Alleingelassenwerden, kühle Umgebung, kalte Umschläge, Mahlzeiten auslassen, frische Luft	NATRIUM MUR.

Rufen Sie in folgenden Fällen sofort den Arzt:

- Bei schweren Erkältungsanzeichen bei Kleinkindern oder alten Leuten.
- Bei schweren Halsentzündungen, wenn der Patient schon früher einmal rheumatisches Fieber hatte.
- Wenn die Atmung mühsam, keuchend oder beengend wird, besonders bei Menschen, die früher Asthma hatten.
- Wenn Kleinkinder starke Ohrenschmerzen haben.
- Bei Fieber, das nicht auf Selbsthilfemaßnahmen anspricht, besonders bei Kleinkindern und alten Leuten.

Grippe

Jeder, der schon einmal Grippe gehabt hat, kennt den Unterschied zwischen einer Grippe und einer Erkältung. Grippe ist eine sehr schwächende Erkrankung, die eine ganze Reihe von Symptomen heraufbeschwören kann, angefangen von Unwohlsein, schmerzenden Gliedern, Frösteln, bis zu hohem Fieber, Halsentzündungen, reichlichen Sekretabsonderungen, heftigem Husten, Übelkeit und Appetitverlust. Nach einer Grippe ergeben sich manchmal zusätzliche Komplikationen wie Bronchitis, Nebenhöhlenschmerzen, Depressionen und eine lang anhaltende Schwäche oder Erschöpfung. Es gibt jedoch eine Reihe praktischer Schritte, die wir zur Stärkung der Abwehr vornehmen können, um erstens einer Grippe vorzubeugen, und dazu noch verschiedene Strategien, um die Komplikationen nach einer Grippe auf ein Minimum zu beschränken und die Heilung zu beschleunigen.

Praktische Selbsthilfe

Wenn Sie mit Grippepatienten zusammenkommen und Ihre Abwehr allgemein stärken wollen, erweisen sich die folgenden Maßnahmen meistens als hilfreich:

- Nehmen sie zusätzlich Vitamin C ein, damit Ihr Körper die Infektion besser in den Griff bekommt. Obwohl Vitamin C auch mit der Nahrung aufgenommen wird, essen doch wenige ausreichend frisches Obst und rohes Gemüse, damit dies in dieser Lage nützt. Nehmen Sie in Grippezeiten täglich ein Gramm (1000 mg) zu sich, am besten in vier Gaben zu je 250 mg auf den ganzen Tag verteilt. Wenn sie unter Verdauungsbeschwerden wie überschüssiger Magensäure oder Durchfall leiden oder schon einmal Nierensteine hatten, sollten sie die Dosis verringern.
- Essen Sie mehr Vitamin-C-haltige Speisen. Besonders viel davon ist in rohem Paprika, Tomaten und Zitrusfrüchten enthalten. Denken Sie daran, daß dieses Vitamin beim Kochen schnell zerstört wird oder oxydiert, wenn man es zubereitet und vor dem Verzehr länger stehenläßt. Vitamin C bleibt am besten erhalten, wenn man Obst und Gemüse so rasch wie möglich nach dem Waschen, Abrubbeln oder Schneiden ißt. Versuchen Sie, immer genügend Obst oder rohes Gemüse zu essen, um

möglichst viele Vitamine aufzunehmen. Am besten dämpfen Sie Gemüse, weil Geschmack und Beschaffenheit dann erhalten bleiben und Sie vermeiden, daß wichtige Nährstoffe ins Kochwasser übergehen.

- Lassen Sie leberschädigende Speisen und Getränke beiseite, weil wir zur Entgiftung des Körpers auf die gesunde Funktion dieses Organs angewiesen sind. Alkohol ist für die Leber besonders schädlich und entzieht zudem dem Körper Vitamin C. Wenn wir also zur Stärkung der körpereigenen Abwehr mehr davon einnehmen, ist es sinnvoll, gleichzeitig auf Alkohol zu verzichten. Übrigens belasten Farbstoffe und Konservierungsmittel in Fertiggerichten die Leber auch. Sie werden nur verwendet, um das Gericht länger haltbar und appetitlicher zu machen. Auch sehr fette Speisen sowie rotes Fleisch, raffiniertes (weißes) Mehl und (weißer) Zucker sollten auf ein Minimum reduziert werden.
- Zu den Nahrungsmitteln, die nachgewiesenermaßen das Wohlbefinden und die Abwehr gegen Ansteckungen steigern, gehörten viel Obst und frisches Gemüse, Vollkorngetreide, Knoblauch, Fisch und die ganzen Proteine aus Hülsenfrüchten und Getreide. Auch sollte man zur Entgiftung des Körpers möglichst viel Wasser trinken, Kaffee und Tee dagegen vermeiden.
- Stellen sich erste Grippeanzeichen wie Frösteln, Muskelschmerzen und ein allgemeines Unwohlsein ein, ruht man in diesem Stadium am besten möglichst oft, um den Körper bei seiner Arbeit gegen die Infektion zu unterstützen.
- Vermeiden Sie es, sich starken Temperaturschwankungen auszusetzen, wenn Sie fiebern. Die Anpassung an große Hitze- oder Kälteunterschiede draußen erhöht die Erkältungsgefahr und stellt zusätzliche Anforderungen an den Körper.
- Zwingen Sie sich im Anfangsstadium der Krankheit nicht zum Essen, wenn sie keinen Hunger haben. Es ist viel wichtiger, ausreichend zu trinken, um das Fieber zu senken. Wasser ist zwar das beste, aber warme oder kalte Kräutertees beruhigen manchmal ebenso oder sagen Ihnen zu.
- Vermeiden Sie Milchprodukte und Milchgetränke nach Möglichkeit, weil sie eine Schleimbildung stark anregen. Auch Süßspeisen wären aus demselben Grund auf ein Minimum zu reduzieren.

- Wenn Ihnen Husten oder Engegefühl in der Brust nachts besonders zu schaffen machen, schlafen Sie lieber nicht ganz flach, sondern legen Sie sich zwei oder drei Kissen unter den Kopf. Und wenn ein Schluck Kaltes Ihnen guttut, nehmen Sie ein Glas Wasser mit ans Bett.
- Achten Sie darauf, bei der erstbesten Gelegenheit Knoblauchtabletten zu nehmen, wenn Sie schon früher einmal nach einer Grippe Komplikationen im Brustraum oder den Nebenhöhlen hatten. Bis die Schleimbildung stark zurückgegangen ist oder aufgehört hat, wären dreimal täglich zwei Tabletten empfehlenswert.
- Wenn Sie sich genügend Zeit zur vollständigen Ausheilung Ihrer Grippe nehmen, erübrigen sich weitere Komplikationen wahrscheinlich, und Sie genesen insgesamt schneller. Manchmal kann man zwar schlecht oder gar nicht von der Arbeit wegbleiben, aber wenn man an die Beschwerden denkt, die das postvirale Syndrom mitbringt, gibt man doch eher der Vernunft den Vorrang.

Homöopathische Hilfe

Art der Grippe	*Allgemeine Symptome*	*Verschlechterung (durch)*	*Besserung (durch)*	*Mittel*
Setzt rasch und heftig mit sehr hohem Fieber ein (hilfreich innerhalb der ersten 48 Stunden)	Plötzliche, heftige Symptome mit wundem rotem Hals und trockener, heißer Haut, hohes Fieber, dampfende Hitze, starker, schneller Puls, Unruhe, Reizbarkeit, Licht- und Lärmempfindlichkeit	Ruckartige Bewegungen, Lärm, helles Licht, kalte Zugluft, Gestörtwerden	Aufsitzen im Bett, Zimmertemperatur, Ruhe	BELLADONNA
Setzt rasch nach Unterkühlung ein (hilfreich innerhalb der ersten 48 Stunden nach Ausbruch der Krankheit)	Schreckliche Ängstlichkeit und Unruhe bei einsetzender Krankheit, hohes Fieber mit heißem Kopf und kaltem Körper, Hitzeschübe und Schüttelfrost, übermäßige Schmerzempfindlichkeit macht unruhig und verzweifelt, großer Durst nach großen Mengen kalten Wassers	Starke Temperaturschwankungen, überheizte Räume, nachts, Alkohol	Frische Luft, nach tiefem Schlaf, Schwitzen	ACONITUM

Art der Grippe	*Allgemeine Symptome*	*Verschlechterung (durch)*	*Besserung (durch)*	*Mittel*
Langsame, schleichende Entwicklung der Symptome über Tage hinweg	Typische Anzeichen von Schwere, Frösteln und schweren, schmerzenden Gliedern, müde Lider über glasigen Augen, trübrote Haut, trockene, aufgesprungene Lippen, ständiges Bedürfnis, sich hinzulegen, Abneigung gegen jede Anstrengung	Überhitzung, direkte Sonne, kalte Zugluft, Denken an die Beschwerden	Frische Luft, Stimulantien, Schwitzen, Urinieren	GELSEMIUM
Reizbar mit Neigung zu Kopfschmerzen, während die Krankheit sich langsam entwickelt	Schlechte Laune und unzufrieden bei allgemeinem Unwohlsein, Gefühl von Austrocknung mit heißer, blasser, trockener Haut, Verlangen nach kaltem Wasser, Verstopfung. Starke Kopfschmerzen, die bei jeder Bewegung schlimmer werden	Wärme, stikkige Räume, körperliche Anstrengung, beim Aufstehen vom Liegen oder Sitzen, gleich bei der ersten Bewegung nach dem Ruhen	Stillhalten, kalte Getränke, Druck auf die schmerzenden Stellen, Schwitzen	BRYONIA
Grippeanzeichen mit starken Knochenschmerzen	Schwäche, Unruhe, Frieren, zerschlagenes Gefühl in Muskeln der Gliedmaßen, Brust und Rücken, Übelkeit, Mattigkeit, wunde, schmerzende Brust wegen ständigen Hustens	Kälte, morgens, Liegen auf der schmerzenden Stelle, Bewegung, Anblick oder Geruch von Essen, Husten	Schwitzen, Erbrechen, Angesprochenwerden	EUPATORIUM
Hohes Fieber mit extremem Kälteempfinden und Unruhe	Ängstlich, niedergeschlagen, schreckliche Kälte, brennende Schmerzen, Besserung durch Wärme, Engegefühl in der Brust mit Pfeifen, trockener, lästiger Husten, nachts schlimmer, Aufsitzen lindert, spärlicher klarer, ätzender Nasenschleim, Brennen in den Nasenlöchern	Nachts, Alleinsein, kaltes Essen oder Getränke, kühle Umgebung, Anstrengung	Aufgestützt im Bett ruhen, Wärme, Wärmflasche, Gesellschaft, schluckweise warme Getränke, frische Luft	ARSENICUM ALB.

Art der Grippe	*Allgemeine Symptome*	*Verschlechterung (durch)*	*Besserung (durch)*	*Mittel*
Starke Halsschmerzen mit geschwollenen Drüsen, nächtliche Verschlimmerung	Schrecklich unruhig, unwohl und ängstlich, alles schlimmer nachts im Bett, schwitzt, fröstelt, überall Schmerzen, besonders in den Drüsen, grünlich-gelber Nasenschleim	Extreme Hitze oder Kälte, nachts, Schwitzen, feuchte, kalte Umgebung, Erhitzung	Ausruhen, Zimmertemperatur	MERCURIUS
Weinerlich bei ausgeprägten Grippesymptomen	Dicke gelblich-grüne Absonderungen aus Nase und Brust, nachts lockerer, ausgiebiger Husten, der morgens trocken wird, fröstelt, trotzdem schlimmer in warmen, stickigen Räumen, trockener Mund, kein Durst	Warme, ungelüftete Räume, Ausruhen, warmes Essen und Getränke, Vernachlässigtwerden, nachts	Kühle, frische Luft, leichte Bewegung, kaltes Essen und Getränke, sich ausweinen	PULSATILLA
Extreme Unruhe und Niedergeschlagenheit, starker Verschlechterung der Symptome nachts	Wälzt sich nachts im Bett auf der Suche nach einer bequemen Stellung, kann nicht schlafen wegen Muskelschmerzen, Unruhe und Niedergeschlagenheit, harte, entzündete Drüsen und dicke, grüne Schleimabsonderungen	Kälte und Feuchtigkeit, nachts, Stillhalten	Wärme, warme Dusche oder Bad, leichte Bewegung, die nicht anstrengt	RHUS TOX.

Rufen Sie in folgenden Fällen sofort den Arzt:

- Bei Halsschmerzen bei jemandem, der schon einmal rheumatisches Fieber hatte.
- Wenn Muskelschmerzen und allgemeines Unwohlsein mit einem steifen Nacken, starken Kopfschmerzen und Lichtempfindlichkeit einhergehen.
- Bei hohem Fieber bei Babys, Kleinkindern oder alten Leuten.
- Bei anhaltend hohem Fieber und Erschöpfung bei sonst kerngesunden Erwachsenen.
- Bei einer besonders schweren Symptomatik, die auf die Selbsthilfemaßnahmen nicht anspricht.
- Bei sehr langsamer Genesung und wenn die Grippe extreme Müdigkeit und Depression zur Folge hat.

Halsschmerzen

Halsschmerzen reichen von einem leicht entzündeten bis schmerzenden Hals als Vorbote einer Erkältung bis hin zu einer voll entwickelten Mandelentzündung. Bei letzterer handelt es sich manchmal um hochentzündliche Prozesse mit Fieber, Erschöpfung, Kopfschmerzen und Erbrechen. Bei schweren Halsentzündungen schwellen die Drüsen im Hals oft stark an und schmerzen.

Pharyngitis (Rachenschleimhautentzündung) entsteht, wenn sich der Rachenraum (Pharynx) zwischen den Mandeln und den Stimmbändern infolge einer Virus- oder bakteriellen Infektion entzündet. Die Anzeichen sind zwar ähnlich wie bei der Mandelentzündung, nur milder.

Laryngitis (Kehlkopfentzündung) hingegen entsteht infolge einer bakteriellen oder Virusinfektion des Kehlkopfs (Larynx) oberhalb der Luftröhre. Solche Infektionen folgen in der Regel auf Halsschmerzen oder eine Erkältung, die Anzeichen sind Heiserkeit, Stimmverlust und Fiebrigkeit.

Praktische Selbsthilfe

- Halten Sie den Hals durch häufiges Trinken und durch Lutschtabletten gut feucht. Denken Sie aber daran, kampfer-, eukalyptus- oder mentholhaltige Präparate zu vermeiden, während Sie homöopathische Mittel einnehmen, weil ihre Wirkung durch die ätherischen Öle beeinträchtigt wird. Greifen Sie lieber zu Fruchtpastillen, z. B. schwarze Johannisbeeren.
- Vermeiden Sie Rauchen oder längere Aufenthalte in einer rauchigen Umgebung, weil dies den Hals reizt oder entzündet. Gönnen Sie Ihrer Stimme möglichst Ruhe und vermeiden Sie starke Temperaturschwankungen.
- Gurgeln Sie bei starken Halsschmerzen in regelmäßigen Abständen mit einer verdünnten Lösung aus HYPERICUM- und CALENDULA-Tinktur. Nehmen Sie dazu zehn Teile Wasser auf einen Teil Tinktur. Ebenso können Sie verdünnten Zitronensaft mit Honig oder Salzwasser dazu verwenden.
- Nehmen Sie zusätzlich Vitamin C ein, um den Körper bei seiner Ab-

wehr gegen die Infektion zu unterstützen. Lesen Sie die entsprechenden Angaben zur Dosierung sowie die weiteren Hinweise zur Behandlung grippeähnlicher Symptome unter *Praktische Selbsthilfe* bei *Grippe* nach.

- Verwenden Sie einen handelsüblichen Luftbefeuchter oder stellen Sie Schalen voll Wasser an geeigneten Stellen in der Nähe von Kaminen oder Heizkörpern auf, um die Luft feucht zu halten.
- Trinken Sie viel, um das Fieber niedrig zu halten und den Körper bei der Entgiftung zu unterstützen. Vermeiden Sie wassertreibenden Tee und Kaffee und wenden sich statt dessen Wasser, frischen Fruchtsäften, warmem Zitronensaft mit Honig oder Kräutertees zu. Letztere trinken Sie warm oder eisgekühlt.
- Ruhen Sie sich möglichst häufig aus, am besten im Bett. Wenn Sie sich die Zeit dazu freinehmen können, verläuft die Genesung schneller.

Homöopathische Hilfe

Art der Halsschmerzen	*Allgemeine Symptome*	*Verschlechterung (durch)*	*Besserung (durch)*	*Mittel*
Frühstadium nach Aufenthalt an kalter Luft	Schnelle Ausbreitung heftiger Halsschmerzen nach Kälte oder schwerem Trauma, schreckliche Unruhe und Fiebrigkeit mit Schmerzüberempfindlichkeit, Schmerzen und Beschwerden durch Schlucken schlimmer	Warme Räume, nach Aufenthalt in kaltem Wind oder Zugluft, nachts, starke oder plötzliche Temperaturwechel	tiefen Schlaf, gemäßigte Temperatur	ACONITUM
Anfangsstadium starker Halsschmerzen mit hellrot entzündetem Hals und sehr hohem Fieber	Rasch entstehende, heftige Symptome, reizbar, geistig und körperlich überempfindlich auf Sinnesreize, hellroter Hals, trockene, heiße, gerötete Haut. Großes Verlangen nach Zitronensaft, muß sich zum Schlucken nach vorne beugen, Erdbeerzunge	Verkühlung, Trinken, Reden, leer Schlucken, helles Licht, Lärm, ruckartige Bewegungen	sitzend, im Bett ruhen, gemäßigte Temperatur	BELLADONNA

Art der Halsschmerzen	*Allgemeine Symptome*	*Verschlechterung (durch)*	*Besserung (durch)*	*Mittel*
Frühstadium, mit schmerzendem, aufgedunsenem und ödematösem Hals	Starke, stechende Schmerzen im Hals mit rosaglänzender Schwellung, anfangs schwillt der Hals rasch an, schreckliche Empfindlichkeit gegen Wärme in jeder Form, die die Symptome stark verschlimmert, unruhig, zappelig	Warme Getränke, warme Decken oder Umschläge, Ausruhen, Berührung	kalt baden, kalte Getränke, Herumgehen	APIS
Halsschmerzen mit Stimmverlust und Heiserkeit	Durst nach kalten Getränken bei brennenden Halsschmerzen, ständiger Drang, sich zu räuspern bei ausgesprochener Empfindlichkeit gegen kalte Luft oder Temperaturschwankungen, ist der Brustraum mit befallen, nicht selten trockener, kitzliger, pfeifender Husten	Plötzliche Temperaturwechsel, Sprechen, abends, Alleinsein, Angst	Kalte Getränke, Schlaf, Zuspruch	PHOSPHORUS
Laryngitis infolge seelischen Traumas	Ständige Heiserkeit oder Halsschmerzen Verlust oder seelischem Schock, ständiges Gefühl, über einen Kloß oder Knoten im Hals hinweg zu schlucken, Beengtheit erzeugt Erstickungsgefühl, geschwollene Mandeln mit stechenden Schmerzen, die bis ins Ohr ausstrahlen	Berührung, kalte Luft, Rauchen, seelischer Streß oder Druck	Beschäftigung, Essen, Schlucken	IGNATIA
Ausgeprägte Halsschmerzen mit übelriechendem Atem und vermehrter Speichelabsonderung	Fiebrig, unruhig und schwitzend bei Halsschmerzen und harten, geschwollenen Drüsen, alle Absonderungen vermehrt und übelriechend, häufig geschwollene Zunge mit Zahnabdrücken am Zungenrand, friert sehr leicht und ist ebensoleicht erhitzt	Nachts, Abkühlung oder Erhitzung, Bettwärme, Schwitzen	Gemäßigte Temperatur, Ausruhen	MERCURIUS

Art der Halsschmerzen	*Allgemeine Symptome*	*Verschlechterung (durch)*	*Besserung (durch)*	*Mittel*
Ausgeprägte Halsschmerzen mit äußerster Empfindlichkeit auf kalte Zugluft	Außerordentlich wunder Hals wie roh, mit geschwollenen Drüsen, verträgt überhaupt keine Kälte oder leisesten Luftzug, schmerzendes, spitzes, klebriges Gefühl im Hals, als stecke eine Fischgräte oder Splitter darin fest	Kalte Zugluft, Abdekken, Berührung, Anstrengung, nachts	Wärme, warme Kopfbedeckung, Feuchtigkeit	HEPAR SULF.
Stark entzündete und geschwollene Mandeln, rechts schlimmer	Dunkel- oder bläulichrote Entzündung des Halses mit weißlich-grauen Flecken auf den Mandeln, brennende Halsschmerzen, werden beim Schlucken und durch warme Getränke viel schlimmer, pochende Schmerzen in der rechten Mandel und Heiserkeit	Bewegung, Feuchtigkeit und Kälte, heiße Getränke, Wärme	Ruhen	PHYTOLACCA
Linksseitige Halsschmerzen, die beim Aufwachen viel schlimmer sind	Symptome links, oder sie beginnen rechts und wandern nach links, Engegefühl im Hals, schlimmer durch Berührung oder jeglichen Druck um den Hals durch Kleidung, leer schlucken schmerzt mehr als Nahrung schlucken	Beim Erwachen nach dem Schlaf, morgens, Wärme, Leerschlucken, heiße Getränke, Druck auf den Hals	Kühle Luft, kalte Getränke, Schlukken von Essen	LACHESIS
Von rechts nach links wandernde Halsschmerzen	Beschwerden und Schmerzen im Hals werden durch kalte Getränke schlimmer, wiederkehrende Halsschmerzen mit entzündeten Mandeln, Engegefühl, als stecke ein Ball im Hals	Kalte Speisen und Getränke, Überhitzung, beim Erwachen, zwischen 16 und 20 Uhr, Essen	Warme Getränke, Bewegung, Beschäftigung oder Ablenkung	LYCOPODIUM

Rufen Sie in folgenden Fällen sofort den Arzt:

- Bei Patienten mit starken Halsschmerzen, die schon einmal akuten Rheumatismus hatten.
- Bei Anzeichen eines Ausschlags oder hohen Fiebers.
- Bei Eiter- oder Geschwürbildung an den Mandeln.
- Bei extremen Halsschmerzen mit Schluckbeschwerden.
- Bei Halsschmerzen bei Kleinkindern mit anhaltend hohem Fieber.
- Bei jedem Anzeichen von Atemnot oder unkontrolliertem Speichelfluß.

Heuschnupfen

Homöopathen stufen Heuschnupfen als chronisches Leiden ein (schon länger bestehende, latente Störungen, die dann immer wieder zum Ausbruch kommen). Um gute Ergebnisse zu erzielen, sollten Sie auch von einem Homöopathen behandelt werden. Da die akuten Symptome eines Heuschnupfenanfalls jedoch einer gewöhnlichen Erkältung sehr ähneln, kann man sich durch ein homöopathisches Mittel kurzfristige Linderung verschaffen. Dieses kann sich momentan sehr positiv auswirken und eine Alternative zu Antihistaminen sein, weil Nebenwirkungen wie Schläfrigkeit wegfallen. Andererseits muß betont werden, daß man damit kaum die tieferliegende Störung, die zum akuten Ausbruch geführt hat, beheben kann. Wenn man also mit einer Heimbehandlung von akuten Heuschnupfensymptomen Erfolg hat, lohnt es sich trotzdem, einen Homöopathen zu Rate zu ziehen, um dem Leiden auf den Grund zu gehen.

Praktische Selbsthilfe

- Trinken Sie mehr Wasser und vermeiden Sie wassertreibende Getränke wie Kaffee oder Tee.
- Waschen Sie die Augen und spülen Sie die Nasengänge so oft wie nötig mit kaltem Wasser.
- Dampfinhalationen können Linderung verschaffen, wenn die Luftwege sich gereizt und empfindlich anfühlen.
- Bleiben Sie möglichst zu Hause, wenn erwiesenermaßen viel Pollen in der Luft sind.

- Versuchen Sie zusätzliche Reizmittel zu vermeiden, die Ihre Sensibilität verschlimmern könnten. Dazu gehören Parfüms, Tierfelle und Staub.
- Eine Sonnenbrille ist wohltuend für die Augen; vermeiden Sie jedoch Kontaktlinsen, die die Augen reizen und noch empfindlicher machen könnten.
- Versuchen Sie möglichst, die Augen nicht zu reiben. Das verschafft nur momentane Linderung und verschlimmert nur die Schwellungen und den Juckreiz um die Augenpartien.

Homöopathische Hilfe

Art des Heuschnupfens	*Allgemeine Symptome*	*Verschlechterung (durch)*	*Besserung (durch)*	*Mittel*
Rasch aufgedunsene, geschwollene Augen und Hals	Aufgedunsene, rosarot geschwollene Augen; Lider sind aufgedunsen wie »Wassersäcke«, Jucken und Stechen in Augen und Hals, schreckliche Empfindlichkeit auf Hitze	Wärme in jeglicher Form, Stillhalten, Berührung	Kühle Luft, kalt Baden, kalte Umschläge, Bewegung	APIS
Heuschnupfen mit Brennen, Linderung durch Wärme	Aufgedunsenheit und Schwellungen um die Augen mit brennenden Tränen und Lichtempfindlichkeit, häufiges Niesen, wenig Sekret, aber klar und brennend, besonders nachts Reizung und Engegefühl in der Brust	Kälte, nachts, im Freien	Wärme, im Haus, Ausruhen	ARSENICUM ALB.
Heuschnupfen mit reichlich wäßrigem Nasensekret, das ständig wie aus einem Hahn tropft	Starke Lichtempfindlichkeit mit juckenden, brennenden Augen, muß im hellen Sonnenlicht ständig niesen, abwechselnd dünne, wäßrige und dickere Nasenabsonderung wie Eiweiß, trockene, aufgesprungene Lippen und Herpes nach Aufenthalt in der Sonne	Hitze, Sonne, Trösten, Aufhebens machen, Anstrengung	Kühle Luft, kaltes Baden der gereizten Teile, in Ruhegelassenwerden	NATRIUM MUR.

Art des Heuschnupfens	*Allgemeine Symptome*	*Verschlechterung (durch)*	*Besserung (durch)*	*Mittel*
Heuschnupfen mit milden Tränen und brennendem Nasensekret	Ständiges Niesen mit scharfen Absonderungen aus der Nase, die auf der Oberlippe brennen, reagiert empfindlich auf den Geruch von Blumen und Obst, reichlich nicht wundmachende tränende Augen	Wärme, feuchtes Wetter, abends	Baden, kühle, frische Luft, Bewegung	ALLIUM CEPA
Heuschnupfen mit mildem Nasensekret und brennendem Tränenfluß	Die Augen tränen ständig und fühlen sich an, als schwämmen sie, heißes, brennendes Sekret aus den Augen rötet die Lidränder und macht sie wund, reichlich milder Nasenschleim	Wärme, im Haus, windiges Wetter, abends	An frischer Luft, Augenreiben, Blinzeln	EUPHRASIA
Heuschnupfen mit heftiger Reaktion auf den Geruch von Blumen, oder der Gedanke daran	Trockenes Kitzeln breitet sich von der Nase über den ganzen Körper aus, Geruchsempfindlichkeit mit reichlichem Nasenschleim, einseitig verstopfte Nase nach vergeblichen Niesreflexen	Kühle Luft, kalte Getränke, starke Gerüche, geistige Anstrengung	Wärme, frische Luft, Schlucken	SABADILLA
Heuschnupfen mit dikkem, gelblich-grünem Nasenschleim	Fröstelt, fühlt sich aber dennoch in warmer Umgebung viel schlechter, Verlangen nach frischer, kühler Luft, nachts verstopfte Nase, tagsüber dünnflüssige Absonderungen, ist bedrückt und weinerlich	Wärme, stikkige Räume, Liegen, abends oder nachts	Kühle, frische Luft, kalte Umschläge, kalt Baden, leichte Bewegung, Mitgefühl	PULSATILLA
Heuschnupfensymptome, die beim Aufwachen am schlimmsten sind	Bei Beschwerden gereizt und schlecht gelaunt, schreckliche Empfindlichkeit bei geringstem kalten Luftzug und gegen starke Gerüche, blutunterlaufene Augen mit juckenden Ohren und Kitzeln im Hals, fühlt sich allgemein schlecht	Unterbrochenen Schlaf, beim Aufwachen, kalte Zugluft, Streß	Wärme, Feuchtigkeit, tiefen Schlaf, Ruhe, im Lauf des Tages	NUX VOMICA

Wenden Sie sich in den folgenden Fällen an einen Arzt:

- Bei Verschlimmerung schwacher Heuschnupfenanfälle, besonders wenn sie mit Atemnot oder pfeifendem Atem einhergehen.
- Wenn die Selbstbehandlung im Akutstadium mit dem entsprechenden Mittel vorübergehend greift, sollte ein Homöopath zu Rate gezogen werden, um das Problem von Grund auf zu behandeln. Das ist besonders wichtig, wenn der Heuschnupfen mit Asthma und/oder Ausschlag zusammen auftritt.

Husten

Ein hartnäckiger Husten ist häufig eines der lästigsten und kraftraubendsten Überbleibsel nach einer schweren Erkältung oder Grippe. Obwohl viele dann versucht sind, nach einem Hustenmittel zu greifen, um kurzfristig von einem hackenden Husten befreit zu sein, sollte man dennoch verstehen, weshalb er da ist und was der Husten eigentlich bewirken soll. Mit dem Husten versucht der Körper, vorhandenen Schleim in den Luftwegen zu lösen und sich davon zu befreien. Verläuft dieser Reflex erfolgreich, husten wir Schleim ab und atmen infolgedessen danach besser. Wenn wir bedenken, wie wichtig das zur Linderung einer Stauung im Brustkorb ist, wirkt sich die Unterdrückung des Hustens langfristig gesehen kaum wohltuend aus. Allerdings entsteht dabei häufig ein erfolgloser Hustenreiz. Mit anderen Worten hustet man in regelmäßigen Abständen ohne daß sich die Lage bessert. Wenn die Symptomatik sich soweit entwickelt hat, kann ein geeignetes homöopathisches Mittel dem Körper den nötigen Ansporn geben, seine Aufgabe besser zu erfüllen. Daraufhin löst sich der Husten meist rasch, so daß der notwendige Schleim abgehustet und die Brust frei wird. Ein entsprechendes Mittel trägt auch zur Linderung der infolge ständiger Hustenanfälle schmerzenden Brustmuskeln bei.

Praktische Selbsthilfe

- Verwenden Sie einen Luftbefeuchter. Das ist in Räumen mit Zentralheizung oder Klimaanlage besonders wichtig. Entweder kaufen Sie dazu einen Apparat oder Sie behelfen sich mit Wasserschalen, die Sie in der Nähe von Radiatoren oder Heizungsrohren aufstellen.

- Nehmen Sie zusätzlich Knoblauch ein, um die Schleimauflösung zu fördern und die Verbreitung von Bakterien einzudämmen. Empfehlenswert sind zwei Kapseln dreimal täglich, bis der Husten nachläßt. Auch zusätzliches Vitamin C hilft manchmal. Lesen Sie die empfohlene Dosierung im Abschnitt *Selbsthilfe* unter *Erkältungen* nach.
- Ist der Husten nachts lästig, ist es oft eine große Hilfe, den Kopf auf zwei oder drei Kissen hochzulagern. Beim Flachliegen wird der Brustraum eher zusammengedrückt, was die Atmung erschwert.
- Vermeiden Sie abendliche Milchgetränke, da diese die Schleimproduktion anregen. Nehmen Sie auch weniger Milchprodukte wie Käse, Milch und Sahne zu sich, da sie den Brustraum zusätzlich durch zu große Schleimproduktion verstopfen.
- Dampf trägt viel zur Linderung des trockenen Krupphustens bei. Dampfinhalationen oder Verweilen in einem Badezimmer mit viel Dampf helfen, wenn die Hustenanfälle in trockener, kalter Luft schlimmer werden.

Homöopathische Hilfe

Art des Hustens	*Allgemeine Symptome*	*Verschlechterung (durch)*	*Besserung (durch)*	*Mittel*
Trockener, pfeifender Husten, Besserung durch Aufsitzen	Husten wird nachts und in den frühen Morgenstunden schlimmer, Pfeifen aus beengter Brust mit Unruhe und Ängsten, kalte Luft verschlimmert, Wärme lindert, bei Hustenanfällen Brennen in der Brust	Kalte Luft, kalte Getränke, nachts, früh morgens, Liegen	Wärme, Aufsitzen im Bett, Gesellschaft, leichte Bewegung	ARSENICUM ALB.
Hartnäckiger Kitzelhusten mit schmerzender Brust	Trockener Husten wegen Reizung im Kehlkopf, preßt nach wiederholten Hustenanfällen die Hand auf die Brust, um Muskelschmerzen zu lindern, tiefes Einatmen verschlimmert den Husten	Beim Betreten eines warmen Zimmers, Bewegung, tiefe Atemzüge, trockene Kälte oder Hitze, Berührung	Kühle, frische Luft, Druck auf die Brust, Stillhalten, Aufsitzen	BRYONIA

Art des Hustens	*Allgemeine Symptome*	*Verschlechterung (durch)*	*Besserung (durch)*	*Mittel*
Brustenge mit Heiserkeit und gelbem Auswurf	Husten beginnt oder verschlimmert sich nach starken Temperaturveränderungen, laugt aus, strengt die Bauchmuskulatur an, Brennen in der Brust mit abwechselnd trockenem und lockerem Husten	Liegen auf der linken Seite, Reden, starke Gerüche, morgens und abends	Nach dem Schlafen, Stillsitzen, Massage, gutes Zureden	PHOSPHORUS
Blecherner Husten mit schwer abhustbarem Schleim	Husten beginnt mit einem Kitzeln im Hals, fadenziehendender, klebriger Schleim kann nur schwer abgehustet werden, häufig im Endstadium einer Erkältung mit Stauung in Brust und Nebenhöhlen erforderlich	Frische Luft, Kälte und Feuchtigkeit, Essen, Schlafen	Abhusten, Wärme	KALIUM BICH.
Schwere, in Erbrechen übergehende Hustenanfälle	Husten beginnt, sobald der Kopf das Kissen berührt, erschöpfende Hustenanfälle kurz hintereinander, Husten wird durch Reden ausgelöst, Reizung wie bei einer Krume oder Feder im Hals	Hinlegen, Wärme, Reden, nach Mitternacht, Lachen, Bücken	Frische Luft, Druck	DROSERA
Heiserer, kratzender Hals mit kruppartigem Husten	Beängstigendes Erstickungsgefühl, als würde man durch einen Schwamm atmen, Brennen in Brust und Hals, das sich nach kalten Speisen und Getränken verschlimmert, erwacht mit dem unangenehmen Gefühl, einen Fremdkörper im Hals zu haben	Trockene, kalte Winde, Erwachen aus dem Schlaf, körperliche Anstrengung, Reden	Warmes Essen oder Trinken	SPONGIA
Erstickender Husten durch den geringsten kalten Luftzug ausgelöst	Bellender Husten mit dickem, gelbem, in der Brust rasselndem Schleim, lockerer Husten mit Abhustschwierigkeiten, abends und nachts viel schlimmer	Abdecken, trockene, kalte Luft, Berührung, Anstrengung, nachts	Warme Umgebung, sich warmhalten, feuchte Hitze, Feuchtigkeit	HEPAR SULF.

Art des Hustens	*Allgemeine Symptome*	*Verschlechterung (durch)*	*Besserung (durch)*	*Mittel*
Durch Berührung des Halses ausgelöste Hustenanfälle	Schlaflosigkeit wegen ständigen Hustens, Erstickungsanfälle mit Atemnot, wundes Brennen in der Brust mit Verschlimmerung durch tiefen Atemzug, reichlich dünner, schaumiger Schleim	Kalte Luft, tiefe Atemzüge, Temperaturschwankungen, Bewegung, Druck auf den Hals, Essen	Warmhalten, Zudecken des Mundes	RUMEX
Ausgeprägter, lockerer Husten mit dickflüssigem, gelblich-grünem Auswurf	Die meisten Symptome werden in stickiger, überheizter Umgebung schlimmer, auch Liegen oder Stillsitzen sind unangenehm, trockener Husten am Abend abwechselnd mit lockerem Husten am Morgen, süß, salzig oder bitter schmeckender Schleim	Stickige, ungelüftete Räume, morgens und abends, nachts im Bett, Ausruhen, nach dem Essen	Kühle, frische Luft, leichte Bewegung, Abdekken, Mitgefühl, Zuwendung	PULSATILLA

Rufen Sie in folgenden Fällen sofort den Arzt:

- Bei starkem Keuchen ohne frühere Asthmavorkommen.
- Wenn ein hartnäckiger Husten auch nach vernünftigen Selbsthilfemaßnahmen nicht nachläßt, besonders bei ständig abnehmendem Wohlbefinden und Energieverlust.
- Bei starkem Husten bei Kleinkindern oder alten Leuten.
- Bei starken Schmerzen im Brustraum.
- Bei Atemschwierigkeiten oder ausgeprägten Beschwerden bei Kleinkindern.
- Wenn ein Fremdkörper eingeatmet wurde.
- Bei Anzeichen von Schläfrigkeit oder Verwirrung.

Kopfschmerzen

Es gibt viele Faktoren, die Kopfschmerzen auslösen können. Dazu gehören Streß, hohes Fieber, unregelmäßige oder schlechte Eß- und Trinkgewohnheiten sowie eine schlechte Haltung. Wenn man herausfindet, welche Elemente in der eigenen Lebensweise Kopfschmerzen verursachen, ist man in einer ausgezeichneten Lage, um das Problem zu beheben.

Es gibt große Unterschiede in der Art und Stärke der Kopfschmerzen. Nachfolgend die hauptsächlichen Kopfschmerzkategorien, mit denen wir es vielleicht zu tun bekommen.

- *Verspannungskopfschmerzen* werden durch angespannte Nacken-, Schulter-, Kopf- und Gesichtsmuskeln ausgelöst.
- *Gefäßkopfschmerzen* entstehen durch Erweiterung der Blutgefäße, die Kopf und Nacken versorgen.
- *»Kater«-Kopfschmerzen* sind das Ergebnis von zuviel Alkohol. Diese Schmerzen gleichen den Gefäßkopfschmerzen, weil Alkohol die Blutgefässe erweitert.
- *Migräne* ist eine tiefergreifende Störung, die starke Kopfschmerzen, Sehstörungen, Übelkeit, Erbrechen, Orientierungslosigkeit und ein allgemeines Unwohlsein zur Folge hat.
- *Neuralgien* treten sporadisch auf und befallen nur eine Seite des Kopfes. Der Schmerz ist manchmal heftig und weckt den Patienten häufig aus dem Schlaf. Das Auge auf der befallenen Seite tränt stark und die Nase läuft solange der Schmerz andauert. Diese Kopfschmerzen treten manchmal über einige Stunden und Tage und danach monatelang nicht mehr auf.

Praktische Selbsthilfe

- Sind Verspannungskopfschmerzen das Problem, dann fangen Sie an, sich nach einer Methode umzusehen, bei der Sie entspannen und loslassen lernen. Möglich sind u. a. Yoga, Meditation oder regelmäßige Massagen.
- Lesen Sie die detaillierten Hinweise auf Entspannungsmöglichkeiten und den Umgang mit Anspannung im 8. Kapitel – *Vom Umgang mit Streß im Alltag* – nach.
- Sehen Sie zu, daß die Arbeitsbedingungen das Problem nicht verschärfen. Viele Kopfschmerzen entstehen durch gebücktes Sitzen über dem Schreibtisch in einer schlecht beleuchteten oder ungelüfteten Umgebung. Achten Sie also bei der Behebung dieses Problems darauf, daß

die Räume gut belüftet sind und genügend frische Luft vorhanden ist. Kontrollieren Sie, ob der Stuhl gut unter den Schreibtisch paßt, die Füße bequem auf dem Boden stehen und der Rücken genügend Halt hat. Bürobeleuchtungen sollten hell, aber nicht grell sein. Neonröhren sind für Migräneanfälle häufig ein Auslöser.

- Vermeiden oder reduzieren Sie Speisen und Getränke, die das Problem nur verstärken. Dazu gehören Alkohol, Kaffee, Schokolade und Käse. Achten Sie darauf, tagsüber in regelmäßigen Abständen genügend Wasser, Fruchtsäfte oder Kräutertees zu trinken: manche Kopfschmerzen entstehen durch Flüssigkeitsmangel.
- Vermeiden Sie im Umgang mit Schmerz eine allzu große Abhängigkeit von Schmerzmitteln. Auch wenn es hin und wieder angezeigt oder nötig sein mag, bei schweren Kopfschmerzen ein Analgetikum einzunehmen, sollten Sie es stets vermeiden, gleich als erstes zu Schmerzmittel zu greifen. Zu den möglichen Risiken im Zusammenhang mit einer regelmäßigen Einnahme von schmerzstillenden Mitteln gehören Verstopfung, Übelkeit, Schwindel, Benommenheit, erneute Schmerzen bei Absetzen des Mittels und eventuell Abhängigkeit. Denken Sie auch daran, daß besondere Sorgfalt im Umgang mit paracetamolhaltigen Medikamenten erforderlich ist: die Höchstdosis sollte auf keinen Fall überschritten werden, da sonst ein Leberschaden entstehen kann.
- Tragen überanstrengte Augen zum Problem bei, lassen Sie Ihre Augen untersuchen. Das ist besonders in den Vierzigern wichtig, weil in dieser Zeit Weitsichtigkeit bei Leuten einsetzt, die vorher noch keine Brille brauchten.
- Achten Sie auf genügend guten und erholsamen Schlaf. Das ist speziell bei einer angespannten Lebensweise nötig. Sehen Sie zu, daß die Vorhänge das Licht genügend abschirmen, der Raum weder zu kalt noch zu warm, gut gelüftet und einigermaßen schalldicht ist. Vermeiden Sie vor dem Zubettgehen anregende Arbeiten und trinken Sie dann auch keine koffeinhaltigen Getränke mehr. Entscheiden Sie sich statt dessen für einen beruhigenden Kräutertee wie Kamille oder ein Milchgetränk, vorausgesetzt, Sie haben keinen Katarrh oder eine übermäßige Schleimabsonderung.

Homöopathische Hilfe

Art der Kopfschmerzen	*Allgemeine Symptome*	*Verschlechterung (durch)*	*Besserung (durch)*	*Mittel*
Linksseitige Kopfschmerzen, die im Schlaf entstehen	Kopfschmerzen mit Benommenheit, schlimmer beim Augenschließen, Kopf droht zu zerspringen, Schmerzen ziehen sich vom linken Auge zum linken Nasenflügel, durch Sonneneinstrahlung oder durch Überhitzung	Morgens, beim Aufwachen, Wärme, vor oder nach der Menstruation, Alkohol, Bewegung, Augenschließen	Kalte Umschläge, frische Luft, Einsetzen von Absonderungen	LACHESIS
Kopfschmerzen mit dem Gefühl, ein Band liege über die Augen	Kopfschmerzen mit unangenehmer Benommenheit, vom Hinterkopf bis über die Augen, schmerzende Kopfhaut, allgemeines Schweregefühl und Erschöpfung, Schmerzen auch durch Erwartungsängste ausgelöst	Streß, Bewegung, Hitze, Sonnenlicht, Rauchen, Feuchtigkeit	Reichlichen Harnabgang, sich nach vorne Neigen, Schwitzen, Aufstützen des Kopfes mit Kissen	GELSEMIUM
Kopfschmerzen, die bei heller Sonne, vor oder nach der Menstruation oder durch starke Hustenanfälle ausgelöst werden	Starke, explosionsartige Kopfschmerzen in der Scheitelgegend oder über den Augen, niedergeschlagen und in sich gekehrt	Nach der Periode, geistige Anstrengung, Sprechen, Trost, Lärm, Berührung, Sonnenlicht	Kühle, frische Luft, kaltes Baden, Ausruhen mit hochgelagerten Kopf, Auslassen von Mahlzeiten, in Ruhe Gelassenwerden	NATRIUM MUR.
Kater-Kopfschmerzen mit Übelkeit und Reizbarkeit	Bei Kopfschmerzen nach zu üppigem Essen, Kaffee- oder Alkoholkonsum, Schwere im Hinterkopf mit Übelkeit und Verstopfung, frühmorgens am schlechtesten, überaus lärmempfindlich	Beim Aufwachen, vormittags, Kälte und zugige Umgebung, Streß, Gestörtwerden, Rauchen	Im Verlauf des Tages, in Ruhe Gelassenwerden, Wärme, erholsamer Schlaf	NUX VOMICA

Art der Kopfschmerzen	*Allgemeine Symptome*	*Verschlechterung (durch)*	*Besserung (durch)*	*Mittel*
Kopfschmerzen und Erschöpfung wegen ausgelassenen Mahlzeiten	Kopfschmerzen wegen Unterzuckerung, die sich durch regelmäßiges Essen geringer Mengen bessern, stechende Schmerzen über einem (in der Regel dem linken) Auge mit Übelkeit und Benommenheit, schlechter im Haus, besser an frischer Luft, niedergeschlagen, verzweifelt, kommt nicht zurecht	Vor der Menstruation, in der Schwangerschaft, morgens und abends, beim Einschlafen, Bücken, Geschlechtsverkehr	Bettwärme, warme Umschläge, nach ausgiebigem Schlaf, kraftvolle Bewegungen an frischer Luft, Druck	SEPIA
Starke, pochende Kopfschmerzen mit Verschlimmerung bei der geringsten Bewegung	Kopf droht zu zerspringen, Schmerzen häufig durch Austrocknung mit trockenem Mund, trockener Haut sowie Verstopfung, ziehen vom linken Auge bis zur Schädelbasis, sehr empfindliche Kopfhaut, die bei der leichtesten Berührung schmerzt	Warme, stickige Zimmer, Bewegung, Bücken, Husten, Essen, Berührung, Anstrengung	Fester Druck, kühle Umgebung, Ruhe, kalte Getränke, Stillhalten	BRYONIA
Kopfschmerzen bei Wetterveränderungen, z. B. vor einem Gewitter, bei Hunger, nach Schreck oder Schock	Schmerzen über einem Auge durch Heißhunger, pochende Schmerzen nach Schreck oder seelischem Schock, Schwindel beim Aufwachen	Liegen auf der schmerzenden Seite, Schock, kalte Luft, Wettersturz, morgens und abends, geistige Anstrengung	Massage, Essen nach tiefem Schlaf, kalte Gesichtswaschung, kalte Getränke	PHOSPHORUS
Rechtsseitige neuralgische Kopfschmerzen mit Schwindel und Übelkeit	Zersprengende, pochende Kopfschmerzen mit brennender Absonderung aus dem Auge auf der befallenen Seite, Einsetzen der Schmerzen in der Pubertät, Schwangerschaft oder Wechseljahren, starke Verschlimmerung in stickigen, überheizten Räumen	Mangel an frischer Luft, Stillhalten, abends und nachts, üppige, fette Speisen, Liegen, vor der Menstruation	Leichte Übungen an frischer Luft, kalte Umschläge, Druck auf die schmerzende Stelle, Gesellschaft, Trost, sich Ausweinen	PULSATILLA

Art der Kopfschmerzen	*Allgemeine Symptome*	*Verschlechterung (durch)*	*Besserung (durch)*	*Mittel*
Wiederkehrende Übelkeitskopfschmerzen wegen niedrigen Blutzuckerspiegels	Schwindel und Kopfschmerzen hinter der Stirn, schlimmer beim Bücken, pochende Schwere im Scheitel oder beengtes Gefühl um das Gehirn, muß regelmäßig essen, um Schmerz und Müdigkeit in Schach zu halten	Überhitzung, zu große körperliche Anstrengung, vormittags, Stehen, Süßspeisen	Frische Luft, Bewegung, Spazierengehen	SULFUR

Rufen Sie in folgenden Fällen sofort den Arzt:

- Bei wiederkehrenden oder täglichen Kopfschmerzen beim Aufwachen.
- Bei Kopfschmerzen, die jeweils länger als einen Tag anhalten.
- Bei Kopfschmerzen mit steifen Nacken, hohem Fieber oder Lichtempfindlichkeit.
- Bei Übelkeit oder Schläfrigkeit nach einer Kopfverletzung.
- Bei starken Schmerzen, Übelkeit oder Erbrechen, nachdem man den Kopf nach vorne geneigt hat.
- Wenn Schmerzmittel regelmäßig gegen rezidivierende Kopfschmerzen eingenommen werden müssen.
- Bei Übelkeit, Erbrechen und verschwommener Sicht, die durch Kopfschmerzen ausgelöst werden oder bei starken Schmerzen in und um ein Auge.

Nebenhöhlenentzündung (Sinusitis)

Eine Nebenhöhlenentzündung ist ein schmerzhafter und häufig sehr unangenehmer Zustand, den man an folgenden Merkmalen erkennt:

- Ständiges Gefühl, die Nase sei verstopft, mit Atembeschwerden.
- Wiederkehrende Kopfschmerzen um die Augenhöhlen, den Nasenrücken oder die Backenknochen.
- Druck oder Völlegefühl in Gesicht und Kopf beim Bücken oder Vorwärtsneigen.

- Wiederkehrender unangenehmer Geschmack im Mund und/oder unangenehmer Geruch in der Nase.
- Dicker, gelblich-grüner, festsitzender Schleim.

Chronische oder länger anhaltende Nebenhöhlenbeschwerden läßt man am besten vom Homöopathen behandeln, wenn man ein gutes Resultat erzielen möchte. Bei gelegentlichen und leichteren Verläufen klingen die Symptome jedoch rasch ab, wenn Sie die folgenden Selbsthilfemaßnahmen befolgen und ein sorgfältig ausgewähltes homöopathisches Mittel einnehmen.

Praktische Selbsthilfe

- Vermeiden Sie schleimbildende Nahrungsmittel. Dazu gehören Milchprodukte, also Milch, Käse, Joghurt und Milchgerichte wie Nachtische oder üppige Soßen. Auch gesüßte Speisen und Getränke tragen oft zur Verschlimmerung des Leidens bei.
- Bei einer Erkältung versuchen Sie, Nebenhöhlenkomplikationen durch Einnehmen von Knoblauchkapseln (dreimal täglich zwei Tabletten) sowie Vitamin C (ein oder zwei Gramm täglich, solange die Erkältungsanzeichen andauern) vorzubeugen. Trinken Sie häufig ein Glas Wasser und achten Sie auf eine möglichst leichte Ernährung aus frischem, gedämpftem Gemüse, Salaten, Suppen, frischem Obst und Fruchtsäften.
- Öffnen Sie die Fenster, damit Sie in zentralgeheizten Räumen genügend frische Luft haben; beugen Sie zu großer Trockenheit mit Wasserbehältern neben jedem Heizkörper vor. Wenn die Nase stark verstopft ist, hilft manchmal ein Aufenthalt im dampfenden Badezimmer.
- Lassen Sie sich nicht versuchen, die Nase allzu stark zu schneuzen, sonst verschlimmern sich Unwohlsein und Schmerzen. Blasen Sie lieber nur leicht in ein wegwerfbares Papiertaschentuch. Vermeiden Sie Stofftaschentücher, an deren Bakterien Sie sich nur ständig neu infizieren.

Homöopathische Hilfe

Art der Nebenhöhlenentzündung	*Allgemeine Symptome*	*Verschlechterung (durch)*	*Besserung (durch)*	*Mittel*
Dicker, gelblich-grüner, milder Schleim, verstopfte Nasenlöcher, Verschlechterung in stickigen Räumen	Kopfschmerzen besser an frischer Luft und durch leichte Bewegung, allgemein weinerlich, niedergeschlagen, kränkelig, abends und nachts verstopfte Nase, morgens reichliche Sekretion	Stickige, geheizte Räume, Liegen, warme Umschläge, abends und nachts, sich vernachläßigt Fühlen	Frische, kühle Luft, im Freien, kühle Umschläge, leichte Bewegung an frischer Luft, sich ausweinen, Trost	PULSATILLA
Entzündete Nebenhöhlen mit ständigen Schmerzen an der Nasenwurzel	Fadiger, grünlicher klebriger Nasenschleim, der sich schwer löst, unangenehmer Geruch in der Nase, Schmerzen und Druck am Nasenrücken und über den Augen	Kälte und Feuchtigkeit, frische Luft, Schlaf, Vornüberneigen, Alkohol	Wärme, Druck, Bewegung	KALIUM BI.
Dicker gelber Schleim mit schrecklicher Empfindlichkeit gegen kalte Luft	Übelriechende Absonderung aus der Nase mit ständigem Niesen oder verstopfte Nase bei Kälte, Schmerzen wie wund auf dem Nasenrücken, die sich bis in die Gesichtsknochen ausbreiten, reizbar und schlecht gelaunt	Kälte und Durchzug, Abdecken, Berührung, Lärm, Anstrengungen, nachts	Wärme, Warmhalten des Kopfes, Feuchtigkeit	HEPAR SULF.
Schmerzende Nebenhöhlen mit übelriechendem gelblich-grünem Schleim und schlechtem Atem.	Ständiges Niesen mit Nasensekretion, die zu dick ist, um abzufließen, alle Absonderungen wie Schweiß, Schleim, Speichel nehmen ständig zu und sind übelriechend, hinzu kommen Zahn- und Ohrenschmerzen	Extreme Temperaturschwankungen, nachts, Schwitzen, Verkühlen	Gemäßigte Temperaturen, Ausruhen	MERCURIUS

Art der Nebenhöhlenentzündung	*Allgemeine Symptome*	*Verschlechterung (durch)*	*Besserung (durch)*	*Mittel*
Trockene, verstopfte Nase mit schmerzenden Nebenhöhlen	Verlust des Geruchssinns bei ständig verstopfter Nase, Nebenhöhlenkomplikationen nach wiederkehrenden, schlecht ausheilenden Erkältungen, nach Verkühlung und Feuchtigkeit	Kalte, feuchte Luft, Lärm, Licht, Berührung, ruckartige Bewegungen	Warmhalten des Kopfes, Wärme mit Feuchtigkeit	SILICEA
Einseitige Nebenhöhlenschmerzen mit gelber Absonderung aus der Nase	Starke Schmerzen um die Augenhöhlen machen die Augen müde und schwer, blutdurchzogener Nasenschleim, abwechselnd reichlich oder trocken, Nasengänge fühlen sich geschwollen an, überempfindlicher Geruchssinn	Liegen auf der schmerzenden Seite, Liegen auf dem Rücken, Kalte, frische Luft, morgens, abends	Schlaf, kühle Gesichtswaschungen, Massagen	PHOSPHORUS

Rufen Sie in folgenden Fällen sofort den Arzt:

- Bei starken Nebenhöhlenschmerzen, die innerhalb einiger Stunden nicht auf die Selbsthilfemaßnahmen ansprechen.
- Bei hohem Fieber und allgemeinem Unwohlsein zu den Nebenhöhlenschmerzen.
- Bei hartnäckig übelriechendem gelbem oder grünen Nasensekret.
- Bei wiederkehrenden Nebenhöhlenentzündungen, die nicht auf die Selbsthilfemaßnahmen ansprechen.

Schuppenflechte (Psoriasis)

Lesen Sie unter *Ausschlag* nach, warum bei chronischen Hauterkrankungen eine Selbstbehandlung nicht zu empfehlen ist.

Magenverstimmung und Verdauungsstörungen

Es gibt verschiedene Grade von Magenverstimmung und auch sehr unterschiedliche Gründe dafür. Sie ist ein häufiges Anzeichen für einen allzu angespannten Lebensstil, der mit schlechten Eßgewohnheiten einhergeht. Verdauungsstörungen und Sodbrennen kommen auch immer wieder in der Schwangerschaft vor, besonders in den letzten Monaten, in denen immer mehr Druck auf die Verdauungsorgane ausgeübt wird.

Da Verdauungsstörungen ein Anzeichen für ein tieferliegendes Leiden sein können, holt man am besten fachärztlichen Rat ein, wenn die Symptome nach einer Veränderung der Lebensweise und der Ernährung nicht zurückgegangen sind. Es sollte auch betont werden, daß es keine Lösung ist, die Symptome kurzfristig durch regelmäßiges Einnehmen von Mitteln gegen Magensäure einzudämmen; sie wirken nur vorübergehend und tragen wenig dazu bei, dem Problem auf den Grund zu gehen.

Ein geeignetes homöopathisches Mittel aus der nachfolgenden Tabelle kann die Beschwerden bei gelegentlichen Magenverstimmungen deutlich lindern. Allerdings ist es ratsam, sich bei hartnäckigen Störungen von einem Homöopathen beraten zu lassen. Homöopathische Mittel sind als Anstoß zur vorübergehenden Behandlung gedacht. Müssen sie regelmäßig eingenommen werden, um die Besserung aufrechtzuerhalten, ist dies ein Hinweis darauf, daß ärztlicher Rat nottut, um die Wurzeln des Problems zu behandeln. Man sollte auch wissen, daß leichte oder selten auftretende Magenverstimmungen meist gut auf eine einfache Umstellung der Ernährung und Lebensweise ansprechen!

Praktische Selbsthilfe

- Man vergißt nur zu leicht, daß die Verdauung anfängt, bevor die Nahrung im Magen ist. Durch Kauen wird sie in kleine Teile zerlegt, wobei der Speichel als Schmiermittel dient und die Absonderung von Verdauungsenzymen im Mund ermöglicht. Daher kann gar nicht genug betont werden, wie wichtig es ist, das Essen gut zu kauen. Wenn eine Mahlzeit hinuntergeschlungen wird, hat es der Magen viel schwerer, seine Arbeit zu tun. Häufig entstehen dann Unbehagen, ein Überschuß an Magensäure und übermäßige Gasbildung.

- Manche Nahrungsmittel sind erwiesenermaßen schwerverdaulich und sollten bei einem leicht verstimmten Magen vermieden oder in Maßen gegessen werden. Zu den Nahrungsmitteln, die am ehesten Verdauungsstörungen hervorrufen, gehören Kohl, Rosenkohl, rohe Zwiebeln oder Paprika, rotes Fleisch mit reichhaltigen Soßen, vollfette Hartkäse und scharfe oder stark gewürzte Gerichte wie Curry oder Chili. Reizmittel für die Magenwand sind bekanntermaßen starker Kaffee, Tee, Alkohol (speziell Schnäpse) und Zigaretten. Leichtverdaulich sind u. a. selbstgemachte Gemüsesuppen oder -pürees, knackiges, leicht gedämpftes Gemüse, (nicht saures) Obst, Salate, Teigwaren, Fisch und Huhn. Achten Sie auch immer darauf, genügend Wasser zu trinken: nehmen Sie sich sechs bis acht große Gläser täglich vor.
- Essen Sie langsam und in regelmäßigen Abständen. Das ist besonders in Streßzeiten wichtig, wenn man schnell einen Snack hinunterschlingen und längere Zeit ohne richtige Mahlzeiten auskommen möchte. Das ist verheerend für Menschen, die zu Magenverstimmung neigen, weil Verdauungsprobleme oft mit schlecht gekauter Nahrung zusammenhängen und weil die Bildung von Darmgasen häufig auf übersprungene Mahlzeiten zurückzuführen ist. Das bedauerliche Ergebnis sind Unwohlsein, ein Magen wie Blei, Übelkeit sowie Blähungen.
- Nehmen Sie sich Zeit zum Essen, statt es schnell beim Fernsehen, Zeitunglesen oder dem Durchsehen von Arbeitspapieren hinunterzuschlingen. Ohne ein Zeremoniell daraus machen zu wollen, sollte das Essen eine Entspannung und ein Genuß sein. Wenn wir beim Essen entspannen, genießen wir die Mahlzeit eher und verdauen sie leichter.
- Essen Sie lieber nichts, wenn Sie angespannt oder nervös sind. Nehmen Sie sich besser einige Minuten Zeit zur Entspannung und zum Abschalten, bevor Sie anfangen zu essen. Lesen Sie dazu die weiteren Hinweise über einfache Entspannungsmethoden im Abschnitt *Grundlegende Selbsthilfe im Umgang mit Streß* im 8. Kapitel *Vom Umgang mit Streß im Alltag* nach.
- Seien Sie sich der gesundheitlichen Störungen bewußt, die aus langfristig oder in zu hohen Dosierungen eingenommenen Mitteln gegen Magensäure entstehen können. Ein Risiko ist, daß der Körper zu wenig Wasser ausscheidet, ein anderes zu hoher Blutdruck, und zwar bei

Mitteln auf Natriumkarbonatbasis, während bei solchen auf Aluminiumbasis mit Verstopfung zu rechnen ist. Bei einer Gewöhnung an ein Magensäure bindendes Mittel entsteht als weiteres Grundproblem noch Sodbrennen. Dabei wird überschüssige Säure vorübergehend durch dieses Medikament verdünnt, um die Magenbeschwerden zu lindern. Der Körper reagiert jedoch kompensierend mit einer zusätzlichen Säureproduktion, was dazu führt, daß die Beschwerden schlimmer werden denn je. Das ergibt einen Teufelskreis, der eine langfristige Behandlung erfordert, um einen einigermaßen erträglichen oder stabilen Zustand zu erreichen.

Homöopathische Hilfe

Art der Verdauungsstörung	*Allgemeine Symptome*	*Verschlechterung (durch)*	*Besserung (durch)*	*Mittel*
Verdauungsstörung im Zusammenhang mit Erwartungsängsten	Verdauungsstörung mit reichlichen Winden nach oben und unten, starkes Rumpeln und Gurgeln mit Blähungen, die sich bei enger Kleidung viel schlimmer anfühlen, Säure oder Brennen stößt aus dem Magen in die Kehle auf	Erwartungsängste, kalte Speisen oder Getränke, enger Bund, Brot, Kohl oder Bohnen, Streß, nachmittags	Beschäftigung oder Ablenkung von Sorgen, warmes Essen oder Getränke, leichte Übungen an frischer Luft	LYCOPODIUM
Verdauungsstörung mit starken Darmgasen und Linderung durch Rülpsen	Schweres, unangenehmes Gefühl im Magen mit starkem Rülpsen, schwere Blähung und Schwellung um die Taille nach jeglichem Essen, fühlt sich in überheizten Räumen schwach und unwohl	Stickige, ungelüftete Umgebung, enge Kleidung, Bewegung, Alkohol	Zufächeln frischer Luft, an frischer Luft, Abgang von Winden, Schlafen	CARBO VEG.
Saure Magenverstimmung mit Brennen	Brennen und Übelkeit bessern sich durch kleine Schlucke warmer Getränke, ängstliche, angespannte Perfektionisten, die sich viel abverlangen, Erbrechen und Durchfall als Folge von Ängsten	Kalte Umgebung, kalte Speisen und Getränke, nachts, Sorgen um die Gesundheit	Warme Räume, Schlucke warmer Getränke, Gesellschaft	ARSENICUM ALB.

Art der Verdauungsstörung	*Allgemeine Symptome*	*Verschlechterung (durch)*	*Besserung (durch)*	*Mittel*
Magenverstimmung mit Verstopfung und Kopfschmerzen nach übermäßigem Genuß von Speisen und Alkohol	Magenverstimmung nach Überessen oder exzessivem Alkohol- und Zigarettengenuß, Übelkeit mit Kopfschmerzen am Hinterkopf, fühlt sich elend, kann kaum erbrechen, träger Stuhlgang, Verdauungsstörungen durch übermäßigen Gebrauch von Schmerzmitteln	Morgens, Streß, Lärm, nach dem Essen, gestörten Schlaf, Kälte und Durchzug	Erholsamen Schlaf, im Verlauf des Tages, Wärme, Ungestörtsein	NUX VOMICA
Magenverstimmung und Übelkeit nach dem Essen von üppigen, fetten Speisen	Verdauungsstörungen von Schweinefleisch, Käse oder Sahne, Magenschmerzen verschlimmern sich durch Schläge und Stöße, warme Speisen und Getränke sind unbekömmlich, trockener Mund ohne Durst, schweres, bleiernes Gefühl im Magen mit »Aufstoßen« von Stunden zuvor aufgenommener Nahrung	Überheizte, stickige Räume, Liegen, Ausruhen, Milchprodukte	Kühle, frische Luft, leichte Bewegungen, kaltes Essen und Getränke	PULSATILLA
Magenverstimmung mit sehr großem Durst nach kaltem Wasser	Starkes Rülpsen mit Schweregefühl im Magen, das beim Essen noch viel schlimmer wird, Übelkeit und Beschwerden viel schlimmer bei Bewegung, reizbar bei hochempfindlichem Magen, neigt zu Kopfschmerzen und schlechter Laune	Wärme, Bewegung, Bücken, Essen, vegetarische Gerichte	Kalte Getränke, kühle Umgebung, ruhige Atmosphäre, Anziehen der Knie	BRYONIA
Magenverstimmung, die durch Essen besser wird	Magenverstimmung als Begleit- oder Folgeerscheinung von seelischem Druck, Schluckauf nach dem Essen mit krampfartigen Schmerzen, Verlangen nach rohen, sauren oder unverdaulichen Speisen	Seelischer Schock oder Verstimmung, starke Gerüche, Kaffee, Rauchen, Bücken	Tiefes Atmen, Essen, saure Speisen, Druck	IGNATIA

Art der Verdauungsstörung	*Allgemeine Symptome*	*Verschlechterung (durch)*	*Besserung (durch)*	*Mittel*
Druck und Brennen im Magen werden durch Essen schlimmer	Verlangen nach Saurem oder sauer Eingelegtem, Magensäureproduktion steigt durch Rauchen, unangenehm schmeckendes Rülpsen mit dem Gefühl, etwas steige die Kehle hoch, ist bei Unwohlsein gleichgültig, apathisch oder niedergeschlagen	Morgens und abends, Stehen, Bücken, Berührung	Kraftvolle Bewegungen, Bettwärme, Anziehen der Knie, frische Luft	SEPIA

Rufen Sie in folgenden Fällen sofort den Arzt:

- Wenn die Verdauungsstörung anhält und der Patient nicht auf Selbsthilfemaßnahmen anspricht.
- Bei hartnäckigem Appetitverlust ohne ersichtlichen Grund.
- Bei Gewichtsverlust ohne ersichtlichen Grund.
- Wenn Übelkeit und Beschwerden Brechanfälle auslösen, besonders bei Blutspuren im Erbrochenen.

Verstopfung

Obschon das Elend einer Verstopfung uns jederzeit befallen kann, gibt es doch bestimmte Zeiten im Leben, in denen man eher unter diesem Zustand leidet. Dazu gehören die Jugendjahre, in denen oft wenig auf die Qualität der Nahrung geachtet wird und in denen manchmal Eßstörungen auftreten; in den letzten Monaten einer Schwangerschaft oder wenn man älter wird. Zudem wirkt sich auch der Tagesablauf manchmal erschwerend aus, etwa eine sitzende Lebensweise (insbesondere wenn man die Arbeitszeit am Schreibtisch verbringt), eine qualitativ minderwertige, ballaststoffarme Ernährung, Abhängigkeit von Schmerzmitteln oder wenn man ein Leben in einer Umgebung führt, in der wenig Raum für Entspannung und Besinnung zur Verfügung steht. Es gibt jedoch eine Anzahl praktischer Schritte, mit denen man das Problem Verstopfung gut bewältigen kann. Die Selbsthilfeschritte zeitigen längerfristig gesehen einen besseren Erfolg als das Problem mit Abführmitteln zu überdecken.

Praktische Selbsthilfe

- Man vergißt zur Vorbeugung gegen Verstopfung gar zu leicht, wie wichtig es ist, genügend Wasser zu trinken. Viele glauben, sie würden genügend Flüssigkeit aufnehmen, weil sie tagsüber regelmäßig etliche Tassen Tee oder Kaffee trinken. Diese tragen jedoch wenig als notwendiges Schmiermittel für einen leichten Stuhlgang bei, da sowohl Tee als auch Kaffee harntreibend sind und, anders ausgedrückt, den Körper zur Ausscheidung statt Speicherung von Flüssigkeit anregen. Täglich sechs bis acht große Gläser Wasser zu trinken fördert die Fortbewegung des Darminhalts und beugt zudem der Bildung von kleinem, trockenem oder hartem Stuhl vor, der zum Pressen zwingt und Schmerzen verursacht.
- Ebenso spielen Ballaststoffe eine wesentliche Rolle, weil sie einen regelmäßigen, problemlosen Stuhlgang fördern. Die besten Ballaststofflieferanten sind frisches Obst, Gemüse (das man am besten roh oder leicht gedämpft ißt), Vollkornprodukte (wie Vollkornbrot), Hülsenfrüchte und Bohnen. Wegen ihres geringen Ballaststoffgehalts sind u. a. folgende Speisen verstopfungsfördernd: Fertiggerichte, raffinierte Kohlehydrate wie weißer Zucker und Weißmehl sowie fette Nahrungsmittel. Wenn Sie die zuletzt genannten Nahrungsmittel auf ein Minimum reduzieren und vermehrt Ballaststoffreiches essen und Wasser trinken, sollte Verstopfung nicht mehr lange ein Problem sein. Eine einfache Art, mit Sicherheit mehr Ballaststoffe zu sich zu nehmen, besteht darin, einen großen Teller Salat zu jeder Mahlzeit zu verzehren, stets eine gute Portion frisches Gemüse mittags und abends sowie regelmäßig frisches Obst zum Nachtisch zu essen.
- Häufig oder viel rotes Fleisch zu essen kann ebenfalls zu gewissen gesundheitlichen Problemen führen, unter anderem einem Verstopfungsrisiko, weil es sehr lange dauert, bis rotes Fleisch zersetzt und verdaut ist. Deshalb bleibt Fleisch lange in den Eingeweiden liegen, im Gegensatz zu ballaststoffreicheren Nahrungsmitteln, die schneller durchgeschleust werden. Wer regelmäßig viel rotes Fleisch und wenig Ballaststoffe ißt, bekommt mit größerer Wahrscheinlichkeit Verstopfung und damit zusammenhängende Probleme wie Divertikulose (gehäuftes Auftreten kleinerer Ausstülpungen des Darmes) oder Darmkrebs.

- Ein regelmäßiger, problemloser Stuhlgang hängt größtenteils auch davon ab, daß wir die körperliche Ankündigung des Stuhldrangs wahrnehmen. Übergehen wir diese regelmäßig, weil wir zu beschäftigt sind, entsteht gewöhnlich Verstopfung. Umgekehrt stellt sich ein regelmäßiger Stuhlgang in der Regel problemlos ein, wenn wir uns die Zeit nehmen, dem Drang zur gegebenen Zeit nachzugeben.
- Am besten vermeidet man es möglichst, Abführmittel einzunehmen, besonders über längere Zeit. Bei Abhängigkeit von Abführmitteln wird ein Stuhlgang ohne sie schließlich unmöglich. Das liegt daran, daß Abführmittel (Laxativa) den Darm langfristig zunehmend schlaff machen, was wiederum zur Folge hat, daß die Wahrscheinlichkeit eines normalen Stuhlgangs eher ab- als zugenommen hat, wenn man sie absetzt. Dauerhaft eingenommen führen sie auch abwechselnd zu Durchfall und Verstopfung – mit dem zusätzlichen Risiko eines eventuell entstehenden Nährstoffmangels.
- Regelmäßige, rhythmische Körperübungen spielen ebenfalls eine wichtige Rolle bei der Vorbeugung gegen Verstopfung. Aktivitäten wie Laufen oder Radfahren richten viel zur Verbesserung der Darmtätigkeit aus und bessern zudem Herz- und Lungenzustand. Sitzen wir den lieben langen Tag hinter einem Schreibtisch, fahren im Auto nach Hause und sitzen nach dem Abendessen nur noch auf dem Sofa herum, tragen wir nichts zur Erhöhung des Muskeltonus und Verbesserung unserer Verdauung bei.
- Verstopfung ist eine häufige Nebenerscheinung einer allzu gestreßten Lebensweise. Wenn Sie im Eilzugtempo leben, ernähren Sie sich gewöhnlich mit minderwertigen Fertiggerichten, sind von Anregungsmitteln abhängig um durchzuhalten und von Beruhigungsmitteln, um zu entspannen; Sie trinken zuviel Alkohol, nehmen zu viele Schmerzmittel ein und haben kaum noch Zeit, sich richtig zu entspannen und loszulassen. Im allgemeinen kann man sagen, daß Nervosität und Streß das gemeinsame Merkmal von Menschen ist, die einen Reizkolon bekommen. Darunter versteht man eine ganze Reihe von Verdauungsstörungen, einschließlich der qualvollen Abwechslung zwischen Verstopfung und Durchfall. Im allgemeinen Umgang mit diesem Leiden spielt Entspannung eine wesentliche Rolle, besonders in bezug auf

chronische Verstopfung. Am besten lernt man sich in einem Yogakurs zu entspannen; es sollten Ihnen Entspannungsübungen und Atemtechniken für den Streßabbau vermittelt werden. Sie können aber auch anhand von Tonbändern oder Videos geführte Entspannungsübungen oder Meditationstechniken ausprobieren. Hauptsache ist, daß die tägliche Zeit zur Entspannung so wichtig wird, daß sie aus dem Tagesablauf nicht mehr wegzudenken ist. Ist das geschehen, wird die Übung ganz automatisch, und der allgemeine Nutzen für Geist und Körper macht sich unweigerlich bemerkbar.

– Vermeiden Sie beim Kochen Aluminiumtöpfe und -pfannen. Dabei können Metallspuren ins Essen gelangen, die möglicherweise Verdauungsprobleme, Osteoporose, Lernschwierigkeiten bei Kindern und Jugendlichen und Altersschwachsinn zur Folge haben. Wenn Sie besorgt sind, Sie könnten unweigerlich Aluminium aufnehmen ohne es zu wissen, vermeiden Sie ebenfalls Teebeutel und Mittel gegen überschüssige Magensäure auf Aluminiumbasis.

Homöopathische Hilfe

Art der Verstopfung	*Allgemeine Symptome*	*Verschlechterung (durch)*	*Besserung (durch)*	*Mittel*
Verstopfung mit ständigem erfolglosem Stuhldrang	Überall Anzeichen von Streß und Anspannung mit Kopfschmerzen, Verdauungsstörungen, Übelkeit, Muskelverspannung, Verstopfung mit häufigem erfolglosen Stuhldrang	Schmerzmittelabusus Kaffee, Alkohol, Streß, Lärm, Schlafdefizit, beim Aufwachen	In Ruhe Gelassenwerden, erholsamen Schlaf, Wärme, im Verlauf des Tages	NUX VOMICA
Verstopfung ohne Stuhldrang	Reizbar und Neigung zu Kopfschmerzen bei Verstopfung, pochende Kopfschmerzen mit starker Verschlimmerung bei der geringsten Bewegung, großer, dunkler, harter, sehr trockener Stuhl, der schwer abgeht, großer Durst nach reichlich kalten Getränken	Bewegung, warme, stickige Umgebung, Gestörtwerden, muskuläre Anstrengung	Stillhalten, kühle Umgebung, kalte Getränke	BRYONIA

Art der Verstopfung	*Allgemeine Symptome*	*Verschlechterung (durch)*	*Besserung (durch)*	*Mittel*
Verstopfung mit großen Schwierigkeiten bei Entleerung, sogar bei weichem Stuhlgang	Die Verstopfung entsteht langsam, besonders bei alten Leuten, mühsames Pressen und Blutungen, knotiger, trockener, harter Stuhl	Stärkehaltige Speisen, Kälte, jeden zweiten Tag, Stillsitzen	Wärme, Essen, warme Speisen, warme Getränke	ALUMINA
Verstopfung bei Änderung des Tagesablaufs und der häuslichen Gewohnheiten	Starke Blähungen mit rumpelnden, gurgelnden Winden, muß den Gürtel aufmachen, um sich wohler zu fühlen, Verstopfung infolge übermäßiger Abführmitteleinnahme, abwechselnd mit ständigem Stuhldrang	Seelischer Druck, Ängste, einengende Kleidung, kalte Speisen oder Getränke, von 16 bis 20 Uhr	Leichte Bewegung an frischer Luft, Lockern der Kleidung	LYCOPODIUM
Verstopfung mit reichlich übelriechender Gasentwicklung	Aufgedunsener Unterleib mit ständigen Winden, die sich nach oben und unten bewegen, Unbehagen wird durch Aufstoßen nicht gelindert, harter, trockener, knotiger, schleimüberzogener Stuhl, bei Verstopfung Analfissuren	Überhitzung, kalte Speisen und Getränke, vor oder nach der Menstruation	Beschäftigung, warme Speisen und Getränke, Frische Luft, Ausruhen	GRAPHITES

Wenden Sie sich in folgenden Fällen an einen Arzt:

- Bei unerklärlichen Veränderungen der Stuhlganggewohnheiten, z. B. Verstopfung oder Durchfall ohne ersichtlichen Grund.
- Bei ständig dunklem oder hellem Stuhl.
- Bei mühsamen Stuhlgang, der Anspannung verursacht mit hellroten Blutungen.
- Bei schwerer Verstopfung in der Schwangerschaft.

5. Homöopathie und Sportverletzungen

Eine geeignete homöopathische Selbstbehandlung spielt eine sehr wichtige Rolle bei der Beschleunigung der Genesung nach Sport- oder Turnverletzungen. In vielerlei Hinsicht kommt die Homöopathie gerade hier richtig zur Geltung, weil sie die Selbstheilung so wirksam unterstützt. Das ist besonders für diejenigen von größter Wichtigkeit, die regelmäßig Sport treiben, denn dank einer erfolgreichen Behandlung können wir unsere Freizeitbeschäftigungen viel schneller wieder aufnehmen, als wenn wir uns nur auf Ruhe und mechanische Hilfen verließen.

Für begeisterte Sportler liegt noch ein zusätzlicher Nutzen in der Wahl der Homöopathie: ihre ganzheitliche Auffassung von Gesundheit und Wohlbefinden. Aus dieser Sicht werden gute Gesundheit und Vitalität als Merkmale betrachtet, die wir durch unsere Lebensweise fördern oder überfordern.

Homöopathen, wie übrigens auch andere ganzheitlich behandelnde Ärzte, messen der Vorbeugung von Krankheiten eine große Bedeutung bei. Infolgedessen bildet sich bei ihren Patienten gewöhnlich ein feines Gespür dafür heraus, welche Elemente in ihrer Lebensweise ihrem Wohlbefinden zu- und welche diesem abträglich sind.

Das ist besonders für begeisterte Sportler relevant, die sich von der holistischen Medizin angezogen fühlen, denn hier geht es unter anderem darum, Verletzungen zu vermeiden. Höchstwahrscheinlich bessern sich dabei ihre allgemeine Leistungsfähigkeit und ihr Körpergefühl ebenfalls wesentlich.

Darüber hinaus verliert ein anstrengendes und schmerzhaftes Training seinen Reiz, weil der Spruch: »Ohne Schmerz kein Erz« nicht mehr so recht überzeugt. Statt dessen eignen sich Gleichgewicht und Harmonie von Körper und Geist fördernde Übungsmethoden wie z. B. etwa Yoga, Feldenkrais, Medau, Qi-Gong und T'ai-chi. Weil solche Methoden in der

Regel das Körperbewußtsein schulen, sinkt die Verletzungsgefahr im Vergleich zu den hektischen, in einem Wettbewerbsgeist durchgeführten Aerobicstunden, die in den achtziger Jahren Mode waren. Der homöopathische Ansatz paßt in diesem Rahmen gut dazu, stellt er doch eine Heilweise dar, die Geist und Körper ihr Gleichgewicht wiederfinden hilft, während sie gleichzeitig Wohlbefinden und Vitalität auf sanfte Art wiederherstellt.

Wurden Erste-Hilfe-Maßnahmen getroffen und ärztlicher Rat eingeholt, kann die homöopathische Selbstbehandlung viel zur Linderung und Beschleunigung der Heilung von Sportverletzungen beitragen. Lesen Sie im 2. Kapitel – *Homöopathie zu Hause: Wie man dieses Buch verwendet* – nach, wie man homöopathische Mittel auswählt und verabreicht.

Achillessehnenentzündung

Dieses Problem erzeugt Schmerzen direkt über der Ferse am unteren Wadenende. Ein Schmerz an dieser Stelle ist gewöhnlich ein Hinweis darauf, daß die Archillessehne beschädigt oder angerissen ist.

Manchmal hat sich auch das Gleitgewebe über der Sehne entzündet; dann haben wir es mit einer Sehnenscheidenentzündung oder *Tendovaginitis* zu tun.

Bei einer überdehnten oder gerissenen Achillessehne können entsetzliche Schmerzen entstehen. Unglücklicherweise entstehen solche Verletzungen manchmal sehr leicht bei einer plötzlichen Bewegung, bei der die Ferse gestaucht oder gedehnt wird. Besonders gefährdet sind Menschen, die mit vierzig und fünfzig Jahren noch im selben Tempo trainieren wie in ihren Teenager-Zeiten. Inzwischen ist die Achillessehne wahrscheinlich auch nicht mehr, was sie einmal war, und das Risiko, daß sie bei einer intensiven sportlichen Leistung oder sonstigen Übungen verletzt wird, nimmt zu.

Erste Hilfe

- Legen Sie in Abständen von jeweils einer Viertelstunde eine Eispackung zur Schmerzlinderung und zum Abschwellen auf. Wenn Sie keine Eispackung zur Hand haben, wickeln Sie eine Handvoll Eiswürfel in ein Stück Stoff oder Handtuch oder legen Sie eine Packung tiefgefrorenes Gemüse auf die schmerzende Stelle.

- Lagern Sie das Bein hoch.
- Stützen Sie die verletzte Sehne mit einem Verband um die Ferse; er sollte gut festsitzen, um der schmerzhaften Stelle Halt zu geben. Achten Sie aber dabei darauf, daß die Blutzirkulation in den Zehen nicht behindert wird. Kontrollieren Sie deshalb regelmäßig, ob sie noch rosa sind. Wenn sie sich verfärbt haben, lockern Sie sogleich den Verband.
- Ist die Sehne gerissen, dann bleibt der Fuß unbewegt in seiner Position, während man in Bauchlage leicht auf die Wadenmuskeln des Verletzten drückt. Bei Verdacht auf einen Sehnenriß sollten Sie sofort ärztliche Hilfe rufen.

Rehabilitation und Vorbeugung

- Sie sollten bei Schmerzen in der Ferse mindestens zwei Wochen lang nicht laufen, um einen Sehnenkrampf zu vermeiden. Vermeiden Sie auch sämtliche Dehnübungen, bis der Schmerz ganz vergangen ist, und treiben Sie statt dessen einen Sport ohne Gewichtsbelastung wie z. B. Schwimmen.
- Eine tägliche Massage wirkt abschwellend und fördert die Blutzirkulation in der verletzten Stelle.
- Schon kleinere Verletzungen der Achillessehne brauchen manchmal bis zu drei Monaten zur Heilung. Ist diese vollständig eingetreten, sollten Sie Ihre Übungszeit *langsam* wieder steigern und abwechselnd laufen und gehen. Es ist ganz wichtig, daß Sie nicht erwarten, Ihr Trainingsprogramm anfangs genauso gründlich und intensiv wieder aufnehmen zu können wie vor der Verletzung.
- Gehen Sie sicher, daß Ihre Muskeln vor dem Laufen oder Joggen gut aufgewärmt und gedehnt sind. Viele Sehnenverletzungen entstehen durch Überdehnung kalter Muskeln.
- Laufen Sie nicht auf einem harten oder unebenen Boden, sondern wenn möglich auf einer federnden Oberfläche wie Rasen.
- Achten Sie auch darauf, daß Ihre Laufschuhe den Fuß gut stützen und polstern.

Homöopathische Hilfe

Art der Verletzung	*Allgemeine Symptome*	*Verschlechterung (durch)*	*Besserung (durch)*	*Mittel*
Anfangsschmerz und Verletzungstrauma	Bei körperlichem und seelischem Trauma, starke Schmerzen, Schwellung und Prellung, auch zur lokalen Anwendung als Creme, sowie die Haut nicht verletzt ist	Bewegung, Berührung, Stoß	Liegen	ARNICA
Späteres Verletzungsstadium mit Wundgefühl und Prellungsschmerz	Häufig, wenn ARNICA anfangs bei Schmerzen und Schwellung geholfen hat, aber ein wundes Gefühl übrigbleibt, lahmes Schweregefühl in der verletzten Ferse	Überanstrengung, Kälte und Feuchtigkeit, Treppensteigen	Wärme, Massage	RUTA
Schmerzende Ferse, Linderung durch Hochlagerung des Fußes	Schreckliches Wundsein und Schmerzen in der verletzten Sehne, intermittierende Schmerzen erzeugen unruhige Erschöpfung	Kälte, Feuchtigkeit, Bewegung, Verweilen der Füße auf dem Boden, Heruntersteigen hoher Stufen	Ruhe, Heben der Füße	PHYTOLACCA
Anhaltende Schmerzen, wie geprellt und gequetscht, die mit ARNICA nicht vergehen	Pochende Wundschmerzen wie gequetscht, quälende Schmerzen, die durch kalte Anwendungen gelindert werden	Berührung, Hitze, warm Baden, Durchwärmung im Bett	Kontinuierliche Bewegung, lokale kühle Anwendungen	BELLIS PERENNIS
Sehnenschmerzen mit Verschlechterung durch Ruhe	Schon ältere Verletzung der Sehne mit Nachlassen der Schmerzen bei leichter Bewegung, schmerzbedingte Unruhe ist nachts im Bett viel schlimmer, Krämpfe in den Wadenmuskeln	Kälte und Feuchtigkeit, erste Bewegung, Ruhen, Überanstrengung, nachts	Wärme, warmes Fußbad, Massage, leichte Bewegung, Stützen der verletzten Stelle	RHUS TOX.

Rufen Sie in folgenden Fällen sofort den Arzt:
- Bei sehr starken Schmerzen und Verdacht auf Sehnenriß.
- Wenn Schmerzen und Schwellung nicht auf Erste-Hilfe-Maßnahmen ansprechen.
- Fersenschmerzen bei Leuten, die schon einmal Achillessehnenverletzungen hatten.

Hitzschlag (Sonnenstich) und Hitzekollaps

Die Anzeichen für einen Hitzschlag oder Hitzekollaps setzen gewöhnlich nach Körperübungen in der prallen Sonne, Hitze oder Feuchtigkeit ein. Besteht Verdacht auf einen dieser Zustände, sollten Sie unverzüglich ärztliche Hilfe rufen, damit kein Notfall entsteht. Zu den möglichen Symptomen gehören:
- Hohes Fieber.
- Trockene Haut.
- Reizbarkeit.
- Unruhe.
- Benommenheit.
- Übelkeit.
- Verwirrung oder Schläfrigkeit.
- Beschleunigter Puls.
- Atembeschwerden, etwa unregelmäßiger Atem.

Bei Austrocknung in Hitze oder Feuchtigkeit kann dem Hitzschlag manchmal ein *Hitzekollaps* vorausgehen. Sportler gehen eindeutig ein Hitzekollapsrisiko ein, wenn Sie beim Sporttreiben schwitzen und nicht daran denken, Flüssigkeit zu sich zu nehmen. Dann trocknet der Körper manchmal sehr rasch aus. Zu diesen Symptomen gehören:
- Schwindel.
- Kopfschmerzen.
- Muskelkrämpfe.
- Rascher Puls.
- Flaues Gefühl.
- Schwäche und Erschöpfung.

Bleibt ein Hitzekollaps unbeachtet, entwickelt er sich zum ausgeprägten Hitzschlag. Man kann in sehr leichten Fällen zwar mit Selbsthilfemaßnahmen Linderung verschaffen, aber es sei darauf hingewiesen, daß ärztlicher Rat eingeholt werden sollte, um einem Hitzschlagrisiko vorzubeugen.

Praktische Selbsthilfe bei Hitzekollaps

- Ruhen Sie sich bei den ersten Anzeichen möglichst häufig an einem kühlen Schattenplatz aus und lagern Sie die Füße etwas höher als den Körper.
- Achten Sie auf eine gute Zufuhr frischer, kühler Luft und lösen Sie einengende Kleidung an Hals und Bund.
- Machen Sie eine *ganz schwache* Salzlösung aus einem halben gestrichenen Teelöffel Salz auf einen Liter Wasser und trinken Sie regelmäßig davon, um dem Körper wieder Wasser und Salz zuzuführen, das er beim Schwitzen verloren hat. So beugen Sie Muskelkrämpfen vor.

Praktische Selbsthilfe bei Hitzschlag

- Zuallererst muß der Körper so rasch und sanft wie möglich abgekühlt werden. Wenden Sie hierzu keine drastischen Methoden an, um den Körper nicht in Schock zu versetzen. Raten Sie dem Patienten, sich hinzulegen und die Kleider zu lockern oder abzulegen. Waschen Sie den Körper mit kaltem Wasser ab oder tauchen Sie ein Leintuch in kaltes Wasser, wringen es aus und wickeln es um den Körper. Wenn Sie einen Standventilator zur Hand haben, richten Sie den kühlenden Luftstrom auf den Erkrankten.
- Reduzieren Sie Licht und Lärm auf ein Minimum und schaffen Sie eine möglichst kühle, luftige und geräumige Atmosphäre.
- Messen Sie regelmäßig die Temperatur des Patienten, um sicherzugehen, daß sie nicht gefährlich steigt (39,5 °C oder mehr).
- Rufen Sie den Arzt, und zwar bei einem der oben beschriebenen Anzeichen *dringend,* während der Patient Erste Hilfe bekommt.
- Hat der Patient sich erholt, achten Sie darauf, daß er sich keinen extremen Temperaturschwankungen aussetzt, weil er nun wahrscheinlich auf eine wiederholte Hitzeeinwirkung anfällig geworden ist.

Vorbeugung

- Vermeiden Sie nach Möglichkeit körperliche Anstrengungen, wenn die Sonne am Höchsten steht und die Hitzeeinstrahlung am intensivsten ist, also etwa zwischen 11 und 15 Uhr. Die beste Zeit für Übungen ist der frühe Morgen oder abends.
- Schützen Sie anfällige Körperteile wie Kopf und Hals an heißen Tagen mit einer Kopfbedeckung. Tragen Sie auch an kühleren, weniger sonnigen Tagen ein gutes Sonnenschutzmittel mit hohem Lichtschutzfaktor auf.
- Erhöhen Sie Ihre Widerstandskraft gegen Hitze nach und nach durch anfängliche Körperübungen zu den oben empfohlenen Zeiten.
- Haben Sie den Verdacht, auf irgendwelche beginnende Anzeichen, begeben Sie sich so rasch wie möglich in den Schatten und fangen mit den oben erwähnten Selbsthilfemaßnahmen an.

Homöopathische Hilfe

Art des Hitzschlags/Hitzekollaps	*Allgemeine Symptome*	*Verschlechterung (durch)*	*Besserung (durch)*	*Mittel*
Plötzlich sind die Symptome da, Linderung durch Zurücknehmen des Kopfes	Starke Unruhe und rote, heiße, trockene Haut, pulsierende Schmerzen strahlen vom Kopf in den Körper aus, pochende Kopfschmerzen an den Schläfen, starke Reizbarkeit durch Überflutung von Sinneseindrücken	Stoß, helles Licht oder grelle Gegenstände, gehemmte Schweißabsonderung, kalter Luftzug	Halb aufrechtes Ruhen im Bett, Zurücknehmen des Kopfes, leichtes Zudecken	BELLADONNA
Symptome setzen rasch und heftig ein, Verschlimmerung bei Zurücknehmen des Kopfes	Gerötete, juckende Haut mit explosionsartig, nach oben ausstrahlenden Schmerzen, starke, pochende Kopfschmerzen, besser an kühler Luft, Eispackungen hingegen können verschlimmern	Wärme, Stoß, Bewegung, Zurücknehmen des Kopfes	Hochlagern des Kopfes, Abdecken, kühle, frische Luft	GLONOINUM

Art des Hitzschlags/Hitzekollaps	*Allgemeine Symptome*	*Verschlechterung (durch)*	*Besserung (durch)*	*Mittel*
Hitzekollaps mit Lufthunger	Plötzlich kollabiert der Patient wegen Austrocknung, bläuliche, blasse, klamme Haut bei kaltem Körper und heißem Kopf, starkes Verlangen nach kühler, frischer Luft; möchte Luft zugefächelt bekommen	Kälte, beengte Kleidung, Flüssigkeitsmangel, Wärme	Hochlagern der Füße, Luftzufächeln, kalte Getränke, frische, kühle Luft	CARBO VEGET.
Hitzekollaps mit starken Muskelkrämpfen	Frösteln und Schwäche bei klammer, blasser Haut, kalte Schweißausbrüche mit Schwäche und Entkräftigung, Krämpfe und Zucken in Zehen-, Finger- und Wadenmuskeln, wird keine Abhilfe geschaffen, entstehen möglicherweise Schüttelkrämpfe	Bewegung, Berührung, Hochheben der Arme	Kühle Getränke	CUPRUM
Hitzekollaps mit Frösteln und plötzlichem flauen Gefühl	Abwechselnd eiskalt und glühend, klamme, bläuliche Haut, Muskelzuckungen und -krämpfe, heftige Kopfschmerzen mit Blässe, vermehrter Urinausscheidung und Übelkeit	Druck, Berührung, kalte Getränke	Zugedeckt werden, Hinlegen	VERATRUM ALB.

Rufen Sie in folgenden Fällen sofort den Arzt:

- Wenn der Patient gefährlich hohes Fieber hat (39,5 °C oder mehr); versuchen Sie unterdessen, das Fieber zu senken.
- Wenn der Kranke schläfrig und verwirrt ist oder zwischen Bewußtsein und Bewußtlosigkeit hin- und herschwankt.
- Bei Hitzekollaps oder Hitzschlag mit starkem Sonnenbrand, besonders bei Blasenbildung.

- Wenn jemand, der unter Hitzekollaps oder Hitzschlag leidet, starke Kopfschmerzen hat.
- Beim geringsten Hinweis darauf, daß der Patient in einen Schockzustand gleitet, ist keine Zeit zu verlieren. Zu den Schockanzeichen gehören:
  - Unregelmäßiger oder schwacher Puls
  - Klamme, blasse oder bläuliche Haut
  - Schläfrigkeit, Verwirrtheit oder Bewußtlosigkeit
  - Unregelmäßige Atmung oder Atemnot
- Holen Sie nach einem Hitzekollaps oder Hitzschlag immer ärztlichen Rat ein, auch wenn die Temperatur wieder normal geworden ist!
- Hitzschlag ist ein potentiell sehr ernstzunehmender Fall. Suchen Sie deshalb bei den geringsten Zweifeln immer ärztlichen Rat. Das ist speziell bei Kindern und alten Leuten wichtig, bei denen sich sehr schnell schwerwiegende Symptome einstellen können.

Muskelermüdung

Es kommt sehr häufig vor, daß man Muskelkater bekommt, wenn man mit einem sportlichen Training beginnt. Das liegt meist daran, daß man aus lauter Begeisterung zuviel des Guten tut oder die Maßnahmen nicht kennt, die das Risiko einer Muskelüberanstrengung reduzieren. Es ist jedoch wichtig, einen vorübergehenden Muskelkater untrainierter Muskeln von anhaltenden Muskelschmerzen unterscheiden zu lernen. Ersterer sollte bei verbessertem Muskeltonus und gesteigerter Elastizität bald vergehen, letztere weisen darauf hin, daß etwas unternommen werden sollte, um einer Verletzung vorzubeugen.

Praktische Selbsthilfe

- Achten Sie stets darauf, daß die Muskeln vor einer anstrengenden Betätigung wie Laufen durch und durch erwärmt sind. Werden die Muskeln gedehnt, wenn sie noch kalt sind, ist die Gefahr groß, daß einzelne Fasern reißen oder sich andere Verletzungen einstellen. Bevor Sie die Muskeln durch Dehnen aufwärmen, steigert eine der folgenden Übungen die Blutzirkulation im Herzen und in den Muskeln:

- Treppensteigen
- Auf der Stelle laufen
- Eine Viertelstunde lang auf einem Hometrainer radfahren

– Wenn Sie im Haus üben, achten Sie stets auf eine angenehm gemäßigte Raumtemperatur. Das ist besonders dann wichtig, wenn anschließend eine Entspannungsübung hinzukommt, bei der Sie sich einige Zeit auf den Boden legen. Da die Körpertemperatur bei der Entspannung sinkt, sollte der Raum unbedingt angenehm warm sein, um Frösteln oder Muskelkrämpfen vorzubeugen.
– Wenn Sie sich zum ersten Mal körperlich betätigen, sollten Sie sich nie dazu hinreißen lassen, gleich ein leistungsorientiertes Pensum durchzuziehen, sei es beim Joggen, Gehen oder in einer Aerobicstunde. Bauen Sie statt dessen Ihr Durchhaltevermögen und Ihre Beweglichkeit durch kurze Übungsblöcke langsam auf, die Sie nach und nach im Verhältnis zu Ihrer Fitneß verlängern und intensivieren.
– Steigern Sie Ihre allgemeine Fitneß möglichst durch verschiedene Sportarten. Sie könnten beispielsweise zur Leistungssteigerung von Herz und Lungen radfahren, gehen oder laufen, zur Steigerung der Muskelkraft ins Gewichtstraining gehen und für vermehrte Beweglichkeit, zur Entspannung und ein besseres Körperbewußtsein Joga machen. Wenn Sie Sportarten wie Schwimmen und Tennis mit dazunehmen, sollte die Bandbreite genügen, um Ihre geistige und körperliche Fitneß zu steigern und um gleichzeitig einer Eintönigkeit vorzubeugen. Außerdem sorgt ein abwechslungsreiches Übungsprogramm auch dafür, daß nicht einige Muskeln überanstrengt oder verletzt werden.
– Schmerzen Ihre Muskeln, so legen Sie sich in ein warmes Beruhigungsbad. Sie können einige Tropfen Aromaöl zur Muskelentspannung hineinträufeln, etwa Bergamott-, Kamillen-, Lavendel- oder Rosmarinöl. Vergessen Sie nicht, nur sehr wenig davon zu nehmen (2–3 Tropfen), und denken Sie auch daran, daß Rosmarin die Wirkung homöopathischer Heilmittel einschränkt. Wenige Tropfen eines dieser Öle – jeweils 1–2 Tropfen auf 5 ml Basisöl – können Sie auch zum Massieren schmerzender Muskeln verwenden. Basisöle, denen Sie ätherische Öle beigeben können, sind u. a. kaltgepreßtes Mandel-, Sonnenblumen-, Pfirsichkern- oder Aprikosenkernöl.

Homöopathische Hilfe

Art der Muskelermüdung	*Allgemeine Symptome*	*Verschlechterung (durch)*	*Besserung (durch)*	*Mittel*
Allgemeine Muskelschmerzen nach körperlicher Überanstrengung	Alles schmerzt nach intensivem Training, häufig bei völlig untrainierten Menschen, die sich körperlich überanstrengen, abgeschlagenes, wundes Gefühl in den Muskeln, wälzt sich nachts im Bett, weil es zu hart ist	Berührung, Bewegung, nach dem Schlafen, Stoß	Tieflagern des Kopfes	ARNICA
Muskelschmerzen mit Besserung bei anhaltender Bewegung	Schreckliche Unruhe bei Muskelschmerzen; wälzt sich nachts im Bett, um eine bequeme Stellung zu finden, hinkt wegen Wadenkrampf und Schmerzen an der Rückseite der Oberschenkel, warmes Bad hilft	Feuchte, kalte Luft, Abdecken, erste Bewegung, Ausruhen, Überanstrengung	Wärme, heißes Bad, Massage, Stützen der schmerzenden Stelle, Dehnen, bei fortlaufender Bewegung	RHUS TOX.
Muskelschmerzen mit starker Verschlimmerung bei Bewegung	Wunde Muskelschmerzen klingen durch Ausruhen deutlich ab, leichte Berührung schmerzt, kräftiger Druck hingegen lindert, erschöpft durch Schmerzen, apathisch und reizbar	Bewegung, erste Bewegung, Hitze, Berührung, Bücken, Husten	Ausruhen, Stillhalten, kräftiger Druck, kühle Luft	BRYONIA

Rufen Sie in folgenden Fällen sofort den Arzt:

- Bei stark brennenden Muskelschmerzen oder solchen, die nach Überanstrengung länger als erwartet anhalten.
- Schwellung und starke Schmerzen beim geringsten Verdacht auf Muskelzerrung oder Muskelriß.

Muskelzerrungen und Verstauchungen

Muskelzerrungen und Verstauchungen entstehen in der Regel durch sehr heftige Körperübungen oder Sportarten. Am meisten gefährdet sind erwachsene Sportfanatiker, deren Muskeln und Gelenke degenerativen Veränderungen unterliegen. Das Problem wird noch verschlimmert, wenn jemand beschließt, seine sitzende Lebensweise sei ungesund und sich ganz plötzlich ein anspruchsvolles Trainingsprogramm vornimmt.

Eine *Muskelzerrung* entsteht durch die Überdehnung eines Muskels im Lauf einer besonders anspruchsvollen Übung. Weitere Auslöser können nicht erwärmte Muskeln oder aber gewaltsame Sportarten sein, bei denen die Muskeln einer ungewohnten Belastung ausgesetzt sind. Bei einem Schlag auf die Muskelfasern zieht sich das beschädigte Gewebe zusammen, und meist entsteht eine Prellung. Die rasch einsetzenden Schmerzen und die Schwellung alarmieren den Körper, daß etwas nicht in Ordnung ist. In seltenen Fällen führt ein Schlag zu einem gerissenen oder durchtrennten Muskel.

Kleinere Zerrungen heilen gewöhnlich bei jungen Fitneßfreunden vollständig und ohne Komplikationen aus; wenn man älter wird, dauert die Heilung jedoch länger. Kleinere Zerrungen kann man zwar mit vernünftigen Selbsthilfemaßnahmen und homöopathischen Mitteln erfolgreich zu Hause behandeln, aber ein Muskelriß erfordert eine unverzügliche ärztliche Behandlung, um schwere Folgen zu vermeiden.

Praktische Selbsthilfe bei Zerrungen

- Solange es schmerzt, ist Ruhe notwendig. Denken Sie daran, daß hartnäckige oder starke Schmerzen in irgendeinem Körperteil ein Zeichen dafür sind, daß etwas nicht in Ordnung ist. Es ist außerordentlich wichtig, einen gezerrten Muskel nicht zu belasten, damit er Gelegenheit zur Heilung und Wiederherstellung bekommt.
- Ein fester Verband ist sicherlich eine Hilfe und Stütze für den verletzten Muskel, wobei man jedoch unbedingt darauf achten sollte, daß er nicht zu fest sitzt. Überprüfen Sie stets, ob die Blutzirkulation nicht behindert wird.
- Sehen Sie zu, daß die betroffene Stelle leicht bewegt wird, sobald der

Schmerz nachgelassen hat. Das ist wichtig, um Steifheit und Bewegungseinschränkung vorzubeugen, die auftreten können, wenn ein Arm oder Bein länger nicht bewegt wurde.

Eine *Verstauchung* betrifft gewöhnlich Knie, Knöchel, Hand- oder Fingergelenke. Während bei einer Zerrung das Muskelgewebe verletzt wird, sind Verstauchungen die Folge eines Bänderrisses (des Bandes, das ein Gelenk in seiner Position hält). Zu Verstauchungen kommt es meist durch Stürze, aber auch durch Überlastung eines Gelenks beim Training. Die Intensität und das Ausmaß der Beschwerden können leicht sein aber auch rasende Schmerzen verursachen.
Kleinere Verstauchungen sollten kein großes Problem darstellen, vorausgesetzt, man beachtet die Selbsthilfemaßnahmen und belastet die Gelenke zukünftig auf vernünftige Art. Man sollte jedoch stets daran denken, daß eine solche Verletzung das entsprechende Gelenk schwächt und ein Risiko erneuter Verstauchungen besteht. Daher sollte man Vorsichtsmaßnahmen treffen, um zusätzliche Belastungen oder Druck auf das geschädigte Gelenk zu vermeiden.

Praktische Selbsthilfe bei Verstauchungen

- Bei kleineren Verstauchungen legt man so rasch wie möglich eine Eispackung auf die verletzte Stelle. Hat man keine zur Hand, kann man auch Eiswürfel in ein Stück Stoff oder Handtuch wickeln; ein Paket tiefgefrorenen Gemüses ist ebenfalls ein guter Ersatz. Vermeiden Sie jedoch eiskalte Umschläge, wenn die Haut an der betreffenden Stelle offen ist.
- Solange das Gelenk schmerzt, sollten Sie es möglichst stillhalten. Zudem stützen Sie die schmerzende Stelle mit einem Kreppverband, der einen wohltuenden Druck ausübt, wobei Sie jedoch stets darauf achten, daß er nicht zu eng sitzt.
- Bei Knie- oder Knöchelverstauchungen lagern Sie das verletzte Bein auf ein Kissen hoch, damit die Schwellung abklingt.
- Hat der Schmerz dank Ruhe und Stützmaßnahmen nachgelassen, beginnen Sie langsam, das verletzte Gelenk zu bewegen; achten Sie darauf, es nicht zu belasten.

Homöopathische Hilfe

Art der Zerrung oder Verstauchung	*Allgemeine Symptome*	*Verschlechterung (durch)*	*Besserung (durch)*	*Mittel*
Anfängliche Schmerzen und Schwellung nach der Verletzung	Das erste Mittel, das bei Prellung, Schwellung und Schmerzen nach Zerrungen oder Verstauchungen, bei seelischem Schock und Unfalltrauma in Frage kommt, ist entzündungshemmend	Berührung, Bewegung, Anstrengung	Tieflagern des Kopfes	ARNICA
Verstauchung an Knie, Knöchel und Handgelenken	Häufig bei Entzündungen und Schmerzen nach Beanspruchung durch immer gleiche Bewegungen, bei Entzündung, Schmerzen und Steifheit im befallenen Gelenk	Feuchtigkeit, Ausruhen, Druck, Berührung, Spazierengehen im Freien	Herumgehen im Haus, Wärme	RUTA
Bestehende Zerrungs- oder Verstauchungsschmerzen mit Verschlechterung durch Bewegung	Wenn ARNICA den anfänglichen Schmerz und die erste Schwellung gelindert hat, die rasenden Schmerzen lassen bei völligem Stillhalten etwas nach, nehmen aber bei der geringsten Bewegung wieder zu	Berührung, körperliche Anstrengung, Aufstehen, Bewegung	Stillhalten, fester Druck und Wärme auf schmerzende Stelle	BRYONIA
Bestehende Zerrungs- oder Verstauchungsschmerzen mit Besserung bei anhaltender Bewegung	Angezeigt nach ARNICA, wenn dieses nichts mehr zur Schmerzlinderung und zum Abschwellen beiträgt, starke Schmerzen im Gelenk bei Bettruhe schlimmer, Linderung nach Aufstehen und Herumlaufen	Kälte und Feuchtigkeit, Liegen, Stehen oder Stillsitzen, erste Bewegung, übermäßige körperliche Anstrengung	Kontinuierliche Bewegung, die nicht anstrengt, warm Baden, warme Umschläge	RHUS TOX.

Art der Zerrung oder Verstauchung	*Allgemeine Symptome*	*Verschlechterung (durch)*	*Besserung (durch)*	*Mittel*
Zerrungen und Verstauchungen, bei denen kühle Bäder mehr Bewegungsfreiheit und Wohlbefinden verschaffen	Schmerz und Schwellung im Gelenk, verletzte Stelle fühlt sich heiß an, sieht aber nicht entzündet aus, stechende Schmerzen nehmen bei Bettwärme zu, Empfindung von Taubheit und Kälte	Warmes Baden, Erhitzung, Bewegung	Kalte Umschläge, kalt Baden, kühle Luft, Ausruhen	LEDUM

Rufen Sie in folgenden Fällen sofort den Arzt:

- Wenn ein Gelenk nach zwölf bis vierundzwanzig Stunden nicht wieder funktionsfähig ist.
- Wenn ein verletztes Gelenk nicht gestreckt werden kann.
- Bei starken Schmerzen mit auffallender Schwellung oder einem verdrehten Gelenk.
- Wenn sich ein verletztes Glied taub oder kalt anfühlt und bläulich verfärbt ist.
- Bei Verdacht auf Verstauchung bei kleinen Kindern. Häufig werden Handgelenksbrüche mit einer starken Verstauchung verwechselt, weil man diese bei einem kleinen Kind schlecht auseinanderhalten kann.
- Anhaltende oder starke Muskelschmerzen.
- Anschwellen eines schmerzenden Muskels.

Sehnenentzündung (Tendinitis)

Dieses Leiden tritt keineswegs nur bei Tennisspielern auf; es ist ein Zustand, der durch eine ständig wiederholte oder heftige Bewegung hervorgerufen oder verschlimmert wird. Theoretisch kann eine Sehnenentzündung überall dort im Körper auftreten, wo eine Sehne einen Muskel mit einem Knochen verbindet; am häufigsten kommt eine Tendinitis an der Schulter, den Fersen, an der Außenseite des Ellbogens (wo man sie als »Tennisarm« bezeichnet) oder innen am Ellbogen (wo man sie auch

»Golfspielerarm« nennt) vor. Die Ursache des Problems ist manchmal eine kleine Verletzung, bei der die Sehne in Mitleidenschaft gerät oder sich entzündet. Dabei entstehen Schmerzen und ein Wundgefühl um den Sehnenschaft herum, und es besteht keine Chance zur Heilung, solange sie nicht ruhiggestellt wird. Nach der Heilung kann eine Narbe entstehen, die manchmal noch monatelang schmerzt.

Praktische Selbsthilfe

- Legen Sie das schmerzende Glied einige Tage möglichst still, wobei Sie einen festen Verband anlegen und es evtl. mit einer Schlinge stützen. Achten Sie darauf, daß der Verband fest und dennoch nicht so fest angezogen ist, daß er die Blutzirkulation im beschädigten Glied beeinträchtigt.
- Legen Sie kalte Umschläge oder Eispackungen auf die schmerzende Stelle, um den Schmerz zu lindern. Vermeiden Sie jedoch eiskalte Anwendungen, wenn die Haut verletzt ist.
- Hat der erste Schmerz nachgelassen, fangen Sie an, das befallene Gelenk sachte zu bewegen; vermeiden Sie dabei jede anstrengende oder schmerzhafte Bewegung. Diese Maßnahme beugt einer Versteifung vor.
- Achten Sie darauf, daß Sie erst dann ihre normalen Bewegungsabläufe oder Übungen wieder aufnehmen, wenn Sie sicher sein können, daß die Entzündung ganz abgeklungen ist.

Homöopathische Hilfe

Art der Sehnenentzündung	*Allgemeine Symptome*	*Verschlechterung (durch)*	*Besserung (durch)*	*Mittel*
Erste Schmerzphase und Trauma	Nach Verletzungen zur Schmerzlinderung und zur Hemmung der Entzündung, bei körperlichem oder seelischem Trauma, auch ARNICA-Creme zur lokalen Einreibung, wenn die Haut nicht verletzt ist	Berührung, Bewegung, Schock, Stoß, nach dem Schlafen	Tieflagern des Kopfes	ARNICA

Art der Sehnen-entzündung	*Allgemeine Symptome*	*Verschlechte-rung (durch)*	*Besserung (durch)*	*Mittel*
Bei Sehnen-entzündung, die durch Be-wegung bes-ser wird	Wenn ARNICA anfangs genützt hat und folgen-des zutrifft: Viel schlechter durch Ruhe, besonders nachts im Bett, das befallene Ge-lenk fühlt sich steif und unbeweglich an	Stillhalten, nachts, Kälte, Feuchtigkeit, Frösteln, erste Bewegung, zu viel kör-perliche An-strengungen	Wärme, heiß Baden, leich-te Bewegung, Lagewechsel, Massage	RHUS TOX.
Bei Sehnen-entzündung, die durch kal-tes Baden bes-ser wird	Das befallene Gelenk fühlt sich zwar taub und kalt an, aber Schmerzen und Steif-heit werden durch Wär-me noch schlimmer, rasende Schmerzen bei Schwäche des betroffe-nen Gelenks	Warme Luft, warmes Bad, Bewegung, nachts	Ausruhen, kühle Luft, kalt Baden	LEDUM
Bei länger be-stehender Sehnenent-zündung mit schmerzen-dem Narben-gewebe	Unruhe, Wundgefühl und starke Schmerzen im entzündeten Ge-lenk, Sehne wird starr, mit starken Schmerzen und Steifheit bei Bewe-gung, Liegen auf dem Gelenk ist unangenehm	Überanstren-gung, Kälte, Liegen	Wärme, leich-te Bewegung, Massage	RUTA
Bei anhalten-den Sehnen-schmerzen, die von einer alten Verlet-zung stammen	Wenn ARNICA anfäng-lich die Schmerzen ge-lindert und die Mobili-tät gefördert hat, dann aber nichts mehr hilft, wunde, wie gequetsch-te Sehnenschmerzen, die einen beinahe zum Wahnsinn treiben	Berührung, Baden, kalt wie heiß, Frö-steln, Überhit-zung	Leichte Bewe-gung, kalte Umschläge	BELLIS PERENNIS

Rufen Sie in folgenden Fällen sofort den Arzt:

- Bei sehr starken Schmerzen und Verdacht auf Sehnenriß.
- Wenn die Schmerzen schlimmer werden und nicht auf die Erste-Hilfe-Maßnahmen ansprechen.
- Wenn der Betreffende schon einmal eine Sehnenverletzung hatte und unter starken Schmerzen leidet.

6. Homöopathie für Babys und Kinder

In der Regel sprechen Kinder sehr gut auf eine homöopathische Behandlung an. Das liegt daran, daß kleine Kinder und Babys gewöhnlich noch nicht soviel mit Arzneimitteln in Berührung gekommen sind wie die meisten Erwachsenen. Man kann sich auch ein besseres Bild der Krankheitsanzeichen eines Kindes machen, wenn sie noch nicht durch Medikamente verändert oder mit den Nebenwirkungen herkömmlicher Mittel vermischt sind.
Viele Kinder reagieren auch deshalb so positiv auf Homöopathie, weil ihr allgemeines Energieniveau viel größer und ihre Reaktionen auf Reize ungleich viel stärker sind als bei Erwachsenen. Deshalb werden viele Kinder bei einer akuten Infektion plötzlich sehr krank, scheinen kurze Zeit in sehr schlechtem Zustand zu sein, aber einen oder zwei Tage später sind sie wieder auf den Beinen. Eine so deutliche Reaktion auf eine Akuterkrankung deutet auf eine starke Immunreaktion auf Infektionen hin. Diesen gesunden Selbstheilungsmechanismus bringt das richtige homöopathische Mittel in Gang. So können Infektionen rasch und mit relativ wenig Beschwerden abklingen.
Allerdings gibt es auch Kinder, die nie eindeutig und stark auf Krankheiten reagieren, sondern die in einem Zustand ständigen unklaren Unwohlseins zu leben scheinen. Das mag das Ergebnis eines schlechten genetischen Erbguts, einer ungemessenen Ernährung oder einer übermäßigen Verwendung herkömmlicher Medikamente sein, wie auch eine ungünstige Reaktion auf Impfungen oder eine Kombination all dieser Faktoren. Sie sind beispielsweise ständig erkältet, haben Ohrenentzündungen oder Bronchialprobleme sowie wenig Energie und Widerstandskraft. Zu weiteren Komplikationen gehören etwa Ausschlag, Schuppenflechte, Heuschnupfen, Asthma oder Verdauungsstörungen. Auch Verhaltensstörungen, mangelnde Konzentration, geringes Vertrauen, heftige Wutausbrü-

che oder unsoziales Verhalten können sich dazu einstellen. Bei solchen Kindern sind Hilfe und Rat eines erfahrenen Homöopathen aus folgenden Gründen erforderlich.

Die Rolle der Selbstbehandlung

Wenn Kinder in ausgezeichnet gutem Gesundheitszustand plötzlich sehr krank werden und sich rasch und gut erholen, kann sich die homöopathische Heimbehandlung als äußerst hilfreich erweisen – vorausgesetzt, die Eltern sind in der Lage, das geeignete Mittel für die entsprechende Symptomatik ihres Kindes auszuwählen.

Aber Kinder mit wenig Lebensenergie bilden eine Kategorie, die gesondert angegangen werden muß. Das heißt nicht, daß man ihnen mit einer homöopathischen Behandlung nicht helfen könnte. Ganz im Gegenteil. Den Fortschritt mitzuverfolgen, den diese Kinder im Lauf einer homöopathischen Behandlung machen, gehört zu den befriedigsten Momenten der Arbeit eines Homöopathen.

Leidet Ihr Kind unter einer einfachen akuten Erkrankung von kurzer Dauer und würden Sie gerne ein homöopathisches Mittel verabreichen, sollten Sie sich mit den Informationen im 2. Kapitel – *Homöopathie zu Hause: Wie man dieses Buch verwendet* – vertraut machen. Darin finden Sie grundlegende praktische Ratschläge, die Ihnen die Mittelwahl erleichtern. Auch wenn Sie sich noch nicht zutrauen, selbst ein Mittel auszuwählen, kommt Ihrem Kind die jeweilige *Praktische Selbsthilfe* auf jeden Fall zugute. Dort werden Ihnen einfache Maßnahmen vorgestellt, mit denen Sie keinen Schaden anrichten können. Sie sollten lediglich zum Wohlbefinden Ihres Kindes beitragen und den natürlichen Heilungsprozeß beschleunigen.

Wenn Sie befürchten, den Boden unter den Füßen zu verlieren, lesen Sie unter den Hinweisen am Ende jeder Krankheit nach, wann ärztlicher Rat nötig ist. Lesen Sie außerdem den folgenden Abschnitt und verlassen Sie sich immer auf Ihr Gefühl, wenn Sie sich die geringsten Sorgen über die Gesundheit Ihres Kindes machen! Man kann nicht genug betonen, daß Sie nie zögern sollten, den Arzt zu rufen: wenn die Gesundheit Ihres Kindes auf dem Spiel steht, ist es immer besser, vorsichtig zu sein und sicherzugehen.

Wie man erkennt, daß ein Kind ernstlich krank ist

Halten Sie sich vor Augen, daß sowohl kleine Kinder und alte Leute dazu neigen, überraschend und sehr plötzlich krank zu werden. Daher ist es wichtig, gleich im Anfangsstadium all die Symptome zu erkennen, die auf den Ausbruch einer Krankheit hinweisen. Greift man sofort zu geeigneten Maßnahmen, können Notfälle häufig vermieden werden.

Doch auch ohne eines der nachfolgenden Symptome sollten Sie immer Ihrem Gefühl nachgeben und um ärztlichen Rat fragen, wenn Sie sich in der jeweiligen Situation unsicher fühlen. Wenn Sie sehr gut auf Ihr Kind eingestimmt sind, spüren Sie eine Veränderung seines Gesundheitszustandes unter Umständen schon lange, bevor konkrete Krankheitsanzeichen sich bemerkbar machen. Manchmal ist es nicht mehr als eine deutliche Veränderung der Eßgewohnheiten, ein anderes Verhalten oder ungewohntes Weinen. Auch wenn keines dieser Anzeichen an sich Anlaß zur Sorge bietet, sind diese frühen Warnzeichen wertvolle Hinweise, wenn zusätzlich Besorgniserregendes hinzukommt.

Bei einem der folgenden Anzeichen sollten Sie so rasch wie möglich ärztliche Hilfe holen:

- Gelblich verfärbte Haut und dunkler Urin.
- Hohes Fieber mit Muskelkrämpfen oder krampfartigen Zuckungen.
- Atemnot, lautes, unregelmäßiges oder oberflächliches Atmen.
- Bläuliche Lippen, Fingerspritzen oder -nägel, besonders in Verbindung mit Atemnot oder Kollaps.
- Starke oder hartnäckige Kopfschmerzen, hohes Fieber, steifer Nacken und Lichtempfindlichkeit.
- Besorgniserregende Unterleibsschmerzen, die länger als eine Stunde anhalten.
- Heftiges Erbrechen.
- Schläfrigkeit oder Verwirrtheit.
- Plötzlich oder grundlos auftretender Ausschlag.
- Rasche, starke Schwellungen im Gesicht, an Hals und Nacken.
- Kopfverletzungen.
- Blut im Urin, Stuhl oder Erbrochenen.
- Anhaltender Durchfall, besonders in Verbindung mit Erbrechen bei Babys oder Kleinkindern.

- Anzeichen für Austrocknung, wie etwa:
  - Trockener Mund
  - Verlust der Hautelastizität oder schlechter Hauttonus
  - Vermindertes oder konzentriertes Urinieren
  - Trockene oder eingesunkene Augen
  - Trockene Haut
  - Eingesunkene Fontanelle bei Neugeborenen
- Kinderkrankheiten einschließlich Infektionskrankheiten wie Keuchhusten oder Masern bei Babys unter sechs Monaten.
- Plötzlich und heftig einsetzende Krankheitssymptome.

Infektionskrankheiten bei Kindern

Da homöopathische Mittel die Selbstheilungskräfte des Körpers anregen, üben sie diese Funktion auch bei Viruserkrankungen und bakteriellen Infektionen aus.

Im Gegensatz zur Schulmedizin, die bei Virusinfektionen wie Masern oder Windpocken wenig konkrete Hilfen anbieten kann, hat die Homöopathie sehr viel zu bieten. Sie unterstützt das Kind in jedem Krankheitsstadium, senkt das Fieber und schafft Linderung bei Schmerzen aller Art wie z. B. bei Halsweh und schmerzenden Augen, bei Husten, aber auch bei Juckreiz und Hautausschlägen. Das wichtigste aber ist, daß eine erfolgreiche Behandlung den Krankheitsverlauf beschleunigt und den Körper bei seiner Auseinandersetzung mit der Infektion unterstützt.

Dazu kann das homöopathische Mittel innerlich eingenommen und überdies ein beruhigendes Kräuterpräparat auf die Haut aufgetragen werden. Solche Produkte gibt es als Tinkturen, Lotionen, Cremes oder Salben; sie lindern Hautreizungen und Jucken, wirken der Infektion entgegen und fördern eine rasche Heilung. Informationen über geeignete Präparate sowie Empfehlungen zu deren Anwendungen ist in den jeweiligen Abschnitten unter *Praktische Selbsthilfe* zu finden.

Die Frage der Impfung

Die zunehmende Debatte um die Impfungen ist wohl eine der am emotional geladensten, die heutzutage in medizinischen Kreisen geführt wird. Die konventionelle Medizin sagt eindeutig, Impfungen seien unumgänglich, um Kinder vor den Auswirkungen ansteckender Kinderkrankheiten wie Masern, Keuchhusten oder Mumps zu bewahren. Infolgedessen fließen sehr viel Energie und finanzielle Mittel in Werbekampagnen, die sicherstellen wollen, daß die meisten Kinder geimpft werden. Manche Kinder sind zwar wegen Kontraindikationen wie allergischen Reaktionen von der Impfung befreit, dennoch wird die Immunisierung als grundsätzlich günstig für die meisten Kinder gepriesen.

Es gibt jedoch andere Meinungen, denen zufolge Impfungen manchmal Probleme auslösen können, die nicht in Zusammenhang mit heftigen neurologischen Reaktionen stehen, wie man von einigen Fällen weiß. Hier geht es um so unterschiedliche Beschwerden wie Allergien, Ohrenentzündungen, wiederkehrende Atemschwierigkeiten, Gelenkrheumatismus, Verhaltensstörungen und ein erhöhtes Reizkolonrisiko, die später im Leben als negative Reaktionen auf Impfungen auftreten können.

Dabei ergeben sich manchmal auch Probleme aus den unterschiedlichen funktionellen Abläufen bei einer sich natürlich entwickelnden Immunität im Gegensatz zu einer Immunität, die durch einen Impfstoff aufgebaut wird. Deshalb bieten Kinderkrankheiten in den Augen vieler Homöopathen dem Immunsystem des Kindes Gelegenheit für einen »Probelauf«, welcher der Stärkung der Abwehr dient. Bei einer natürlich erworbenen Immunität geraten Infektionserreger gewöhnlich durch die Nasen- und Mundschleimhäute in den Körper, bevor sie in den Blutstrom gelangen. Impfstoffe hingegen werden direkt in den Blutstrom eingespritzt, ohne daß die ersten Verteidigungsposten Nase, Mund oder Hals daran beteiligt wären. Wenn ein Kind mit dem Masernvirus in Kontakt kommt, atmet es diesen gewöhnlich durch die Nase ein. Mit der Zeit pflanzt es sich in den Mandeln, Polypen und Lymphknoten fort, bevor es in den Blutstrom gelangt. Das Virus ist also mit Leber, Milz, Thymusdrüse und dem Rückenmark in Berührung gekommen, bevor sich Krankheitsanzeichen bemerkbar machen und hat dadurch das Immunsystem erfolgreich stimuliert.

Infolgedessen ist die Reaktion des Immunsystems auf Impfungen meistens heftig und traumatisch. Wenn wir überdies bedenken, daß Kleinkinder in regelmäßigen Abständen und in einer Zeit geimpft werden, in der sich ihr Immunsystem noch aufbaut, erfordern die möglichen negativen Wirkungen doch einige Überlegung.

Weil dieses Thema so gefühlsgeladen ist, ist es außerordentlich wichtig, daß Eltern über genügend Informationen verfügen, um eine für sie annehmbare Entscheidung treffen zu können. Erkundigen Sie sich bei einschlägigen Verbänden oder Vereinen an Ihrem Wohnort nach gezielten Informationen zu Impffragen.

Man sollte jedenfalls wissen, daß es eine ganze Reihe verschiedener Möglichkeiten hinsichtlich der Impfung Ihres Kindes gibt. Man kann Impfungen eine nach der anderen durchführen lassen, manche auswählen und andere beiseitelassen, die Impfung auf einen späteren Zeitpunkt verschieben, bis das Immunsystem gestärkt ist, sich gegen Impfungen entscheiden oder dem Kind mit einer homöopathischen Behandlung helfen, die Nachwirkungen der Impfungen zu überwinden.

Keuchhusten

Keuchhusten ist oft für Kinder wie Eltern äußerst besorgniserregend und erschreckend. Es handelt sich hierbei um eine ansteckende Lungenerkrankung, die zu einer Verschließung der Luftwege führt, weil dabei dicker Schleim abgesondert wird, der sich nur mit größter Mühe abhusten läßt.

Die ersten Anzeichen bei Keuchhusten gleichen einer Erkältung mit erhöhter Temperatur, Husten und Absonderung von Nasensekret. Nur verschlimmert sich der Zustand eines Kindes im Frühstadium des Keuchhustens im Gegensatz zur Erkältung, die sich nach vier bis fünf Tagen bessern sollte. Im nächsten Stadium verdicken sich die Absonderungen aus der Nase, und der Husten wird stärker und schmerzhafter.

Ist dieses Stadium erst einmal erreicht, entsteht das typische »Keuchen« beim Husten, und zwar gewöhnlich nach einem Hustenanfall, wenn das Kind um Atem ringt und manchmal dabei erbricht. Es ist nicht ungewöhnlich, daß ein Kind bei einem schweren Anfall ganz rot wird oder das Gesicht sich bläulich verfärbt, wobei letzteres dann der Fall ist, wenn dem Körper Sauerstoff fehlt. Dieses Stadium kann sich über zwei bis drei Monate hinziehen, in denen die Symptome im Verlauf der Krankheit allmählich nachlassen. Allerdings bleibt manchmal noch monatelang ein restliches Hüsteln bestehen.

Keuchhusten hat eine Inkubationszeit von einer bis zwei Wochen.

Praktische Selbsthilfe

- Auch wenn die Hustenanfälle manchmal sehr besorgniserregend sind, ist es außerordentlich wichtig, keine hustenunterdrückenden Mittel zu verabreichen. Der Hustenreflex darf deshalb nicht unterdrückt werden, weil er dem Schleimauswurf aus den Lungen dient. Geschieht das nicht, verklebt das Sekret wahrscheinlich die Lungen, und das macht das Atmen noch viel schwieriger.
- Wenn Ihr Kind beim Keuchhusten erbricht, geben Sie ihm am besten nach einem Hustenanfall etwas Kleines, Leichtverdauliches zu essen. Achten Sie auch darauf, daß Ihr Kind sehr viel trinkt, besonders, wenn es nicht essen mag.
- Ein Baby fühlt sich gewöhnlich bei einem Hustenanfall besser, wenn es auf dem Bauch auf Ihren Knien liegt. Sorgen Sie dafür, daß nichts auf seinem Gesicht liegt, damit es frei abhusten kann, und klopfen Sie ihm dabei leicht auf den Rücken. Älteren Kindern ist es im Sitzen mit einer Stütze im Rücken am wohlsten.
- Versuchen Sie bei einem Hustenanfall Ihres Kindes so ruhig und zuversichtlich zu bleiben wie möglich, auch wenn das manchmal sehr schwierig ist. Angst und Panik bei schweren Hustenanfällen verstärken das Erstickungsgefühl, was wiederum die Lage verschärft. Anderseits geht der Hustenanfall in der Regel schneller und schmerzloser vorbei, wenn sich Ihr Kind dabei möglichst entspannen kann.

Homöopathische Hilfe

Art des Keuchhustens	*Allgemeine Symptome*	*Verschlechterung (durch)*	*Besserung (durch)*	*Mittel*
Keuchhusten mit schrecklicher Übelkeit und Hustenanfällen, die zum Erbrechen führen	Das Kind verspannt sich beim Husten, wird steif und atemlos, Rasseln und Pfeifen in der Brust, schwere Anfälle erzeugen eine blasse, bläuliche Hautfarbe und Nasenbluten, das Kind reagiert schrecklich empfindlich auf Bewegung, die alles nur verschlimmert	Feuchtigkeit, Flachliegen, Bewegung, Überhitzung, Essen	Frische Luft, kalte Getränke, Ausruhen	IPECACUANHA

Art des Keuchhustens	*Allgemeine Symptome*	*Verschlechterung (durch)*	*Besserung (durch)*	*Mittel*
Schwere Hustenanfälle mit kalter, klammer, bläulich verfärbter Haut	Das Kind ist völlig erschöpft und niedergeschlagen vom Husten, verlangt während und nach den Anfällen nach frischer Luft, Linderung durch Luftzufächeln, brennendes Wundgefühl im Hals und Brust, harter, trockener Husten löst sich rasch mit reichlichem Auswurf	Nachts, stickige Räume, Hitze, Reden	Frische Luft, Luftzufächeln, Lokkern der Kleidung, nach dem Schlafen	CARBO VEG.
Erbrechen klaren, fadigen, zähen Schleims am Ende eines Hustenanfalls	Hustenanfälle werden manchmal in überheizten, stickigen Räumen ausgelöst, ständiges Schlucken, um den Hals von Schleim zu befreien, Gesicht verfärbt sich rot-violett durch die Anstrengung beim Husten, sehr empfindlich auf jede Reizung im Hals	Hitze, Hinlegen, Berührung, Druck der Kleider, Reizung im Hals, Zähneputzen, Mundspülen	Kalte Getränke, Gehen, kalte Waschungen	COCCUS CACTI
Die Hustenanfälle setzen nach einem quälenden Erstickungsgefühl ein	Hustenanfälle folgen rasch aufeinander, danach Erbrechen fadigen Schleims, Husten wird durch Essen ausgelöst, instabile Körpertemperatur, bei Zudecken zu heiß, beim Abdecken zu kalt	Luft einatmen, Essen, Luftveränderung	Wärme	CORALLIUM RUBRUM
Die Hustenanfälle beginnen, sobald sich das Kind hinlegt	Schwere Hustenanfälle mit Erbrechen, kalten Schweißausbrüchen und Nasenbluten, kitzelnder, gereizter Hals, lange, erstickende Hustenanfälle	Nach Mitternacht, Hinlegen, Hitze, kaltes Essen, Reden, Lachen, Bücken	Frische Luft	DROSERA
Das Kind beugt sich beim Hustenanfall nach hinten, um den Schleim abhusten zu können	Atemnot vor Hustenanfällen, Rasseln im verstopften Brustraum mit sehr wenig Auswurf, erbricht oder schläft nach den Anfällen, Kind muß aufsitzen, um atmen zu können	Wärme, Schreikrämpfe, Hinlegen, Überhitzung oder Frieren, Bewegung, Milchtrinken	Abhusten von Schleim, Aufsitzen, Erbrechen	ANTIMONIUM TART.

Art des Keuchhustens	*Allgemeine Symptome*	*Verschlechterung (durch)*	*Besserung (durch)*	*Mittel*
Vom Husten schmerzendes, rauhes Gefühl in der Brust	Das Kind ist schon vor den Hustenanfällen verstört, weil es Schmerzen erwartet, drückt die Hände auf die Brust, um den Schmerz so gering wie möglich zu halten	Während des Schlafs, nach Anstrengung, nachts, Kälte und Feuchtigkeit	Ausruhen mit tiefgelagerten Kopf	ARNICA
Hustenanfälle mit leicht abhustbarem Schleim	Husten kommt an kalter Luft ins Stocken und löst sich in der Wärme, beugt sich vor zur Erleichterung der Anfälle, Erstickungsgefühl vor dem Erbrechen	Kalte Luft, Überhitzung, Anstrengung, zwischen 2–3 Uhr nachts, Austrocknung, Berührung, Bewegung	Wärme, vornübergebeugtes Sitzen, mit Ellbogen auf den Knien, tagsüber, frische Luft	KALIUM CARB.

Rufen Sie in folgenden Fällen sofort den Arzt:

- Bei Keuchhusten bei einem Baby unter sechs Monaten.
- Bei schwerer Atemnot, Pfeifen oder abwechselnd schwerem, beschleunigtem Atem und Hustenanfällen.
- Bei quälenden Schmerzen in der Brust.
- Bei Verwirrung oder Schläfrigkeit.
- Bei starken Kopfschmerzen.
- Wenn die Selbsthilfemaßnahmen die Lage nicht verbessern und Sie den Eindruck haben, das Kind wird kränker statt gesünder.
- Sie sollten wissen, daß Keuchhusten bei kleinen Babys und Kindern eine potentiell schwere Krankheit ist. Benachrichtigen Sie Ihren Hausarzt, wenn Sie vermuten, Ihr Kind weise die ersten Anzeichen von Keuchhusten auf. Er wird es dann wahrscheinlich untersuchen, um die Diagnose zu bestätigen.
- Lesen Sie unter *Husten* nach, bei welchen weiteren Anzeichen möglicherweise ärztliche Hilfe notwendig ist.

Koliken

Kolik ist zwar an sich keine schwere Krankheit, aber starke oder häufige Koliken sind ein Problem, bei dem Eltern manchmal mit ihrem Latein am Ende sind. Anzeichen sind u. a. stechende Schmerzen im Magen oder Unterleib; Babys ziehen dann öfters ihre Knie zur Brust hoch, weil das die Schmerzen lindert. Das Leiden kommt nach der Geburt häufig vor, und intermittierende Anfälle treten beim Baby manchmal bis zum Alter von zehn Wochen oder drei Monaten auf.

Glücklicherweise kann man viel zur Linderung beitragen, wenn man die nachfolgenden einfachen Selbsthilfemaßnahmen befolgt und zusätzlich ein geeignetes homöopathisches Mittel verabreicht.

Mit Homöopathie kann man Koliken bei Babys häufig erfolgreich mildern; geben Sie also nicht auf, wenn Sie aus Mangel an Wissen, Erfahrung oder Vertrauen nicht gleich das richtige Mittel finden. Suchen Sie dann lieber einen erfahrenen Homöopathen auf, der den Fall Ihres Kindes fachkundig einschätzen kann.

Praktische Selbsthilfe

- Wenn Sie stillen, achten Sie darauf, ob vielleicht etwas in Ihrer Nahrung die Kolik des Säuglings verschlimmert. Mögliche Verursacher sind u. a. scharfe Gewürze wie Chili und Curry, rohe Zwiebeln, Paprika, Kohl, Blumenkohl, Rosenkohl, starker Tee, Kaffee oder Alkohol.
- Wenn Sie Ihrem Kind die Flasche geben, kontrollieren Sie, ob der Lutscher die richtige Größe hat. Ist er zu groß für ein Neugeborenes oder zu klein für einen älteren Säugling, kommt es manchmal vor, daß bei jeder Fütterung Luft geschluckt und nicht mehr ausgestoßen wird.
- Achten Sie darauf, die Flasche Ihres Kindes genau im richtigen Verhältnis zu mischen. Ist sie zu dick, weint Ihr Kind manchmal, weil es zuviel Salz bekommt und Durst hat. Ist sie zu dünn, gibt es auch wieder Probleme, weil der Hunger nicht gestillt wird.
- Vermuten Sie, daß ein Übermaß an Darmgasen Ihrem Kind zu schaffen macht, reiben Sie ihm sanft Rücken oder Bauch. Das ist zum einen sehr besänftigend, zum anderen macht Ihr Baby sein Bäuerchen so leichter.

– Auch Verstopfung kann Koliken verursachen. Neigt Ihr Kind zu Verstopfung, beachten Sie die Ratschläge im entsprechenden Abschnitt im 4. Kapitel: *Häufige Beschwerden von A bis Z.*

Homöopathische Hilfe

Art der Kolik	*Allgemeine Symptome*	*Verschlechterung (durch)*	*Besserung (durch)*	*Mittel*
Kolikartige Schmerzen mit großen Beschwerden und Reizbarkeit	Ist vor Schmerzen hochrot und zornig, schreit verzweifelt und läßt sich nicht beruhigen, krümmt sich vor Schmerzen, aufgeblähter Unterleib ohne Besserung nach Abgabe von Darmgasen, häufig beim Zahnen und/oder mit Durchfall	Nachts	Getragenwerden, Schaukeln, heiße Umschläge	CHAMOMILLA
Koliken bei trockener, hellroter Haut	Schlechte Laune und krampfartige Schmerzen, aber nicht so stark wie bei CHAMOMILLA, Schmerzen kommen und gehen rasch, beugt sich zur Schmerzlinderung nach hinten, die Haut am Unterleib strahlt Hitze aus	Lärm, grelles Licht, Berührung, Stoß, Druck der Bettwäsche Liegen auf dem schmerzenden Körperteil	Wärme, Strecken des Rückens	BELLADONNA
Koliken, die durch Druck auf den Unterleib gelindert werden	Das Baby liegt auf dem Bauch oder drückt die Fäustchen in den Unterleib, um den Schmerz zu lindern, Beschwerden setzen plötzlich ein, krümmt sich zusammen oder zieht die Knie zur Brust hoch	Loslassen nach festem Druck auf den Unterleib, Stillhalten	Druck, Wärmeauflagen auf den schmerzenden Körperteil, Bewegung, Winde lassen	COLOCYNTHIS
Koliken mit hartnäckigem, ergebnislosen Versuch zur Entleerung	Die Kolik entsteht oder verschlimmert sich, wenn die stillende Mutter scharfe Speisen ißt oder viel Kaffee trinkt, das Kind friert, ist reizbar und reagiert überaus empfindlich, beim Aufwachen ist die Kolik am schlimmsten	Berührung oder Druck, Schlafmangel, Essen, Aufenthalt in Kälte oder kalter Zugluft, beim Aufwachen	Wärme, Ruhen, tiefer, ungestörter Schlaf	NUX VOMICA

Art der Kolik	*Allgemeine Symptome*	*Verschlechterung (durch)*	*Besserung (durch)*	*Mittel*
Koliken, die bei der geringsten Bewegung schlimmer werden	Ärgerlich und reizbar, verträgt keine Wärme mit hartnäckiger Verstopfung, ausgeprägter Durst mit Vorliebe für kalte statt warme Getränke, Besserung durch Druck und warme Umschläge auf den Unterleib	Heiße, stickige Räume, Bewegung, leichter Druck oder leichte Berührung, ruckartige Bewegungen	Frische, kühle Luft, Still liegen, fester Druck auf die schmerzende Stelle	BRYONIA
Starke Koliken, die bei durchgedrücktem, gestrecktem Rücken nachlassen	Kolik mit plötzlichen Durchfällen, die den Schmerz nicht lindern, Beschwerden kreisen um den Nabel, häufig bei Babys stillender Mütter, die zuviel starken Tee trinken	Liegen, Anziehen der Knie an die Brust, Gefüttertwerden, nachts	Rückwärtsdehnung, sich Strekken, fester Druck	DIOSCOREA
Koliken mit lautem Rumpeln und Gurgeln im Unterleib sowie Blähungen nach dem Füttern	Symptome treten nachmittags oder nach dem Füttern auf und verschlimmern sich, Druck um die Taille oder auf den Unterleib verursacht starke Schmerzen und großes Unbehagen, Verschlimmerung durch ballaststoffreiche Nahrung der Mutter (Kohl, Bohnen, Vollkornprodukte)	Nachmittags, kalte Getränke, nach dem Füttern, Berührung oder Druck, Überhitzung, Erwachen aus dem Schlaf	Druck um die Taille lockern, Winde lassen, Aufstoßen, warme Getränke, frische Luft	LYCOPODIUM
Koliken, die durch Druck und Massieren gelindert werden	Symptome manchmal beim Zahnen, Überproduktion von Darmgasen, die häufig als Winde entweichen und Linderung verschaffen können	Frieren, kalte Getränke, nachts, enge Bekleidung	Die Knie zur Brust ziehen, fester Druck, Wärme, Massage	MAGNESIUM PHOS.
Kolik mit Weinerlichkeit und dem Wunsch nach Aufmerksamkeit	Der Säugling jammert bei Schmerzen und will ständig Aufmerksamkeit, Stuhl sieht nie gleich aus, stickige Räume verschlimmern, kühle, frische Luft hilft, auch Verschlimmerung bei zu üppiger oder fetthaltiger Nahrung der Mutter	Überheizte Räume, Mangel an frischer Luft, abends, schwere Kleidung oder Bettdecken, Stillhalten	Bewegung, frische, kühle Luft, Bettdecken entfernen, Aufmerksamkeit	PULSATILLA

Rufen Sie in folgenden Fällen sofort den Arzt:

- Wenn Ihr Baby übermäßige Schmerzen zu haben scheint.
- Wenn die Erkrankung von hartnäckiger Verstopfung, Erbrechen, Durchfall oder zu wenig Urinabgabe begleitet wird.
- Wenn Sie den Verdacht hegen, Ihr Baby trockne aus. Zu den Symptomen gehört jede mögliche Kombination folgender Anzeichen:
  - Trockener Mund
  - Trockene oder eingesunkene Augen
  - Eingesunkene Fontanelle
  - Zu wenig und stark riechender, verfärbter Urin
  - Verminderte Elastizität der Haut

Krupphusten

Ein Kruppanfall ist sowohl für das Kind wie für die Eltern sehr beängstigend, weil sich die akuten Symptome gewöhnlich rasch, heftig und nachts einstellen.

Eines der beunruhigendsten Anzeichen bei einem Kruppanfall ist das Geräusch, welches das Kind beim Einatmen macht. Dieses rauhe, rasselnde Geräusch, *Stridor* genannt, entsteht, weil die Luftwege entzündet oder geschwollen sind. Unter den häufigen Begleiterscheinungen bei einem Kruppanfall sind Heiserkeit, Empfindlichkeit im Hals, Brustschmerzen und ein typisch hohlklingender Husten zu nennen.

Wenn Ihr Kind weder Husten noch Erkältung hat und plötzlich *Stridor* auftritt, sollten Sie unverzüglich den Arzt holen. Er sollte unbedingt prüfen, ob Ihr Kind einen Fremdkörper, etwa eine Erdnuß, in die Luftröhre bekommen hat.

Praktische Selbsthilfe

- Bringen Sie Ihr Kind bei den ersten Anzeichen eines Kruppanfalls in einen mit Dampf gefüllten Raum, wo es leichter atmen kann. Dampf können Sie leicht und rasch erzeugen, indem Sie Ihre Badewanne bei geschlossenen Türen und Fenstern mit heißen Wasser füllen und die Dusche laufen lassen. Setzen Sie sich ruhig mit Ihrem Kind hin und reden ihm gut zu, langsam und gleichmäßig zu atmen; das sollte eine

leichte Kruppattacke sehr erleichtern. Allerdings sollten Sie kleine Kinder nie allein im Badezimmer mit sehr heißem Wasser lassen, da sie sich nur allzu leicht verbrennen oder verbrühen. Sorgen Sie immer dafür, daß jemand bei Ihrem Kind bleibt, um diese Gefahr zu verhindern.
– Wenn ein Kind bei einem Krupphustenanfall in Panik gerät, wird die Sache meist nur noch schlimmer und schmerzhafter. Beruhigen Sie es auf die Art, auf die Ihr Kind am besten anspricht, etwa durch Liebkosen, Streicheln oder indem Sie ihm leise und ruhig gut zureden.

Homöopathische Hilfe

Art des Krupphustens	*Allgemeine Symptome*	*Verschlechterung (durch)*	*Besserung (durch)*	*Mittel*
Krupp mit schrecklicher Angst, Panik und Unruhe	Die Symptome entstehen rasch und heftig, besonders durch trockenen, kalten Wind, geht gesund und wohlauf ins Bett und erwacht plötzlich durch heiseren, trockenen Hustenanfall, Atemnot erzeugt rasch große Angst und Panik, Anfälle meist nach Mitternacht	Kalten, trokkenen Wind, nach Mitternacht, kalte Getränke, Einatmen von Rauch	Schwitzen, frische Luft	ACONITUM
Laute Hustenanfälle verhindern das Einschlafen oder wekken das Kind vor Mitternacht	Erstickender, rauher, trokkener Husten mit dem Gefühl, durch einen trokkenen Schwamm zu atmen, Atmen beim Einschlafen manchmal schwer oder laut, raspelnder Husten, als würde eine Säge durch trockenes Holz gezogen	Berührung, kalte Getränke, Einatmen, Aufregung, Sprechen, süße Speisen oder Getränke	Warme Getränke	SPONGIA
Die Hustenanfälle setzen ein, sobald das Kind seinen Kopf aufs Kissen legt	Anfälle von tiefem, bellendem, erstickendem Husten werden nach Mitternacht schlimmer, Krupp tritt auch nach Masern auf, hält sich die Seiten, um den Schmerz durch ständiges Husten zu lindern	Hinlegen, Wärme, nach Mitternacht, kalte Speisen oder Getränke, Bücken	Frische Luft, Druck	DROSERA

Art des Krupphustens	*Allgemeine Symptome*	*Verschlechterung (durch)*	*Besserung (durch)*	*Mittel*
Schreckliche Angst bei Anfällen, spricht sehr gut auf Beruhigung an	Rauher Krupphusten mit Brennen in Hals und Brust, das Anfangsstadium ist vorüber, Anfälle treten aber immer wieder auf und werden durch Temperaturwechsel oder Hinlegen ausgelöst	Reden, abends, starke Gerüche, Temperaturveränderung	Berührung, Wärme, Aufsitzen, Zuspruch	PHOSPHORUS
Bellender Krupphusten, der an der kalten Luft stärker wird	Krupp entsteht oder verschlimmert sich morgens oder abends, Aufenthalt an der Kälte verschlimmert alles, Abdecken wird überhaupt nicht vertragen, reizbar und schlecht gelaunt	Frieren, kalte Zugluft, Ausatmen, Berührung, Abdecken	Wärme, Feuchtigkeit, Warmhalten	HEPAR SULF.
Krupp mit Erstickungsanfällen vor Eintritt in den Tiefschlaf	Reagiert empfindlich auf jeglichen Druck und Einengung um den Hals, Anfälle manchmal durch Berührung des Halses, Schluckbeschwerden wegen Enge im Hals, Angst vor dem Einschlafen	Wärme, Erwachen aus dem Schlaf, Schlucken von Speichel, enge Kleidung um den Hals	Frische, kühle Luft, kalte Getränke oder Speisen	LACHESIS
Anfälle von Krupphusten mit fadigem, klebrigem, gelbem Schleim, der sich nur schwer abhusten läßt	Wegen der Anstrengung des Abhustens sprach- und atemlos, beim Aufwachen Schwere- und Engegefühl in der Brust, Wundschmerzen strahlen vom Brustbein bis in Rücken und Schultern aus	Morgens, Aufwachen, Bücken, Sitzen, Kälte und Feuchtigkeit, Ausziehen	Bewegung, Wärme	KALIUM BICH.

Rufen Sie in folgenden Fällen sofort den Arzt:

- Wenn Ihr Kind unter fünf Jahren ist und plötzlich laut, hart oder schwer atmet.
- Bei schweren Kruppanfällen mit Atemnot.
- Wenn es anfängt zu speicheln oder bei Anzeichen von Blaufärbung um die Lippen.

- Wenn Ihr Kind große Schmerzen hat und Dampfinhalationen ihm nichts nützen.
- Wenn sich der Zustand trotz der Selbsthilfemaßnahme innerhalb von zwanzig Minuten nicht gebessert hat.

Masern

Hierbei handelt es sich um eine Virusinfektion, die gewöhnlich mit Fieber und Unwohlsein sowie trockenem Husten beginnt, der einige Tage andauern kann. Fällt das Fieber, werden typische kleine weiße Flecken wie Salzkörner im Mund sichtbar. Manchmal steigt das Fieber wieder, wenn weitere leicht erhöhte, dumpf-rote Flecken auf der Stirn und hinter den Ohren entstehen, die sich gewöhnlich auf den restlichen Kopf und Rumpf ausdehnen, Arme und Beine jedoch im allgemeinen nicht befallen.
Wenn der Ausschlag richtig zum Ausbruch kommt, werden die Flecken größer und laufen schließlich ineinander über. Zu weiteren Symptomen im Frühstadium der Masern gehören etwa eine Triefnase, Ohrenschmerzen, geschwollene Drüsen, Durchfall, Lichtempfindlichkeit und/oder entzündete tränende Augen.
Masern sind eine hochansteckende Viruskrankheit mit einer Inkubationszeit von zehn bis vierzehn Tagen.

Praktische Selbsthilfe

- An Masern erkrankte Kinder beklagen sich häufig über schmerzende, lichtempfindliche Augen. In solchen Fällen entlasten Sie die überanstrengten Augen Ihres Kindes, indem Sie die Vorhänge schließen und den Raum so dunkel wie möglich lassen.
- Mag Ihr Kind nicht essen, beherzigen Sie die Empfehlungen unter *Windpocken,* die besonders für das Fieberstadium der Krankheit angezeigt sind.
- Juckt der Ausschlag, suchen Sie auch unter *Windpocken* nach einem geeigneten Mittel.

Homöopathische Hilfe

Art der Masern	*Allgemeine Symptome*	*Verschlechterung (durch)*	*Besserung (durch)*	*Mittel*
Frühstadium der Krankheit mit starkem Fieber	Heftiger und rascher Fieberanstieg, hochrote, trockene und sehr heiße Haut, Pupillen weiten sich, Puls ist rasch, schmerzender Hals erschwert das Trinken, pochende Kopfschmerzen mit Lichtempfindlichkeit und übersteigerter Sinnesreizung	Lärm, helles Licht, Gestörtwerden, Stoß, Frieren	Aufsitzen im Bett, verdunkelte Räume, Ruhe, Wärme	BELLADONNA
Plötzlicher Ausbruch der Symptome mit äußerster Unruhe und Qualen	Das Fieber setzt rasch, heftig und ohne Vorzeichen ein, schreckliche Unruhe und Angst, wahnsinnig von Schmerzempfindlichkeit, schwache, empfindliche Augen mit laufender Nase und hartem, kruppartigem Husten	Nachts, extreme Wärme oder Kälte	Frische Luft, erholsamen Schlaf	ACONITUM
Rosafarbener, wasserhaltiger Ausschlag mit äußerster Hitzeempfindlichkeit	Stechender, brennender Ausschlag, der durch Berührung mit Kalten gelindert wird, geschwollenes Gesicht, geschwollene Augen und Lidern wie Wasserbeutel, kratzbürstig und unruhig	Warm Baden, warme Luft, nach dem Schlafen, Ausruhen, Berührung	Kalte Waschungen, kalte Luft, leichte Bewegung	APIS
Bei Masern ausgesprochen empfindliche, schmerzende Augen	Quälende Lichtempfindlichkeit und schmerzende, brennende, tränende Augen, milde Absonderungen aus der Nase, trockener, heiserer Husten, Nase und Augen fühlen sich an frischer Luft besser	Wärme, helles Licht, bei Einbruch der Dämmerung	An frischer Luft, Augenreiben	EUPHRASIA

Art der Masern	*Allgemeine Symptome*	*Verschlechterung (durch)*	*Besserung (durch)*	*Mittel*
Langsames, schleichendes Einsetzen der Krankheit mit starkem Husten	Langsam ansteigendes Fieber bei geröteter, trockener Haut, starke Kopfschmerzen, schlimmer bei der geringsten Bewegung, hartnäckiger, trockener Reizhusten mit großem Verlangen nach kalten Getränken, schlecht gelaunt und in sich gekehrt	Bewegung, Wärme, Gestörtwerden, Essen	Kühle Umgebung, Stillhalten, frische Luft, kalte Getränke, Druck auf Kopf oder Brust, wenn sie schmerzen	BRYONIA
Ist lethargisch und erschöpft, fröstelt allgemein und hat Schmerzen	Bei zunehmender Müdigkeit dauert es Tage, bis die Krankheit ausbricht, abwechselnd Frieren und hohes Fieber, gerötetes, aufgedunsenes Gesicht mit schweren, zufallenden Augenlidern, Mangel an Interesse und Apathie, will in Ruhe gelassen werden	Anstrengung	Wärme, reichliches Wasserlassen, frische Luft	GELSEMIUM
Bei voll ausgebrochenem Masernausschlag	Abwechselnd trockener und lockerer Husten mit viel Sekret morgens, das abends nur noch lästig ist, trockener Mund ohne Durst, Dicke, milde, gelblich-grüne Absonderungen, anlehnungsbedürftig und weinerlich	Hitze, stickige Räume, Ausruhen, Essen	Kühle, frische Luft, kalte Speisen und Getränke, leichte Bewegung, sich Ausweinen	PULSATILLA
Masern mit starkem Frieren und Durchfall	Schreckliche Unruhe, schlimmer bei Einbruch der Nacht, reizender, brennender Ausschlag, besser durch warme Waschungen, Übelkeit und starker Durchfall, schlimmer nach kalten Getränken, trockener, pfeifender, beschwerlicher Husten, besser durch leichtes Aufsitzen mit Kissen, quengelig, anstrengend, sehr furchtsam	Nachts, kalte Speise oder Getränke, Frösteln, Alleinsein	Schlucke warmer Getränke, Wärme, warme Umschläge	ARSENICUM ALB.

Art der Masern	*Allgemeine Symptome*	*Verschlechterung (durch)*	*Besserung (durch)*	*Mittel*
Masern mit grauenhaft juckendem Ausschlag, der in der Wärme viel schlimmer wird	Manchmal bei voll ausgebrochenem Ausschlag angezeigt, besonders wenn dieser schlecht auf Hitze und Waschungen reagiert, sollte jedoch wegen der tiefen Wirkung bei Hautleiden nicht zu oft verabreicht werden	Wärme, Aufwärmen im Bett, Frieren, nachts, nach dem Aufwachen, Essen	Leichte Bewegung, Gesellschaft, frische, kühle Umgebung, Hinlegen, Aufsitzen im Bett	SULFUR

Holen Sie in folgenden Fällen sofort den Arzt:

- Wenn Kinder unter sechs Monaten Masern haben.
- Wenn das Fieber bei voll ausgebrochenem Ausschlag nicht sinkt.
- Bei extremer Lethargie oder Schwäche mit Fieber ohne Besserung.
- Bei jedem Anzeichen von Atemnot oder starkem Husten.
- Bei extremer Lichtempfindlichkeit mit Hinweisen auf eine Augenentzündung.
- Bei hartnäckigen oder starken Kopfschmerzen, besonders in Verbindung mit Erbrechen und/oder einem steifen Nacken.
- Bei Blutungen unter der Haut oder aus irgendeiner Körperöffnung.
- Bei Ohrenentzündung.
- Wenn Ihr Kind Masern bekommt, sollten Sie Ihren Hausarzt benachrichtigen. Er meldet gegebenfalls alle Fälle bei der zuständigen Gesundheitsbehörde!

Mumps

Mumps ist eine unangenehme, durch einen Virus ausgelöste Kinderkrankheit, die man an schmerzhaften, geschwollenen Ohrspeicheldrüsen unter dem Kiefer erkennt. Gewöhnlich fühlt sich das Kind zu Beginn allgemein unwohl und hat erhöhte Temperatur. Die *Parotis* (Ohrspeicheldrüsen) unter den Ohren fangen an zu schmerzen und anzuschwellen, ebenso die *Speicheldrüsen* unter Zunge und Kiefer. In diesem Fall werden Schlucken und Öffnen des Mundes sehr schmerzhaft. Häufig beginnt

die Schwellung der Drüsen nur auf der einen Gesichtsseite und greift dann im Verlauf der Krankheit auf die andere über.
Mumps hat eine Inkubationszeit von zwei bis vier Wochen und ist im allgemeinen nicht so ansteckend wie Masern.

Praktische Selbsthilfe

- Sehen Sie zu, daß Ihr Kind reichlich Flüssigkeit bekommt, aber vermeiden Sie Zitrusfrüchte, weil die Speicheldrüsen danach noch mehr schmerzen. Mag Ihr Kind nicht trinken, stellen Sie Schleckstiele auf einer nicht-sauren Basis her, z. B. aus Apfelsaft, oder reden Ihrem Kind gut zu, möglichst viele wasserhaltige Früchte, z. B. Wassermelonen, zu essen.
- Manchen Kindern ist es wohler, wenn man warme Auflagen auf die schmerzenden Gesichtsteile legt. Es gibt sie zu kaufen, aber Sie können auch selbst welche mit Wärmflaschen in einem Handtuch machen. Eine andere Möglichkeit ist die, ein Flanelltuch in warmes Wasser zu legen und gut auszuwinden, bevor Sie es auf die schmerzenden Stellen legen.
- Kann Ihr Kind den Mund nur noch mühsam öffnen, geben Sie ihm mit einem Strohhalm zu trinken und pürieren die Speisen. Suppen und Brühen sind sowieso leichter zu essen als feste Nahrung, wenn Mund und Kiefer schmerzen. Außerdem haben flüssige Speisen den zusätzlichen Vorteil, leichter verdaulich zu sein.
- Erkrankt Ihr Kind an Mumps, sollten Sie darauf achten, daß es nicht mit Erwachsenen zusammenkommt, die noch keinen Mumps hatten. Zwar ist er nicht so ansteckend, aber wenn ein Erwachsener Mumps bekommt, sind die Symptome viel stärker und schmerzhafter als in der Kindheit. Bei Frauen kann als Komplikation eine Eileiterentzündung *(Oophoritis)* dazukommen, bei Männern schwellen manchmal die Hoden schmerzhaft an *(Orchitis),* wobei das Risiko einer Unfruchtbarkeit bei einem erwachsenen Mann sehr viel geringer ist.

Homöopathische Hilfe

Art des Mumps	*Allgemeine Symptome*	*Verschlechterung (durch)*	*Besserung (durch)*	*Mittel*
Extreme Unruhe und Ängstlichkeit bei Ausbruch der Krankheit	Die Krankheit setzt rasch und mit starkem körperlichen und emotionalem Unwohlsein ein, Fieber und Durst bei brennend heißem Kopf und unterkühltem Körper, brennende, stechende Schmerzen werden durch Frieren verstärkt, Kind ist furchtsam und gerät schnell in Panik, auch bei ersten Anzeichen von *Orchitis* bei Erwachsenen angezeigt	Extreme Hitze oder Kälte, warme Räume, nachts	Frische Luft, nach dem Schlafen, Schwitzen	ACONITUM
Rasch und heftig einsetzende Symptome mit sehr hohem Fieber, Kopfschmerzen und Reizbarkeit	Plötzliches Einsetzen der Krankheit mit starkem Fieber und hellroter, trockener, heißer Haut, ein schmerzhaft empfindlicher Hals und Drüsen mit großen Schluckschwierigkeiten; muß sich zum Trinken nach vorne beugen, manchmal rechts schlimmer als links	Lärm, Berührung, Bewegung, helles Licht, Kälte, Bücken	Wärme, Ruhe, Aufsitzen im Bett	BELLADONNA
Langsam und schleichend beginnende Krankheit mit sehr großer Empfindlichkeit bei Bewegungen	Obwohl Kind tagsüber schläfrig und lethargisch ist, kann es nachts nicht schlafen, großer Durst nach viel kaltem Wasser bei trokkener Haut und Lippen und Mund, reizbar, verstopft und neigt zu Kopfschmerzen, kann sich zu nichts aufraffen	Bewegung, Aufsitzen, Wärme, körperliche Anstrengung	Stillhalten, kühle Umgebung, kalte Getränke, Schwitzen	BRYONIA

Art des Mumps	*Allgemeine Symptome*	*Verschlechterung (durch)*	*Besserung (durch)*	*Mittel*
Linksseitige Drüsenschmerzen und -schwellung, die nach rechts übergreifen	Starkes Engegefühl in der Kehle, schlimmer durch enge Kleidung um den Hals, Essenschlucken fällt leichter als Leerschlucken, alle Symptome viel schlimmer beim Aufwachen	Warme Getränke, nach dem Schlafen, enge Krägen, Wärme, Leerschlucken	Kalte Speisen und Getränke, kühle, luftige Umgebung, lockere Kleidung um den Hals, Schlucken von Nahrung	LACHESIS
Außerordentlich aufgedunsene, geschwollene Drüsen mit ausgeprägter Abneigung gegen Hitze in jeder Form	Rosafarbene, aufgedunsene und geschwollene Drüsen mit stechenden Schmerzen, Lider sind wie Wasserbeutel, auch Lippen und Gesicht sind manchmal gespannt und geschwollen, reizbares Kind, macht viele Umstände und ist zappelig	Warmes Bad, warme Umschläge, überheizte Räume, Ausruhen, nach dem Schlafen	Kalte Waschungen, kalte Umschläge, frische, kühle Luft, leichte Bewegung	APIS
Mumps mit stark geschwollenen Drüsen, die Kieferbewegungen sehr erschweren	Sprechen, Essen und Trinken fallen wegen verhärteter, vergrößerter Drüsen sehr schwer, schmerzhaft geschwollene Mandeln mit lästig trockener Kehle, durstig, glüht und fiebert, Krankheit schwächt und macht schweißnaß	Schwitzen, linke Seite, Kälte		JABORANDI
Extreme Unruhe bei Mumps, die nachts noch schlimmer wird	Schreckliche Empfindlichkeit gegen Kälte und Feuchtigkeit mit Gliederschmerzen, dreht und wälzt sich unaufhörlich hin und her, schmerzende und geschwollene Drüsen manchmal links stärker, auch Herpes-Bläschen, trübsinnig und niedergeschlagen, besonders nachts	Stillhalten, nachts, im Bett, kalte, feuchte Luft	Warmes Baden, warm Eingewickeltsein, leichte Bewegung, vorausgesetzt, sie strengt nicht an	RHUS TOX.

Art des Mumps	*Allgemeine Symptome*	*Verschlechterung (durch)*	*Besserung (durch)*	*Mittel*
Mumps mit stechenden Schmerzen in den Ohren beim Schlukken	Gespannte, harte Drüsen hinter dem Ohr und unter dem Kiefer, Schluckschwierigkeiten wegen Drüsenschmerzen und trockene Kehle, Mandeln und Zäpfchen sind geschwollen, aufgedunsen und dunkelrot, auch rechts schlimmer als links	Bettwärme, Kälte, nachts, heiße Getränke	Mäßige Wärme, die nicht zur Überhitzung führt	PHYTOLACCA
Voll entwickelter Mumps, wenn das Fieber nachgelassen hat	Schlechter Atem und unangenehm metallischer Geschmack im Mund, vermehrter Speichelfluß bei geschwollener Zunge, starker, unangenehm riechender Schweiß, bei Anbruch der Nacht überängstlich und unruhig	Extreme Hitze oder Kälte, kalte Zugluft, Schwitzen, nachts	Gemäßigte Temperatur, Ausruhen	MERCURIUS
Voll entwikkelter Mumps mit Weinerlichkeit und Trostbedürfnis	Ist bei milderen Symptomen angezeigt, wenn das Fieber zurückgegangen ist und die allgemeinen Symptome sonst übereinstimmen; trockener Mund ohne Durst, Beschwerden schlimmer in warmer, stickiger Umgebung oder durch Bettwärme	Nachts, stickige Räume, schwere Dekken, Ausruhen, warme Speisen und Getränke	Frische, kühle Umgebung, leichte Bewegung, kalte Speisen und Getränke, fester Druck, Mitgefühl und Zuneigung	PULSATILLA

Rufen Sie in folgenden Fällen sofort den Arzt:

- Bei Erbrechen in Verbindung mit Unterleibsschmerzen.
- Bei großer Schwäche oder Lethargie.
- Bei Seh- oder Hörstörungen.
- Bei beängstigend starken Kopfschmerzen und sehr steifem Hals.
- Bei Krämpfen.
- Wenn Ihr Kind Mumps bekommt, sollten Sie Ihren Hausarzt unterrichten!

Ohrenschmerzen

Quälende Ohrenschmerzen können sowohl Erwachsene wie Kinder befallen, und ein Erwachsener unter dreißig leidet jährlich einmal darunter. Sie sind jedoch in der Kindheit viel häufiger, wobei sie oft als Komplikation einer gewöhnlichen Erkältung auftreten. Kinder werden eher von Ohrenentzündungen befallen, weil die *Eustachische Röhre,* die das Mittelohr mit dem Rachenraum verbindet, kürzer ist als bei Erwachsenen. Daher können Entzündungen rasch von den Nasenlöchern zu den Ohren wandern. Wenn wir zudem bedenken, daß die *Polypen* bei Kindern entzündungsanfälliger sind, ist ein häufigeres Vorkommen von Ohren-, Nasen- und Halsleiden in der Kindheit nicht verwunderlich.

Zu den allgemeinen Anzeichen einer akuten Ohrenentzündung gehören u. a. stechende Schmerzen und das Gefühl, es stecke etwas im befallenen Ohr, das sich dann verstopft anfühlt; auch Fiebrigkeit und schlechtes Hören. Läßt man einer bakteriellen Infektion freien Lauf, ist die Wahrscheinlichkeit einer Eiterbildung groß, und sie kann zur Eröffnung des Trommelfells führen. In diesem Fall nehmen die Schmerzen im Ohr stark ab und Absonderungen setzen ein.

Haben Sie die Vermutung, daß Ihr Kind unter Ohrenschmerzen leidet, greifen Sie am besten so rasch wie möglich zu Selbsthilfemaßnahmen, um den Schmerz zu lindern und die Entzündung einzudämmen. Hegen Sie jedoch den Verdacht einer bakteriellen Infektion, z. B. bei Ohrenschmerzen im Zusammenhang mit einer Mandelentzündung, holen Sie am besten ärztlichen Rat ein, während Sie unterdessen mit den Selbsthilfemaßnahmen beginnen.

Praktische Selbsthilfe

- Vermeiden Sie einen Aufenthalt in eisig kalten Winden, wenn Sie wissen, daß Ihr Kind zu Ohrenschmerzen neigt. Ist es jedoch an einem kalten, windigen Tag draußen, dann achten Sie immer darauf, ihm die Ohren gut mit einer Kappe oder einem Tuch zu bedecken.
- Wurde eine Ohrenentzündung bei Ihrem Kind festgestellt, vermeiden Sie es, das Ohr mit Wasser zu waschen, bis das Ohr völlig ausgeheilt ist.
- Halten Sie Ausschau nach Anzeichen von Ohrenschmerzen bei Ihrem Baby. Häufig zieht es dann etwas am Ohr oder reibt daran, besonders wenn es schmerzempfindlicher und weinerlicher ist als sonst.
- Achten Sie darauf, daß Ihr Baby oder Kleinkind viel trinkt, besonders wenn es Fieber hat.
- Wenn jedoch eine Ohrenentzündung von einer allgemeinen Verstopfung in Nase und Rachen begleitet wird, geben Sie ihm nicht zuviel Milch, weil sie die Schleimbildung fördert.
- Bei vielen Kindern lindert Wärme die Ohrenschmerzen. Sie können eine wohltuende Auflage mit einer Wärmeflasche machen, die Sie in ein gut ausgewrungenes Hand- oder Flanelltuch wickeln, das sie zuvor in warmes Wasser getaucht haben. Wenn Ihre Kinder sehr klein sind, achten Sie darauf, warmes statt siedendes Wasser zu verwenden, um Verbrennungen oder Verbrühungen zu vermeiden. Zieht Ihr Kind einen kalten Umschlag vor, verwenden Sie ein kühles Flanelltuch mit einer handelsüblichen Eispackung darin, die man im Kühlschrank aufbewahren kann.
- Beginnen Absonderungen aus dem Ohr zu tropfen, holen Sie immer ärztlichen Rat und lassen Sie Ihr Kind untersuchen, statt das Problem selbst lösen zu wollen. Das ist besonders dann wichtig, wenn die Absonderungen unangenehm aussehen oder riechen.
- Kommen Ohrenentzündungen und hartnäckige Erkältungen immer häufiger vor, kann Ihnen die fachliche Hilfe eines Homöopathen sehr helfen. Der Erfolg der homöopathischen Behandlung hängt offensichtlich damit zusammen, daß die den wiederholten Erkrankungen zugrunde liegende Schwäche behoben wird, indem das Immunsystem stimuliert wird.

Homöopathische Hilfe

Art der Ohrenschmerzen	*Allgemeine Symptome*	*Verschlechterung (durch)*	*Besserung (durch)*	*Mittel*
Rechtsseitige Ohrenschmerzen, die plötzlich und heftig einsetzen (Anfangsstadium der Erkrankung)	Hohes Fieber mit Ohrenschmerzen und hochroter, heißer, trokkener Haut, pochende Schmerzen in Ohren und Hals, geschwollene Drüsen, Ohr ist hochrot und heiß, äußerste Reizbarkeit und schlechte Laune bei einem sonst friedlichem Kind	Lärm, Bewegung, grelles Licht, Stoß, Frieren, Aufregung oder Sinnesreize	Halb aufrechtes Liegen in warmem, verdunkelten Raum, warme Umschläge	BELLADONNA
Ohrenschmerzen, die plötzlich nach Aufenthalt an trockenem, kaltem Wind einsetzen (Frühstadium)	Geht wir gewöhnlich zu Bett, wacht dann aber mit schrecklichen Ohrenschmerzen und Beschwerden auf, wahnsinnig und ist außer sich vor Schmerzen, äußerste Unruhe und Angst, Durst bei Fieber mit heißem Kopf und kühlem Körper	Nachts, Aufenthalt in der Kälte oder in kaltem Wind, überheizte Räume, Liegen auf der schmerzenden Stelle	Frische Luft, Schwitzen, gemäßigte Temperaturen	ACONITUM
Rasch einsetzende Ohrenschmerzen mit weniger heftigen Symptomen als ACONITUM oder BELLADONNA	Häufig im Frühstadium bevor die Absonderungen einsetzen, Ziehen, Spannen und Jucken im Ohr, Schmerzen links schlimmer als rechts, glüht wegen der Schmerzen oder ist blaß im Gesicht	Nachts, Anstrengung, Lärm, ruckartige Bewegungen, Berührung, kalte Luft	Hinlegen, kalte Umschläge	FERRUM PHOS.
Ohrenschmerzen lösen schreckliche Beschwerden und ein furchtbares Geschrei aus	Weint verzweifelt und hat Wutanfälle vor Schmerzen, läßt sich weder beruhigen noch ablenken, wirft mit Spielsachen, eine blasse und eine gerötete Wange, fiebert häufig zusammen mit Zahnen	Wärme, überheizte Räume, Berührung, Lärm, grelles Licht, Frieren	Gewiegt oder Getragenwerden, Ausgefahrenwerden im Auto	CHAMOMILLA

Art der Ohrenschmerzen	*Allgemeine Symptome*	*Verschlechterung (durch)*	*Besserung (durch)*	*Mittel*
Bei ausgeprägten Ohrenschmerzen mit dicken, gelblichen Absonderungen	Friert sehr mit starker Abneigung gegen kalte Zugluft, geringstes Abdecken verursacht große Qualen und Unbehagen, bohrende, splitterähnliche Schmerzen in Ohren und Hals mit übelriechenden Absonderungen, sehr reizbar und schlecht gelaunt, will nicht berührt werden	Frieren, kalte Zugluft, kalter Wind, Liegen auf der empfindlichen Seite, nachts	Warme Räume, Warmhalten des Kopfes, Ruhe im warmen Bett	HEPAR SULF.
Festsitzende Ohrenentzündung mit übelriechender grüner Absonderung und starkem Schwitzen	Geschwollene Drüsen mit wundem, rohem Hals, speichelt nachts auf das Kopfkissen, beklagt sich über schlechten Geschmack im Mund, Atem riecht übel, nachts äußerst furchtsam und unruhig	Extreme Wärme oder Kälte, nachts, Überhitzung im Bett, Bükken, Berührung	Ruhe bei Zimmertemperatur	MERCURIUS
Nachklingende Symptome einer Ohrenentzündung mit Bedürftigkeit und Weinerlichkeit	Trotz Frösteln starke Aversion gegen überheizte, stickige Räume, Ohrenschmerzen setzen nach Frieren oder Naßwerden ein, dicke, cremeartige, gelblich-grüne Absonderungen mit geschwollenen Drüsen, ungewohnt fordernd mit Bedürfnis nach Zuwendung	Überheizte Räume, Mangel an frischer, kühler Luft, Ausruhen, abends, Feuchtigkeit, mangelnde Zuwendung	Kalte, frische Luft, leichte Bewegung, kalte Getränke, kalte Umschläge, Mitgefühl und Zuwendung	PULSATILLA
Linksseitige, beim Schlafen entstehende Ohrenschmerzen	Starke Hals- und Ohrenschmerzen, die das Kind aus dem Schlaf wecken, enges, geschwollenes Gefühl im Hals, schlimmer durch Druck von Kleidung um den Hals, Ohr fühlt sich verstopft und beschlagen an	Warme Zimmer, Mangel an frischer Luft, warme Getränke, Druck von Kleidung um den Hals, Leerschlukken, nach dem Schlafen	Kühle Umgebung, frische Luft, Lockern der Kleider um den Hals, Schlucken von Nahrung oder Flüssigkeiten, kalte Getränke, Bewegung	LACHESIS

Rufen Sie in folgenden Fällen sofort den Arzt:

- Wenn Ihr Kind sehr elend ist und starke Schmerzen hat.
- Wenn Babys bei Ohrenschmerzen austrockenen und/oder die Fontanelle eingesunken ist.
- Wenn eine milde, eitrige, blutverschmierte oder übelriechende Absonderung aus dem Ohr tropft.
- Bei deutlicher Rötung, Entzündung, Empfindlichkeit oder Schmerzen hinter dem Ohr.
- Wenn sich die Symptome einstellen, nachdem sich ihr Kind einen Fremdkörper ins Ohr gestoßen hat. Versuchen Sie nicht, ihn selbst zu entfernen, rufen Sie ärztliche Hilfe. Vermeiden Sie das Risiko, den Fremdkörper noch tiefer ins Ohr zu stoßen.
- Wenn Ihr Kind innerhalb von vierundzwanzig Stunden nicht auf die Selbsthilfemaßnahmen anspricht oder Sie befürchten, sein Allgemeinzustand verschlechtere sich dramatisch.

Röteln

Hierbei handelt es sich um eine verhältnismäßig leichte Krankheit, die in der Regel kaum mehr Beschwerden bereitet als Ausschlag und bei der man sich lediglich etwas angeschlagen fühlt. Sie wird jedoch durch einen ansteckenden Virus ausgelöst, der beim ungeborenen Kind im Mutterleib zu Schäden führen kann. Zu den allgemeinen Anzeichen im Frühstadium der Infektion gehören leichtes Fiebern und leicht geschwollene Drüsen hinter den Ohren und am Nacken. Der Ausschlag bricht ziemlich rasch nach den ersten Anzeichen aus, gewöhnlich schon am ersten oder zweiten Tag. Er besteht aus rötlich-rosafarbenen, kleinen, flachen Flecken, die gewöhnlich zuerst im Gesicht auftreten und sich schnell auf den Rest des Körpers ausbreiten. Er dauert nicht lang, sondern verschwindet meist am vierten oder fünften Tag nach Krankheitsbeginn wieder.

Wenn bei Ihrem Kind Röteln diagnostiziert werden, sollten Sie alle schwangeren Freundinnen davon unterrichten, und die Besuche einstellen, bis Ihr Kind sich völlig erholt hat. Da die Inkubationszeit für Röteln drei Wochen beträgt, sollten Sie auch alle die darüber informieren, die in dieser Zeit mit Ihrem Kind zusammen waren.

Praktische Selbsthilfe

Lesen Sie hierzu die Selbsthilfemaßnahmen unter *Masern.* Sie werden feststellen, daß sich dieselben Grundsätze hier anwenden lassen, wenngleich die Symptome bei Röteln im allgemeinen nicht so stark sind. Wenn Ihr Kind sich gut von selbst erholt, brauchen Sie kein homöopathisches Mittel zu verabreichen. Wenn ihm die Beschwerden jedoch zu schaffen machen, hilft eine homöopathische Behandlung sehr, sein Energieniveau anzuheben und es damit während der Krankheit zu unterstützen. Es wird dann nur wenig und unter keinen Komplikationen leiden.

Homöopathische Hilfe

Art der Röteln	*Allgemeine Symptome*	*Verschlechterung (durch)*	*Besserung (durch)*	*Mittel*
Die Krankheit setzt plötzlich mit extremer Unruhe und Unwohlsein ein	Im Frühstadium, bevor der Ausschlag ausbricht, gereizte, empfindliche Augen und Triefnase, Durst mit Magenverstimmung und Durchfall, trockener, lästiger kruppartiger Husten, unruhiger Schlaf mit nächtlicher Verschlimmerung der Symptome	Nachts, extreme Wärme oder Kälte, grelles Licht	Erholsamen Schlaf, Ruhen	ACONITUM
Heftiger, plötzlicher Ausbruch der Krankheit mit starker Fiebrigkeit	Das Fieber steigt rasch an, hellrote, heiße und trockene Haut, pochende Kopfschmerzen bei schnellem Puls, zuckende, zerrende Muskeln bei leichtem, unruhigem Schlaf, trotz Schläfrigkeit sehr reizbar	Grelles Licht, Lärm, ruckartige Bewegungen, Frieren	Ruhe in verdunkeltem Zimmer, halb aufrechtes Sitzen im Bett	BELLADONNA
Glüht und fiebert mit roten Flecken auf den Wangen	Im Frühstadium, bei leichteren Symptomen als ACONITUM oder BELLADONNA, ermüdet leicht, immer wieder Fieberschübe	nachts, Bewegung, mangelnde Schweißabsonderung, Lärm, Frieren	Ausruhen, kalte Umschläge	FERRUM PHOS.

Art der Röteln	*Allgemeine Symptome*	*Verschlechterung (durch)*	*Besserung (durch)*	*Mittel*
Allgemein verstopft mit dickem, gelbem Schleim	Krankheit ist voll ausgebrochen, die Nebenhöhlen sind entzündet, die Drüsen geschwollen, dicker, fadenziehender Nasenschleim, Kopfschmerzen wegen verstopfter Nase und Nebenhöhlen, lockerer, rasselnder Husten, lustlos und apathisch	Kälte und Feuchtigkeit, frische Luft, nach dem Schlafen, heißes Wetter, Bücken	Wärme, Druck auf die schmerzende Stelle, Bewegung	KALIUM BICH.
Schleichende Symptome mit wenig Fieber nach Ausbruch des Ausschlags	Geschwollene Drüsen und hartnäckiger, abwechselnd trockener und lockerer Husten, dicker, gelblich-grüner Schleim aus der Nase und aus der Brust, nörgelig, weinerlich und anhänglich	Stickige Zimmer, Ausruhen, warmes Essen und Getränke, üppige Speisen, abends und nachts	An frischer Luft, kalte Umschläge, kalte Getränke, Mitgefühl und Zuwendung, leichte Bewegung	PULSATILLA
Schleichende Symptome nach Ausbruch des Ausschlags mit heftigem Fieberschwall	Großes Unbehagen in der Wärme, will sich ständig abdecken oder die Füße unter der Bettdecke hervorstecken, Fieber mit trockener Haut, hartnäckiges grünliches Nasensekret und Bronchialschleim	Wärme, Bettwärme, Frieren, Waschen oder Baden, Essen, nach dem Schlafen	Gemäßigte Temperaturen	SULFUR

Rufen Sie in folgenden Fällen sofort den Arzt:

- Bei großer Lethargie oder Qualen.
- Bei andauernden Kopfschmerzen, besonders in Verbindung mit einem steifen Nacken und/oder Erbrechen.
- Bei schweren Symptomen bei einem Säugling unter sechs Monaten.
- Bei anhaltendem oder starkem Husten, der auf die Selbsthilfemaßnahmen nicht anspricht.
- Bei Blutungen unter der Haut.
- Bei Atemschwierigkeiten.
- Bei ausgeprägten Augenbeschwerden oder -schmerzen.
- In der Schwangerschaft.

- Wenn Ihr Kind Röteln bekommt, sollten Sie Ihren Hausarzt benachrichtigen!

Windpocken

Windpocken sind eine Virusinfektion mit einem stark juckenden Ausschlag, der sich manchmal über Rumpf, Rücken, Arme, Beine und das Gesicht ausbreitet. Der Ausschlag beginnt mit roten Flecken, die sich rasch zu wäßrigen Bläschen entwickeln. Vor dem Ausschlag tritt manchmal ein fiebriges Unwohlsein ein mit vagen, allgemeinen Beschwerden, etwa wie bei Grippe bei Erwachsenen. Ist der Ausschlag voll ausgebrochen, juckt er, bis er dann ganz austrocknet. Erst jetzt ist die Ansteckungsgefahr vorbei. Windpocken haben eine Inkubationszeit von einer bist drei Wochen. Im allgemeinen sind Windpocken bei Kindern eine leichte Infektionskrankheit, die selten irgendwelche Komplikationen aufkommen läßt. Es ist jedoch besser, als Kind daran zu erkranken, weil die Symptome beim Erwachsenen in der Regel viel schlimmer sind.

Praktische Selbsthilfe

- Man kann vieles tun, um den starken Juckreiz des Ausschlags zu lindern; dann geht es dem Kind schon viel besser und es leidet weniger. Man sollte jedoch keine zinkhaltigen Präparate dafür verwenden – sie beruhigen zwar anfänglich, trocknen jedoch schnell auf der Haut aus –, sondern lieber eine verdünnte HYPERICUM-CALENDULA-Tinktur oder URTICA-URENS-Tinktur verwenden. Diese können Sie auch dem Badewasser beigeben. Jucken oder brennen die Pusteln ganz fürchterlich, nehmen Sie URTICA URENS. Wenn sie schmerzen und Infektionsgefahr besteht, weil beim Kratzen offene Hautstellen entstanden sind, nehmen Sie eine Mischung aus HYPERICUM und CALENDULA. Verdünnen Sie einen Teil Tinktur mit zehn Teilen abgekochten, abgekühlten Wassers, tauchen Sie einen Wattebausch in die Lotion und waschen Sie die Bläschen sooft wie nötig damit ab. Das lindert sehr und vermindert den Juckreiz. Sie können zur Linderung und Beruhigung des Juckreizes auch die eine oder andere Tinktur ins Badewasser geben. Man sollte jedoch warme Bäder im Anfangsstadium der Krankheit während der

Bläschenbildung vermeiden, weil Ihr Kind dann manchmal fiebert und es geschwächt wird.

- Zusätzlich lindert auch das Liegen in einem Haferbad. Geben Sie eine Handvoll feiner Haferflocken in ein dünnes Musselin- oder Gazesäckchen und hängen Sie es beim Einlaufenlassen des Badewassers unter den Heißwasserhahn.
- Wenn Sie die Pusteln wie oben empfohlen mit der verdünnten Tinktur gewaschen haben, geben Sie immer wieder HYPERICUM-CALENDULA-Creme oder URTICA-URENS-Creme auf die entzündete Haut. CALENDULA-Creme hilft auch bei Entzündungsgefahr der Pusteln. Nehmen Sie für einen Windpockenausschlag lieber Creme als Salbe, weil die fettere Salbe dem Austrocknen des Ausschlags entgegenwirkt.
- Schneiden Sie kleinen Kindern die Fingernägel ganz kurz, damit sie die Krusten nicht so leicht abkratzen können. Älteren Kindern erklären Sie, sie sollten die Pusteln lieber reiben statt kratzen, um die Haut nicht zu verletzen. Geht eine homöopathische Behandlung mit diesen Maßnahmen einher und verwenden Sie die geeigneten oben empfohlenen Cremes, sollte keine zu große Gefahr zu häßlicher Narbenbildung bestehen.
- Wenn die Wasserbläschen austrocknen und eine Kruste bilden, dann achten Sie nach dem Baden darauf, die Haut sorgfältig trockenzutupfen, statt sie abzureiben. So stellen sie eine optimale Ausheilung der betroffenen Hautstellen sicher.
- Hat Ihr Kind im Frühstadium der Krankheit keinen Appetit mehr, dann achten Sie darauf, daß es viel trinkt. Das ist wichtiger, als das Kind zum Essen zu bewegen, weil das Fieber so in Schach gehalten wird, und zudem schützt es gegen Austrocknung. Hat Ihr Kind trotzdem Hunger, bereiten Sie ihm leichtverdauliche Speisen zu wie Kraftbrühe, gedämpftes oder frisches Obst oder Pürees. Das ist deshalb empfehlenswert, weil man damit einer Übelkeit vorbeugt, die nach schwerem oder unverdaulichem Essen bei Fieber manchmal auftritt.
- Viele Eltern wissen inzwischen, daß man fiebernden Kindern wegen des Risikos eines *Reye-Syndroms* kein Aspirin geben sollte, um das Fieber zu senken. Das *Reye-Syndrom* ist eine schwere Krankheit mit den folgenden Symptomen:

- Erbrechen
- Fiebern
- Schläfrigkeit
- Krämpfe
- Bewußtlosigkeit

Homöopathische Hilfe

Art der Windpocken	*Allgemeine Symptome*	*Verschlechterung (durch)*	*Besserung (durch)*	*Mittel*
Frühstadium mit rasch einsetzendem Fieber	Bei hohem Fieber ausgesprochen furchtsam und unruhig, durstig, trockene Haut, überempfindlich und panisch bei Beschwerden, häufig vor Ausbruch des Ausschlags	Nachts, extreme Hitze oder Kälte	Schlaf, frische Luft, Schweißausbrüche	ACONITUM
Anfangsstadium, plötzlich einsetzende Krankheit mit trockener, geröteter Haut, die Hitze ausstrahlt	Äußerst rasche Symptomentwicklung mit sehr hohem Fieber, Fieberdelirium, erweiterte Pupillen, voller und rascher Puls, starke, pochende Kopfschmerzen, reizbar, aber weniger panisch als bei ACONITUM	Frösteln, Lärm, ruckartige Bewegungen, grelles Licht, Gestörtwerden	Aufsitzen im Bett, verdunkelte Räume, Ruhe, Stille	BELLADONNA
Friert, ist unruhig und furchtsam bei Fieber	Extremes geistiges und körperliches Unwohlsein, Unruhe, friert trotz Fiebers und wird schwer warm, Wärme tut gut, Begleiterscheinungen sind Durchfall und Übelkeit	Alleinsein, bei Einbruch der Nacht, Unterkühlung, körperliche Anstrengung	Wärme, schluckweise warme Getränke, Gesellschaft, Aufsitzen im Bett, leichte Bewegung	ARSENICUM ALB.
Tiefsitzender Husten mit sich allmählich entwikkelndem Ausschlag	Hartnäckiger, rasselnder Husten mit unangenehm belegter Zunge, große, blaugefärbte Bläschen bei Ausbruch des Ausschlags, sehr reizbar mit Anfällen von schlechter Laune	Wärme, Baden, Überhitzung im Bett, abends, Hinlegen	Kühle, Schleim abhusten, Aufsitzen	ANTIMONIUM TART.

Art der Windpocken	*Allgemeine Symptome*	*Verschlechterung (durch)*	*Besserung (durch)*	*Mittel*
Stark juckender Ausschlag, besonders nachts im Bett	Unruhig, kann wegen des körperlichen Unbehagens und Juckens nicht stillhalten, äußerst empfindlich auf Kälte und Feuchtigkeit, die alles verschlimmern, bedrückt und verzweifelt, besonders nachts	Kälte und Feuchtigkeit, nachts, Stillhalten, Aufkratzen der Bläschen	Wärme, warm Baden, leichte Bewegung	RHUS TOX.
Voll ausgebildete Windpocken mit geschwollenen Drüsen, in Schweiß gebadet	Schrecklich unruhig, empfindlich auf den geringsten Temperaturwechsel, vermehrte, oft übelriechende Absonderungen, unangenehmer metallischer Geschmack im Mund, große Bläschen, die entzündet oder eitrig sind	Nachts, extreme Hitze oder Kälte	Gemäßigte Temperatur	MERCURIUS
Andauernd leichtes Fieber, ist anhänglich und weinerlich	Langsam entstehender Ausschlag oder anhaltend leichtes Fieber, trokkener Mund ohne Durst, verträgt keinerlei Hitze und verlangt nach kühler, frischer Luft trotz Frierens, weinerliches, jammerndes Kind mit starkem Bedürfnis nach Zuwendung und Trost	Abends und nachts, warme Luft, warm Baden, Ausruhen, stickige Umgebung, mangelnde Zuwendung	Kühle, frische Luft, lokale kalte Auflagen, leichte Bewegung, Mitgefühl, sich Ausweinen	PULSATILLA

Rufen Sie in folgenden Fällen sofort den Arzt:

- Bei Anzeichen, daß die Bläschen sich entzünden oder eitrig werden.
- Bei Blutungen unter der Hautoberfläche.
- Bei Atemschwierigkeiten einschließlich oberflächlicher oder rascher Atmung.
- Bei Erbrechen.
- Bei Krämpfen.
- Bei schweren Kopfschmerzen mit steifem Hals.
- Bei extremer Erschöpfung oder Schwäche.
- Wenn das Kind noch nicht ein Jahr alt ist.

Windelausschlag

Windelausschlag gibt es in einer milden Verlaufsform wie kleine Hauterosionen, die Unbehagen erzeugen, bis hin zu einem entzündeten, flekkigen Ausschlag, der sich weit über die Geschlechtsteile, das Gesäß und die Oberschenkel ausbreiten kann. Ein häufiger Grund dafür sind chemische Stoffe wie Urin und Kot, aber auch Waschmittelrückstände in schlecht gespülten Baumwollwindeln.
Am besten behandelt man den Ausschlag, sobald er auftritt, um eine Pilzinfektion beim Baby zu vermeiden. Die homöopathische Behandlung kann zwar den Windelausschlag sehr wirksam beheben, aber es ist dennoch äußerst wichtig, die unten angegebenen Mittel nur in leichten, sporadisch auftretenden Fällen anzuwenden. Wenn Ihr Kind unter starkem oder wiederholtem Windelausschlag leidet, holen Sie sich am besten Rat bei einem kompetenten Homöopathen.
Gehen Sie auch achtsam mit Mitteln wie CALCIUM CARBONICUM und SULFUR um, die eine tiefe Wirkung haben. Sie fördern eine langfristige, tiefgehende, positive Entwicklung, wenn Sie den typischen Krankheitssymptomen des Patienten entsprechen. Infolgedessen sollten sie nicht wiederholt oder über längere Zeit eingenommen werden. Im Zweifelsfall sollten Sie immer die Verabreichung des Mittels unterbrechen und einige Tage warten, um die Reaktion zu beobachten. Ebenso sollten Sie fachärztlichen Rat einholen, wenn Sie nicht ganz sicher sind, wie Sie am besten vorgehen sollen.

Praktische Selbsthilfe

- Lassen Sie Ihr Baby regelmäßig einige Zeit ohne Windeln liegen. An der Luft heilt die irritierte Haut schneller. Achten Sie dabei aber auf eine angenehm warme Zimmertemperatur, damit Ihr Säugling nicht friert.
- Wechseln Sie die Windeln häufig.
- Vermeiden Sie Plastikhöschen, die das Problem verstärken, weil die Feuchtigkeit eingeschlossen bleibt. Manchmal hilft es, verschiedene Windelhöschen und Wegwerfwindeln auszuprobieren, bis Sie die richtige Lösung gefunden haben.
- Verwenden Sie Seifenpulver oder biologische Waschmittel für Baum-

wollwindeln. Achten Sie auch auf gründliches Spülen, damit keinerlei Waschmittelrückstände zurückbleiben.

– Geben Sie Ihrem Kind möglichst keine sauren oder gesüßten Fruchtsäfte; sie reizen eine bereits empfindlich gewordene Haut.
– Streichen Sie nach dem Windelnwechseln CALENDULA-Salbe auf die befallenen Stellen. Diese hilft, die Haut zu beruhigen, vermindert die Rötung und ist entzündungshemmend. Reagiert Ihr Kind empfindlich auf die Lanolinbasis der Salbe, nehmen Sie statt dessen die leichtere und schneller eindringende CALENDULA-Creme. Leidet Ihr Baby unter großen Beschwerden und Unwohlsein, können Sie auch eine Creme- oder Salbenmischung aus HYPERICUM und CALENDULA auftragen.
– Achten Sie darauf, die betreffenden Stellen nach dem Windelnwechseln gut zu trocknen, bevor Sie die Salbe auftragen.

Homöopathische Hilfe

Art des Windelausschlags	*Allgemeine Symptome*	*Verschlechterung (durch)*	*Besserung (durch)*	*Mittel*
Windelausschlag mit Besserung, wenn frische Luft heran kann	Rosafarbener, glänzender, stark schmerzender Ausschlag, Berührung und Hitze in jeder Form verursachen große Qualen, das Baby ist zappelig und unruhig	Warme Räume, heißes Wetter, Ausruhen, warme Kleidung, Berührung, Feuchtwerden	Kühle Luft, kalte Umschläge, Entfernen der Windeln	APIS
Brennend heißer Windelausschlag, mit zusätzlicher Reizung beim Wasserlassen	Die Haut wird rasch heiß und entzündet sich stark, das Baby ist nachts schlaflos wegen der Hautreizung, tagsüber schläfrig und allgemein überempfindlich, unruhig und reizbar	Wasserlassen, Frieren, Berührung, Bewegung	Bewegung	CANTHARIS
Hautreizung mit Linderung durch warme Umschläge	Obwohl der Ausschlag brennt, juckt und entzündet ist, beruhigt sich das Baby durch Wärme in jeder Form, auch gleichzeitig Verdauungsstörungen, sehr unruhig, gequält und quengelig wegen des Juckreizes	Frieren, kalte Umschläge, Anstrengung, nachts	Wärme	ARSENICUM ALB.

Art des Windelausschlags	*Allgemeine Symptome*	*Verschlechterung (durch)*	*Besserung (durch)*	*Mittel*
Stark juckender Windelausschlag, der nachts große Qualen und Unruhe erzeugt	Schuppige, brennende, entsetzlich juckende Flecken, es wälzt sich verzweifelt hin und her, findet keine ruhige Lage, während Gewiegt- oder Getragenwerden beruhigt, Kälte und Feuchtigkeit verursachen großes Unbehagen	Frieren, Feuchtigkeit, Stillhalten, nachts, Überwärmung, Bettwärme	Wärme, warm Baden, warme Umschläge, Bewegung	RHUS TOX.
Hellroter, heißer, böse aussehender Ausschlag mit trockener Haut, Frühstadium	Die Haut ist so heiß und entzündet, daß sie Hitze abstrahlt, der Ausschlag tritt plötzlich und stark auf und verschwindet ebenso rasch, ein sonst friedliches Kind wird äußerst reizbar, aufsässig und schlecht gelaunt	Rütteln oder Stöße, Liegen auf der gereizten Haut, Berührung, Gestörtwerden oder starker Lärm	Getragenwerden, Zimmertemperatur	BELLADONNA
Windelausschlag bei großen Babys, die zu klammen, sauren Schweißausbrüchen neigen	Blasse, schwitzende Haut mit Rissen und Schrunden, verzögerte Entwicklung, Schließen der Fontanellen, Zahnen usw. bahnen sich an, allgemein träge Körperfunktionen führen zu Verstopfung	Überwärmung, Frieren, Anstrengung, kalte Luft, Wetterwechsel, nachts	Ruhe, stille Umgebung	CALCIUM CARB.
Schrecklich roter, juckender Ausschlag mit sehr empfindlicher Reaktion auf Baden	Ausschlag wird bei Bettwärme besonders schlimm, Unruhe mit dem ständigen Drang, die Bettdecke von den Beinen loszuwerden, Ausschlag wie roh und blutet wegen ständigen Kratzens, wie CALCIUM CARBONICUM sollte dieses Mittel nicht zu oft gegeben werden	Wärme, Kontakt mit Wasser, stickige, überheizte Räume, Frösteln, süße Speisen	Gemäßigte Wärme, Trockenheit, Verstopfung, Kühle, frische, kalte Luft	SULFUR

Art des Windelausschlags	*Allgemeine Symptome*	*Verschlechterung (durch)*	*Besserung (durch)*	*Mittel*
Feuchter Windelausschlag mit schlecht heilender, rissiger, nässender Haut	Jucken und Beschwerden häufen sich in den Hautfalten um den Genitalbereich, Haut reagiert stark auf Überwärmung, das Baby hat schlechte, unschön geformte oder brüchige Nägel	Frieren, Feuchtigkeit, Überwärmung, nachts	Luft an die Stellen lassen	GRAPHITES

Wenn der Ausschlag nicht auf die Selbsthilfemaßnahmen anspricht oder Ihr Baby immer wieder unter Windelausschlag leidet, sollten Sie den Arzt aufsuchen!

Zahnen

Jedes Baby reagiert verschieden beim Zahnen; manche leiden schrecklich darunter, während es bei anderen so nebenher verläuft. Die ersten Zähne sind die Schneidezähne und kommen im Lauf des ersten Jahres. Sie verursachen in der Regel wenig Schwierigkeiten, außer daß das Zahnfleisch etwas anschwillt und sich manchmal etwas entzündet. Weitere Anzeichen dafür können vermehrter Speichelfluß sein sowie das Bedürfnis, auf feste Gegenstände wie Zahnringe oder Finger zu beißen.
Die ersten und zweiten Backenzähne, die als nächste auftauchen, machen eher Beschwerden. Gewöhnlich wachsen sie zwischen ein und drei Jahren. Zu den allgemeinen Symptomen gehören Schwellung, Hitze und Entzündung des Zahnfleischs und der jeweiligen Wange sowie wegen der Schmerzen allgemeine Weinerlichkeit und Gereiztheit.

Praktische Selbsthilfe

- Fester Druck beruhigt in der Regel entzündetes, schmerzendes Zahnfleisch. Reiben Sie entweder das empfindliche Zahnfleisch ganz sachte oder lassen Sie Ihr Kind auf speziell zu diesem Zweck hergestellten Keksen herumbeißen. Passen Sie aber auf, daß es nicht daran erstickt.
- Häufig wirkt die Berührung mit etwas Kühlem wohltuend auf Babys mit entzündetem und empfindlichem Zahnfleisch. Es gibt hohle Zahn-

ringe, die man mit kaltem Wasser füllen und im Kühlschrank aufbewahren kann, wenn man sie nicht gerade braucht. Sonst können Sie Ihrem Kind auch ein kaltes, sauberes und in Wasser getränktes Flanelltuch zum Saugen geben.

– Vermeiden Sie wenn irgend möglich Beruhigungsmittel. Ist das geeignete homöopathische Mittel erst einmal verabreicht worden, sollten die Schmerzen bald nachlassen. Fällt es Ihnen jedoch sehr schwer, sich zwischen verschiedenen homöopathischen Mitteln zu entscheiden, oder Sie haben eine Arznei verabreicht, die Ihnen zwar angezeigt erschien, nun aber keine Wirkung zeigt, sollten Sie fachärztliche Hilfe herbeiholen. Für ein zahnendes, gequältes Kind zu sorgen und es zu trösten ist häufig sehr nervenaufreibend. Es ist nicht ganz leicht, mit klarem Kopf ein passendes Mittel auszuwählen. Ein Homöopath hat die nötige emotionale Distanz sowie ärztliche Erfahrung, um Ihrem Baby das Geeignete zu verschreiben.

Homöopathische Hilfe

Art der Schmerzen beim Zahnen	*Allgemeine Symptome*	*Verschlechterung (durch)*	*Besserung (durch)*	*Mittel*
Äußerste Frustration, Zorn und Geschrei wegen der Schmerzen	Läßt sich nicht beruhigen, wirft unmutig mit Spielsachen um sich, Zahnen wird von Kolik und lockerem, grünlich-wäßrigem Stuhl begleitet, Kind zieht die Knie an die Brust, es glüht, die eine Wange ist blaß, die andere rot	Überwärmung, Frieren, nachts	Gewiegt, Getragen- oder im Auto Ausgefahren werden, mäßige Wärme, kalte Auflagen	CHAMOMILLA
Zahnen mit entzündetem, schwammigem, leicht blutendem Zahnfleisch	Übelriechender Atem und Zahnfleisch, das entzündet ist, wenn die Zähne kommen, ist der Zahnschmelz von schlechter Qualität, rasch entstehen Löcher, Reizbarkeit und Unruhe mit Schlafschwierigkeiten nachts	Berührung, Hinlegen, an frischer Luft	Fester Druck, Wärme, warmes Essen, Bewegung	KREOSOTUM

Art der Schmerzen beim Zahnen	*Allgemeine Symptome*	*Verschlechterung (durch)*	*Besserung (durch)*	*Mittel*
Zahnen mit schrecklicher Angst und Unruhe	Die Symptome besonders schlimm nachts, das Kind wacht schrecklich gequält aus dem Schlaf auf, fiebert allgemein, hat einen heißen Kopf bei kühlen Gliedmaßen und Rumpf, ist in Panik und überempfindlich gegen Schmerz	Frieren, kalte Luft, Berührung, nachts	Erholsamer Schlaf, mäßige, gleichbleibende Wärme	ACONITUM
Zahnen mit sehr hohem Fieber und geröteter, heißer, trockener Haut	Die Anzeichen stellen sich plötzlich und heftig ein, leuchtend rotes, heißes, entzündetes Zahnfleisch verursacht große Qualen, rechtsseitige Ohrenschmerzen beim Zahnen, leichter Schlaf mit Muskelzuckungen und Hin- und Herwälzen, sonst friedlich ist es reizbar und verdrießlich	Lärm, grelles Licht, ruckartige Bewegungen, Berührung, Frieren	Verdunkelte, ruhige Zimmer, Wärme	BELLADONNA
Verdauungsstörungen beim Zahnen einschließlich übermäßiger Darmgase und Durchfall	Das Zahnen setzt später als gewöhnlich ein, häufig verzögerte Entwicklung wie Krabbeln, Gehen oder Sprechen, schlechte Verwertung von Kalzium und anderen Nährstoffen, Gewichtsprobleme und Vitalitätsschwäche	Anstrengung, körperliche Anforderungen, Bewegung	Warm Baden, gemäßigte Wärme, Ruhe	CALCIUM PHOS.
Hartnäckige Ohrenschmerzen oder Katarrh beim Zahnen	Gestörte Nachtruhe wegen verstopfter Nase, atmet durch den Mund, dicker, gelblich-grüner, milder Schleim, weinerlich, fordernd und anlehnungsbedürftig im Gegensatz zu CHAMOMILLA sprechen PULSATILLA-Säuglinge gut auf Zuwendung und Ablenkung an	Stickige, überheizte Räume, Mangel an frischer Luft, Stilliegen, abends und nachts, Wärme	Kühle, frische Luft, kühle Umgebung, kalte Getränke, kalte Umschläge, leichte Bewegung, Zuwendung und Mitgefühl	PULSATILLA

Art der Schmerzen beim Zahnen	*Allgemeine Symptome*	*Verschlechterung (durch)*	*Besserung (durch)*	*Mittel*
Verspätetes, schwieriges Zahnen bei großen, schwitzenden, bleichen Säuglingen	Schwierigkeiten mit dem Zahnen bei Kindern, die allgemein langsam und schwerfällig sind und frösteln, häufig kalter, sauer riechender Schweiß mit klammer Kopfhaut und Füße, träge Verdauung, nimmt rasch zu, Verstopfung, sanftmütige, friedliche Kinder werden beim Zahnen halsstarrig, eigenwillig und störrisch	Überwärmung, körperliche Anstrengung, Frieren, Milchprodukte	Gemäßigte Wärme, Ausruhen, Verstopfung	CALCIUM CARB.

Rufen Sie in folgenden Fällen sofort den Arzt:

- Bei hartnäckigen Verdauungsstörungen oder Katarrh beim Zahnen.
- Wenn Ihr Kind an einem oder beiden Ohren zieht oder sie reibt.
- Wenn die quälenden Schmerzen nicht auf die Selbsthilfemaßnahmen ansprechen.
- Erliegen Sie nie der Versuchung, unklare Symptome bloß dem Zahnen zuzuschreiben. Wenn Sie den Verdacht hegen, Ihr zahnendes Kind sei krank, sollten Sie immer den Arzt holen!

7. Homöopathie für Frauen

Die Homöopathie zieht mit ihrer ausdrücklichen Behandlung des ganzen Menschen auf seelischer, geistiger und körperlicher Ebene viele Frauen an. Bedenken wir die große Bandbreite körperlicher und seelischer Symptome, die unter die Diagnose prämenstruelles Syndrom (PMS) fallen, ist eine homöopathische Behandlung bei Frauenleiden sehr sinnvoll.

Wenn ein Homöopath eine Patientin wegen ihres PMS behandelt, bemüht er sich, das geeignete Heilmittel zu finden, das die Gesamtheit Ihrer Symptome abdeckt, statt ihr ein Mittel gegen Harnverhaltung, ein anderes für empfindliche Brüste, ein weiteres gegen Kopfschmerzen und wieder noch eines gegen Reizbarkeit und Stimmungsschwankungen zu geben. Da homöopathische Mittel durch Stimulierung auf der energetischen Ebene wirken und es dem Körper ermöglichen, Gleichgewicht und Harmonie wiederzuerlangen, sprechen Beschwerden, die auf ein Ungleichgewicht des Hormonhaushaltes zurückzuführen sind, meist gut darauf an. Allerdings beschränkt sich die homöopathische Behandlung bei Frauen nicht auf Zustände wie fliegende Hitze, schmerzhafte Perioden, PMS oder schwere Regelblutungen. Die potentielle Bandbreite der Leiden, die sich so behandeln lassen, ist sehr groß und vielfältig und schließt u. a. Migränen, Erschöpfung, rezidivierende Erkältungen, Ausschläge, Heuschnupfen, Reizkolon, Schlaflosigkeit, Blasenentzündung, Arthritis, Angstzustände und Depression ein.

Darüber hinaus hat die Homöopathie sehr viel im Bereich der Linderung von Beschwerden während der Schwangerschaft zu bieten, wozu etwa die morgendliche Übelkeit, Sodbrennen, Verstopfung und Hämorrhoiden gehören. Immer mehr schwangere Frauen wenden sich anläßlich der bevorstehenden Geburt der Homöopathie und anderen ergänzenden Therapien wie Akupunktur oder Aromatherapie zu, wobei eine homöopathische Betreuung unmittelbar nach der Geburt sowohl für Mutter wie Kind außerordentlich hilfreich ist.

Wann man ein Mittel empfehlen sollte

Im allgemeinen sollte der Anfänger auf dem Gebiet der Homöopathie nur Erkrankungen zu behandeln suchen, die in die Kategorie »akut« fallen. Dazu gehören Krankheiten von begrenzter Dauer, die sich gewöhnlich von selbst bessern, vorausgesetzt, die Umstände lassen es zu, eine Genesung voranzutreiben. Gute Beispiele für solche Erkrankungen sind etwa Magenverstimmungen, Erkältungen sowie Schnitte und Prellungen.

Viele der in diesem Kapitel besprochenen Beschwerden gehören jedoch in die Kategorie »chronischer« Krankheiten. Damit ist nicht die Schwere des Leidens gemeint, sondern die Bezeichnung meint einen Dauerzustand, bei dem die Krankheit immer wieder ausbricht. Leider lösen die bei chronischen Leiden immer wieder auftretenden Akuterkrankungen die Lage nicht. Das führt zu einem langfristigen Kampf gegen Beschwerden wie dem prämenstruellen Syndrom, Streßinkontinenz oder Menstruationsschmerzen.

Allgemein kann man sagen, daß man sich bei chronischen Leiden am besten von einem Homöopathen behandeln läßt, um das bestmögliche Ergebnis zu erzielen. Die in den Abschnitten über die *Selbsthilfe* aufgeführten Hinweise können jedoch die Beschwerden stark mildern, während man homöopathischen Rat einholt.

Man sollte auch daran denken, daß es manchmal richtig ist, ein angezeigtes homöopathisches Mittel bei Akutanfällen einer chronischen Krankheit wie Blasenentzündung zu nehmen. Wenn Sie eine leichte oder selten eine Blasenentzündung haben und genügend Vertrauen, das geeignete Mittel für sich zu finden, können Sie sich die Situation sehr erleichtern. Wenn Sie jedoch regelmäßig schwere Blasenentzündungen bekommen, weist alles darauf hin, daß es sich um ein tiefliegendes, chronisches Problem handelt und Sie ärztlichen Rat hinzuziehen sollten.

Lesen Sie auch im 2. Kapitel – *Homöopathie zu Hause: Wie man dieses Buch verwendet* – nach, um mehr Informationen darüber zu erhalten, wie man eine Krankheit einschätzt und das geeignete Mittel aussucht und einnimmt.

Blasenentzündung (Zystitis)

Blasenentzündungen kommen bei Frauen sehr häufig vor, vor allem während der Schwangerschaft. Manche Frauen bekommen sie einmal und bei erfolgreicher Behandlung nie wieder, bei anderen hingegen wird sie zu einem immer wiederkehrenden Problem.

Bei der Zystitis entzündet sich die Blase meist infolge einer bakteriellen Infektion, welche die Harnröhre hinaufwandert. Zu den Anzeichen gehören häufiger und starker Harndrang, spärlicher Harnabgang von sehr konzentriertem, dunklem, stark riechendem Urin, Stechen oder Brennen beim Wasserlassen, Fiebern, Unterleibsbeschwerden und allgemeines Unwohlsein.

Kommt es nur hin und wieder zu einer Blasenentzündung, kann sie mit dem geeigneten Mittel aus der nachfolgenden Tabelle und unter Beachtung der Selbsthilfemaßnahmen für akute Infektionen manchmal wirksam behandelt werden. Wenn Sie jedoch unter starken oder wiederholten Blasenentzündungen leiden, sollten Sie besser einen Homöopathen zu Rate ziehen, der Ihr Problem konstitutionell behandeln wird, statt sich auf eine kurzfristige Linderung der bestehenden Symptome zu beschränken.

Praktische Selbsthilfe

- Bei den ersten Anzeichen trinken Sie ein großes Glas Wasser und tun das stündlich so lange, bis die Beschwerden nachgelassen haben.
- Preiselbeersaft trägt ebenfalls sehr zur Linderung der Schmerzen bei Zystitis bei, weil der Urin dadurch basischer wird. Wenn Sie merken, daß eine Blasenentzündung im Anzug ist, trinken Sie stündlich ein Glas Preiselbeersaft, bis sie sich wohler fühlen. Ist das Akutstadium der Entzündung erst einmal überwunden, trinken Sie zweimal täglich ein Glas davon, bis Sie sicher sind, daß das Problem völlig behoben ist.
- Können Sie keinen Preiselbeersaft finden, ist auch ein selbstgemachter Gerstentrank ein ganz ausgezeichneter, beruhigender, basischer Trunk

bei akuten Blasenentzündungen. Dazu geben Sie zwei Eßlöffel Perlgraupen in einen Liter Wasser, kochen das Ganze auf und seihen es ab; dann heben Sie das Getränk bis zur Verwendung im Kühlschrank auf. Leider ist ein Gerstengetränk aus dem Laden kein geeigneter Ersatz, weil das kommerziell hergestellte Produkt viel Zucker und Zitrusaroma enthält, was die Blase wiederum stärker reizt.

- Treten Sie wenn möglich bei einer Blasenentzündung leiser. Das ist besonders dann wichtig, wenn Sie sich zu Beginn der Erkrankung allgemein fiebrig und unwohl fühlen. Wenn Sie sich gleich im Anfangsstadium Ruhe gönnen, läßt sich das Problem häufig gründlicher und schneller beheben.
- Vermeiden Sie bei einer Blasenentzündung die folgenden Nahrungsmittel, die sie nur verschlimmern: Zitrusfrüchte, zuckerhaltige Speisen und Getränke, koffeinhaltige Limonaden, Kaffee, Tee und Alkohol. Wenn Sie immer wieder unter Zystitis leiden, vermeiden Sie diese am besten ganz oder essen und trinken Sie nur selten und wenig davon.
- Neigen Sie zu Blasenentzündungen, sollten Sie immer Ihrem Harndrang nachgeben. Wenn sich der Urin zu lange ansammelt, fördert er die Entzündung von Blase und Nieren. Bemühen Sie sich auch darum, daß sich Ihre Blase jedes Mal ganz entleeren kann.
- Beugen Sie Verstopfungen vor, indem Sie regelmäßig den ganzen Tag über viel Wasser trinken. Achten Sie zudem darauf, viel ballaststoffreiche Nahrung zu sich zu nehmen.
- Essen Sie täglich eine gute Portion frisches Obst und Gemüse, wobei Sie diejenigen vermeiden, welche die Zystitis verschlimmern, nämlich Trauben, Zitrusfrüchte, Erdbeeren, Spinat, Tomaten, Spargel, Kartoffeln und rohe Möhren.
- Gehören zuckerhaltige Speisen und Getränke zu Ihrem gewohnten Speisezettel, bemühen Sie sich, weniger davon zu essen, besonders wenn Sie zusätzlich noch unter dem Hefepilz Soor leiden. Suchen Sie sich statt Limonaden mit Süßstoffen oder weißem Zucker solche aus, die mit natürlichen Fruchtsäften gesüßt sind. Vermeiden Sie auch »versteckte« Zuckerarten, die unter der Bezeichnung Maissirup, Glukose oder Dextrose laufen.
- Wenn Sie immer wieder Blasenentzündungen bekommen, beugen Sie

wiederholten Infektionen vor, indem Sie vor und nach dem Geschlechtsverkehr Ihre Blase ganz leeren. Die Geschlechtsteile sorgfältig mit warmen Wasser (ohne Zusatz stark parfümierter Seifen oder Schaumbäder) zu waschen ist ebenfalls sehr nützlich.

- Reinigen Sie sich nach dem Stuhlgang stets von vorne nach hinten. Das ist wichtig, wenn Sie vermeiden wollen, daß Bakterien vom After in den Urogenitaltrakt gelangen.
- Tragen Sie lieber keine engen Hosen, Strumpfhosen, Leggings oder Unterwäsche aus Kunstfasern, welche die Ausbreitung von bakteriellen Infektionen oder Pilzinfektionen fördern. Wählen Sie statt dessen lockere Kleider aus Naturfasern wie Baumwolle oder Leinen.
- Leiden Sie unter wiederkehrenden Blasenentzündungen, hilft die zusätzliche Einnahme von Vitamin C, der Entzündung vorzubeugen. Allerdings sollten Sie hohe Dosen von Vitamin C (über ein Gramm täglich) lieber nicht regelmäßig über längere Zeit einnehmen, wenn Sie Nierensteine haben.
- Offenbar haben auch Knoblauchkapseln wertvolle antibakterielle Eigenschaften und helfen dem Körper, der Wirkung einer ganzen Reihe von Mikroorganismen entgegenzuwirken, einschließlich solcher, die zu Entzündungen des Urogenitaltrakts führen.
- Wenn Sie unter häufigen Blasenentzündungen leiden und ein Scheidendiaphragma (Pessar) benutzen, wäre es möglicherweise nützlich, an ein anderes Empfängnisverhütungsmittel zu denken. Gut sitzende Pessare behindern häufig den freien Urinfluß aus der Blase. Außerdem wird manchmal das Gleichgewicht der Mikroorganismen in der Scheide durch ein Diaphragma beeinträchtigt, und bei mangelndem Gleichgewicht wird das Wachstum von Kolibakterien, einer der häufigsten Ursachen für Blasenentzündung, begünstigt.

Homöopathische Hilfe

Art der Blasenentzündung	Allgemeine Symptome	Verschlimmerung (durch)	Besserung (durch)	Mittel
Zystitis mit Kälteempfinden, Frösteln und Beunruhigung	Schreckliche geistige und körperliche Unruhe, starkes Brennen beim Harnabgang, Linderung durch Wärme, Übelkeit und/oder Durchfall sind mögliche Begleiterscheinungen	Frieren, kühle Umgebung, nachts, kalte Getränke, Alkohol, körperliche Anstrengung	Wärme, Aufsitzen im Bett, Schlukke warmer Getränke, leichte Bewegung, Gesellschaft, frische Luft um Kopf und Gesicht	ARSENICUM ALB.
Zystitis mit stechenden Schmerzen und Harnverhaltung	Sehr wenig oder gar kein Durst und Harnverhaltung, stechender, siedend heißer Urin, Harndrang muß unverzüglich nachgegeben werden, schrecklich hitzeempfindlich, macht fahrig, zappelig und leicht erregbar	Wärme, warme Umschläge, warme Luft, Ausruhen, Berührung, Druck der Kleidung, nachts	Kalte Umschläge, kühle Luft, Abdecken, kalt Baden	APIS
Starke Entzündungsattacken, die plötzlich mit starken, brennenden Schmerzen einsetzen	Siedend heißes Gefühl vor, während und nach dem Wasserlassen, ständig quälender Harndrang mit tröpfchenweisem Abgang, Beschwerden in Nieren und Blase, ist erschöpft, friert, fröstelt und fiebert	Kaffee, Harnabgang, Trinken, Bewegung	Nachts, Wärme, Massage	CANTHARIS
Anfangsstadium einer schweren, plötzlich einsetzenden Zystitis	Fieber mit raschem Temperaturanstieg, trockene, heiße und gerötete Haut, Schmerzen und Beschwerden werden durch Erschütterungen oder Stöße verstärkt, tagsüber schläfrig, nachts unruhig, manchmal Blutspuren im Urin, reizbar, unruhig und leicht irritierbar	Gestörtwerden, Lärm, grelles Licht, Stoß, Frieren, in der Schwangerschaft	Wärme, ruhige Umgebung, Aufsitzen im Bett, verdunkelte Räume	BELLADONNA

Art der Blasenentzündung	*Allgemeine Symptome*	*Verschlimmerung (durch)*	*Besserung (durch)*	*Mittel*
Zystitis bei jungverheirateten Frauen oder Symptome, die nach Verwendung eines Katheters bei einer Operation auftreten	Quälendes Gefühl, beim Wasserlassen die Blase nicht völlig entleeren zu können, immer scheinen einige Tropfen zurückzubleiben, stechende, brennende Schmerzen auch nach Harnabgang, dunkler, konzentrierter Urin, der nur mit Mühe abgeht, leicht ärgerlich und gereizt	Frühmorgens, Berührung oder Druck, Geschlechtsverkehr, Operationen oder traumatische Geburt	Ausruhen, Wärme, Essen	STAPHISAGRIA
Zystitis nach Aufenthalt an Feuchtigkeit und Kälte	Friert zwar, verlangt aber dennoch nach frischer Luft und Kühlem, starker Harndrang mit unwillkürlichem Abgang bei Verzögerung, auch zusammen mit Soor, alles viel schlimmer bei Ruhe und im Liegen, ist weinerlich und sucht Trost	Wärme, stickige Umgebung, warmes Essen oder Getränke, Ruhe, Alleinsein	Kühle, frische Luft, kalte Getränke, leichte Bewegung, Gesellschaft, sich Ausweinen, Mitgefühl	PULSATILLA
Zystitis mit äußerster Kälteempfindlichkeit und Reizbarkeit	Nach übermäßigem Konsum von Alkohol, Kaffee und schlechtem Essen, völlig »ausgebrannt«, krampfartige Schmerzen in Blase und Darm, Brennen und Jucken beim Wasserlassen	Kälte, Durchzug, Kaffee, Alkohol, nach dem Essen, Berührung, Schlafmangel	Erholsamer Schlaf, Ruhe, Wärme	NUX VOMICA

Rufen Sie in folgenden Fällen sofort den Arzt:

- Bei Schmerzen im Kreuz oder in der Nierengegend mit gleichzeitigem Erbrechen und/oder hohem Fieber.
- Bei Blut im Urin.
- Bei schweren oder hartnäckigen Symptomen, die nicht auf die Selbsthilfemaßnahmen ansprechen.

Hefepilzinfektion (Soor, Candida)

Die Symptome einer Hefepilzinfektion im Genitalbereich gehören zwar zu den kleineren Übeln, verursachen jedoch häufig große Beschwerden und führen zu Reizbarkeit, Unwohlsein und seelischen Spannungen. Sie entsteht, wenn sich der Mikroorganismus *Candida albicans* verbreitet und plötzlich zu wuchern beginnt. Gewöhnlich wird er durch gutartige Bakterien, die im Darm vorkommen, in Schach gehalten; ist aber das Gleichgewicht der Mikroflora durch etwas gestört, breitet sich der Candidapilz ungehemmt in Bereiche aus, in die er nicht gehört.

Antibiotika sind die hauptsächlichen Störenfriede einer gesunden, ausbalancierten Darmflora. Antibiotika zerstören nicht nur die Bakterien, die sie bekämpfen sollen, sondern auch die Mikroben, die eine lebenswichtige Rolle spielen. So kann sich der Candidapilz in einem geschwächten Milieu ungehindert ausbreiten. Außerdem schaden Antibiotika auch den schützenden, säurebildenden Bakterien in der Scheide, die den Soor – wie alle fremden Keime – in Schach halten. So entstehen Hefepilzinfektionen im Genitalbereich. Zu weiteren Faktoren, die ähnliche Probleme auslösen können, gehören Scheidendeodorants, Scheidenspülungen oder stark parfümierte Schaumbäder, die auch die Wirkung säurebildender Bakterien beeinträchtigen. Ebenso führen hormonelle Schwankungen während der Schwangerschaft oder beim Einnehmen der Antibabypille manchmal zu Veränderungen des Scheidenmilieus. Auch Zuckerkranke sind ebenfalls anfällig für Scheidenentzündungen durch Candida albicans.

Soor erkennt man im allgemeinen an den folgenden Symptomen:

- Reizung und Jucken der Scheide und Vulva.
- Vermehrter Harndrang.
- Wundgefühl und/oder Brennen beim Wasserlassen.
- Schmerzhafte Empfindlichkeit beim Geschlechtsverkehr.
- Dicke, weiß, cremige oder gelbliche, nach Hefe riechende Absonderungen, die wie Hüttenkäse aussehen und ähnlich beschaffen sind.

Hat sich der Candidapilz schon sehr weit ausgebreitet, kommen häufig noch folgende Symptome dazu:

- Prämenstruelles Syndrom, einschließlich Stimmungsschwankungen, geschwollene und schmerzende Brüste, Harnverhaltung und Müdigkeit.

- Verdauungsstörungen einschließlich Durchfall und Verstopfung im Wechsel, Sodbrennen, Magenverstimmung, Blähung im Unterleib und Neigung zu Hypoglykämie (Absinken des Blutzuckerspiegels).
- Harnleiterentzündung.
- Nahrungsmittelempfindlichkeit oder -allergien.
- Gelenkschmerzen.
- Chronische Erschöpfung.
- Unerklärliche Ausschläge und Hautleiden.

Leiden Sie nur leicht oder selten unter Hefepilzen in der Scheide, kann das geeignete homöopathische Mittel zusammen mit grundlegenden Selbsthilfemaßnahmen viel dazu beitragen, die momentanen Reizungen und Beschwerden zu lindern. Wenn Sie jedoch unter den allgemeineren Symptomen einer *Candidiasis* (Ausbreitung des Candidahefepilzes) leiden, sollten sie sich bei einem erfahrenen Homöopathen behandeln lassen, der über das nötige Fachwissen verfügt, um an die Wurzel des Problems zu kommen.

Praktische Selbsthilfe

- Falls Sie immer wieder unter Soor leiden, vermeiden Sie am besten Speisen und Getränke, die diesen Zustand verschlimmern. Dazu gehören Alkohol, Tee, Käse, Zucker, gesüßte Getränke, malzhaltige Nahrungsmittel, Weißbrot, mit Wachstumshormonen und Antibiotika behandeltes rotes Fleisch, Pilze, Essig, in Salzlake Eingelegtes und alle fermentieren Speisen und Getränke. Statt dessen nehmen Sie besser Vollwertkost zu sich (unbehandelt), Obst, frisches Gemüse, Hülsenfrüchte, Vollkornreis, Joghurt mit lebenden Joghurtkulturen, Fisch, Kräutertees und täglich vier bis fünf große Gläser Mineralwasser.
- Nehmen Sie ein Salzbad (einen Eßlöffel Kochsalz ins Badewasser), um das Jucken und die Reizung zu lindern, oder machen Sie eine Scheidenspülung mit einer Lösung aus einem halben Eßlöffel Essig auf eine Tasse Wasser (keine Essigessenz!). Auch Naturjoghurt aus dem Kühlschrank hilft, wenn Sie es direkt auf die gereizte Stelle auftragen.

- Halten Sie sich von mehr oder weniger parfümierten Schaumbädern, Ölbädern, Seifen und Scheidendeodorants fern; sie alle können die Lage nur verschlimmern.
- Tragen Sie locker sitzende Unterwäsche aus Naturfasern wie Baumwolle. Vermeiden Sie enge synthetische Unterwäsche, enge Jeans, Strumpfhosen oder Leggings, die ein feuchtes, warmes Klima erzeugen, in dem *Candida albicans,* der Sproßpilz, der Soor erzeugt, prächtig gedeiht.
- Wenn Sie immer wieder Soor bekommen und eine Methode zur Empfängnisverhütung einsetzen, reagieren Sie möglicherweise empfindlich auf Kondome, Cremes oder Gele.
- Zusätzlicher Knoblauch ist eine große Hilfe und wirksam gegen Pilzinfektionen. Da es jedoch nicht immer gesellschaftlich akzeptabel ist, genügend frischen Knoblauch mit der Nahrung aufzunehmen (viele Menschen stört der Geruch von Knoblauch sehr!), sind geruchlose Kapseln oder Tabletten äußerst nützlich. Nehmen Sie möglichst dreimal täglich zwei Tabletten konzentrierten Knoblauchs bei einer akuten Candidaentzündung. Lassen die Beschwerden etwas nach, kann die Dosis auf eine Tablette täglich reduziert werden, um die Wirkung aufrechtzuerhalten.
- Festsitzende, wiederkehrende Symptome sprechen manchmal gut auf vermehrte Verwendung von Acidophilus (Joghurtbakterien), Kaprylsäure oder Nachtkerzenöl an.
- Vermuten Sie, Ihr Immunsystem sei durch Streß geschwächt, hilft wahrscheinlich die zusätzliche Einnahme von Vitamin C und einem Vitamin-B-Komplexmittel. Bei akutem Soor kann man gut ein bis drei Gramm Vitamin C einnehmen, wobei man die Dosis auf Darmverträglichkeit reduziert, wenn der Stuhl dünn wird. Achten Sie auch darauf, sich ein Vitamin-B-Komplexmittel zu besorgen, daß nicht auf Hefebasis hergestellt ist.
- Widerstehen Sie der Versuchung, Juckreiz lindernde Cremes zu verwenden, die Sie ohne Rezept bekommen. Sie verdecken die Symptome nur für eine kurze Weile und beheben die Wurzel des Problems keineswegs. Häufig wird man nur überempfindlich gegen eine Creme, und die Reizung wird damit zusätzlich verschärft.

Homöopathische Hilfe

Art des Soor	*Allgemeine Symptome*	*Verschlimmerung (durch)*	*Besserung (durch)*	*Mittel*
Mitten in der Regelblutung auftretender Soor	Soorschübe mit Empfindlichkeit, Jucken, Brennen und geschwollenem Gefühl in der Scheide, Absonderungen sind manchmal heiß, lästig, nicht wundmachend, dünn oder wie Eiweiß. Gefühl, als rinne Wasser die Beine hinunter	Abdecken, Wärme, nach der Regelblutung, Berührung	Kühle	BORAX
Soor mit Brennen, das durch Wärme gelindert wird	Reizung und Beschwerden werden allgemein durch Wärme, auch örtlich, gelindert, dünne, wäßrige, durchsichtige, brennende Absonderungen, Vulva ist sehr entzündet und empfindlich, ist ängstlich, unruhig und erschöpft	Kälte, kalte Getränke, nachts, Alkohol	Wärme, Schlucke warmer Getränke, lokale Wärmeauflagen, leichte Bewegung	ARSENICUM ALB.
Soor mit dicker übelriechender, lästiger, gelblicher Absonderung	Abneigung gegen Geschlechtsverkehr wegen der empfindlichen und trockenen Scheide, extrem starkes Jucken, das sich beim Gehen verstärkt, ist erschöpft, niedergeschlagen, reizbar und gestreßt	Morgens, vor der Periode, Stillsitzen, seelischer Druck	Kraftvolle Bewegung an frischer Luft, im Bett, Essen, erholsamen Schlaf, nachmittags	SEPIA
Soor mit schmerzhaft trockener Scheide	Dicke Absonderungen wie rohes Eiweiß oder dünner, durchsichtiger, wäßriger Ausfluß, Abneigung gegen Geschlechtsverkehr wegen der schmerzenden, brennenden und trockenen Scheide, ist deprimiert, in sich gekehrt und niedergeschlagen	Wärme, Mangel an kühler, frischer Luft, Berührung, Mitgefühl, nach dem Schlafen, während oder nach der Periode	Kühle und Frische, kalte Umschläge und kalt Baden, Mahlzeiten überspringen, leichte Bewegung	NATRIUM MUR.

Art des Soor	*Allgemeine Symptome*	*Verschlimmerung (durch)*	*Besserung (durch)*	*Mittel*
Soor mit Kältegefühl und Kreuzschmerzen	Starker Harndrang und Empfindlichkeit der Scheide, Soor verschlimmert sich vor der Periode und bei Unterkühlung, juckende, brennende Absonderung mit krampfartigen Muskelschmerzen	Kälte oder Frieren, Überwärmung, körperliche Anstrengung, nach der Schwangerschaft, nach dem Geschlechtsverkehr, Berührung, Bewegung	Frische Luft, Wärme, tagsüber	KALIUM CARB.
Soor mit dikker, sauer riechender, schmerzhafter Absonderung	Soor mit trägem Stoffwechsel, Gewichtszunahme und hartnäckiger Verstopfung, Verschlimmerung bis zur und nach der Regelblutung, starkes Verlangen nach Süßspeisen oder Milchprodukten, wenig Vitalität mit ständiger Erschöpfung und Gesichtsrötung bei der kleinsten körperlichen Anstrengung	Frieren und Kälte, Baden, körperliche Anstrengung, nachts	Gemäßigte Wärme, bei Verstopfung	CALCIUM CARB.
Soor mit stark juckender Absonderung, die nachts schreckliche Unruhe verursacht	Schlafschwierigkeiten wegen Juckreizes durch Bettwärme, kühles Baden lindert, der Ausfluß ist beim Wasserlassen gut sichtbar, abwechselnd heiß und kalt mit Schweißausbrüchen und ausgesprochener Abneigung gegen kalte Zugluft	Extreme Temperaturwechsel, Überhitzung im Bett, Feuchtigkeit, Berührung	Ruhe, gemäßigte Temperaturen	MERCURIUS

Art des Soor	*Allgemeine Symptome*	*Verschlimmerung (durch)*	*Besserung (durch)*	*Mittel*
Wiederkehrender Soor mit allen Anzeichen des prämenstruellen Syndroms	Soor, vor der Periode, in der Pubertät oder während der Schwangerschaft, dicker, gelblicher, nicht wundmachender Ausfluß mit starken Beschwerden und Reizung durch Wärme, heftige Stimmungsschwankungen, ist weinerlich und sucht Trost und Zuneigung	Nachts, Wärme, stickige Räume, Milchprodukte, Ausruhen, Überwärmung im Bett	Kühle, frische Luft, lokale kalte Anwendungen, leichte Bewegung, Abdekken, sich Ausweinen, Trost	PULSATILLA
Extrem starkes Jucken mit Verschlimmerung bei jeglicher Art von Hitze	Schwerer oder rezidivierender Soor mit Juckreiz am Damm, sehr übelriechende, gelbe oder weiße Absonderungen, vor der Periode besonders stark, Reizbarkeit und Neigung zu Kopfschmerzen	Waschen oder Wasser, Überhitzung durch Bettwärme, Süßspeisen, Frieren, Stehen, in den Wechseljahren	Gemäßigte, konstante Temperatur, Ruhe	SULFUR
Soor mit schrecklichem Brennen und tief in der Scheide empfundenen Schmerzen	Starke Beschwerden mit lästigem, übelriechendem, gelbem Ausfluß, der die Unterwäsche fleckig macht, Ziehen im Kreuz oder dem Genitalbereich, sehr reizbar und unruhig	Gehen, Stehen, Frieren, kühles Baden, Hinlegen, Berührung	Sitzen, Wärme	KREOSOTUM

Wenden Sie sich in folgenden Fällen an einen Arzt:

- Wenn trotz der Selbsthilfemaßnahmen keine Besserung eintritt.
- Wenn Sie unter schwerem oder wiederholtem Hefepilzbefall leiden.
- Wenn die Reizung oder der Ausfluß zum ersten Mal aufgetreten ist, fragen Sie besser einen Arzt um Rat, um sicherzugehen, daß es sich tatsächlich um Soor handelt. Dadurch schließen Sie auch andere Entzündungsursachen aus.

Das Prämensturelle Syndrom

Außerordentlich viele Symptome fallen unter die Bezeichnung »prämenstruelles Syndrom« (PMS), und eine ganze Reihe von seelischen und körperlichen Beschwerden sind bei dieser Diagnose mit inbegriffen. Es ist erstaunlich, wie schwer die seelischen Symptome im Zusammenhang mit dem PMS sein können: Manche Frauen sind die Hälfte des Monats entspannt und ausgeglichen, werden jedoch in der zweiten Hälfte ihres Monatszyklus zu wahren emotionalen Zeitbomben. Dann kann es zu raschen Stimmungsschwankungen kommen, von Depression zu Euphorie, von Euphorie zu Reizbarkeit und heftigen Wutausbrüchen und von Weinerlichkeit zu selbstzerstörerischen Gefühlen und einem Mangel an Selbstachtung. Zusätzliche Schwierigkeiten sind meist ein Mangel an Konzentration, Apathie, Antriebsmangel, Koordinationsstörungen, ein verminderter Geschlechtstrieb und eine allgemeine geistige und körperliche Erschöpfung.

Zählen wir zu dieser Liste alle körperlichen Beschwerden hinzu, die zu dieser Zeit auftreten können, dann wird klar, daß das PMS ein ernstzunehmendes Problem darstellt. Zu den körperlichen Symptomen gehören etwa schmerzende und geschwollene Brüste, Ödeme, die sich besonders an Fingern, Füßen und der Taille auswirken, Essensgelüste und unregelmäßiger Appetit, Schmerzen beim Eisprung, starke Schmerzen bei der Regelblutung, Migräne und/oder Kopfschmerzen, Akne, Schlaflosigkeit, Blasenentzündung und Soor. Die Schübe des PMS können leichte bis starke körperliche und seelische Reaktionen hervorrufen. Auch wenn sie nur ab und zu auftreten, beeinflussen sie im letzteren Fall die Lebensqualität sehr stark und reduzieren Freude und Lebensantrieb recht stark.

Man kann jedoch eindeutig Schritte unternehmen, die sich erleichternd auf diese Beschwerden auswirken. Im Gegensatz zur konventionellen Medizin, die sich meist darauf beschränkt, eine Hormontherapie, harntreibende Mittel sowie bei starken seelischen Symptomen Beruhigungsmittel und/oder Antidepressiva zu empfehlen, bietet die Naturheilkunde eine ganze Reihe von Möglichkeiten an.

Fachleute alternativer Heilweise wie Homöopathen, Kräuterkundige oder Akupunkteure betrachten jedes PMS als einen einmaligen, ganz individuellen Fall. Anders ausgedrückt, es gibt deutliche Unterschiede in der Symptomatik einer jeden Patientin – obwohl viele Frauen während des PMS unter ähnlichen und gemeinsamen Erscheinungen wie Reizbarkeit, Stimmungsschwankungen, Ödemen oder Konzentrationsschwäche leiden. So wird etwa eine PMS-Patientin extrem reizbar, was aber durch eine mitfühlende Gesellschaft gemildert wird, während eine andere feststellt, daß sie in Gesellschaft noch viel nervöser wird und aufatmet, wenn man sie allein läßt.

Fachleute, die das PMS und seine Beschwerden aus ganzheitlicher Sicht angehen, raten in der Regel zu ganz allgemeinen förderlichen Schritten, um den Gesundheitszustand und die Vitalität generell zu verbessern. Dazu gehören etwa Hinweise auf nützliche Veränderungen der Eßgewohnheiten, Übungen, Entspannung und Ratschläge zur Verminderung von Streß. Einige dieser Empfehlungen finden sich in der nachfolgenden *Praktischen Selbsthilfe.* Sie helfen, leichte oder selten auftretende Beschwerden zu mildern.

Zusätzlich kann immer mal die Gabe eines sorgsam ausgewählten homöopathischen Mittels viel dazu beitragen, die Beschwerden im Akutfall zu mildern. Bei festgefahrenen oder schweren Symptomen jedoch, die nicht auf Selbsthilfemaßnahmen ansprechen, wendet man sich besser an einen Arzt, statt zu versuchen, selbst mit dem Problem fertig zu werden.

Praktische Selbsthilfe

- Bestimmte Nahrungsmittel tragen manchmal zu Stimmungsschwankungen, Ödemen und Müdigkeit bei. Dazu gehören koffeinhaltige Getränke (Kaffee, Tee und colaartige Limonaden), kohlensäurehaltige, gesüßte Getränke, Nahrungsmittel mit einem hohen Zuckergehalt wie Kekse, Kuchen oder Nachspeisen, Alkohol, Salz, Fertiggerichte und Eßwaren mit vielen Farbstoffen und Konservierungsmitteln. Versuchen Sie diese drastisch zu reduzieren oder am besten ganz aus ihrem Speiseplan wegzulassen und sich statt dessen an die folgenden zu halten:

- Achten Sie darauf, daß der Nährwertgehalt der Nahrungsmittel möglichst hoch ist, indem Sie naturbelassene Produkte auswählen. Das heißt natürlich nicht, daß man alles roh essen soll. Es ist wichtig, keine gefriergetrocknete, bestrahlte oder mit chemischen Zusätzen versehene Nahrung zu sich zu nehmen, deren Haltbarkeit künstlich über die natürliche Lebensdauer hinaus verlängert wird. Wenn wir Vollkorngetreide, Hülsenfrüchte, frisches Obst und Gemüse (am besten gedämpft oder roh), Samen und (ungesalzene) Nüsse, Naturjoghurt mit lebenden Joghurtkulturen, frische Fruchtsäfte und wenig Käse, Fisch oder Geflügel essen – falls wir keine Vegetarier sind –, laufen wir viel weniger Gefahr, unter Beschwerden zu leiden, die sich vorwiegend aus ungesundem Essen ergeben. Sie entsprechen vielen Symptomen, unter denen Frauen vor der Regelblutung leiden, etwa Kopfschmerzen, einem geringen oder schwankenden Energieniveau, Ödeme, Blähungen, Verstopfung, Nervosität, Konzentrationsschwäche und Reizbarkeit.
- Den Kaffeekonsum einzuschränken ist dank des ständig zunehmenden Angebots von Alternativen für Tee und Kaffee heute viel einfacher geworden. Glücklicherweise sind die Tage vorbei, als die einzigen Getränke für ein koffeinfreies Dasein Pfefferminztee oder Löwenzahnkaffee waren. Heutzutage ist die Auswahl an Kräutertees nicht nur sehr viel größer, sondern es gibt auch ausgezeichnete und erfrischende Kräutermischungen. Man kann sie ziehen lassen und heiß trinken oder in großen Gläsern unter Zugabe von Fruchtstückchen als kühlendes Sommergetränk servieren.
- Wer Alkohol, Zuckerzusätze oder Koffein vermeiden will, hat heute eine ganze Reihe kohlensäurehaltiger Limonanden zur Verfügung. Manchmal sind sie zwar teuer, stellen jedoch eine ausgezeichnete Alternative zu Wein dar, wenn man sie zum Essen trinkt, ohne den unangenehmen Nachgeschmack kalorienarmer Getränke mit künstlichen Süßstoffen aufzuweisen.
- Trinken Sie vier bis fünf große Gläser gefiltertes Wasser oder Mineralwasser täglich, um einer Austrocknung vorzubeugen, welche die PMS-Beschwerden oft verschlimmert. Wenn Sie in einem modernen Bürohaus mit Zentralheizung und Klimaanlage arbeiten, ist dies besonders wichtig. In Verbindung mit doppelverglasten Fenstern erzeugt

dies eine hermetisch abgeschlossene Umgebung mit schlechter Belüftung und großer Trockenheit. Nehmen Sie immer eine Flasche Mineralwasser an Ihren Arbeitsplatz mit, wenn Sie nicht regelmäßig kurze Pausen machen können.

- Vermeiden Sie Gesalzenes wie Chips, gesalzene Nüsse und Fertiggerichte mit einem hohen Natriumgehalt. Versuchen Sie, Ihr Essen anders zu würzen, beispielsweise mit gemahlenen Sesamsamen, gerösteten Kräutern wie Basilikum oder Würzpasten wie Tahin. Das ist besonders wichtig, wenn Sie unter Ödemen oder hohem Blutdruck leiden.
- Wenn Sie manchmal nicht ganz klar im Kopf sind und unter Müdigkeit, Energie- und Stimmungsschwankungen sowie Konzentrationsschwäche leiden, ist Ihr Blutzuckerspiegel möglicherweise zu niedrig (Hypoglykämie). Dieser Zustand kommt bei PMS-Patientinnen häufig vor. Man kann jedoch Maßnahmen zur Stabilisierung des Blutzuckerspiegels ergreifen, die zudem die Beschwerden lindern. Um dem Problem zu Leibe zu rücken, essen Sie kleine Mengen in regelmäßigen Abständen (wenn nötig alle zwei Stunden), sobald die Symptome auftauchen. Vermeiden Sie Zuckerhaltiges, weil es anfänglich zwar einen Energieschub erzeugt, aber den Körper auch rasch wieder erschöpft und ihn zum Verlangen nach noch mehr Zucker verleitet. Nehmen Sie statt dessen eine Frucht (Fruchtzucker baut einen gleichmäßigeren Blutzuckerspiegel auf als raffinierter weißer Zucker), eine Scheibe Vollkornbrot, Reiswaffeln oder rohes Gemüse. Vermeiden Sie auch alles, was den Blutzuckerspiegel rasch in die Höhe treibt und ihn dann wieder schnell absinken läßt wie starken, gesüßten Tee und Kaffee, Schokolade, süße Limonaden, Kekse und Kuchen.
- Wenn Sie unter Stimmungsschwankungen, Ängsten oder Depressionen leiden, könnten Sie mit Körperübungen beginnen, die Ihnen Freude machen und Ihre ganze Aufmerksamkeit fordern. Im Idealfall wäre das eine regelmäßige, rhythmische Betätigung der Muskeln wie Laufen, Gehen oder Aerobicstunden auf federndem Boden. Regelmäßigkeit ist genauso wichtig wie die Dauer der Übungen. Versuchen Sie, mindestens dreimal und höchstens fünfmal wöchentlich eine halbe Stunde dafür aufzuwenden. Wenn Sie gerade damit anfangen, steigern

Sie sich langsam von zehn auf fünfzehn, zwanzig und schließlich auf dreißig Minuten. Solche Übungen tun Herz und Lunge gut, sind aber auch für die seelische Gesundheit und das Wohlbefinden äußerst wichtig, weil dabei *Endorphine* freigesetzt werden, die ein Lustgefühl erzeugen und damit eine natürliche antidepressive Wirkung haben. Deshalb können regelmäßige Körperübungen bei der Linderung von seelischem Ungleichgewicht und Stimmungsschwankungen eine lebenswichtige Rolle spielen; zudem erhöhen sie die Selbstachtung und das allgemeine Wohlbefinden, wenn körperliche Herausforderung gemeistert werden können.

- Wenn Sie glauben, daß Streß der Grund für Ihre Beschwerden ist, beginnen Sie mit Entspannungstechniken oder Meditation. Wenn Sie sich mit einem Körperübungsprogramm entspannen lernen wollen, das gleichzeitig Ihre allgemeine Beweglichkeit und Muskelkraft steigert, wären Yogastunden zu empfehlen. Ein guter Yogalehrer bringt Ihnen auch bei, wie Sie zur Lösung Ihrer Spannungen ins Becken atmen, und darüber hinaus allgemeine Techniken zur Entspannung bestimmter Muskelgruppen.
- Gehen Sie sorgsam mit einer zusätzlichen Einnahme von Vitamin B um. Vitamin B_6 wird zwar zur Linderung beim PMS empfohlen, wenn es jedoch in zu hohen Dosierungen oder regelmäßig eingenommen wird, besteht die Gefahr unerwünschter Nebenwirkungen. Wenn Sie zusätzlich Vitamin B einnehmen wollen, ist ein Vitamin-B-Komplexmittel vorzuziehen, das alle B-Vitamine enthält. Sie wirken am besten in ihrer Kombination.
- Nachtkerzenöl, ein gutes Multivitamin mit Spurenelementen sowie zusätzliches Vitamin C können ebenso dazu beitragen, die PMS-Beschwerden zu mildern. Hat Ihre Ernährung bisher zu wünschen übrig gelassen, hilft es meistens, wenn Sie Ihren Speisezettel mit zusätzlichen Nährstoffen bereichern. Wenn sich Ihre Eßgewohnheiten jedoch qualitativ gebessert haben, sollten Sie diese Zusätze nicht mehr länger einnehmen.

Homöopathische Hilfe

Art des PMS	*Allgemeine Symptome*	*Verschlimmerung (durch)*	*Besserung (durch)*	*Mittel*
Schwere Depression mit geringem Geschlechtstrieb und Gleichgültigkeit	PMS entsteht nach Schwangerschaften, besonders bei rasch aufeinanderfolgenden ohne Erholungsphase dazwischen, nach unten drängende Empfindung, als wolle alles aus der Scheide entweichen, starke Stimmungsschwankungen, lautes Schreien wechselt mit verzweifelter Apathie	Zu jeder Zeit im Monatszyklus, Berührung, Auslassen von Mahlzeiten, morgens, Stillsitzen, seelische Belastung, Anforderung	Kraftvolle, rhythmische Körperübungen an frischer Luft, Gehen, Hochlegen der Beine, öftere Verzehr kleinerer Mahlzeiten	SEPIA
PMS mit Abhängigkeit von Medikamenten	Wegen zu viel Streß körperlich und seelisch ausgebrannt, Stimulatienabusus, schlechte Ernährung, »fast food«, daher viel Verstopfung, Kopfschmerzen und Magenverstimmung, ist reizbar und ungenießbar vor schmerzhaften Perioden	Schlafmangel, beim Aufwachen, Kaffee, Alkohol, Zigaretten, kalte Räume, Streß	Ruhe, Wärme, erholsamer, ungestörter Schlaf, im Verlauf des Tages	NUX VOMICA
PMS mit starker Wasseransammlung im Körper	Träger Stoffwechsel mit Kältegefühl, Verstopfung, schmerzenden und vergrößerten Brüsten, starke Rückenschmerzen und viel Spannung, geschwollene Augensäcke, besonders die oberen Lider, katarrhalische Verstopfung mit wiederkehrenden Nebenhöhlenentzündungen, Furchtsamkeit, Panikanfälle und Schlaflosigkeit vor der Periode	Frieren oder kalte Zugluft, Berührung oder Druck, Kaffee, frühmorgens	Frische Luft, tagsüber, vornübergeneigtes Sitzen mit den Händen auf den Knien	KALIUM CARB.

Art des PMS	*Allgemeine Symptome*	*Verschlimmerung (durch)*	*Besserung (durch)*	*Mittel*
PMS mit starken Kopfschmerzen und Wassersucht	Wiederkehrende Kopfschmerzen oder Migräne vor oder nach der Regelblutung, mangelnde Flüssigkeit führt zu trockener Haut und zu wenig Feuchtigkeit in der Scheide, Gelüste nach Salzigem vor der Menstruation, trockene, rissige Lippen mit Herpes-Bläschen bei Erschöpfung, weinerlich, deprimiert und in sich gekehrt mit ausgesprochener Abneigung gegen Trost und Sympathiebekundungen	Berührung, Mitgefühl, Weinen in Gegenwart anderer, Hitze, an der Sonne	Alleingelassensein, Ruhe und Stille, Kühle und Schatten, Mahlzeiten überspringen	NATRIUM MUR.
PMS, das mit Einsetzen der Blutungen nachläßt	Starke Schmerzen beim Eisprung, Symptome verstärken sich vor der Periode mit starken Stimmungsschwankungen und völlig durcheinandergeratene Schlafgewohnheiten, linksseitige Migräne oder Kopfschmerzen lassen mit Einsetzen der Periode nach, dunkler, schwerer und klumpiger Blutfluß	Warme, stikkige Räume ohne Sauerstoff, warmes Bad, Verkühlung, enge Kleidung um Hals oder Taille, nach dem Schlafen, vor der Periode, linke Seite	Kühle, frische Luft, sobald die Blutungen einsetzen, Bewegung	LACHESIS
PMS mit aufgedunsenem Unterleib und ausgeprägten Gelüsten nach Zucker	Verstopfung wechselt mit Durchfall ab, Rumpeln und Gurgeln im Darm, muß Winde lassen, Gefühl, als wehten sie durch die Scheide, schmerzhafte Periode mit stark verklumptem, dunkelrotem Blutfluß, ist vorher deprimiert, reizbar, unsicher und furchtsam	Nachmittags, Frieren oder Hitze, enge Kleidung um die Taille, ballaststoffreiche Ernährung, Überanstrengung, Lampenfieber vor öffentlichem Auftritt	Mäßige Wärme, frische Luft, leichte Bewegung an frischer Luft, Lockerung des Bundes, Beschäftigung	LYCOPODIUM

Art des PMS	*Allgemeine Symptome*	*Verschlimmerung (durch)*	*Besserung (durch)*	*Mittel*
PMS mit geschwollenen, schmerzenden Brüsten	Träger Stoffwechsel, chronischer Durchfall, Gewichtszunahme und geringe Vitalität werden vor der Periode schlimmer, ist trotz Frierens leicht überhitzt, nasser Kopf- und Fußschweiß, starkes Verlangen nach Süßigkeiten, Eiern, Milch oder unverdaulichen Speisen, vor den Blutungen schreckhaft und leicht verstimmt	Frieren oder Naßwerden, kalt Baden, körperlichen oder seelischen Druck, frische Luft	Mäßige Wärme, bei Verstopfung, Ruhen	CALCIUM CARB.
PMS mit Weinerlichkeit und Verlangen nach Trost	Trotz Kältegefühl und kalten Händen und Füßen wird Wärme schlecht vertragen, Übelkeit, Magenverstimmung, Durchfall, Rücken- oder Kopfschmerzen treten vor oder während der unregelmäßigen Regelblutungen auf, wiederkehrende Scheidenreizungen und Sekretion bereiten Beschwerden, wechselhafte Stimmungen und Neigung zu Weinerlichkeit	Überheizte Räume, Mangel an frischer Luft, Ausruhen, nachts, zu warme Kleidung, Alleinsein, üppige, fette Speisen	Frische, kühle Luft, kühle Umgebung, leichte Bewegung an frischer Luft, sich Ausweinen, mitfühlende Gesellschaft	PULSATILLA
PMS mit schwerer Depression, die sich vor der Periode verstärkt	Spannungskopfschmerzen, die im Genick beginnen und sich bis zum Scheitel hinziehen, Menstruationsschmerzen mit stechenden, intermittierenden Schmerzen, die mit stärkerer Blutung zunehmen, große Stimmungsschwankungen zwischen tiefster Depression und Nervosität, ist völlig unfähig, die Gefühle in Schach zu halten	Frieren, Aufenthalt an kalter oder feuchter Luft, vor oder während der Regelblutung, nachts	Beim Essen, Wärme, nach Durchfall, Gehen	CIMICIFUGA

Wenden Sie sich in folgenden Fällen an einen Arzt:

- Bei schweren oder chronischen Symptomen.
- Wenn das seelische Ungleichgewicht große Qualen bereitet oder bei Selbstmordgedanken.
- Bei anhaltendem Scheidenfluß, besonders wenn der Geschlechtsverkehr schmerzhaft geworden ist.
- Bei unregelmäßigen Regelblutungen oder Schmierblutungen zwischen den Perioden.
- Wenn sich die Lage trotz der Selbsthilfemaßnahmen nicht bessert.

Menstruationsschmerzen

Zwar können Menstruationsschmerzen in den fruchtbaren Jahren jederzeit auftreten, doch gibt es Zeiten, zu denen sie das häufiger tun. Viele junge Frauen finden den Anfang der Menstruation manchmal schwierig und haben sowohl unregelmäßige wie schmerzhafte Blutungen. Das kann sich jedoch nach einer Schwangerschaft und Geburt ändern, wenn die Blutungen zusehends etwas weniger Traumatisches an sich haben. Andere wiederum, deren Perioden als Teenager schmerzhaft waren, haben nach dem 25. Lebensjahr viel weniger Beschwerden.

Die Symptome schmerzhafter Regelblutungen können stark voneinander abweichen, wobei manche Frauen ab und zu einen bohrenden Krampf verspüren, während andere vor lauter Schmerzen völlig außer Gefecht gesetzt sind. Wenn man es nicht selbst erlebt hat, kann man sich schwer vorstellen, wie stark die Schmerzen sein können. Zusätzliche Symptome, die häufig mit schmerzhaften Regelblutungen einhergehen, sind u. a.:

- Erbrechen.
- Durchfall.
- Ohnmachten.
- Schwindel.
- Durchnässende Schweißausbrüche.
- Kopfschmerzen oder Migräne.
- Müdigkeit und Erschöpfung.
- Starke Stimmungsschwankungen mit Weinerlichkeit und/oder Reizbarkeit.

Die konventionelle Medizin verschreibt entweder die Antibabypille, um den natürlichen Zyklus des Eisprungs und der Blutungen zu unterdrükken, oder aber Medikamente, welche die Synthese von *Prostaglandinen* stören, was zu Gebärmutterkrämpfen beiträgt.
Man sollte jedoch die Reihe von förderlichen Selbsthilfemaßnahmen nicht vergessen, die wir ausprobieren können, um die Lage zu bessern, wenn wir mit der konventionellen Medizin nicht glücklich sind. Das ist in der Regel eine attraktivere Lösung für Frauen, die aktiver etwas für ihre Gesundheit unternehmen wollen.
Wenn Sie nur leichte oder selten Menstruationsschmerzen haben, kann ein geeignetes homöopathisches Mittel aus der nachfolgenden Tabelle viel dazu beitragen, diese in einer Akutsituation zu mildern. Wenn Sie jedoch unter sehr starken oder chronischen Schmerzen leiden und nicht positiv auf die Selbsthilfemaßnahmen ansprechen, ziehen Sie am besten einen Homöopathen zu Rate.

Praktische Selbsthilfe

- Entspannungstechniken sind oft äußerst wertvolle Hilfen im Umgang mit Menstruationsbeschwerden. Wenn man, statt nur oberflächlich bis in die Lungenspitzen, bis in den Unterleib hineinzuatmen lernt, kann man die Muskeln allgemein entspannen. Die meisten Menschen reagieren auf Schmerz mit Muskelverspannung oder ziehen sie schon vorher zusammen, was alles nur schlimmer macht; deshalb ist die Sammlung auf eine regelmäßige, rhythmische Atembewegung bis in den Unterleib so wichtig, um den Teufelskreis der Verspannung zu durchbrechen. Zudem ist die Unterleibsatmung auch eine sehr große Hilfe, weil sie als natürliches Beruhigungsmittel gegen die Angst wirkt, die bei starken Schmerzen häufig auftritt.
- Probieren Sie auch andere schmerzlindernde Möglichkeiten aus, etwa ein TENS-Apparat (Gerät zur transkutanen elektrischen Nervenstimulation). Diese äußerst wirksame Art der Schmerzbehandlung wird häufig in Schmerzkliniken verwendet, um die Qualen bei Patienten zu lindern, die an chronischen Krankheiten leiden. Ein TENS-Apparat ist ein kleines Kästchen (etwa so groß wie ein Kassettenrecorder), das mit Batterien betrieben wird und zwei oder vier Pölsterchen enthält. Wenn sie über

die schmerzende Stelle gelegt und der Apparat angestellt wird, fließt etwas Strom von einem zum anderen Polster. Die elektrische Stimulierung kann vom Patienten reguliert werden, bis er ein leichtes Kribbeln verspürt. Ist dieser Punkt erreicht, läßt der Schmerz gewöhnlich rasch nach. Die TENS-Behandlung ist eine äußerst attraktive Alternative zur Verwendung gewöhnlicher Schmerzmittel, da sie es ermöglicht, den Schmerz ohne Nebenwirkungen wie Leberschäden oder Magenblutungen zu lindern. TENS-Geräte bewirken, daß die Schmerzübermittlung durch eine geringe elektrische Stimulierung daran gehindert wird, bis zum Gehirn und ins Nervensystem zu dringen. Auf jeden Fall aber wird dieser Vorgang verlangsamt. TENS-Apparate werden nicht nur gegen Menstruationskrämpfe eingesetzt, sondern sind auch bei Kreuz- und Gelenkschmerzen, postoperativen Beschwerden und Wehen wirksam.

- Ebenso hilft es manchmal bei schmerzhafter Periode, regelmäßige, dynamisch durchgeführte Körperübungen etwas auszudehnen. Schnelles Gehen, Radfahren, Joggen und Schwimmen regen den Blutkreislauf an und fördern die allgemeine Kondition. Trägt Streß zu den Menstruationsbeschwerden bei, hilft eine regelmäßige, rhythmische Übung auch beim Kanalisieren überschüssigen Adrenalins, das unter Streß und bei Angst ausgeschüttet wird. Dann kann man besser abschalten und gesünder schlafen.
- Sind Verstopfung oder Wasseransammlung im Körper wiederkehrende Probleme, tragen auch sie möglicherweise zu den Menstruationsschmerzen bei. Beugen Sie Verstopfungen dadurch vor, indem Sie ballaststoffreiche Nahrung mit viel frischem Obst, Gemüse und Vollkornprodukten zu sich nehmen, und trinken Sie große Mengen Wasser. Neigen Sie zu Ödemen, sollten Sie sehr salzige Speisen vermeiden und ihre Nahrung nicht zusätzlich noch salzen. Treiben Sie regelmäßig Sport, um den Blutkreislauf in Schwung zu halten und verwenden Sie viel frische Petersilie als natürliches Diuretikum.
- Treten bei Menstruationsschmerzen auch die allgemeinen Symptome des prämenstruellen Syndroms auf (lesen Sie dazu den Abschnitt über das *prämenstruelle Syndrom* nach), könnten Sie erwägen, zusätzlich Nachtkerzenöl, ein Vitamin-B-Komplexmittel sowie die Vitamine E und C einzunehmen.

- Lindert Wärme die Schmerzen, legen Sie sich entweder in ein warmes (nicht heißes) Bad, oder legen Sie eine Wärmflasche auf die schmerzende Stelle. Auch eine Kreuzmassage kann bei starken Schmerzen stark lindern und beruhigen.

Homöopathische Hilfe

Art der Menstruationsschmerzen	*Allgemeine Symptome*	*Verschlimmerung (durch)*	*Besserung (durch)*	*Mittel*
Die Schmerzen lassen nach, sobald die Blutungen beginnen	Schwere Krämpfe und PMS-Symptome in den Tagen vor der Periode, Schmerzen im linken Eierstock mitten im Monatszyklus, Schmerzen strahlen bis in den Rükken und über die Oberschenkel aus, dunkler Blutfluß mit Blutgerinnseln, vor der Periode sehr labil	Wärme, stikkige Räume, nach dem Schlafen, enge Kleidung, in der Pubertät oder den Wechseljahren	Kühle, frische Luft, leichte Bewegung, bei Einsetzen der Blutung, Lockern der Kleidung	LACHESIS
Fröstelt bei Menstruationsschmerzen, ist furchtsam und unruhig	Erbrechen und/oder Durchfall mit starken Schmerzen, Kälte macht alles nur noch schlimmer, Wärme lindert, unruhig und vom ständigen Hin- und Herwälzen erschöpft, kann aber nicht damit aufhören, ängstlich, penibel und unruhig	Nachts, Frieren, körperliche Anforderungen, Alleinsein	Wärme, aufgelegte Wärmflasche, Schlukke warmer Getränke, leichte Bewegung, Gesellschaft	ARSENICUM ALB.
Menstruationsschmerzen mit schlimmer Verstopfung wegen zu vielen Schmerzmitteln	Allgemeine Muskelverspannungen wegen übermäßigen Stresses, viel Kaffee verschlimmert die Schmerzen, schwere Unterleibskrämpfe und Muskelzuckungen, besser bei festem Druck, äußerste Reizbarkeit und Wutausbrüche	Streß, kalte Zugluft, Kaffee, nach dem Essen, Berührung, Schlafmangel	Wärme, Ruhen, erholsamer Schlaf, festen Druck, Sichzusammenkrümmen	NUX VOMICA

Art der Menstruationsschmerzen	*Allgemeine Symptome*	*Verschlimmerung (durch)*	*Besserung (durch)*	*Mittel*
Unregelmäßige Periode mit hervorschießenden, hellroten Blutungen	Zu häufige Perioden mit heftigen, wehenähnlichen Schmerzen, nach unten drängendes Gefühl bei Krämpfen, als falle der gesamte Beckeninhalt gleich hinaus, üppiger, hellroter, klumpiger, herausschießender Blutfluß, der sich heiß anfühlt	Ruckartige Bewegungen, Liegen auf der schmerzhaften Seite, grelles Licht, Lärm	Wärme, Aufsitzen im Bett, Ruhe und Stille	BELLADONNA
Menstruationsschmerzen mit schrecklicher Übelkeit, die bei der geringsten Bewegung schlimmer wird	Regelmäßig tropfender hellroter Blutfluß mit intermittierenden Güssen, Schwächegefühl bei Schmerzen bis zur Ermattung und Kollaps, kneifende und klemmende Krämpfe um den Nabel, oder von links nach rechts	Extreme Hitze oder Kälte, Essen, Berührung, Feuchtigkeit	Frische Luft, Ruhen mit geschlossenen Augen, fester Druck, Stillhalten	IPECACUANHA
Menstruationsschmerzen mit Frustration, findet Schmerzen unerträglich	Verfrühte Periode mit schwerem, dunklem, klumpigem Blutfluß, Hitze und Durst mit Schmerzen, erbricht bei schweren Krämpfen vor und während der Regelblutung, Schmerzen strahlen in den Rücken und die Oberschenkel aus, ist außer sich, untröstlich und wird ausfällig vor Schmerzen	Hitze, kalte Zugluft, Kaffee, vor und während der Periode	Gemäßigte Temperaturen	CHAMOMILLA
Menstruationsschmerzen, die sich mit dem Blutfluß verschlimmern	Unregelmäßige, häufig verfrühte Periode, stechende, schießende Schmerzen im ganzen Unterleib mit Ausstrahlung in die Oberschenkel, schwerer, dunkelroter, klumpiger Blutfluß, unruhig, muß ständig die Stellung wechseln, schrecklich deprimiert	Frieren oder Naßwerden, erste Bewegung nach dem Ruhen, während der Periode, nachts	Wärme, frische Luft, Essen, Durchfall, Gehen	CIMICIFUGA

Art der Menstruationsschmerzen	*Allgemeine Symptome*	*Verschlimmerung (durch)*	*Besserung (durch)*	*Mittel*
Schmerzwogen, die mit der Periode abrupt anfangen und aufhören	Schwäche und flaues Gefühl bei rasch zunehmenden Schmerzen, obwohl Bewegung kaum lindert, ist Stillhalten noch schlimmer, krümmt sich vor Schmerzen, erregt und ärgert sich leicht bei Anteilnahme	Feuchte Kälte, Ärger, Stillhalten, Trinken eiskalten Wassers bei Überhitzung	Fester Druck, Sichzusammenkrümmen, warme Umschläge oder Auflagen	COLOCYNTHIS
Verspätete Regelblutung mit starkem prämenstruellen Syndrom	Verspätete Regelblutung mit schneidenden Schmerzen, schlimmer durch Ruhe, spärlicher Blutfluß mit schießenden, veränderlichen Schmerzen, verlangt trotz Fröstelns nach kühler, frischer Luft, Kopfschmerzen und Verdauungsstörungen vor der Periode, weinerlich, sucht Trost, Hilfe und Anteilnahme	Ausruhen, warme, stikkige Räume, nachts, warme Kleidung	Leichte Übungen, frische, kühle Luft, Sichausweinen, mitfühlende Gesellschaft, fester Druck	PULSATILLA
Nach unten drängende Schmerzen mit dem Gefühl eines Vorfalls, auch Gebärmuttervorfall	Spärlicher Blutfluß mit dem Gefühl, der Beckeninhalt falle gleich heraus, Stehen oder Gehen verschlimmern, verspätete Regelblutung mit schwerer Depression, Erschöpfung und Apathie	Vor der Periode, seelische Anforderungen, Stillsitzen	Frische Luft, kraftvolle Bewegungen, Schlafen, Druck, Bettwärme	SEPIA

Wenden Sie sich in folgenden Fällen an einen Arzt:

- Bei extremen Menstruationsschmerzen.
- Bei andauernden Problemen mit Menstruationsschmerzen.
- Wenn früher beschwerdefreie Regelblutungen schmerzhaft und/oder aus unerklärlichen Grund unregelmäßig geworden sind.

Morgenübelkeit

Wer schon einmal unter morgendlicher Übelkeit gelitten hat, weiß, wie quälend und anstrengend diese Beschwerden zu Beginn der Schwangerschaft sind. Obwohl die Symptome gewöhnlich in den ersten zwölf Schwangerschaftswochen auftreten und um das Ende des dritten Monats aufhören, gibt es Frauen, die unglücklicherweise die ganze Schwangerschaft hindurch darunter leiden.

Die Bezeichnung »Morgenübelkeit« ist irreführend, weil sie glauben macht, die Übelkeit trete nur morgens auf. Bei vielen Frauen ist dies tatsächlich der Fall, aber bei anderen kommt sie abends, und manche haben das Pech, daß ihnen den ganzen Tag über schlecht ist.

Die morgendliche Übelkeit ist jedoch nicht unvermeidlich; manche Frauen stellen fest, daß ihnen entweder die ersten drei Monate hindurch überhaupt nicht übel wird oder ihnen nur ab und zu schlecht wird. Wir sehen also, daß es große Unterschiede in bezug auf Schwere und Häufigkeit der Beschwerden zu Beginn der Schwangerschaft gibt.

Vielen Frauen reicht es, wenn sie die unten aufgeführten Selbsthilfemaßnahmen anwenden, um das Problem zu beheben. Bei leichten oder nur ab und zu auftretenden Beschwerden hilft auch gelegentlich eine Gabe eines geeigneten homöopathischen Mittels. Bei hartnäckigen oder schweren Beschwerden ist es hingegen ratsam, einen geschulten Homöopathen aufzusuchen, der über die notwendige Erfahrung verfügt, um Ihre Übelkeit in einem breiteren Rahmen Ihrer Gesamtkonstitution zu behandeln. Ebenso wichtig ist es, mit der Selbstbehandlung aufzuhören, wenn Sie ein homöopathisches Mittel immer wieder nehmen müssen, damit es Ihnen besser geht. Denken Sie daran: Homöopathische Mittel sollten *nie* gewohnheitsmäßig über längere Zeit eingenommen werden, sondern nur kurzzeitig zur Linderung akuter Beschwerden.

Praktische Selbsthilfe

– Wird Ihnen speziell beim Aufstehen übel, gewöhnen Sie sich an, einige Kekse und Wasser im Schlafzimmer greifbar zu haben. Essen Sie unbedingt einen oder zwei Kekse und trinken Sie etwas, sobald Sie sich aufsetzen. Solange Sie unter der Übelkeit leiden, sollten Sie das auf jeden Fall regelmäßig tun, weil es einem bei leerem Magen leichter schlecht wird. Ebenso wichtig ist es, langsam aufzustehen und den Körper nach und nach ans Stehen zu gewöhnen. Wenn Sie die Dinge ruhig angehen, leiden Sie wahrscheinlich weniger unter Schwindel und Orientierungslosigkeit.

- Auch wenn Ihnen schlecht ist, sollten Sie es dennoch vermeiden, über längere Zeit nichts zu essen. Wie gesagt wird die Übelkeit bei leerem Magen nur noch schlimmer. Das liegt am labilen Blutzuckerspiegel in der Schwangerschaft, der rasch auf ein sehr niedriges Niveau sinkt, wenn Mahlzeiten ausgelassen werden. Das hat unangenehme Schwindelgefühle, Konzentrationsschwierigkeiten, Orientierungslosigkeit und starke Übelkeit zur Folge. Wollen Sie das vermeiden, essen Sie unbedingt alle paar Stunden etwas Kleines und bemühen sich, zu den Essenszeiten bewußt etwas zu sich zu nehmen. Am besten vermeiden Sie als Snacks zwischendurch Nahrungsmittel, die langfristig den Blutzuckerspiegel noch mehr ins Schwanken bringen, wählen Sie statt dessen etwas Nahrhaftes, das Sie bei Kräften hält, ohne eine Kalorienbombe zu sein. Vermeiden sollten Sie süße Kekse, Kuchen, gesüßte kalorienhaltige Getränke, Schokolade, Kaffee und Chips. Ein idealer Snack ist geschnittenes rohes Gemüse, ein Stück frisches Obst, Fruchtsäfte ohne Zucker sowie Reiswaffeln mit fettarmem Käse oder Gemüsepasten. Ebenso ist es wichtig, einer Austrocknung vorzubeugen und täglich vier bis fünf große Gläser Mineral- oder gefiltertes Wasser zu trinken.
- Versuchen Sie, sich möglichst bekömmlich und leichtverdaulich zu ernähren. Es ist in der Schwangerschaft manchmal sehr schwierig, die Zeit oder den Schwung für die Zubereitung einer Mahlzeit aufzubringen, die viel Mühe und Vorausdenken erfordert, besonders in der zweiten oder dritten Schwangerschaft. Man kann sich jedoch Kochmethoden zunutze machen, bei denen die Speisen nahrhaft und leichtverdaulich bleiben, etwa unter Rühren kurz braten, Dünsten, Backen oder Pochieren. Vermeiden sollte man Methoden wie Backen oder Anrösten in schwimmendem Fett, Schmoren und Sieden. Vermeiden Sie

Nahrungsmittel mit vielen gesättigten Fettsäuren wie rotes Fleisch, Frischkäse, Speck und Sahne. Essen Sie statt dessen lieber Vollkornprodukte, Fisch, Geflügel, frisches Gemüse, ungeröstete Nüsse, Samen und Naturjoghurt mit lebenden Joghurtkulturen. Selbstgemachte Suppen und Brühen sind ebenfalls sehr bekömmlich, wenn Ihnen bei schwereren Gerichten übel wird.

- Das Essen hinunterzuschlingen oder im Laufen zu essen trägt oft zu den Verdauungsstörungen bei und verstärkt die Übelkeit. Es klingt zwar langweilig, ist aber dennoch überaus wichtig, sich bewußt die Mühe zu machen, jeden Bissen vor dem Hinunterschlucken gut zu kauen.
- Verschlimmert sich Ihre Übelkeit durch Milchprodukte, so daß Sie sie weglassen müssen, sollten Sie unbedingt darauf achten, genügend Kalzium zu sich zu nehmen. Gute Alternativquellen für Kalzium sind etwa grünes Blattgemüse wie Brokkoli und Spinat, Vollkornprodukte und Mandeln. Wenn Sie vegetarisch essen, sollten Sie ebenfalls darauf achten, genügend Eisen aus Hülsenfrüchten, Nüssen und Samen zu bekommen.
- Manchmal hängt die Morgenübelkeit mit unausgesprochenen Ängsten oder Unbehagen wegen der Schwangerschaft zusammen. Auch wenn man sich ein Baby sehnlichst wünscht, können im Lauf der Schwangerschaft unerwartete quälende Gefühle aufkommen. In solchen Fällen erinnern Sie sich daran, daß dies keineswegs ungewöhnlich ist und viele Mütter urplötzlich von solchen Gefühlen vor oder nach der Geburt heimgesucht werden. Es ist sehr hilfreich, über diese Gefühle zu sprechen, da Sie dadurch Einsichten über die Ursachen der Beschwerden oder Ängste gewinnen können. Menschen, bei denen Sie sich darüber aussprechen könnten, sind beispielsweise enge Freunde oder Familienmitglieder, aber auch fachlich ausgebildete Berater, Naturheilkundige oder Ihr Hausarzt.
- Am besten vermeiden Sie Tee, Kaffee, Nikotin und Alkohol in der Schwangerschaft. Sie reizen die Magenwand und verstärken daher die Verdauungsstörungen. Nikotin sowie Alkohol oder Kaffee haben zudem manchmal ernstliche Folgen für das ungeborene Baby, das dann vielleicht bei der Geburt weniger wiegt; außerdem steigt das Fehlge-

burtenrisiko an. Viele Frauen haben festgestellt, daß der Geruch und Geschmack von Tee oder Kaffee sie unwillkürlich abstößt, auch wenn sie vorher große Tee- oder Kaffeetrinkerinnen waren. Glücklicherweise gibt es inzwischen eine ganze Anzahl von schmackhaften und koffeinfreien Produkten als Ersatz für Tee und Kaffee. Wenn Ihnen Kräutertees schmecken, versuchen Sie es mit verschiedenen Geschmacksrichtungen, statt nur immer denselben zu trinken, und probieren Sie verschiedene alternative Bohnenmischungen aus, wenn Sie einen schmackhaften Kaffee-Ersatz suchen.

Homöopathische Hilfe

Art der Übelkeit	*Allgemeine Symptome*	*Verschlimmerung (durch)*	*Besserung (durch)*	*Mittel*
Morgendliche Übelkeit mit starkem Verlangen nach herzhaften Speisen	Morgendliche Übelkeit mit Kopfschmerzen, die bei Stilliegen nachlassen, erbricht weiße, schleimige Flüssigkeit, starkes Verlangen oder Abneigung nach/gegen fette, schleimige oder stärkehaltige Speisen, lehnt Anteilnahme und Hilfe ab, will alleingelassen werden, verdrängte Ängste, Traurigkeit oder Depression wegen der Schwangerschaft	Wärme oder heiße Räume, Sonnenlicht, Lärm, Anteilnahme, Mitgefühl und Zuwendung	Frische, kühle Luft, kühle Umschläge, Ausruhen, in Ruhegelassenwerden	NATRIUM MUR.
Hartnäckige, schreckliche Übelkeit, die sich durch Erbrechen nicht bessert	Heißes oder kaltes, klammes Schwitzen mit Übelkeit, erbricht schwer, würgt ergebnislos wäßrigen Speichel hervor, Essen bringt keine Linderung, starke Verschlimmerung bei der geringsten Bewegung, bei morgendlicher Übelkeit bleich und erschöpft	Bewegung, Bücken, Erbrechen, starke Gerüche, Essen	Frische, kühle Luft, Ruhe, Stillhalten	IPECACUANHA

Art der Übelkeit	*Allgemeine Symptome*	*Verschlimmerung (durch)*	*Besserung (durch)*	*Mittel*
Morgendliche Übelkeit, die durch kleine Mahlzeiten zwischendurch nachläßt	Die Beschwerden sind morgens am schlimmsten, quälende Kopfschmerzen und Schwindel begleiten ein Leeregefühl im Magen, Appetit auf Saures oder Scharfes, Ekel gegen Essensgerüche, Übelkeit läßt beim Essen nach, kehrt jedoch sofort wieder, wenn der Magen leer wird, erschöpft, deprimiert und reizbar	Lange Zeiträume ohne Essen, Essensgerüche, beim Erwachen, Frösteln, der Gedanke an Essen, seelische Anforderungen seitens der Familie	Bettwärme, frische Luft, kleine Mahlzeiten	SEPIA
Morgendliche Übelkeit mit starkem Frieren	Trotz schrecklichem Kältegefühl bei Übelkeit wird alles in warmen, stickigen Räumen nur noch schlimmer, Übelkeit tritt morgens und/oder nachts auf, jeweils nach üppigen, fetten oder sahnehaltigen Speisen, ist weinerlich und braucht Aufmunterung	Mangel an frischer, kühler Luft, Wärme, warme Speisen oder Getränke, Ausruhen, morgens und abends	Kalte, frische Luft, kühle Umschläge, leichte Bewegung an frischer Luft, Mitgefühl, Aufmunterung, sich Ausweinen bei einem Freund	PULSATILLA
Morgendliche Übelkeit mit schrecklichem Kälteempfinden und Wärmebedürfnis	Ist vor Übelkeit und Erbrechen erschöpft, schwach und unruhig, schluckweise warme Getränke helfen, kalte Speisen oder Getränke verschlimmern, schrecklich furchtsam und besorgt um den eigenen Gesundheitszustand und den des Kindes	Kühle Umgebung, Essen oder Trinken kleiner Mengen, kalte Speisen und Getränke, Alleinsein, Unordnung	Wärme, Aufsitzen im Bett, bei warmem Körper und kühler frischer Luft um Kopf und Gesicht, kleine Schlucke warmer Getränke, Gesellschaft	ARSENICUM ALB.

Art der Übelkeit	*Allgemeine Symptome*	*Verschlimmerung (durch)*	*Besserung (durch)*	*Mittel*
Schwere Brechanfälle bei morgendlicher Übelkeit	Unangenehm große Speichelmengen bei Übelkeit und Erbrechen, heftiges Würgen und reichliches Erbrechen mit Blässe und klammen heftigen Schweißausbrüchen, nach dem Erbrechen schrecklicher Durst nach kalten Getränken, erschöpft und schwach, muß sich hinlegen	Bewegung, Druck von Kleidern oder Decken, nach dem Trinken, Schwitzen	Ausruhen, Hinlegen, kühle Umgebung	VERTATRUM ALB.
Morgendliche Übelkeit mit schwer zu erbrechendem Mageninhalt	Die Übelkeit läßt zwar nach dem Erbrechen etwas nach, ist aber dennoch durch leeres Würgen unerträglich, bei angespannten, reizbaren Frauen, die ständig gestreßt sind und ihre Gesundheit untergraben, um Arbeit und Haushalt zu schaffen	Kälte und Durchzug, morgens, scharfes Essen, Kaffee, Alkohol und Nikotin, Mangel an erholsamem Schlaf, geistiger und seelischer Druck	Hinlegen, im Verlauf des Tages, Wärme, gesunder, ungestörter Schlaf, Ruhe	NUX VOMICA

Wenden Sie sich in folgenden Fällen an einen Arzt:

- Wenn die Symptome der Übelkeit nicht auf die Selbsthilfemaßnahmen ansprechen.
- Bei starker, hartnäckiger oder lang anhaltender Übelkeit.

Sodbrennen

Unter Sodbrennen leiden viele schwangere Frauen, besonders in den letzten Monaten der Schwangerschaft. Der Muskel, der den Magen nach oben hin abschließt, wird stark überdehnt, und daher ist die Wahrscheinlichkeit groß, daß ab und zu Verdauungssäfte in die Speiseröhre gelangen. Das wird dadurch noch schlimmer, daß der Fötus im Verlauf der Schwangerschaft immer stärker auf den Magen drückt. Daher kann es gut sein, daß

allgemeine Beschwerden wie ein unangenehmer Geschmack im Mund und das Aufstoßen von lange zuvor gegessenen Speisen, Brennen unter dem Brustbein und Säure im Magen und Speiseröhre auftreten können.
Man sollte Sodbrennen bereits mit einer vernünftigen Veränderung der Ernährung und Lebensweise auf ein Minimum reduzieren. Tritt es jedoch nach einem überaus üppigen Essen auf oder wenn man eine Zeitlang übertrieben geschlemmt hat, sollten eine oder zwei Gaben eines geeigneten homöopathischen Mittels das Problem rasch und mit geringem Unbehagen lösen.
Haben Sie jedoch schon vor der Schwangerschaft unter Verdauungsstörungen gelitten oder bessert sich starkes Sodbrennen nach Anwendung der Selbsthilfemaßnahmen nicht, sollten Sie unbedingt fachärztlichen Rat einholen.

Praktische Selbsthilfe

- Vermeiden Sie Schwerverdauliches. Dazu gehören sehr fetthaltige Nahrungsmittel wie vollfette Hartkäse, Gebratenes, fettige Snacks wie Chips und Nüsse sowie Mahlzeiten mit üppigen Sahnesoßen. Ebenfalls können rohe Zwiebeln, Paprika, Tomaten, Zitrusfrüchte, auch Orangen und Grapefruit, oder Bohnen und Hülsenfrüchte zu Beschwerden führen.
- Essen Sie lieber kleine Portionen leichtverdaulicher Speisen öfters am Tag, statt zwischen den Mahlzeiten lange nichts zu essen. Vermeiden Sie schwere oder große Mahlzeiten spätabends, um starkes Sodbrennen mitten in der Nacht zu vermeiden. Es entsteht, weil die Verdauung nachts infolge der Verlangsamung sämtlicher Körperfunktionen nicht so gut arbeitet wie tagsüber. Deshalb dauert es manchmal sehr lange, bis ein üppiges spätes Essen verdaut ist, und es bereitet häufig großes Unbehagen.
- Wählen Sie lieber appetitanregende, leichtverdauliche und bekömmliche Speisen aus. Dazu gehören selbstgemachte Suppen und Brühen, gedünstetes Gemüse, gegrillter Fisch oder gegrilltes Geflügel ohne die fette Haut sowie reichlich gefiltertes Wasser oder Flaschenwasser. Wird das Sodbrennen bei frischem Obst stärker, können Sie es leicht dämpfen und ihm etwas Honig beigeben.

- Essen Sie gerne Müsli, stellen aber fest, daß Sie es schwer verdauen, können Sie versuchen, es über Nacht in etwas Wasser, Milch oder Fruchtsaft einzuweichen. Dabei wird die Stärke im Getreide teilweise in Zucker aufgespalten und es wird leichter verdaulich. Oder aber Sie wechseln zu gekochtem Getreidebrei beim Frühstück über.
- Vermeiden Sie Tee, Kaffee, Alkohol, scharfe Speisen und Zigaretten, die allesamt die Magenwände reizen. Probieren Sie beruhigende Kräutertees wie Fenchel-, Kamillen- oder Pfefferminztee aus; vergessen Sie dabei nicht, daß Pfefferminze die Wirkung homöopathischer Mittel beeinträchtigt.
- Vermeiden Sie es, schnell einen Snack hinunterzuschlingen. Versuchen Sie immer, sich beim Essen zu entspannen und es zu genießen. Das ist zur Vermeidung von Sodbrennen überaus wichtig, weil Sie dann besser verdauen. Ebenso wichtig ist es, jeden Bissen gut zu kauen, weil die Verdauung im Mund beginnt, wo Speichel und Verdauungssäfte sich mit der Nahrung vermischen.
- Macht Ihnen das Sodbrennen vor allem nachts zu schaffen, versuchen Sie, auf zwei oder drei Kissen aufgestützt zu schlafen. Das sollten Sie allerdings nicht tun, wenn Sie Probleme mit geschwollenen oder aufgedunsenen Knöcheln haben.

Homöopathische Hilfe

Art des Sodbrennens	*Allgemeine Symptome*	*Verschlimmerung (durch)*	*Besserung (durch)*	*Mittel*
Das Brennen wird durch warme Getränke gelindert	Großes Unbehagen und Magenbrennen mit Übelkeit, Kältegefühl sowie geistiger und körperlicher Unruhe, kleine Schlucke warmer Getränke helfen, steht nachts auf, um sich eine Tasse Tee zu machen, furchtsam, überempfindlich und zappelig	Kälte oder kalte Räume, kalte Speisen oder Getränke, Anstrengung, nachts, Alleinsein	Warme, häufige Schlucke warmer Getränke, Aufsitzen im Bett, Gesellschaft	ARSENICUM ALB.

Art des Sodbrennens	*Allgemeine Symptome*	*Verschlimmerung (durch)*	*Besserung (durch)*	*Mittel*
Sodbrennen, bei dem die Säure den Hals hochsteigt	Unbehagen und Brennen ziehen sich vom Magen bis in den Hals, häufiges Rülpsen, bei dem jedesmal etwas Säure aufsteigt, nimmt Gurgeln und Rumpeln in Magen und Unterleib stark wahr, ist schnell satt, kann nur mit großer Mühe fertigessen	kalte Speisen und Getränke, große Mahlzeiten, ballaststoffreiche Nahrung, Überhitzung, einengende Kleidung, nachmittags, vor wichtigen Ereignissen	Warme Speisen und Getränke, Lockerung der Kleidung, Ablenkung von den Beschwerden, mäßige Wärme, frische Luft	LYCOPODIUM
Sodbrennen nach einer Zeit, in der Sie schlecht gegessen haben oder sehr unter Druck standen	Sodbrennen kann mit Kopfschmerzen, Übelkeit, Verstopfung und einem Vergiftungsgefühl nach schlechtem Essen oder zuviel Kaffee einhergehen, unangenehmer, saurer Geschmack im Mund mit ständigem Rülpsen, reizbar und ungesellig	Frösteln, beim Erwachen, Lärm oder laute Musik, Schlafdefizit, Kaffee oder Alkohol, geistiger oder körperlicher Streß	Wärme, erholsamer, ungestörter Schlaf, kurze Schlafpausen, Stuhlgang, abends	NUX VOM.
Sodbrennen nach dem Essen von fettem Fleisch oder üppiger Speisen	Starke Übelkeit und Sodbrennen nach einem zu üppigen Essen, rotes, sehr fettes Fleisch, Schwein, Sahnesoßen, Eis, Gebratenes oder Kuchen mit Cremefüllungen verschlimmern, trotz trockenen Mundes durstlos, beim Rülpsen steigt Stunden zuvor Gegessenes auf, weinerlich und leicht tränenüberströmt	Überhitzung, warme Speisen und Getränke, Mangel an frischer Luft, Hinlegen, abends und nachts, schwere Kleidung oder Bettdecken	Kühle, frische Luft, kalte Getränke und Speisen, Gehen an frischer Luft, Abdecken, Trost, nach dem Ausweinen	PULSATILLA

Art des Sodbrennens	*Allgemeine Symptome*	*Verschlimmerung (durch)*	*Besserung (durch)*	*Mittel*
Sodbrennen, das sich durch Essen verschlimmert	Reagiert in der Schwangerschaft empfindlich auf Wasser: schon der Anblick oder Gedanke daran löst Übelkeit und Erbrechen aus, Verschlimmerung des Unwohlseins im Magen, wenn die Hände in warmes Wasser getaucht werden, Gefühl von Leere und Schwäche in der Bauchhöhle, schlimmer durch Furchtsamkeit	Flachliegen, Furcht und Ärger, warme Speisen oder Getränke, Austrocknung, salziges Essen	Schlaf, kalte Getränke, bis sie sich im Magen erwärmt haben, Massage, Zuspruch	PHOSPHORUS

Wenden Sie sich in folgenden Fällen an einen Arzt:

- Bei starkem oder hartnäckigem Sodbrennen oder Verdauungsstörungen.
- Wenn die Beschwerden trotz der Selbsthilfemaßnahmen nicht nachlassen.

Wehen und Geburt

Die Homöopathie spielt, ebenso wie andere ganzheitliche Methoden wie etwa die Akupunktur, eine außerordentlich wichtige Rolle bei der Geburt. Richtig eingesetzt, hilft sie Panik und Ängste zu vermeiden, die nachlassende Energie anzukurbeln und die Wehen weniger schmerzhaft zu gestalten. Ebenso ist sie äußerst wichtig in den Tagen nach der Geburt, bei Schmerzen nach einem Dammschnitt und bei Prellungen, aber auch wenn Gefühlsschwankungen und Labilität die Kontaktaufnahme zu Ihrem Baby anfänglich trüben. Die Anwendung homöopathischer Mittel in einem solchen Rahmen fördert die körperliche und seelische Erholung ungemein.

Auch wenn angehende Hebammen inzwischen in manchen Schulen eine

Einführung in die Naturheilkunde bekommen, ist es immer noch recht schwierig, eine in Homöopathie geschulte Hebamme zu finden. Wenn Sie sich also während der Geburt für eine homöopathische Betreuung entscheiden, dann wenden Sie sich an Ihren Homöopathen. Sie können immer noch entscheiden, ob Sie ihn bei der Geburt dabeihaben möchten oder ob lieber Ihr Partner das entsprechende Mittel aussuchen soll.
Entscheiden Sie sich für letzteres, wird Ihr Homöopath vielleicht ein Gespräch mit Ihnen und Ihrem Partner führen wollen. Dabei können Sie sich über all die Probleme unterhalten, die Sie befürchten, und Ihr Homöopath kann Ihnen klare, präzise Hinweise zu Mitteln geben, die Ihnen wahrscheinlich am meisten helfen werden.
Wenngleich diese zweite Möglichkeit sehr beliebt ist, muß dennoch betont werden, daß sie in der Regel nicht so hilfreich ist, als wenn Ihr Homöopath bei der Geburt dabei ist. Einer Geburt beizuwohnen ist wahrscheinlich eine der stärksten gefühlsmäßigen Erfahrungen überhaupt, was dazu führt, daß der Partner häufig große Schwierigkeiten hat, die Wahl des rechten Mittels zu treffen. Ein Homöopath hingegen verfügt über den nötigen Abstand und über genügend fachliche Kenntnisse. So kann am besten Hilfreiches angeordnet werden.
Wenn Sie sich für den Einsatz homöopathischer Mittel während der Wehen entschieden haben, sollten Sie Ihren Gynäkologen davon unterrichten. Wollen Sie, daß Ihr Homöopath während der Geburt dabei ist, müssen Sie das mit Ihrem Frauenarzt besprechen. Vielleicht möchte er sich ja auch mit Ihren Hausarzt beraten. Wenn Sie Ihr Kind zu Hause zur Welt bringen wollen, sollten Sie mit Ihrem Hausarzt und der Hebamme darüber sprechen.
In der folgenden Aufstellung werden diejenigen homöopathischen Mittel beschrieben, die häufig während der Wehen angezeigt sind. Damit wird bezweckt, Ihnen einen Einblick in den möglichen Nutzen der Mittel zu gewähren. Einer Selbstbehandlung ohne ausreichende Kenntnisse ist dringend abzuraten.

Homöopathische Hilfe

Art der Wehen	*Allgemeine Symptome*	*Verschlimmerung (durch)*	*Besserung (durch)*	*Mittel*
Schreckliche Angst, wenn sie einsetzen, oder im zweiten Stadium der Wehen	Hat schreckliche Angst mit körperlicher und geistiger Unruhe, die Schmerzen sind offenbar schier unerträglich, häufig bei schnellen, starken Wehen, will entweder am liebsten sterben oder hat Angst, sterben zu müssen	Berührung, Untersuchung, extreme Wärme oder Kälte	Abdecken, frische Luft	ACONITUM
Die Wehen setzen langsam ein, oder schwache Schmerzen setzen ein und hören wieder auf	Veränderliche und intermittierende Schmerzen, sobald die Wehen eingesetzt haben, das Baby liegt schwierig, auch Steißlage, Verschlimmerung in warmem, stickigem, sauerstoffarmen Raum, weinerlich, mutlos und bedrückt	fehlendes Mitgefühl, Wärme, Mangel an frischer Luft, Stillhalten	Frische, kühle Luft, kühle Umschläge auf Stirn oder Gesicht, Bewegung, Trost und Aufmunterung	PULSATILLA
Schwache Wehen mit langsamer oder ungenügender Öffnung des Muttermundes	Lange, langwierige, anstrengende Wehen, schwere, unergiebige Wehenschmerzen, die in alle Richtungen ausstrahlen, schwache, undeutliche Schmerzen mit Zittern und Beben, trotz Frösteln großes Verlangen nach frischer Luft, reizbar und erschöpft	Kalte Luft, Frieren, Erschöpfung	Frische Luft	CAULOPHYLLUM
Wehen mit Rückenschmerzen, die durch Rückenmassage gelindert werden	Die Wehenschmerzen lassen bei starkem Druck auf den Rücken nach, wie auch in der Hocke mit den Ellbogen auf den Knien, Schmerzen strahlen vom Kreuz bis ins Gesäß aus, viel Winde und Rülpsen bei jeder Wehe, schlecht gelaunt, herrisch und reizbar	Kälte, Abdecken	Warme Umgebung, fester Druck, Massage	KALIUM CARB.

Art der Wehen	*Allgemeine Symptome*	*Verschlimmerung (durch)*	*Besserung (durch)*	*Mittel*
Erbrechen mit heftigem Würgen bei jeder Wehe	Zerschlagene, wunde, erschöpfende Schmerzen während der Wehen mit Pressen wie bei schwierigem Stuhlgang, heftiges, Würgen mit großer Mühe, den Mageninhalt hochzuholen, ist reizbar, ärgerlich und schimpft	Kühle Umgebung, Berührung, kalte Zugluft, Abdecken	Wärme, friedliche Umgebung	NUX VOMICA
Ist außer sich und ungeduldig infolge ergebnisloser Schmerzen	Unerträglich schmerzhafte Wehen, die zum Wahnsinn treiben, Gefühl, es nicht zu schaffen, langsame Öffnung des Muttermundes mit starken Rückenschmerzen, Frustration wegen Schmerzen und langsamen Fortschritts, Zornausbrüche und ungehalten	Frische Luft, Überhitzung	Schwitzen, Abdecken wenn zu heiß, mäßige Temperatur und warme Anwendungen	CHAMOMILLA
Rasche Erschöpfung im ersten Stadium der Wehen	Ermüdet rasch im Anfangsstadium der Wehen, fürchtet, nicht genügend Kraft zu haben, um durchzuhalten, schwere, erschöpfende Schmerzen ziehen sich bis in den Rücken, Beine sind schwer, schwach und wackelig, die Wehen setzen bei Untersuchungen aus, ausgelaugt und schläfrig, die Augen fallen zu	Vorausdenken, Anstrengung beim Pressen, heiße Umgebung, kalte Zugluft	Frische Luft, Herumgehen, Schwitzen	GELSEMIUM

Nach der Geburt

Homöopathische Mittel helfen Mutter und Kind oft erstaunlich gut in den Tagen nach der Geburt, mit dem Schock und Trauma des Geburtsvorgangs auf seelischer wie auf körperlicher Ebene fertig zu werden. Es ist besonders dann sinnvoll, wenn das Geburtserlebnis anders als erwartet verlaufen ist.

Leider tritt diese unglückliche Situation häufig auf, daß Mütter die Geburt bis in jede Einzelheit planen und festlegen, bis hin zur Wahl der medizinischen Hilfsmittel. Dann aber nimmt das Geschehen einen unerwarteten Verlauf und ein vorher nicht erwünschter Eingriff wird notwendig. Auf diese Weise werden manchmal überwältigende negative Gefühle ausgelöst, wie Ärger, Groll, Enttäuschung, Schuld und das Gefühl, versagt zu haben. Und natürlich wird das junge Mutterglück erst einmal so kurz nach der Geburt getrübt.

Eine homöopathische Behandlung in den Tagen nach der Geburt kann auch Schmerzen und Beschwerden lindern nach einem Dammschnitt und nach Quetschungen und Prellungen des Geburtskanals. Treten zusätzliche Komplikationen wie Brustdrüsenentzündung auf, kann das geeignete Mittel, zusammen mit praktischen Selbsthilfemaßnahmen, die Situation sehr erleichtern.

Homöopathische Hilfe

Art der Beschwerden	*Allgemeine Symptome*	*Verschlimmerung (durch)*	*Besserung (durch)*	*Mittel*
Allgemeine Schmerzen, Zerschlagenheit und Wundsein nach der Geburt	Bei körperlichem und seelischem Schock, der manchmal auf die Geburt folgt, fördert die Resorption von Blut und die Heilung gequetschten Gewebes, in den ersten Tagen nach der Geburt	Berührung, Untersuchung, Bewegung, Stoß	Ruhen	ARNICA
Gewebsquetschungen, die sich durch ARNICA nicht gebessert haben	Äußerst wunde, empfindliche Quetschungen, die in den ersten Tagen durch ARNICA gelindert wurden, aber nicht voll ausgeheilt sind, ist müde und erschöpft mit pochenden, drückenden Wundschmerzen	Berührung, kaltes Bad, warmes Bad, Bettwärme	Anhaltende Bewegung, kühle Umschläge	BELLIS PER.

Art der Beschwerden	*Allgemeine Symptome*	*Verschlimmerung (durch)*	*Besserung (durch)*	*Mittel*
Langsam heilender, äußerst empfindlicher Dammschnitt oder -riß	Wird äußerlich als Creme oder verdünnte Tinktur angewendet, um die Schmerzen zu lindern und die Heilung zu beschleunigen, geben Sie zehn Tropfen Tinktur ins Badewasser und baden die schmerzenden Teile darin, oder tauchen Sie eine Binde in die verdünnte Tinktur und legen Sie auf den Damm, nach dem Baden CALENDULA-Creme	Kälte oder Frieren	Ausruhen, leichte Bewegung	CALENDULA
Restschmerzen nach einer Zangengeburt oder einer lokalen Anästhesie im Lendenbereich (Epiduralanästhesie)	Stechende, reißende Schmerzen vom Dammschnitt oder Dammriß, anhaltende Rückenschmerzen nach einer Epiduralanästhesie, überempfindliche Wunden oder Restschmerzen nach oberflächlicher Abheilung der Wunde	Berührung, Stoß, Anstrengung, Bewegung, nach einer Zangengeburt	Massage, Liegen auf dem Bauch	HYPERICUM
Heftige, stechende Schmerzen nach einem Dammschnitt oder Kaiserschnitt	Besonders nach »High-Tech«-Geburten angezeigt, bei denen die Mutter körperlich und seelisch unter Druck stand, stechende Schmerzen in und um die Wunde, die überempfindlich auf Berührung reagiert, seelisches Trauma mit Schuldgefühlen, Groll und unausgesprochener Wut, fühlt sich um eine natürliche Geburt betrogen	Berührung, Druck von Kleidung oder Bettdecke, seelischer Druck, Wasserlassen, nachts	Ausruhen, Wärme	STAPHISAGRIA

Brustdrüsenentzündung (Mastitis)

Eine Brustdrüsenentzündung kann sehr schmerzhaft sein. Hierbei können sich in den verschlossenen Milchgängen eitrige Abszesse bilden. Sie tritt meist bei Frauen auf, die eben geboren haben, jedoch entweder nicht stillen können oder wollen. Die Entzündung ist wahrscheinlich über Schrunden in den Brustwarzen eingeschleppt und infiziert Milchgänge und -drüsen. Zu den Symptomen gehören:

- Knotenbildung und Wundheit in der befallenen Brust.
- Rötung oder Entzündung der Haut über dem knotigen Gewebe.
- Manchmal schmerzen die Drüsen in Brustnähe, z. B. in der Achselhöhle.

Kommt zu diesen Symptomen Fieber hinzu, ist dies möglicherweise ein Hinweis darauf, daß die Blockierung sich zu einer Brustdrüsenentzündung ausgewachsen hat. In diesem Fall sollte sofort fachliche Hilfe herangezogen werden. Eine homöopathische Behandlung ist in diesem Rahmen sehr hilfreich, weil sich dadurch eine Behandlung mit Antibiotika erübrigt. Die Mutter kann ihr Baby weiter stillen, weil sich homöopathische Mittel nachweislich nicht nachteilig auf das Kind auswirken.
Rückt man den blockierten Milchgängen jedoch bereits im Anfangsstadium mit Selbsthilfemaßnahmen und geeigneten homöopathischer Mitteln zu Leibe, kann man eine schwere Brustdrüsenentzündung verhindern.

Praktische Selbsthilfe

- Stillen Sie häufig, um die Milchgänge durch den Milchfluß offenzuhalten. Es kann eine kleine Weile dauern, bis Sie die Lage gefunden haben, in der Ihr Baby am besten trinkt und am zufriedensten ist. Will Ihr Kind nicht so oft trinken und ist Ihre Brust voll, können Sie ab und zu eine Brustpumpe ansetzen, um die überschüssige Milch abzusaugen.
- Legen Sie Ihr Baby zuerst an die befallene Brust und achten Sie darauf, daß diese jedesmal beim Stillen ganz leer wird.
- Massieren Sie Ihre Brüste zwischen den Stillzeiten und streichen Sie leicht über die Brust zur Brustwarze hin, während Ihr Kind trinkt.
- Nutzen Sie die Schwerkraft, um den befallenen Milchgang zu leeren.

Wenn Sie Ihr Kind so unter die Brust legen, daß die schmerzende Stelle höherliegt, wird der verstopfte Milchgang besser geleert.

- Schwingen Sie regelmäßig die Arme, um den Kreislauf anzuregen, und achten Sie darauf, nicht auszutrocknen. Dazu trinken Sie am besten täglich vier oder fünf große Gläser gefiltertes Wasser zusätzlich zu warmen Getränken.
- Sehen Sie zu, daß Ihr Büstenhalter gut sitzt und die Schalen die richtige Größe haben. Im Zweifelsfall werden Verkäuferinnen in jedem Kaufhaus Sie gerne beraten.
- Bei den ersten Beschwerden können Sie zur Linderung und Eindämmung der Entzündung eine einfache Methode aus der Hydrotherapie anwenden: Legen Sie ein Flanelltuch oder ein kleines, weiches Handtuch in heißes Wasser und wringen Sie es gut aus. Legen Sie es auf die betroffene Brust und lassen es darauf, bis es sich kühl anfühlt. Ersetzen Sie es durch ein zweites Flanelltuch, das zehn Minuten lang in kaltem Wasser gelegen hat. Wenn dieses warm wird, entfernen Sie es und legen wieder ein heißes Tuch auf. Fahren Sie eine bis zwei Stunden damit fort.
- Wenn Sie sich ausgelaugt fühlen, bitten Sie Freunde, Nachbarn oder enge Verwandte um Hilfe, damit Sie einen oder zwei Tage ausruhen können. Bei frühzeitiger Bettruhe kann das Problem häufig ohne Komplikationen behoben werden.

Homöopathische Hilfe

Art der Brustdrüsenentzündung	*Allgemeine Symptome*	*Verschlimmerung (durch)*	*Besserung (durch)*	*Mittel*
Schmerzen und Entzündung setzen plötzlich und heftig ein	Die Haut um den entzündeten Milchgang strahlt Hitze aus und ist knallrot, manchmal laufen rote Streifen von der Brustwarze über die ganze Brust, schrecklich empfindlich gegen Berührung oder Stoß, besonders schlimm bei Flachliegen im Bett, reizbar und kurz angebunden	Kleinste Berührung, plötzliche, ruckartige Bewegungen, Liegen auf der schmerzenden Seite, Lärm, Gestörtwerden	Aufsitzen im Bett, Wärme, Ruhe und Stille	BELLADONNA
Mastitis mit wunden, empfindlichen Drüsen	Stechende Schmerzen durch den ganzen Körper, die Brüste sind äußerst schmerzempfindlich, geschwollen und dunkel- oder purpurrot, wunde Brustwarzen mit Schrunden und stechenden Schmerzen von den Brüsten bis in die Achselhöhlen, ist erschöpft, niedergeschlagen und zittert vor Schmerzen	Überhitzung, Frösteln, Berührung, nachts, Druck auf die rechte Brust	Liegen auf der linken Seite oder dem Bauch, angenehme Wärme	PHYTOLACCA
Mastitis mit ausgesprochener Bewegungsempfindlichkeit	Harte, empfindliche Brüste mit quälenden Schmerzen bei Berührung oder Bewegung, obwohl leichte Berührungen unerträglich sind, tut Druck auf der schmerzenden Stelle gut, ausgetrocknet, Durst nach reichlich kalten Getränken, reizbar und ungesellig	Wärme, körperliche Anstrengung, leichte Berührung, Stoß, Überhitzung, Bewegung	Kühle Umgebung, Stillhalten, fester Druck, Liegen auf der schmerzenden Stelle, große Mengen kühler Getränke, in Ruhegelassenwerden	BRYONIA

Art der Brustdrüsenentzündung	*Allgemeine Symptome*	*Verschlimmerung (durch)*	*Besserung (durch)*	*Mittel*
Mastitis, deren Schmerzen und Beschwerden nachts viel schlimmer sind	Schrecklich unruhig, wälzt sich im Bett hin und her, findet keine bequeme Lage, die Drüsen sind allgemein entzündet und geschwollen, schwitzt, reagiert empfindlich auf die geringste Temperaturveränderung, furchtsam, zittert vor Schmerzen	Nachts, Frieren, Überhitzung, Bettwärme, Schwitzen, Berührung	Ausruhen, gemäßigte, gleichbleibende Temperatur	MERCURIUS
Allgemein geschwollene Drüsen mit Hitzeempfindlichkeit und verstopften Milchgängen	Kältegefühl mit Verschlimmerung der Symptome in überheizten, stickigen Räumen, fester Druck lindert manchmal die Schmerzen, schwere Kleidung oder Bettdecken werden kaum vertragen, starke Stimmungsschwankungen und Weinerlichkeit	Überheizte Räume, Mangel an frischer Luft, abends, nachts, Hinlegen, Wärme jeder Art	Kühle, frische Luft, Öffnen der Fenster, leichte Bewegung, kühle Umschläge oder kühles Baden, fester Druck, sich Ausweinen	PULSATILLA
Entzündete Brüste mit sehr wunden Brustwarzen voller Schrunden	Die Brüste sind hart und stark geschwollen, Brustwarzen voller schmerzhafter Schrunden, Beschwerden eher linksseitig oder links schlimmer als rechts, kann nachts vor Schmerzen nicht schlafen, tagsüber schläfrig, fiebrig mit heißem, gerötetem Kopf und kalten Händen und Füßen	Frieren, Überhitzung, Feuchtigkeit, Liegen auf der linken Seite, nachts	Warmhalten, Ruhen, frische Luft	GRAPHITES

Rufen Sie in folgenden Fällen sofort den Arzt:

- Bei Fiebern oder allgemeinem Unwohlsein.
- Wenn die Selbsthilfemaßnahmen innerhalb von 24 Stunden keine deutliche Besserung bringen.

Postnatale Depression

Es ist ganz normal, daß einige Wochen oder Monate nach einer Geburt Gefühlsausbrüche stattfinden. Es gibt aber auch starke emotionale Reaktionen auf die Schwangerschaft und die Mutterschaft, die ein Hinweis auf eine postnatale Depression sein können.

Treten die folgenden Anzeichen besonders stark oder über längere Zeit auf oder werden sie immer schlimmer, sollte man unbedingt einen Arzt oder Heilpraktiker um Hilfe bitten.

- Bei starken, anhaltenden Ängsten um die eigene oder die Gesundheit des Kindes.
- Bei vermindertem Selbstvertrauen oder geringerer Selbstachtung.
- Bei dem Gefühl, man schaffe die alltäglichen Aufgaben zu Hause oder am Arbeitsplatz nicht mehr.
- Wenn man sich nicht mehr entspannen kann und keinen erholsamen Schlaf mehr findet.
- Bei anhaltender unwillkürlicher Weinerlichkeit oder Niedergeschlagenheit, die ohne Vorwarnung über einen hereinbricht.
- Bei körperlicher, geistiger und seelischer Erschöpfung, die bei Ruhe oder Entspannung nicht nachläßt.
- Bei anhaltender Apathie, Gleichgültigkeit oder Gefühlslosigkeit.

Den meisten Müttern werden viele der aufgeführten Symptome als emotionale Reaktionen auf die Verantwortung und die Anforderungen der Mutterschaft vertraut sein. Wenn sie jedoch anhalten oder sich über einen angemessenen Zeitraum hinweg verstärken statt abzunehmen, ist wohl eine zusätzliche Hilfe nötig, um das Problem zu beheben.

Treten Stimmungsschwankungen oder Depressionen bald nach der Geburt auf, hilft ab und zu eine Gabe des entsprechenden homöopathischen Mittels. Auch die nachfolgenden Selbsthilfemaßnahmen können schon sehr wirksam sein. Wenn die Depression sich jedoch länger hinzieht, sollte man besser fachliche Hilfe in Anspruch nehmen. Machen Sie sich wegen der Nebenwirkungen von Beruhigungsmitteln Gedanken oder mögen Sie keine Antidepressiva einnehmen, lohnt es sich bestimmt, alternative Möglichkeiten auszuschöpfen. So oder so sollten Sie jedoch ganz offen sagen, wie Sie sich fühlen, damit Ihnen die rechte Hilfe und Unterstützung zuteil werden.

Praktische Selbsthilfe

- Stehen Sie zu Ihren Gefühlen, anstatt dem Rat nachzukommen, sich zusammenzureißen. Diese Haltung führt auf längere Sicht wahrscheinlich zu mehr Komplikationen.
- Reden Sie so oft wie Sie es für nötig halten mit jemandem, dem Sie vertrauen, sei es ein Familienmitglied, eine Freundin oder ein Freund, Ihr Hausarzt oder Heilpraktiker. Wenn Sie meinen, Sie könnten in einem professionelleren Rahmen Ihren Gefühlen besser auf den Grund kommen, könnte Ihnen eine psychologische Beratung sehr helfen, besonders, wenn die ungelösten Gefühle seit der Geburt möglicherweise die Bindung zwischen Ihnen und Ihrem Kind beeinträchtigt haben.
- Versuchen Sie, den Kontakt mit einigen Müttern zu pflegen, die Sie in Kursen oder bei der Schwangerschaftsgymnastik kennengelernt haben. Es ist manchmal unglaublich heilsam, sich mit jemandem auszutauschen, der wahrscheinlich dieselben Probleme hat wie man selbst, gerade bei einem ersten Kind.
- Leben Sie weitab von Familienangehörigen oder Freunden, nehmen Sie sich ausdrücklich vor, telefonisch mit ihnen in Kontakt zu bleiben.
- Depressionen entstehen manchmal aus einem Gefühl des Identitätsverlustes; diese Erfahrung machen viele junge Mütter. Es ist überaus wichtig, solche Gefühle wahrzunehmen, wenn sie auftauchen, und sich dabei helfen zu lassen. Wenn Sie die nötige Unterstützung bekommen, können Sie etwas Zeit für sich, ohne Ihr Baby verbringen. Das mag vielleicht nur vorübergehend sein, aber auf diese Weise haben Sie die Gelegenheit, etwas für sich selbst zu tun. Tun Sie etwas, was Ihnen richtig gut tut, etwa ein ausgiebiges Bad nehmen, zum Friseur gehen oder mit Freunden zum Essen ausgehen.
- Sind Sie reizbar, angespannt und nervös, so lassen Sie sich regelmäßig den Rücken oder den ganzen Körper mit einem ätherischen Öl massieren. Ganz abgesehen davon, daß die Massage Sie wunderbar entspannt, können geschulte Aromatherapeuten eine Ölmischung für Sie zusammenstellen, die Sie entspannt und Ihre verkrampften Muskeln lockert.

Homöopathische Hilfe

Art der Depression	*Allgemeine Symptome*	*Verschlimmerung (durch)*	*Besserung (durch)*	*Mittel*
Reizbar, apathisch und gleichgültig, hat Schwierigkeiten, eine innere Beziehung zum Baby aufzubauen	Ist erschöpft, ausgelaugt und deprimiert mit dem Gefühl, es nicht zu schaffen oder die Kontrolle zu verlieren, weinerlich und verzagt mit völligem Interesseverlust, auch an Sex, geistig, seelisch und körperlich ausgelaugt, häufig nach zwei oder drei kurz aufeinanderfolgenden Schwangerschaften	Gefühlsmäßige Anforderungen, Ruhen, Auslassen von Mahlzeiten, Mitgefühl oder Zuneigung, Berührung, Geschlechtsverkehr	Kraftvolle Bewegungen an frischer Luft, z. B. rasches Gehen, Tanzen, Aufwärmen im Bett, nach erholsamem Schlaf, öfterer Verzehr kleiner Mahlzeiten	SEPIA
Depression durch Groll, Schuldgefühle oder Ärger im Zusammenhang mit dem Geburtserlebnis	Häufig nach einem Kaiserschnitt oder einem operativen Eingriff, die Mutter fühlt sich tief in ihrer Privatsphäre verletzt, fühlt sich betrogen um die Erfahrung einer natürlichen Geburt, Demütigung und Groll, körperlich und seelisch empfindlich mit schrecklichen Schmerzen in den Stichen oder Narben	Druck von Kleidung oder Bettdecke, Gefühle, Geschlechtsverkehr, Berührung	Wärme, Ausruhen, Essen	STAPHISAGRIA
Schwere Stimmungsschwankungen mit unwillkürlichen Tränenausbrüchen	Häufig nach den ersten Tagen der Entbindung, die Stimmung wechselt zwischen Euphorie und Depression hin und her, viel Seufzen mit Neigung zu starke Erregbarkeit, auch von Kummer überwältigt über die körperliche Trennung von ihrem Kind	Frieren, frische Luft, Stimulanzien, starke Gerüche, z. B. Rauch	Ablenkung, Wärme, kleine Mahlzeiten zwischendurch essen	IGNATIA

Art der Depression	*Allgemeine Symptome*	*Verschlimmerung (durch)*	*Besserung (durch)*	*Mittel*
Tiefe Depression, ist fahrig und innerlich aufgebracht	Depressiv, in sich gekehrt und still oder aber äußerst erregbar und redselig, fürchtet, daß etwas Schreckliches geschehen wird, daß sie den Verstand verliert oder das Baby verletzt, ständiges Seufzen bei Depression	Kalte, frostige Umgebung	Wärme, frische Luft, Bewegung	CIMICIFUGA
Depression, die durch Mitgefühl oder Zuwendung nur noch schlimmer wird	Reserviert, zurückgezogen und leicht verletzbar, kann nicht weinen oder weint allein, fürchtet Demütigung oder Zurschaustellung der Gefühle, Weinen und Mitgefühl machen alles nur noch schlimmer, weil die verdrängten Gefühle überwältigen	Weinen, Zuneigung, Mitgefühl, Gesellschaft, nach dem Essen, Anstrengung, Überhitzung	Alleinsein, kühle, frische Umgebung, Ruhen, Auslassen von Mahlzeiten	NATRIUM MUR.

Rufen Sie in folgenden Fällen sofort den Arzt:

- Bei Realitätsverlust oder dem Gefühl, von anderen getrennt zu sein.
- Bei Gefühlsarmut, die mit heftigen Wutausbrüchen abwechselt.
- Bei lähmender Angst vor alltäglichen Aufgaben, die vorher keinerlei Problem darstellten.
- Bei schweren, andauernden oder schlimmer werdenden Depressionen, die auf Selbsthilfemaßnahmen nicht ansprechen.

8. Vom Umgang mit Streß im Alltag

Man kann der Tatsache kaum entgehen, daß wir in einer Zeit mit ausgesprochen viel Streß leben. Der technische Fortschritt hat uns durch Mobiltelefone, Faxgeräte, PCs und Modems zu ziemlich viel Freiheiten verholfen, und wir können sofort Kontakt aufnehmen mit Kollegen und Freunden. Obschon dieser Fortschritt das Leben einerseits sehr erleichtert, erhöht sich dadurch das Streßniveau. Nun schaffen wir sehr viel weniger Zeit für uns und unser Privatleben. Infolgedessen haben wir das Gefühl, das Leben verlaufe rascher und stelle höhere Anforderungen an uns, und Zeit für Mußestunden sind häufig Mangelware.
Wenn wir zudem bedenken, daß unsere freie Zeit zur Erholung oft vor dem Fernseher verbracht wird und wir uns Sendungen ansehen, die uns nicht einmal interessieren, aber dennoch nicht abschalten, weil wir zu müde sind, dann muß uns einleuchten, daß ein allzu gestreßtes Leben für unseren Gesundheitszustand und unser Wohlbefinden nur Unheil verheißt.

Was ist eigentlich Streß?
Das wichtigste, was man über Streß wissen muß: Streß ist an sich neutral. Er wird erst durch unsere Reaktion auf einen Reiz negativ oder positiv. Wenn wir Techniken für den Umgang mit Streß erlernen, können wir seine schädlichen Auswirkungen deutlich minimieren. Der beste Nährboden für Streß sind Hilflosigkeit und Angst.
Weil er uns auf allen Ebenen beeinflußt, enthält der nachfolgende Abschnitt praktische Ratschläge in bezug auf Methoden zur Beruhigung des Geistes sowie zur Entspannung und Entgiftung des ganzen Körpers. Man kann einigen Nutzen aus ganzheitlichen Methoden ziehen, die Geist und Körper zur Ruhe kommen lassen und uns – gerade bei Belastungen – zu einer erstaunlichen Stabilität verhelfen können.

Grundlegende Selbsthilfe im Umgang mit Streß

Entspannungstechniken

Pioniere auf dem Gebiet der Tiefenentspannung wie Herbert Benson haben nachgewiesen, wie nützlich es ist, einen Zustand tiefer Entspannung zu erreichen, will man den zerstörerischen Auswirkungen des Stresses sinnvoll die Stirn bieten. Wenn man mit Gelassenheit zu reagieren lernt, kann man damit den Herzrhythmus regulieren, die Muskelanspannung vermindern, die Atmung verlangsamen und Angst und Panik vermeiden. Wenn wir einfache Entspannungstechniken erlernen, können wir sie in jeder möglichen Streßsituation anwenden. Das schaltet unverzüglich die Hilflosigkeit aus, und diese spielen beim negativen Streß eine zentrale Rolle. Nun haben wir ein praktisches Werkzeug zur Verfügung, um die unangenehmen körperlichen und seelischen Symptome anzugehen, die zu den Reaktionen auf Streß gehören.

Entspannung und Atmung

Ein entspanntes Atmen vom Zwerchfell aus ist der Schlüssel zur wirksamen Entspannung. Obwohl es selbstverständlich aussieht, ist es außerordentlich wichtig, für den Umgang mit Ängsten und Spannungen tief und rhythmisch atmen zu lernen.

Die meisten Menschen sind sich gar nicht bewußt, daß sie bei ersten Streßanzeichen unverzüglich anders atmen, und zwar so, daß die Atmung dann hauptsächlich vom oberen Teil des Brustraums bewerkstelligt wird. Infolgedessen beschleunigt sich die nur noch oberflächliche Atmung, was Panik und Anspannung erhöht, weil das Verhältnis von Sauerstoff und Kohlendioxyd durcheinandergerät. Durch Atemregulierung können wir diesen Teufelskreis durchbrechen und die Ruhe sowie einen klaren Kopf wiedererlangen.

Die Zwerchfellatmung

Zum Erlernen der Zwerchfellatmung legt man sich am besten flach auf den Boden und zieht die Knie an, wobei die Füße etwa hüftbreit auseinander flach auf dem Boden stehen. In dieser Stellung nehmen wir die Bewegung des Zwerchfells am besten wahr. Entspannen Sie sich bewußt und spüren Sie, wie die Luft in den Körper hinein und aus dem Körper hinausfließt. Verändern Sie nach und nach den Atemrhythmus, und zwar so, daß Sie Ihre Lungen beim Einatmen von unten nach oben ganz füllen und beim Ausatmen die Lungen von oben nach unten vollständig leeren. Zur Kontrolle legen Sie Ihre Hand leicht auf den Nabel. Beim Einatmen sollte die Luft Ihre Lungen ganz füllen und Ihre Hand bei voller Ausdehnung leicht nach oben und außen heben. Beim Ausatmen sollte die Hand in die Ausgangslage zurücksinken, während Sie die Luft aus den Lungen und schließlich aus dem oberen Teil des Brustkorbs entweichen lassen. Beim Einatmen hilft es Ihnen vielleicht, wenn Sie sich einen Ballon oder eine Tüte vorstellen, die sich mit Luft füllt und beim Ausatmen leer und flach wird.

Es ist außerordentlich wichtig, den Atemrhythmus nicht zu forcieren und aufzuhören, wenn sich Benommenheit oder Schwindel einstellen. Gehen Sie immer in Ihrem eigenen Rhythmus vor und finden Sie heraus, was Ihnen gut tut und was Ihnen abträglich ist. Wenn Sie diese Technik meistern, brauchen Sie sich nicht mehr hinzulegen, weil Sie sie nun ebenso erfolgreich auf einem Stuhl am Schreibtisch oder im Auto anwenden können.

Entspannung und Meditation

Wenn Sie die Zwerchfellatmung in Streßsituationen gut anwenden können, wird Ihnen auch eine Technik zur Ganzkörperentspannung dienlich sein. Das können Sie mittels einer progressiven Muskelanspannung und -lockerung tun. Sie erhöht die Wahrnehmung von Spannungsfeldern im Körper. Viele Menschen behelfen sich dazu am liebsten mit Tonbändern oder Videos, die sie Schritt für Schritt durch die Entspannungsübungen begleiten.

Sie können aber auch meditieren und sich dabei auf das Zählen der Atemzüge sammeln. Sie zählen von eins bis zehn und beginnen dann wieder bei eins, usf. Beim Meditieren setzen Sie sich am besten auf einen Stuhl mit gerader Lehne, damit die Wirbelsäule aufrecht ist und weder Druck noch Verspannungen entstehen. Die Arme sollten entspannt und locker sein, die Hände leicht auf den Knien ruhen, die Füße fest auf dem Boden stehen. Wählen Sie einen möglichst ruhigen, gut gelüfteten Raum dazu, der jedoch nicht kalt ist. Die Kleider sollten locker, bequem und warm sein, damit Sie nicht durch Unbehagen oder Einengungen abgelenkt werden.

Wenn Sie die Augen schließen, richten Sie Ihre Aufmerksamkeit auf Ihren Atem und fühlen Sie ihn: Wie er ist? In welchem Rhythmus atmen Sie? Nun beginnen Sie mit dem Zählen Ihrer Atemzüge und sammeln sich auf jedes Ein- und Ausatmen. Tun Sie dies so lange, wie es Ihnen wohl dabei ist, und hören Sie auf, wenn sich Schwindel oder Benommenheit einstellen; fahren Sie fort, wenn Sie wieder bereit sind.

Abhängigkeit, Suchtverhalten

Suchtverhalten sind in unseren Augen meistens nur Süchte im Rahmen einer starken Gewöhnung an Alkohol oder Drogen. Abhängigkeiten umfassen jedoch sehr viel mehr, als es anfänglich den Anschein hat. Man kann eine leichte oder schwere Abhängigkeit von einer ganzen Reihe von Stimulanzien entwickeln, wie Sie nachfolgend sehen:

- Alkohol.
- Zigaretten.
- Medikamente.
- »Harte« oder »weiche« Drogen.
- Reizmittel wie starker Tee oder Kaffee.
- Schmerzmittel.
- Koabhängigkeit in Beziehungen.
- Arbeit.
- Extremer sportlicher Drill.
- Essen.
- Diät.
- Sich verlieben.
- Einkaufen.
- Fernsehen.
- Schokolade.
- Zucker.
- Salz.

Diese Liste sieht zwar ernüchternd aus; aber man muß dabei unterscheiden zwischen einem im weitesten Sinn lebensbedrohlichen Suchtverhalten wie schwerem Drogen- oder Alkoholkonsum, oder einem Verlangen nach Schokoladenkeksen, einer Tasse Tee oder Kaffee. Die Abhängigkeit von einem Stoff oder einer seelischen Stütze kann man abschätzen, indem man sich fragt, was wäre, wenn man einige Zeit ohne sie auskommen müßte. Ist die Reaktion leichtes Bedauern oder geringe Enttäuschung, dann ist anzunehmen, daß die angenehmen Empfindungen, die diese Dinge verschaffen, genossen werden, man aber ohne sie genausogut auskommt. Löst der Gedanke an den Entzug jedoch große Angst, Panik oder das Gefühl aus, man würde es dann nicht mehr schaffen, dann handelt es sich höchstwahrscheinlich um eine Sucht, und man sollte Schritte unternehmen, um diesen Stand der Dinge zu ändern.

Hat man sich erst einmal eingestanden, daß man unter einer Abhängigkeit leidet, rückt man dem Problem am besten so zu Leibe, indem man den Hausarzt, eine Selbsthilfegruppe oder einen psychologischen Berater um Hilfe, praktische Informationen und Rat bittet. In diesem Rahmen spielt die Homöopathie dann wieder eine sehr hilfreiche Rolle. Ein erfahrener Homöopath kann praktische Ratschläge für die Lebensführung geben, die zur Überwindung der Sucht beitragen, und er kann ein passendes homöopathisches Mittel auswählen, um während des Entzugs die körperliche und seelische Spannkraft zu stärken.

Wegen der weitreichenden Auswirkungen bei Suchtverhalten muß unbedingt betont werden, daß ärztliche Hilfe notwendig ist, um mit einer Alkohol-, Drogen- oder Tabakabhängigkeit fertig zu werden; nur dann können aufkommende Schwierigkeiten während des Entzugs gemeistert werden. Daher sind die nachfolgend aufgeführten homöopathischen Mittel bei Suchtverhalten nicht als Einladung zur Selbstbehandlung zu verstehen; sie sollen dem Leser einen Eindruck vermitteln, wie die Homöopathie in diesem Rahmen eingesetzt werden kann.

Praktische Selbsthilfe

- Viele Menschen sind von Stimulanzien oder Aktivitäten abhängig, um mit dem Streß und Druck um uns herum fertig zu werden. Dabei kann es sich um eine ganz leichte Abhängigkeit handeln, etwa die einer Tasse Kaffee am Morgen, um dem Tag ins Auge sehen zu können, oder die wöchentliche Lieblingssendung im Fernsehen, um abzuschalten und die Sorgen und Verpflichtungen der Arbeit vergessen zu können.

– Suchtverhalten kann jedoch schwere Ausmaße annehmen, so daß wir ohne die »Stütze«, von der wir abhängig sind, nicht mehr funktionieren. Zu solchen »Stützen« gehören etwa Alkohol, Zigaretten, Drogen oder Medikamente wie Beruhigungsmittel, Extremsport, Essen, Glücksspiele oder Sex. Wenn die Sucht so überhand nimmt, daß sie den Ablauf unseres Lebens stört oder gar bestimmt, ist fachliche Hilfe unbedingt erforderlich, um den Ursachen der Abhängigkeit auf den Grund zu gehen. Verstehen wir erst einmal die psychologischen Zusammenhänge, können wir unsere Probleme besser meistern.
– Wenn Sie von Natur aus gesellig sind, ziehen Sie sicher großen Nutzen daraus, eine Selbsthilfegruppe für Suchtverhalten aufzusuchen.
– Versuchen Sie immer, das Gute an Ihren Bemühungen zu sehen, um die Sucht in den Griff zu bekommen. Verzweifeln Sie nicht gleich und geben Sie nicht auf, wenn Sie rückfällig werden, sondern bedenken Sie, was Sie bereits erreicht haben. Fahren Sie damit fort.
– Achten Sie darauf, sich gegen einen zu niedrigen Blutzuckerspiegel (Hypoglykämie) zu schützen, indem Sie in regelmäßigen Abständen kleine Mengen hochwertiger Nahrungsmittel zu sich nehmen, statt längere Zeit nichts zu essen oder zu trinken.
– Achten Sie auf eine nährwerthaltige, qualitativ gute Ernährung und vermeiden Sie Speisen und Getränke, die Stimmungsschwankungen und einen labilen Blutzuckerspiegel begünstigen. Zu solchen Missetätern gehören Alkohol, Kaffee, starker Tee, Schokolade und süße Speisen und Getränke. Wählen Sie statt dessen grünes Blattgemüse, Milchprodukte in geringen Mengen, Hülsenfrüchte, Vollkornprodukte, Nüsse und gekeimte oder ungekeimte Samen. Trinken Sie täglich sechs bis acht große Gläser Wasser und je nach Stimmung belebende oder beruhigende Kräutertees.
– Knabbern Sie Sonnenblumenkerne, um starke Gelüste in Schach zu halten. Sie helfen besonders, wenn Sie aufhören zu rauchen, und sind eine gesunde Abwechslung, um Süßigkeiten zu vermeiden, nach denen viele ehemalige Raucher greifen. Ersetzen Sie diese mit Sonnenblumenkernen, können Sie zudem Zahnschäden und eine Gewichtszunahme vermeiden im Gegensatz zu Süßigkeiten.
– Finden Sie Mittel und Wege, sich selbst bei erzielten Fortschritten zu

beglückwünschen und zu belohnen. Diese Belohnungen sollten Ihnen möglichst Spaß bereiten und Ihr Selbstvertrauen fördern.

- Bei Entzug ist es immer sehr hilfreich, einen effektiven Ersatz für das Suchtmittel zu finden, der die Leere füllt, die sich manchmal einstellt. Merken Sie sich, wann und in welchen Situationen Sie besonders danach verlangen und ersetzen Sie es durch eine positivere Alternative. Anders ausgedrückt: Wenn Sie gewöhnlich zum Entspannen eine Zigarette nach dem Essen rauchen, trinken Sie nun statt dessen einen beruhigenden Kräutertee; das beschäftigt Sie und entspannt Sie zugleich.
- Da Alkohol, Zigaretten und Drogen sowie Medikamente dem Körper bestimmte Nährstoffe entziehen, ist es manchmal eine große Hilfe, während des Entzugs zusätzlich ein Vitamin- und Mineralpräparat einzunehmen. Folgende kommen dafür in Frage: Vitamin A und B-Komplex, C, D und K. Auch Mangan und Kalium sind oft nützlich. Sie können statt dessen auch ein hochwertiges Multivitaminpräparat mit Mineralien einnehmen.
- Unterschätzen Sie nicht, wie wichtig regelmäßige Übungen an der frischen Luft sind, wenn Sie Frustration verspüren oder in Depression verfallen, die manchmal auftreten, wenn Sie dem Leben ohne seelische oder physiologische Unterstützung ins Auge sehen müssen. Treiben Sie einen rhythmischen Sport, um Herz und Lungen in Form zu bringen (z. B. Schwimmen, Radfahren, Laufen oder Rudern). Damit regen Sie die körpereigene Produktion von *Endorphinen* an, der chemischen Stoffe, die ein Wohlgefühl vermitteln und schmerzlindernd wirken. Man kann sie als natürliche Antidepressiva bezeichnen, und sie tragen sehr dazu bei, uns ein positives Gefühl zu vermitteln und eine natürliche Dynamik aufrechtzuerhalten, wenn die Dinge schwierig werden. Im Idealfall sollten wir uns um regelmäßige Bewegung bemühen, um diese Wirkung zu erreichen. Drei oder viermal eine halbe Stunde wöchentlich wäre das Beste. Allerdings sollte man sich auch darüber bewußt sein, daß Bewegung bei manchen zur Sucht werden kann. Achten Sie darauf, daß die Übungen Spaß machen und nicht zu einem zermürbenden Drill werden, den man nicht mehr ohne Schuldgefühle auslassen kann.

- Es klingt zwar banal, aber die Abhängigkeit zuzugeben ist der erste und schwerste Schritt, den man tun muß, um etwas gegen eine Sucht unternehmen zu können. Vielen Süchtigen fällt dieses Eingeständnis sehr schwer, und sie verbitten sich jede Andeutung darauf. Wenn dieser grundlegende Schritt jedoch getan ist und ausgesprochen wurde, daß ein Problem vorliegt, ist man schon einmal in der Lage, die Situation beim Schopf zu packen und etwas zu unternehmen.

Homöopathische Hilfe

Art der Sucht	*Allgemeine Symptome*	*Verschlimmerung (durch)*	*Besserung (durch)*	*Mittel*
Abhängigkeit von Koffein, Alkohol und Schmerzmitteln	Ununterbrochener Arbeitsdruck verursacht folgende Symptome: wiederkehrende Kopfschmerzen, Verdauungsstörungen, Schlaflosigkeit, Ängste und Reizbarkeit, braucht Koffein zur Anregung, Alkohol zum Abschalten, Schlafmittel für die Nachtruhe und Pillen gegen Kopfschmerzen	Kaffee, Alkohol, Schlafmangel, Verstopfung, beim Aufwachen, Streß	Erholsamer Schlaf, Wärme, im Verlauf des Tages, Ruhe, regelmäßiger Stuhlgang	NUX VOMICA
Abhängigkeit von Zucker, um in Gang zu bleiben	Wenig Appetit mit Sodbrennen und Blähungen wegen Leberschwäche, evtl. früher Gelbsucht, setzt sich hungrig an den Tisch, ist jedoch nach wenigen Bissen satt, starkes Verlangen nach Zucker wegen ständigen Energiedefizits	Wärme, beim Aufwachen, nachmittags, enge Kleidung, ballaststoffreiche Nahrungsmittel	Gemäßigte Temperatur, Körperübungen an frischer Luft, warmes Essen und Getränke	LYCOPODIUM
Starkes Verlangen nach Alkohol und Kaffee	Schöpferisches, unbeständiges Temperament, wird spät abends geistig sehr aktiv, »Morgenmuffel«, und fühlt sich wie vergiftet, übermäßige Alkoholabhängigkeit kann zu Kreislauf- oder Leberstörungen führen, vor der Periode oder in den Wechseljahren verstärktes Verlangen danach	Morgens, beim Erwachen aus dem Schlaf, Wärme, enge Kleidung, Alkohol, heiße Getränke	Kühle Umgebung, kühle Getränke, frische, kühle Luft, Lokkern der Kleidung, einsetzende Absonderungen	LACHESIS

Art der Sucht	*Allgemeine Symptome*	*Verschlimmerung (durch)*	*Besserung (durch)*	*Mittel*
Unruhe und Ängste bei zwanghaftem Verhalten, z. B. Arbeitswut oder Sportfanatismus	Überempfindlich und anspruchsvoll, Kritiksucht bei denen, die nicht den eigenen hohen Ansprüchen genügen, Perfektionist bei der Arbeit und zu Hause, erträgt keine Unordnung, Kontrollbedürfnis erzeugt überspannte Sorge um Gesundheit, Pedant, allgemein ängstlich, auch Verlangen nach Alkohol und Zigaretten	Nachts, Kälte jeder Art, unregelmäßige Lebensführung, Alkohol, Tabak	Wärme, leichte Übungen, Gesellschaft	ARSENICUM ALB.
Ständige Erschöpfung mit unregelmäßigem Appetit und Lust auf Alkohol	Schlechte Eßgewohnheiten führen zu allgemeiner Schwäche und Energiemangel, möchte sich ständig hinlegen und ausruhen, zügelloses oder gar kein Appetit, Lust auf Süßigkeiten, die den Energiehaushalt noch labiler machen, bei gedrückter Stimmung oder Depression Verlangen nach Alkohol	Überwärmung, nach dem Baden, am späteren Vormittag, Stehen, süße Speisen oder Getränke	Kühle Luft, Hinlegen, Gehen	SULFUR

Suchen Sie bei folgenden Abhängigkeiten professionellen Rat:

- Von Aufputschmitteln.
- Von verschreibungspflichtigen Medikamenten wie z. B. Beruhigungsmitteln.
- Von Alkohol.
- Von Zigaretten.
- Von Abmagerungskuren.
- Von Extremsport.

Ängste

Ängste machen sich unterschiedlich und verschieden stark bemerkbar. Die Schwere der Anzeichen reicht von einem leichten Anflug an Beunruhigung bis hin zu äußerst quälenden und lähmenden körperlichen wie geistigen Empfindungen. Dazu gehören folgende Symptome in den verschiedensten Kombinationen:

- Allgemeine Verspannungen, Druck und Beschwerden in Kopf, Nakken, Schultern und Gliedern.
- Verdauungsstörungen einschließlich Appetitlosigkeit, Übelkeit, Verstopfung, Durchfall oder Erbrechen.
- Unregelmäßige, oberflächliche Atmung, die Atemnot, Seufzen oder Luftanhalten zur Folge hat.
- Herzklopfen oder rascher Puls.
- Trockener Mund.
- Muskelzittern oder -zuckungen.
- Fliegende Hitze mit oder ohne Schweißausbrüchen und Klammheit.
- Schlechtes Gedächtnis, Konzentrationsstörungen, Desorientierung oder vorübergehende Gedächtnislücken.

Je nachdem wie schwerwiegend das Problem ist, kann eine homöopathische Selbstbehandlung angezeigt sein, um die Symptome bei Ängsten zu lindern. Sind diese von kurzer Dauer und hängen mit bestimmten, nervenaufreibenden Ereignissen zusammen, kann ein sorgfältig ausgesuchtes Mittel in Verbindung mit den nachfolgenden Selbsthilfemaßnahmen die unmittelbaren Beschwerden stark lindern.

Haben sich die Ängste jedoch schon zu einem länger anhaltenden Problem ausgewachsen, ist es unumgänglich, einen Homöopathen oder Heilkundigen um Hilfe zu bitten, um die tieferliegenden seelischen Ursachen zu behandeln. In diesem Zusammenhang ist die Homöopathie wieder von unschätzbarem Wert, weil sie ohne fremde Nebenwirkungen durch allopathische Medikamente die Ursachen der Erregungszustände behandeln kann.

Praktische Selbsthilfe

- Entspannung und das Erlernen bestimmter Atemtechniken ist eine der wirksamsten Vorgehensweisen, um mit quälenden Ängsten fertigzuwerden. Lesen Sie im Abschnitt *Entspannung und Meditation* zu Beginn dieses Kapitels die entsprechenden Hinweise zu diesen Techniken.
- Leiden wir längere Zeit unter versteckten Ängsten, dann sind regelmäßige Körperübungen eine ausgezeichnete Hilfe, überschüssiges Adrenalin abzubauen und dadurch ruhiger und weniger angespannt zu sein. Suchen Sie sich immer eine Körperbetätigung aus, die Ihnen Freude und Spaß bereitet, statt pflichtbewußt etwas Langweiliges oder wenig Anregendes zu absolvieren. Die Möglichkeiten sind sehr groß und umfassen u. a. Radfahren, Schwimmen, Volleyball, ein sanftes Training, Tai Ji, Yoga, Gewichtstraining, Laufen, Skilaufen, Trampolinspringen, Federball und Tennis. Lassen Sie sich vor allem nicht etwa davon abschrecken, daß Sie im Turnunterricht vielleicht eine Niete waren und infolgedessen glauben, für Körperübungen nicht geschaffen zu sein. Wenn Sie erst einmal etwas finden, das Ihnen Spaß macht, werden Sie staunen, wie rasch sich Fitneß und Selbstachtung verbessern.
- Überdenken Sie, ob Sie sich gut ernähren, und lassen Sie Nahrungsmittel weg, die Angst und Unruhe fördern. Dazu gehören Speisen und Getränke mit einem hohen Zuckergehalt, Kekse, Schokolade, starker Tee, Kaffee, Alkohol und colaartige, koffeinhaltige Getränke.
- Wählen Sie statt dessen die oben erwähnten alternativen Getränke wie koffeinfreie, beruhigende Kräutertees. Wenn Ihnen stark aromatisierte Kräutertees nicht schmecken, finden Sie vielleicht etwas Annehmbares unter den Fruchtteemischungen. Probieren Sie als Kaffee-Ersatz verschiedene Getreide- oder Feigenkaffees oder koffeinfreien Kaffee.
- Achten Sie darauf, daß Ihre Lebensmittel ein gesundes Maß an Nährstoffen aus frischen, vollwertigen Produkten enthalten. Nehmen Sie regelmäßig großzügige Portionen frischen Obstes und Gemüses zu sich (und essen Sie einen Anteil davon roh), dazu Vollkornbrot, Hülsenfrüchte, wenig Milchprodukte und reichlich gefiltertes Wasser. Machen Sie es sich auch zur Gewohnheit, Nahrungsmittel mit einer großen Vielfalt an B-Vitaminen zu essen, die eine wichtige Rolle zur Erhaltung eines gut funktionierenden Nervensystems spielen, etwa

Weizenkeime, Fisch, Eier, Hefeextrakt, Avocados, Fleisch, Käse und grünes Blattgemüse.

- Geben Sie zur besseren Entspannung einige Tropfen beruhigender ätherischer Öle in Ihr Badewasser. Beachten Sie, daß ätherische Öle guter Qualität dank ihrer hohen Konzentration sehr sparsam verwendet werden sollten (zwei bis drei Tropfen genügen). Mischen Sie die Öle aus folgenden Pflanzen nach Belieben: Geranie, Neroli, Narzisse oder Rose.
- Bei Erwartungsängsten vor einem Ereignis, bei dem Streß zu erwarten ist, organisieren Sie die Dinge so, daß Sie möglichst wenig unter Druck kommen. Nehmen Sie sich vor einem wichtigen Treffen genügend Zeit, am Vorabend zu entspannen. Planen Sie etwas Entspannendes oder Ablenkendes, damit Sie gut schlafen. Sie könnten beispielsweise ins Kino gehen, einen langen Spaziergang machen, Musik hören oder den Abend mit Freunden verbringen. Gehen Sie jedoch früh genug zu Bett, vermeiden Sie koffeinhaltige Getränke oder ein schweres Essen spätabends, das einen guten, tiefen Schlaf stören könnte. Auch eine Tasse Kamillentee oder ein Entspannungsbad sind hilfreich, wenn Sie hellwach und aufgeregt sind.
- Bei starken oder immer wiederkehrenden Ängsten ist es unabdingbar, bei einem Berater, Arzt oder Vertreter der Alternativmedizin um Hilfe anzusuchen.

Homöopathische Hilfe

Art der Angst	*Allgemeine Symptome*	*Verschlimmerung (durch)*	*Besserung (durch)*	*Mittel*
Ängste mit Suchtverhalten oder Abhängigkeit von Aufputschmitteln	Ist unter Druck reizbar und explosiv, bei Ängsten angespannt und nervös, neigt zu Abhängigkeit von Koffein und Alkohol, häufig als Folgeerscheinungen Herzklopfen und Schlaflosigkeit, Kopfschmerzen und Verdauungsstörungen	Reizmittel, seelischen oder beruflichen Druck, beim Erwachen, kalte, zugige, lärmende Umgebung, Gestörtwerden, Verstopfung	Wärme, Ruhe, tiefer, ungestörter Schlaf, Ausruhen, im Verlauf des Tages, regelmäßiger Stuhlgang	NUX VOMICA

Art der Angst	*Allgemeine Symptome*	*Verschlimmerung (durch)*	*Besserung (durch)*	*Mittel*
Äußerste Unruhe bei Ängsten mit ständigem Redezwang	Zittern und Herzklopfen mit Angst- und Panikattacken, Unruhe mit schwerem Durchfall, wenn unter Druck, Verlangen nach süßen Speisen und Getränken, was die Verdauungsstörungen verschlimmert	Nachts, beim Aufwachen, Verzehr von Süßem, stickige, sauerstoffarme Räume, vor Streßsituationen	Frische Luft	ARGENTUM NIT.
Ängstliche Vorahnungen, ist in sich gekehrt und mit sich selbst beschäftigt	Friert, zittert und ist schwach vor Angst, müde und apathisch mit Abneigung gegen die geringste geistige oder körperliche Anstrengung, gleichgültig, in sich gekehrt und erschöpft, schwerer, schmerzloser Durchfall bei Ängsten	Überwärmung, Nachdenken über bevorstehende Ereignisse	Beschäftigung und Ablenkung, frische Luft, Stimulanzien	GELSEMIUM
Starkes Kältegefühl, Durchfall und/oder Erbrechen vor Angst	Trotz Erschöpfung große körperliche und geistige Unruhe, Ängste, nachts besonders schlimm, Erfolgsmenschen mit zwanghaftem Ordnungssinn, sind überzeugt, schwer krank zu sein	Aufenthalt an der Kälte, Alleinsein, nachts, Unordnung, Alkohol	Wärme, Schlucke warmer Getränke, frische Luft bei warmem Körper, Herumgehen, Gesellschaft	ARSENICUM ALB.
Schwere Panikanfälle mit Todesfurcht	In einer nervenaufreibenden oder beängstigenden Situation schreckerfüllt und panisch, plötzlich setzen überwältigende Ängste ein, der Tod erscheint unausweichlich, konkrete oder vage Ängste, Schlaflosigkeit mit nächtlicher Verschlimmerung der Symptome haben äußerste Unruhe sowie Hin- und Herwälzen zur Folge.	Nachts, Kälte oder zu große Hitze, Lärm, grelles Licht, Schock oder Streß	An freier Luft, Erholung in Stille und Ruhe	ACONITUM

Art der Angst	*Allgemeine Symptome*	*Verschlimmerung (durch)*	*Besserung (durch)*	*Mittel*
Erwartungsängste mit Blähungen, Rumpeln und Gurgeln im Unterleib	Äußerste Anspannung und Nervosität vor Prüfung oder Auftritt in der Öffentlichkeit, erscheint anderen dabei entspannt und zuversichtlich, Ängste lösen starke Verdauungsstörungen aus, Bildung von Darmgasen, sogar nach kleinen Mahlzeiten, bei Angstzuständen reizbar, herrisch und sarkastisch	Mangel an Beschäftigung, Frösteln oder Überhitzung, stickige, ungelüftete Räume, nachmittags oder am frühen Abend	Leichte Bewegung an frischer Luft, Beschäftigung und Ablenkung, warme Speisen und Getränke, mäßige, angenehme Wärme	LYCOPODIUM
Vage Ängste mit äußerst sensibler Einfühlung in die Gefühlslage anderer	Verfällt trotz Kontaktfreude, Geselligkeit und Begeisterungsfähigkeit rasch in Apathie und Erschöpfung, Angst vor Gewitter, Dunkelheit, Krankheit, Alleinsein, braucht Zuwendung und körperliche Zuneigung, läßt sich bei Ängsten rasch beruhigen	Dunkelheit, Alleinsein, zu starke Aufregung oder Anregung, am frühen Abend	Beruhigung, Berührung, Trost, Massage, Wärme, erholsamen Schlaf	PHOSPHORUS

Fragen Sie bei schweren, tiefliegenden und lähmenden Ängsten um professionellen Rat!

Depressionen

Jeder kann einmal in eine Depression geraten, aber es gibt doch bestimmte Zeiten im Leben, in denen man dafür besonders anfällig ist. So leidet man etwa in der Pubertät, vor der Monatsregel (Prämenstruelles Syndrom), nach einer Geburt (postnatale Depression) oder in den Wechseljahren darunter. Außerdem tritt sie manchmal bei chronischer Erschöpfung (Erschöpfungsdepression) auf, unter psychischem Druck, nach einem nicht verarbeiteten seelischen Schock wie einem Todesfall, einer plötzlichen Entlassung usw.

Anzeichen und Schweregrad einer Depression sind bedingt durch den Auslöser und sehr abhängig von dem jeweiligen Menschen. Gewöhnlich leidet der Betroffene jedoch unter folgenden Symptomen:

- Allgemeine Traurigkeit, Mutlosigkeit, Verzweiflung, Hoffnungslosigkeit oder Gleichgültigkeit, die plötzlich oder ohne ersichtlichen Grund auftreten können.
- Heftige oder rasche Stimmungswechsel.
- Schlafstörungen mit Wachliegen oder leichtem, schlechtem und wenig erholsamen Schlaf.
- Angst oder Mutlosigkeit beim Erwachen.
- Verminderter Geschlechtstrieb und sexuelle Probleme.
- Eßstörungen oder gestörtes Eßverhalten mit Neigung zum Essen als Trost oder völliger Nahrungsverweigerung.
- Wechsel zwischen Verstopfung und Durchfall und/oder Übelkeit, Verdauungsstörungen oder Sodbrennen.
- Hyperventilation mit Herzklopfen.
- Gedächtnis- und Konzentrationsschwäche.

Bei der Überlegung, ob eine homöopathische Behandlung angezeigt ist, sollte man unterscheiden zwischen vorübergehendem Kummer im Zusammenhang mit einem Ereignis wie Streß, Bedrohung oder Ärger und einer echten Depression, die sich langsam aufgebaut hat und zu einem chronischen Leiden geworden ist auf Grund tieferer seelischer Probleme. Im ersten Fall bringen die Selbsthilfemaßnahmen sicherlich eine große Erleichterung, beim letzten jedoch ist eine objektivere Hilfe und fachärztliche Unterstützung erforderlich.

Praktische Selbsthilfe

- Sind die depressiven Anfälle mit Angst verbunden, lesen Sie am besten die zusätzlichen Hinweise unter *Ängste – Praktische Selbsthilfe,* die hilfreich sein können in Verbindung mit den nachfolgenden Hinweisen.
- Machen Sie sich mit den Nahrungsmitteln vertraut, die zu Ihrem Wohlbefinden beitragen, aber auch mit denen, die sprunghafte oder depressive Stimmungen auslösen. Unter die erste Kategorie fallen

Nahrungsmittel mit hohen Nährwerten wie frisches Obst und Gemüse (das Sie am besten roh oder leicht gedämpft essen, um die Vitamine nicht zu zerstören), Vollkornprodukte in Form von Brot oder Teigwaren, Fisch, Hülsenfrüchte und Milchprodukte in kleinen Mengen. Essen Sie Naturjoghurt mit lebenden Joghurtkulturen, um die Darmflora im Gleichgewicht zu halten, trinken Sie täglich vier bis fünf große Gläser Mineralwasser oder gefiltertes Wasser zur Entgiftung und beruhigende Kräutertees, wenn Sie unruhig oder furchtsam sind.

- Vermeiden Sie folgende Nahrungsmittel, die eher zu sprunghaften oder depressiven Stimmungen beitragen: Alkohol, Schokolade, starken Tee, Kaffee, süße Snacks, gesüßte kohlensäurehaltige Getränke (besonders solche mit Koffein), Kost mit chemischen Konservierungsmitteln und Farbstoffen sowie Chips und herzhafte, stark salz- und fetthaltige Imbisse.
- Ist anzunehmen, daß Ihre Eßgewohnheiten schlecht oder unregelmäßig geworden sind, weil Sie deprimiert sind, kann Ihnen ein zusätzliches gutes Multivitaminpräparat den nötigen Ausgleich zur Ernährung liefern, der in Zeiten der Belastung manchmal notwendig wird.
- Erwägen Sie, zusätzlich zu den Mahlzeiten ein Vitamin-B-Komplex-Präparat einzunehmen oder mehr Nahrungsmittel zu essen, die viel Vitamin B enthalten. Diese wirken sich erwiesenermaßen gut auf das Nervensystem aus, was gerade dann sehr wichtig ist, wenn Sie seelisch unter Druck oder Streß stehen; dazu gehören etwa Fisch, Nüsse, Vollkornprodukte, Hefeextrakt und grünes Blattgemüse.
- Es ist zwar nicht immer leicht, die Energie für Körperübungen aufzubringen, wenn man deprimiert ist, doch sollte man sich unbedingt vor Augen halten, daß ein regelmäßiges, rhythmisches Training die Qualen der Depression deutlich lindern kann. Dabei setzt der Körper chemische Stoffe frei, die man als natürliche Antidepressiva bezeichnen könnte. Die Ausschüttung dieser Stoffe erzeugt Wohlbefinden.
- Körperübungen fördern gleichmäßiges, tiefes Atmen, das wiederum den Körper zur besseren Verwertung des eingeatmeten Sauerstoffs anregt. Bei richtiger Atmung während der Übungen wird der Körper bei seiner lebenswichtigen Ausscheidungs- und Entgiftungsaufgabe unterstützt. Dadurch werden Vitalität, Wachheit und ein allgemeines

Wohlbefinden gesteigert, die bei Depressionen sehr zu wünschen übrig lassen.

- Zudem haben regelmäßige und befriedigende Übungen die nützliche Wirkung, die notwendige Zuversicht und das Selbstvertrauen zu stärken. Bekommen wir ein besseres Körpergefühl (besonders, wenn wir uns zuvor als jemand einschätzten, der weder fit noch sportlich war), können wir diese Übungen als Werkzeug einsetzen, um mit Depressionen und Unsicherheit fertigzuwerden. Fangen Sie langsam an, wenn Sie sich einen Sport ausgesucht haben, und übernehmen Sie sich nicht. Sie werden viel eher Energie tanken und weitermachen wollen, wenn Sie es am Anfang nicht übertreiben. Lassen Sie sich hinsichtlich der Ihnen zur Verfügung stehenden Möglichkeiten etwas einfallen, das zugleich Ihren Bekanntenkreis erweitert, etwa Gewichtstraining in einem Fitneßstudio, Beitritt in einen Tennisclub, Federball, Volleyball oder Squash.
- Nehmen Sie sich den notwendigen Raum und schaffen Sie sich die nötigen Bedingungen zur Erholung, wenn Sie niedergeschlagen sind. Suchen Sie sich bewußt erfreuliche, erbauliche oder entspannende Betätigungen aus, etwa Zusammensein mit einem guten Freund, aber auch Musikhören, auf dem Land spazierengehen, sich mit einem duftenden Bad verwöhnen oder einen Lieblingsfilm ansehen.
- Verwenden Sie beruhigende oder aufbauende ätherische Öle, wenn die Depression aufkommen will. Geben Sie wenige Tropfen in ein Basisöl und massieren dieses in die Haut ein oder träufeln sie es direkt ins Badewasser. Aromaöle nützen auch, wenn Sie wenig davon in eine Duftlampe geben. Wenn Sie diese anzünden, erwärmt sich das Öl und verströmt den Duft im ganzen Raum. Aromaöle, die sich dazu eignen, sind etwa Jasmin, Ylang-Ylang, Rose, Geranium und Neroli.
- Bei Depressionen sprechen Sie am besten mit jemand Vertrautem über Ihre Gefühle, seien es gute Freunde, jemand aus der Familie oder der Lebenspartner. Andererseits fällt es manchmal leichter, mit einem Außenstehenden – einem Berater oder Psychotherapeuten – über Gefühlsprobleme zu sprechen. Ein geschulter Therapeut kann Ihre Probleme objektiver beurteilen als ein guter Freund, der möglicherweise keine gefühlsneutrale Sicht einnehmen kann.

Homöopathische Hilfe

Art der Depression	*Allgemeine Symptome*	*Verschlimmerung (durch)*	*Besserung (durch)*	*Mittel*
Rasche Stimmungsschwankungen bis zu Depressionen	Redseligkeit und Euphorie wechseln rasch ab mit Introvertiertheit und Depression, eifersüchtig, reizbar und unbeständig, schöpferischer Gedankenfluß spät nachts verhindert das Einschlafen, fürchtet sich vor dem Einschlafen und der Niedergeschlagenheit beim Erwachen. Erstickungsgefühle und Zucken beim Einschlafen	Starke Temperaturschwankungen, beim Erwachen, enge Kleidung um Hals und Taille, stickige, überheizte Räume, vor der Menstruation	Frische Luft oder gut gelüftete Räume, bei Einsetzen von Absonderungen z. B. Regelblutung, Bewegung, kühle Getränke und Speisen, Lockerung enger Kleidung	LACHESIS
Ist niedergeschlagen und ängstlich, fürchtet, die Kontrolle zu verlieren	Unruhige, ängstliche Depression, die sich nachts oder bei Alleinsein verschlimmert, kritisch und unfähig, das selbstauferlegte Niveau zu erreichen, überempfindlich, zappelig, zwanghaft und ungeduldig, wenn andere Fehler machen, Frieren und Verdauungsstörungen	Kälte, nachts, Alkohol, Alleinsein, Dunkelheit	Wärme, leichte Bewegung, Schlucke warmer Getränke, Gesellschaft	ARSENICUM ALB.
Weinerliche Depression beim Prämenstruellen Syndrom oder in der Schwangerschaft	Mutlos und deprimiert, bricht beim geringsten Anlaß in Tränen aus, braucht viel Mitgefühl und Zuwendung, sich ausweinen lindert, Besserung eher bei Bewegung als beim Stillsitzen	Ausruhen, nachts, stickige, überheizte Räume, vor der Menstruation, Vernachlässigung	Leichte Bewegung, frische, kühle Luft, mitfühlende Gesellschaft, Sichausweinen	PULSATILLA

Art der Depression	*Allgemeine Symptome*	*Verschlimmerung (durch)*	*Besserung (durch)*	*Mittel*
In sich gekehrte Depression mit Abneigung gegen Gesellschaft	Häufig eine Reaktion auf länger zurückliegenden schweren Kummer oder Verlust mit Neigung zum Grübeln und Zurückhalten der Gefühle, mag keine hilfreiche, mitfühlende Gesellschaft, bei der Gefühle aufkommen könnten, empfindet Weinen in Gegenwart anderer als Demütigung und Schwäche	Nach dem Weinen, Zuwendung und Zuneigung, Überwärmung, direktes Sonnenlicht, körperliche Anstrengung	Alleingelassenwerden, Kühle, frische Umgebung, leichte Bewegung, Auslassen von Mahlzeiten	NATRIUM MUR.
Depression beim Prämenstruellen Syndrom und Angst, verrückt zu werden	Tiefe, düstere Depression wechselt mit Euphorie oder beunruhigender Ängstlichkeit ab, auf dem Höhepunkt der Angst ungestüm, angespannt und völlig außer sich, Gefühlslage bessert sich mit Einsetzen körperlicher Symptome	Nachts, Ausruhen, Feuchtigkeit und Kälte, vor der Periode	Spazierengehen, frische, kühle Luft, Essen, mäßige Wärme	CIMICIFUGA
Völlige Apathie und Gleichgültigkeit bei Depressionen	Die Stimmung wechselt zwischen Antriebslosigkeit, Reizbarkeit und seelischer und körperlicher Erschöpfung, angespannt, wird den häuslichen Anforderungen nicht gerecht, stark verminderter oder völlig ausbleibender Geschlechtstrieb, mag keine Gesellschaft, aber fürchtet auch das Alleinsein	Grübeln, Auslassen von Mahlzeiten, emotionale Verpflichtungen oder Verantwortung	Kraftvolle Bewegungen an frischer Luft, Spaziergänge im Wind, tiefen, erholsamen Schlaf, Aufwärmen im Bett, Aufnahme kleiner Mahlzeiten	SEPIA

Art der Depression	*Allgemeine Symptome*	*Verschlimmerung (durch)*	*Besserung (durch)*	*Mittel*
Nachts äußerste Unruhe und Niedergeschlagenheit	Liegt wach im Bett, furchtsam und deprimiert, Sorgen um häusliche Verpflichtungen, Arbeit und die Zukunft im allgemeinen, aus unerfindlichen Gründen weinerlich und niedergeschlagen, seelische und körperliche Beschwerden und Unwohlsein bessern sich bei sanfter Bewegung	Im Bett, nachts, Kälte, Feuchtigkeit und Durchzug, anhaltende, übermäßige körperliche Strapazen, Ruhen	Warmes Bad, sanfte Bewegung ohne Anstrengung, Wärme, sich Warmhalten	RHUS TOX.

Fragen Sie in folgenden Fällen um professionellen Rat:

- Bei anhaltenden Ängsten anläßlich geringfügiger Probleme.
- Bei Neigung zu Realitätsverlust oder dem Gefühl der Getrenntheit von anderen, auch mit Wut oder Empfindungslosigkeit.
- Bei anhaltenden oder schweren Depressionen, die nicht auf die Selbsthilfemaßnahmen ansprechen.

Kummer und Trauer

Mit Verlusten und Trauer müssen wir alle im Verlauf unseres Lebens umgehen lernen. Gewöhnlich hängen diese Gefühle mit dem Tod eines nahen Verwandten, Partners oder guten Freundes zusammen, aber es gibt eine ganze Anzahl anderer Ursachen für Trauer. Wer ein geliebtes Haustier verloren hat, weiß, daß der Tod eines Tieres ebenso tief wie der Tod eines Menschen empfunden werden kann. Auch eine in die Brüche gegangene Beziehung verursacht Trauer, oder wir trauern nach einem traumatischen Umzug unserem alten Zuhause nach.

Verstehen wir die Stadien, die wir durchlaufen, wenn wir Kummer haben, dann ist die Chance groß, daß wir sehr viel besser mit unseren aufkommenden schmerzlichen Gefühlen wie Trauer fertigwerden.

Die erste Reaktion ist im allgemeinen Schock, Empfindungslosigkeit oder ein Gefühl der Unwirklichkeit. Auf die Verdrängung folgt oft die Weigerung zu glauben, daß der Verlust tatsächlich stattgefunden hat. Manchmal kommen Schuldgefühle oder Wut auf, und man ist überzeugt, daß man mehr hätte tun sollen. Es ist auch ganz natürlich, eine Zeitlang eine überwältigende Ohnmacht zu empfinden, oder gar Wut.

Bevor man das Akutstadium der Trauer überwunden hat, treten auch zuweilen Depressionen auf. Erst, wenn man sich zu erholen beginnt, zeigen sich die möglichen Freuden des Lebens von neuem, obwohl höchst wahrscheinlich von Zeit zu Zeit Anfälle von Depression, Trauer oder Wehmut auftreten. Im Laufe der Zeit sollten diese jedoch immer kürzer und weniger schmerzhaft verlaufen.

Eine homöopathische Behandlung erleichtert den ersten Schock nach einem Verlust außerordentlich und liefert auch im späteren Verlauf der Trauerarbeit zusätzliche Unterstützung. In den Stunden und Tagen nach einer schlechten Nachricht muß das geeignete Mittel manchmal alle paar Stunden verabreicht werden, um Hilfe und Unterstützung zu gewährleisten.

Läßt der unmittelbare Schock jedoch nach, reicht es gewöhnlich, das Mittel nur noch ab und zu zur seelischen Erleichterung einzunehmen. Muß ein Mittel häufig oder ständig eingenommen werden, um mit der Lage fertigzuwerden, holt man sich am besten bei einem Homöopathen Rat, der mit einer höheren Potenz oder einem geeigneteren Mittel besser helfen kann.

Praktische Selbsthilfe

- Gleich nach einem Verlust bekommt man meistens sehr viel seelische Unterstützung angeboten, die in den Monaten danach zwar häufig noch nötig, aber nicht mehr so leicht verfügbar ist. In solchen Fällen ist eine fachliche Beratung und ein offenes Ohr bei der Trauerarbeit eine große Hilfe. Der Zugang zu einem mitfühlenden Menschen verhilft uns häufig zu einem Umgang mit der Trauer, die uns vor der Beratung nicht möglich war.
- Wichtig dabei ist ein angemessenes Tempo und genügend Zeit und Raum für die Trauer. Wenn möglich sollte man es vermeiden, sich vorzeitig gleich wieder in einen verplanten oder hektischen Tagesab-

lauf zu stürzen. Das wirkt sich nachteilig auf den natürlichen Verlauf der Trauer aus und führt manchmal zur Unterdrückung der Gefühle, was wiederum später seelische oder körperliche Probleme auslösen kann.

- Treten Ängste, Panik oder Depressionen als Reaktion auf einen Verlust auf, lesen Sie am besten die Hinweise zu *Ängste – Praktische Selbsthilfe* oder die unter *Depressionen.*
- Viele Betroffene bekommen nach einer traumatischen Erfahrung Schlafstörungen. Lesen Sie in diesem Fall die Ratschläge unter *Schlaflosigkeit.*

Homöopathische Hilfe

Art der Trauer	*Allgemeine Symptome*	*Verschlimmerung (durch)*	*Besserung (durch)*	*Mittel*
Furchtsam und panisch	Im Anfangsstadium eines Verlustes, besonders bei einem sehr plötzlichen, unerwarteten Todesfall, außer sich, unruhig mit Angst zu sterben, Symptome setzen plötzlich und heftig ein	Berührung, nachts, Lärm	kühle Luft, Ausruhen bei gemäßigter Temperatur	ACONITUM
Körperlicher und seelischer Schock nach dem Eintreffen einer traurigen Mitteilung	Erste Reaktion auf den Schock ist die Verharmlosung der Situation, lehnt Trost und Hilfe ab, will allein gelassen werden, mürrisch und apathisch, nervös, erschrickt und fürchtet sich leicht	Nach dem Schlafen, Ansprache, Berührung	Tieflagern des Kopfes, Ruhen	ARNICA
Unkontrollierbare Weinerlichkeit mit starkem Verlangen nach Mitgefühl	Ständiges Bedürfnis nach Trost, Gesellschaft und Zuwendung, die die Symptome mildern, furchtsam, niedergeschlagen und gequält, wenn niemand in der Nähe ist, häufiges Weinen erleichtert und macht den Gefühlen Luft	Vernachlässigung, Ausruhen, im Bett, Essen, nachts oder abends, stickige, sauerstoffarme Räume	Gesellschaft, Mitgefühl, sich Ausweinen, leichte Bewegung an frischer Luft, kühle Umgebung	PULSATILLA

Art der Trauer	*Allgemeine Symptome*	*Verschlimmerung (durch)*	*Besserung (durch)*	*Mittel*
Trauer mit emotionaler Labilität, die sich im Laufe der Zeit nicht bessert	Erregung und heftige, krampfartige Weinanfälle, auch abwechselnd mit Lachanfällen, ständiges Seufzen, Muskelzuckungen, Schluckauf und Zittern, hat das Gefühl, es ohne Hilfe nicht zu schaffen	Kälte, frische Luft, Berührung	Essen, regelmäßiges, tiefes Atmen, Wärme, Alleinsein	IGNATIA
Tiefsitzende Trauer mit Wut und Groll	Unterdrückte Gefühle, besonders Wut, Groll einem Verstorbenen gegenüber oder anhaltende Schuldgefühle und Selbstvorwürfe wegen Ungenügens, geistige und körperliche Überempfindlichkeit	Anregung, Frieren, nachts, emotionalen Druck	Ausruhen, Wärme	STAPHISAGRIA
Unausgesprochener Kummer, verträgt kein Mitgefühl	Hält die Gefühle zurück und bewahrt in Gesellschaft die Haltung, kann die Demütigung nicht ertragen, vor anderen zu weinen, vermeidet mitfühlende Gesellschaft wegen der Gefahr, zusammenzubrechen. Fühlt sich allgemein schlechter nach einem Gefühlsausbruch	Zuneigung, Berührung, Mitgefühl, Weinen, Gesellschaft, Lärm	Ruhe, Alleinsein, Ausruhen, kühle Umgebung	NATRIUM MUR.

Konsultieren Sie in folgenden Fällen den Arzt:

- Wenn die Trauer länger als erwartet anhält (über 18 Monate oder zwei Jahre).
- Bei Anzeichen von Depressionen.
- Wenn die Symptome schwer sind und Behinderungen auftreten.

Schlaflosigkeit

Wenn wir schon einmal erlebt haben, wie frustrierend es ist und wie elend wir uns fühlen, wenn wir nachts nicht gut schlafen und uns nicht erholen können, bringen wir wahrscheinlich einiges Verständnis für Menschen auf, die immer wieder unter diesem Problem leiden.

Zwar leiden nicht so viele Menschen unter einer chronischen Schlaflosigkeit, aber viele kennen Schlafstörungen als Reaktion auf aktuelle Probleme. In solchen Fällen wird die Dauer und Qualität des Schlafes häufig nachteilig beeinflußt, weil wir beispielsweise nur sehr schwer einschlafen oder schlecht und unruhig schlafen und allzu leicht wieder erwachen.

Wenn wir acht Stunden erfrischenden, gesunden Schlaf brauchen, um in Form zu sein und zu arbeiten, dann kann ein solches Problem, wenn es sich über längere Zeit hinzieht, die körperliche und geistige Energie deutlich herabsetzen. Allerdings ist die Qualität des Schlafes oft wichtiger als die Quantität; manche Menschen sind nach nur vier oder fünf Stunden tiefer Ruhe völlig erfrischt.

Fehlt uns die Erholung durch den Schlaf über einen längeren Zeitraum, können folgende Symptome auftreten:

- Unruhe und Angst.
- Gedächtnis- und Konzentrationsschwäche.
- Erregbarkeit.
- Erhöhte Infektionsgefahr wegen der herabgesetzten Fähigkeit des Körpers, schadhafte Zellen auszubessern und Antikörper zur Bekämpfung von Krankheiten zu bilden.

In bestimmten Lebenslagen steigt das Risiko für Schlafstörungen, wie etwa:

- Nach einem seelischen Schock oder Trauma.
- Wenn wir nachts in regelmäßigen Abständen aufwachen müssen, um ältere Verwandte über längere Zeit zu pflegen oder um ein Baby oder kleine Kinder zu versorgen.
- Starke Schlafstörungen in den Wechseljahren.
- Angstanfälligkeit.

- Depressionen. Sie verursachen unregelmäßiges Zubettgehen, einschließlich der Tendenz zu frühem Erwachen und Niedergeschlagenheit oder Unruhe.
- Manche Frauen liegen regelmäßig eine oder zwei Nächte vor ihrer Periode wach.

Bei sporadisch auftretenden oder leichten Schlafstörungen oder solchen, die als Reaktion auf ein bestimmtes Ereignis auftauchen, sollte die Beherzigung der nachfolgend aufgeführten Selbsthilfemaßnahmen die Lage deutlich bessern. Die zusätzliche Verabreichung eines homöopathischen Mittels sollte ebenfalls dazu beitragen, einen normalen Schlaf wiederzufinden. Allerdings sollte man immer bedenken, daß homöopathische Mittel nur zur kurzfristigen Verwendung gedacht sind; man sollte sie nicht regelmäßig über längere Zeit einnehmen.
Wenn Ihnen ein gut ausgewähltes Mittel kurzfristig gut tut, sie es aber immer wieder einnehmen müssen, damit die Besserung anhält, sollten Sie unbedingt Rat bei einem erfahrenen Homöopathen suchen, der Ihre Symptomatik in einem größeren Zusammenhang beurteilen kann. Solch eine Behandlung ist unendlich hilfreich im Umgang mit tiefliegenden Ängsten, Unsicherheit oder Trauer.

Praktische Selbsthilfe

- Nehmen Sie sich die Zeit, sich eine oder zwei Stunden vor dem Zubettgehen zu entspannen und abzuschalten. Tun Sie das auf die Art, die Ihnen hilft und gefällt. Dazu könnte ein warmes (nicht heißes) Duftbad gehören, ein Buch lesen, beruhigende Musik oder Radio hören oder eine geführte Entspannungsübung durchführen.
- Vermeiden Sie vor dem Zubettgehen vor allem jede körperliche oder geistige Anregung. Arbeiten Sie möglichst nicht bis zur letzten Minute vor dem Schlafengehen. Sie können dann meistens schlecht abschalten, wenn Sie innerlich immer noch mit den Problemen beschäftigt sind, die Sie zu lösen hatten.
- Achten Sie darauf, daß Ihre Umgebung einen gesunden, erfrischenden Schlaf fördert. Der Raum sollte gut gelüftet und weder zu kalt noch zu warm sein. Vorhänge oder Rolläden sollten helles Licht abhalten, das

Zimmer jedoch nicht so verdunkeln, daß Sie morgens kaum aufwachen.

- Halten Sie sich an die allgemeine Regel, spätabends keine schwere Mahlzeit mehr zu sich zu nehmen. Ein üppiges, schweres oder reichliches Essen vor dem Zubettgehen kann Verdauungsstörungen und einen unruhigen oder wenig erholsamen Schlaf zur Folge haben.
- Versuchen Sie, keine oder viel weniger Speisen und Getränke zu sich zu nehmen, die Sie wachhalten oder schlecht und unruhig schlafen lassen. Dazu gehören kohlensäurehaltige, gesüßte, colaartige, koffeinhaltige Getränke, starker Tee und Kaffee sowie regelmäßig oder viel Schokolade.
- Wechseln Sie auf beruhigende Getränke wie Kamillentee, Kaffee-Ersatz oder warme Milchgetränke mit Honig über. Letztere sollten Sie allerdings vermeiden, wenn Sie an Bronchitis oder einem Katarrh leiden, da Milchprodukte die Schleimproduktion fördern, was nachts besonders unangenehm werden kann.
- Verwenden Sie entspannende, beruhigende ätherische Öle, die einen gesunden Schlaf fördern, wie Lavendel, Neroli, Narzisse, Rose oder Geranie. (Wenn Sie homöopathische Mittel einnehmen, sollten Sie allerdings Lavendelöl vermeiden, weil es die Wirkung der Arznei beeinträchtigt.) Geben Sie wenige Tropfen Aromaöl ins Badewasser oder lassen Sie es über einer dafür vorgesehenen Duftlampe verdunsten und atmen Sie es ein.
- Auch regelmäßige Körperübungen (im Idealfall drei- bis viermal wöchentlich) tragen zu einem gesunden, erholsamen Schlaf bei, besonders wenn sie draußen an der frischen Luft durchgeführt werden.
- Ziehen Sie Meditation oder Entspannungsübungen in Betracht, bei denen Sie genaue Anleitungen zum Abschalten und Entspannen bekommen.
- Wenden Sie sich an einen Arzt, wenn die Schlaflosigkeit zu einem chronischen Problem geworden ist oder sich die Situation nach Anwendung der Selbsthilfemaßnahmen nicht wesentlich gebessert hat.

Homöopathische Hilfe

Art der Schlaflosigkeit	*Allgemeine Symptome*	*Verschlechterung (durch)*	*Besserung (durch)*	*Mittel*
Unruhe mit akuten nächtlichen Ängsten und Panikanfällen	Schlafstörungen nach einem Schock, Trauma oder einer traurigen Mitteilung, unterbrochener, unruhiger Schlaf mit quälenden Träumen oder Alpträumen, panische Angst, äußerste Erregung, wälzt sich ständig hin und her, um besser liegen zu können	Nachts, Auskühlung oder Überwärmung, im Bett, Schock	Gemäßigte Temperaturen, Ausruhen, frische Luft	ACONITUM
Schlaflosigkeit infolge Muskelschmerzen	Häufig nach einer anstrengenden körperlichen Betätigung, nach der die Muskeln ermüdet sind und schmerzen, das Bett scheint unbequem und hart, dreht und wendet sich, findet keine weiche Lage	Körperliche Anstrengung bei schlechter Kondition, Berührung	Tieflagern des Kopfes	ARNICA
Schlaflosigkeit vor Angst, häufig Erwachen um zwei Uhr früh	Nachts steigen schreckliche Erregung und Angst auf, Verschlimmerung der Symptome durch Kälte, Besserung durch Wärme, eine Wärmflasche und Schlucke warmer Getränke lindern, schläft leicht ein, schreckt jedoch in den frühen Morgenstunden plötzlich hoch	Auskühlung, nach Mitternacht, Dunkelheit, Einsamkeit, zu große körperliche Anstrengung, Alkohol	Warme Umgebung, Schlucke warmer Getränke, Aufstehen und Herumgehen, Zubereitung warmer Getränke, Gesellschaft	ARSENICUM ALB.
Schlaflosigkeit nach zu reichlichem Essen und zuviel Alkohol	Liegt bis in die frühen Morgenstunden wach und fällt dann in tiefen Schlaf, wenn es Zeit zum Aufstehen ist, kann schlecht abschalten, Schlaflosigkeit auch durch Reizmittel wie Alkohol, Nikotin, Tabletten, beim Aufwachen reizbar, überempfindlich und verkatert	Lärmige Umgebung, übermäßiger Koffein- und/oder Alkoholgenuß, Arbeitsstreß, kalte, zugige Umgebung	Ruhe, Wärme, Alleingelassenwerden	NUX VOMICA

Art der Schlaflosigkeit	*Allgemeine Symptome*	*Verschlechterung (durch)*	*Besserung (durch)*	*Mittel*
Gestörte Schlafgewohnheiten nach Kummer und Verlust	Kann nicht einschlafen, ständig krampfhaftes Gähnen, Muskelzucken beim Einschlafen, wiederkehrende quälende Alpträume, seelische Labilität mit heftigen Stimmungsschwankungen verstärken sich durch unterbrochenen Schlaf oder Schlafentzug	Seelischer Druck, Schock, Gähnen, Angst, Frieren, Kaffee, Rauchen	Alleinsein, tiefes regelmäßiges Atmen, Wärme, Veränderung der Lage	IGNATIA
Einschlafschwierigkeiten im ersten Teil der Nacht wegen Arbeitssorgen	Kann trotz großer Schläfrigkeit nicht abschalten, ständig verhindern Gedanken über geschäftliche Probleme oder häusliche Verpflichtungen das Einschlafen, Probleme und Ängste ziehen sich durch den Schlaf, beheizte Räume erschweren die Entspannung	Vor Mitternacht, Bewegung, Hitze, Gestörtwerden	Kühle, frische Umgebung, Ruhe und Stille, kühle Getränke	BRYONIA
Schlechter oder gestörter Schlaf wegen rheumatischer Schmerzen	Schreckliche Unruhe und Schmerzen verursachen schlechten Schlaf oder langes Wachbleiben, Gelenk- und Muskelschmerzen werden oft durch kaltes, feuchtes Wetter ausgelöst, ist beim Wachliegen deprimiert und niedergeschlagen	Kälte und Feuchtigkeit, Stillhalten, nach Mitternacht, zugige Räume, übermäßige körperliche Anstrengung	Warmes Bad, sich Warmhalten, Massage, Dehnung, Lageveränderung	RHUS TOX.

9. Homöopathie für Menschen in den Fünfzigern

Zur Zeit verändert sich das Verhältnis zum Alterungsprozeß auf revolutionäre Art. Vor dreißig Jahren fand man Sechzigjährige alt. Heute ist es alltäglich, rüstigen Achtzigjährigen zu begegnen, und eine beträchtliche Anzahl Menschen werden über neunzig Jahre alt. Trotz allem sind die chronischen Krankheiten nicht zurückgegangen, obwohl ein größerer Bevölkerungsteil älter wird als je zuvor. Herzkrankheiten, Arthritis und Krebs sind immer noch die Hauptleiden, wenngleich Medien, Ärzte und Forschung hohe Erwartungen an »ein besseres Altern« in uns wecken.

In diesem Zusammenhang haben die Homöopathie und andere ganzheitliche Therapien sehr viel zu bieten, weil sie vielen Erwartungen gerecht werden, die die Schulmedizin geweckt, jedoch nicht erfüllt hat. Homöopathie regt die Selbstheilungskräfte an, ohne toxische Nebenwirkungen. Bei der Behandlung älterer Menschen spielt das eine entscheidende Rolle, weil ihre Ausscheidungsorgane (Leber und Nieren) nicht mehr so gut arbeiten wie diejenigen jüngerer Menschen. Daher können hochgiftige Medikamente viel schneller schwere Nebenwirkungen verursachen, wenn sie nicht sehr sorgfältig eingesetzt werden.

Die Homöopathie kommt überdies besonders dem Bedürfnis reifer Menschen entgegen, die aktiv etwas zum Umgang und Schutz ihrer eigenen Gesundheit beitragen wollen. Bei einer gesunden Ernährung, regelmäßiger angemessener Körperübung und einer abgerundeten Lebensweise kann sie viel beitragen zu mehr Spannkraft und einer guten Gesundheit.

In diesem Kapitel finden Sie praktische Ratschläge und Informationen zu einer Reihe allgemeiner gesundheitlicher Probleme, die beim Älterwerden auftreten. Das heißt nicht, daß diese Probleme nur bei älteren Menschen auftreten. Sollten sie sich jedoch bemerkbar machen, bietet ihnen dieses Kapitel einfache Selbsthilfemaßnahmen, die solche Störungen grundlegend verändern können.

Zudem sind nützliche Tabellen aufgeführt, anhand derer Sie rasch feststellen können, welches homöopathische Mittel für den jeweiligen Zustand am geeignetsten erscheint. Das wichtigste aber ist, daß Sie klare Angaben darüber bekommen, wann eine Selbstbehandlung angezeigt und wann es nötig ist, den Arzt aufzusuchen.
Lesen Sie im 2. Kapitel – *Homöopathie zu Hause: Wie man dieses Buch verwendet* – die Hinweise, wie man die jeweiligen Beschwerden diagnostiziert und ein geeignetes Mittel auswählt und einnimmt.

Hämorrhoiden

Hämorrhoiden sind Krampfadern im Anus, die oft nach einer anstrengenden Entleerung anschwellen, gereizt sind und schmerzen. Werden die Venenwände dünner, bluten sie häufig während oder nach dem Stuhlgang. Hämorrhoidale Blutungen sind hellrot und zeichnen sich auf dem Toilettenpapier ab oder sind streifenförmig im Stuhl sichtbar.
Es gibt innere und äußere Hämorrhoiden. Letztere entstehen manchmal vorübergehend beim Stuhlgang oder machen in ernsteren Fällen längerfristig Probleme. Schwere Hämorrhoiden verursachen Probleme und Schmerzen bei der Darmentleerung. Manchmal werden nach dem Stuhlgang auch Schleim oder Blut abgesondert, und um die gereizte Afteröffnung juckt es.
Hämorrhoiden treten häufig während der Schwangerschaft, nach einer Geburt oder bei zu starkem Druck auf die Venen wegen Übergewichts auf. Häufigste Ursache jedoch ist eine chronische Verstopfung, die bei der Entleerung heftiges Pressen verlangt.
Bereiten kleine Hämorrhoiden wenig oder nur ab und zu Beschwerden, reichen die nachfolgend aufgeführten Selbsthilfemaßnahmen in Verbindung mit einer vorübergehenden Einnahme eines homöopathischen Mittels aus. Bei schweren oder vorfallenden Hämorrhoiden jedoch sollten Sie sich bei einem Homöopathen Rat holen.

Praktische Selbsthilfe

– Fehlen Ihrer Ernährung die Ballaststoffe, kann es leicht zu Verstopfung und Hämorrhoiden kommen. Wenn Sie ihre Entstehung verhindern oder ein bereits bestehendes Leiden lindern wollen, kommen Sie nicht umhin, schlechte Eßgewohnheiten abzulegen. Vermeiden Sie Speisen aus Weißmehl oder Zucker, ebenso sehr fetthaltige Speisen wie Sahnetorten, Kekse und Eis. Der Anteil an fetthaltigen Nahrungsmitteln sollte drastisch gesenkt werden und nicht über fünfzehn bis zwanzig Prozent Ihrer täglichen Ernährung ausmachen. Speisen, die in diese Kategorie fallen und die Sie vermeiden sollten, sind etwa Vollfettkäse, rotes Fleisch und Fette, die bei Raumtemperatur fest sind wie Butter.

- Ihre Nahrung sollte hauptsächlich aus ballaststoffreichen Speisen wie gebackenen Kartoffeln, Vollkorngetreide wie Vollkornreis, rohem Obst, rohem, geraffelten oder leicht gedünstetem Gemüse, Hülsenfrüchten und, wenn Sie nicht ausschließlich vegetarisch essen, etwas Geflügel oder Fisch bestehen. Versuchen Sie, zu jeder Hauptmahlzeit eine große Portion Salat oder frisches Gemüse zu essen und bereiten Sie ab und zu mittags oder abends einen großen gemischten Salat als Hauptspeise zu. Versuchen Sie, viermal täglich frisches Obst zu essen und vermeiden Sie sehr zuckerhaltige Nachspeisen.
- Trinken Sie tagsüber in regelmäßigen Abständen Mineralwasser oder gefiltertes Wasser. Wenn es Ihnen schwerfällt, während der Arbeit genügend zu trinken, nehmen Sie eine große Flasche Mineralwasser mit und trinken Sie immer wieder davon. Vergessen Sie nicht, daß Tee und/oder Kaffee kein Ersatz sind, weil sie harntreibend sind und, statt die Flüssigkeit im Körper zu halten, sie ihm das Wasser entziehen.
- Machen Sie bei einer sitzenden Arbeits- oder Lebensweise regelmäßig Körperübungen. Joggen, Laufen oder rasches Gehen fördert die Verdauung und den Stuhlgang, während Sitzen bei der Arbeit oder in der Freizeit das Gegenteil bewirkt.
- Bei besonders schmerzhaften Hämorrhoiden kann man sich eine Kräutercreme besorgen, die bei örtlicher Anwendung die Symptome manchmal beträchtlich lindert. Solche Cremes enthalten eine Kräutermischung mit lindernder, entzündungshemmender Wirkung. In der Apotheke oder eventuell im Reformhaus kann man Ihnen entsprechende Präparate empfehlen.
- Regelmäßige warme Salzbäder sind ebenfalls sehr wirksam und beru-

higen den Juckreiz und allgemeine Beschwerden. Tragen Sie nach dem Sitzbad eine lindernde Creme auf.

– Bei stark geschwollenen und entzündeten Hämorrhoiden tränken Sie einen Wattebausch in einen Aufguß oder in verdünnter Urtinktur von HAMAMELIS (Virginische Zaubernuß) und legen ihn auf die empfindliche Stelle.

Homöopathische Hilfe

Art der Hämorrhoiden	*Allgemeine Symptome*	*Verschlimmerung (durch)*	*Besserung (durch)*	*Mittel*
Hämorrhoiden mit stechenden Schmerzen, die die Wirbelsäule hinauf ausstrahlen	Hämorrhoiden mit ständigem, erfolglosem und unvollständigem Stuhldrang, sie fühlen sich prall und entzündet, der After zusammengeschnürt und eng an, sehr berührungsempfindlich mit Neigung zu Blutungen	Kälte, Alkohol, Kaffee, übermäßige Einnahme von Schmerzmitteln, ungesundes Essen, Streß, Anstrengungen, Morgens	Wärme, Ruhe, erholsamen Schlaf, im Verlauf des Tages	NUX VOMICA
Hämorrhoiden mit Schmerzen, die noch lange nach dem Stuhlgang im After anhalten	Hartnäckige Verstopfung ohne Stuhldrang, kommt es doch dazu, ist der Stuhl dunkel, groß, hart und bröckelig, schrecklich schmerzhafte Hämorrhoiden mit extremer Empfindlichkeit auf die geringste Bewegung	Bewegung, Wärme, Stoß, Husten	Stillhalten, Ruhen, kalte Getränke, kühle Umgebung	BRYONIA
Schmerzhafte Hämorrhoiden mit Jukken nach der Entleerung	Stechende, brennende, nach oben schießende Schmerzen, Verschlimmerung von Verstopfung und Hämorrhoiden häufig durch zu stärkehaltige Nahrungsmittel wie Kartoffeln, oft starker Stuhldrang und schmerzhaftes Pressen, um weichen Stuhl abzugeben	Bettwärme, ungesundes Essen, Sitzen, jeden zweiten Tag, Rauchen, Heben, Anstrengung	Kaltes Baden, frische Luft, Ausruhen	ALUMINA

Art der Hämorrhoiden	*Allgemeine Symptome*	*Verschlimmerung (durch)*	*Besserung (durch)*	*Mittel*
Blutende Hämorrhoiden mit stechenden, beißenden Schmerzen	Reichlich und häufig blutende Hämorrhoiden, wunder, blutender Enddarm (Rektum), Hämorrhoiden fühlen sich prall an, als würden sie gleich platzen	Druck oder Berührung, ruckartige Bewegung, Kontakt mit kühler Luft, Bewegung		HAMAMELIS
Bläulich gefärbte Hämorrhoiden, die wie Trauben aussehen	Brennendes Ziehen in den Hämorrhoiden, das durch Bewegung gelindert und im Sitzen schlimmer wird, Völle und Stauung in den Hämorrhoiden, nach dem Essen klopfende Schmerzen im Rektum	Hitze, ruckartige Bewegung, nach dem Essen oder Trinken, Hinsetzen	Kühles Bad oder kalte, örtliche Umschläge, Winde lassen, Kontakt mit kühler Luft	ALOE
Vorfallende, blutende Hämorrhoiden mit heftigen, bohrenden Schmerzen	Hämorrhoiden entstehen im Klimakterium, stundenlange entsetzliche Beschwerden nach dem Stuhlgang, Rektum fühlt sich an wie voll von kleinen, scharfen Splittern, Gefühl von Stauung, Schwellung mit Brennen	Morgens, beim Erwachen, Bewegung, Bücken, Hinlegen, Stehen	Kühle, frische Luft, Baden in kühlem Wasser, körperliche Anstrengung	AESCULUS

Wenden Sie sich in folgenden Fällen an einen Arzt:

- Bei dunklem oder sonst irgendwie verfärbtem Stuhl.
- Bei auffallender Veränderung der Stuhlganggewohnheiten, die sich nicht auf sichtbare Veränderungen der Lebensweise zurückführen läßt.
- Unaufhaltsame oder schwere Blutungen aus dem After.

Hitzewallungen

Man könnte meinen, die »fliegende Hitze« oder Hitzewallungen seien ein kleineres Problem, aber dennoch leiden viele Frauen in den Wechseljahren sehr darunter. Die Intensität der Beschwerden kann sehr unterschiedlich sein, manche Frauen erleben sie als schrecklich unangenehm und quälend, während sie andere kaum stören. Zu den allgemeinen Symptomen gehören etwa:

- Heftige, plötzlich einsetzende Hitzewellen, die sich auf Rumpf, Kopf und Gesicht beschränken oder aber den ganzen Körper befallen. Die Haut läuft hochrot an, besonders in stickigen, überheizten Räumen, wo es wenig frische, fühle Luft gibt.
- Häufig sind Angstgefühle oder Vorahnungen die Vorboten von Hitzewallungen. Gewöhnlich tritt dies nachts ein, wobei manche Frauen einige Sekunden vor dem nächtlichen Schweißausbruch aufwachen. Das geschieht oft ein- bis zweimal in der Nacht und beeinflußt den Schlaf so sehr, daß man wenig erfrischt und erschöpft erwacht.
- Nachts oder während der Hitzeschübe bricht den Betreffenden derart der Schweiß aus, daß die Kleidung völlig durchnäßt ist. Das ist wohl eine der unangenehmsten Erscheinungen, weil auf die Hitzewallung ein klammes Gefühl, Frösteln und Erschöpfung folgen.
- Hitzewallungen werden häufig von Panikanfällen und Ängsten oder von Verlegenheit und der Befürchtung begleitet, andere hätten sie bemerkt. Weitere mögliche Anzeichen sind etwa körperliche und seelische Mattigkeit, Kopfschmerzen und Schwindel.

Bei schwachen oder unregelmäßigen Hitzewallungen reichen die nachfolgenden Selbsthilfemaßnahmen in Verbindung mit einem gut ausgesuchten homöopathischen Mittel meist aus, um die Beschwerden spürbar zu lindern. Treten die Hitzeschübe jedoch im Rahmen zusätzlicher Beschwerden oder zusammen mit starken Wechseljahrssymptomen auf, ist es besser, einen Homöopathen um Hilfe zu bitten.

Praktische Selbsthilfe

- Eignen Sie sich eine Ernährungsweise an, die Sie gegen einen labilen oder niedrigen Blutzuckerspiegel schützt, da eine Neigung zur Unterzuckerung (Hypoglykämie) die Hitzewallungen provoziert. Wichtig ist, lieber regelmäßig weniger zu essen als große Portionen mit langen Zeitabständen dazwischen. Zu den Nahrungsmitteln, die den Blutzuckerspiegel stabilisieren, gehören frisches Obst, kleingeschnittenes rohes Gemüse, Reiswaffeln mit Käse oder einem herzhaften Aufstrich, Naturjoghurt mit lebenden Joghurtkulturen oder Frischkäse. Vermeiden Sie Alkohol und häufigen Tee- oder Kaffeegenuß. Trinken Sie statt dessen Kräutertees, Getreidekaffee, frische, ungesüßte Fruchtsäfte oder gefiltertes Wasser. Zu den möglichst zu vermeidenden Speisen gehören solche mit weißem (raffiniertem) Zucker oder Mehl wie Kuchen oder Kekse und solche, die einen hohen Gehalt an gestättigten Fettsäuren haben, wie Sahnetorten, Vollfettkäse oder rotes Fleisch und Speck. Auch Schokolade und kohlensäure- und zuckerhaltige Limonaden sollten auf ein Minimum begrenzt werden, da sie den Blutzuckerspiegel völlig durcheinanderbringen.

  Nachstehend einige Anzeichen für einen niedrigen Blutzuckerspiegel, falls Sie sich nicht sicher sind:
  - Benommenheit, Verwirrung und schlechte Konzentration.
  - Schläfrigkeit nach den Mahlzeiten.
  - Starke Stimmungsschwankungen.
  - Plötzliche kurze Energieschübe nach dem Essen mit nachfolgender Erschöpfung.
- Ein regelmäßiges, rhythmisches Training trägt sehr dazu bei, den Kreislauf anzuregen, Hitzewallungen zu lindern und das Energieniveau anzuheben. Eine wohltuende Körperbetätigung sollte so zügig durchgeführt werden, daß man ins Schwitzen kommt, aber doch nicht so hohe Anforderungen stellen, daß man atemlos wird. Sie sollten sich auf dem Höhepunkt des Trainings ohne Atemschwierigkeiten unterhalten können. Dazu eignen sich schnelles Gehen, Tanzen, Radfahren oder ein weiches Training ausgezeichnet. Vermeiden Sie hingegen Joggen oder ruckartige Bewegungen, wenn Sie unter Gelenkproblemen oder einer Schwäche in Knöcheln oder Knien leiden.

- Entspannungs- und Meditationstechniken sind manchmal unersetzliche Hilfen zur Milderung von Streß und Ängsten, die häufig Begleiterscheinungen der Hitzeschübe sind. Wenn Sie eine Methode gefunden haben, die bei Ihnen wirkt, lohnt es sich, sie in Ihren Tagesablauf einzubauen.
- Auch die Bauch- oder Zwerchfellatmung ist oft ein wichtiges Werkzeug, das jederzeit zur geistigen Beruhigung und zur Entspannung der Oberkörpermuskeln eingesetzt werden kann. Da wir nach einer Hitzewallung manchmal ängstlich sind und uns vorkommen, als hätten wir die Kontrolle verloren, gibt uns eine Atemtechnik, auf die wir uns in solchen Situationen sammeln können, rasch und wirksam unsere Beherrschung zurück. Lesen Sie näheres dazu in den Angaben über die Zwerchfellatmung und andere Entspannungstechniken im 8. Kapitel: *Vom Umgang mit Streß im Alltag.*
- Tragen Sie statt Polyestermischfasern lieber locker sitzende Kleidungsstücke aus Naturfasern wie Baumwolle oder Leinen übereinander. Wenn Sie Kleider tragen, die Sie problemlos und ohne Aufsehen zu erregen ausziehen können, fühlen Sie sich wahrscheinlich viel entspannter und wohler in einer Umgebung, in der Sie die Wärme nicht selbst regulieren können.
- Leiden Sie unter Nachtschweiß, tragen Sie am besten etwas Leichtes wie ein T-Shirt aus Baumwolle statt Nachthemden aus künstlichen Materialien wie Nylon. Legen Sie ein Handtuch, ein trockenes T-Shirt, einen Schwamm und ein Schüssel mit lauwarmen Wasser in Bettnähe bereit. Wenn Sie nachts erhitzt und schweißüberströmt aufwachen, ziehen Sie das feuchte T-Shirt aus, waschen Sie sich mit Schwamm und Wasser ab und ziehen Sie das frische T-Shirt an, wenn Sie sich abgekühlt haben. Das ist viel weniger aufwendig, als mitten in der Nacht aufzustehen, etwas Frisches zum Anziehen zu suchen und sich im Badezimmer zu waschen.
- Wenden Sie sich an einen Arzt, wenn die Hitzewallungen an Dauer und Intensität nicht nachlassen. In diesem Fall sollten Sie sich nicht selbst behandeln.

Homöopathische Hilfe

Art der Hitzewallungen	*Allgemeine Symptome*	*Verschlimmerung (durch)*	*Besserung (durch)*	*Mittel*
Hitzewallungen und Nachtschweiß in stickigen, schlecht gelüfteten Räumen	Übelkeit und Ohnmacht kündigen den Hitzeschub an oder begleiten ihn, nachts leicht überhitzt, ausgesprochene Abneigung gegen schwere Bettdecken, bei Beschwerden im Klimakterium weinerlich und leicht erregbar, sehnt sich nach Mitgefühl, das gut tut	Hitze, Mangel an frischer Luft, schwere oder warme Kleidung, Feuchtigkeit, Überhitzung im Bett, Ausruhen oder Hinlegen, Abends oder nachts	Kühle Umgebung, kaltes Baden, an frischer Luft, kalte Speisen oder Getränke, Abdecken oder Lockern der Kleidung, leichte Übungen an frischer Luft	PULSATILLA
Von der Brust nach oben zum Kopf steigende Hitzewallungen	Herzklopfen, Panik und rascher Puls bei Hitzewallungen, manchmal auch Orientierungslosigkeit und Verwirrtheit, reagiert empfindlich auf Hitze um den Kopf oder Bewegung, beides verschlimmert alles, Benommenheit, Übelkeit und Druck im Kopf	Wärme, Bewegung, Frieren, Rückwärtsneigung des Kopfes	Frische Luft um Gesicht und Kopf, Verharren in Bewegungslosigkeit	GLONOINUM
Hitzewallungen, die viel schlimmer sind, wenn Kleider den Hals einengen	Tagsüber erhitzt und glühend, nachts kalt und klamm, Hitze fühlt sich wie durch den Körper strömende Hitzewellen an, jeder Kontakt mit Hitze ist unerträglich, häufiges Erwachen aus dem Schlaf, redselig, ängstlich und unterliegt starken Stimmungsschwankungen	Wärme, heiße Getränke, Mangel an frischer Luft, Enge um den Hals, beim Erwachen, nachts	Kühle, frische Umgebung, kleine Mahlzeiten, Einsetzen von Absonderungen z. B. zu Beginn der Periode, leichte Bewegung	LACHESIS

Art der Hitzewallungen	*Allgemeine Symptome*	*Verschlimmerung (durch)*	*Besserung (durch)*	*Mittel*
Fleckiges Erröten speziell im Gesicht, an Hals, Ohren, Händen und Füßen	Rote oder rosafarbene Flecken erscheinen bei Hitzewallung auf den Wangen, Hitzewellen wechseln rasch von einer Körperseite zur anderen, hartnäckige rechtsseitige Kopfschmerzen während der Menopause	Nachts, Feuchtigkeit, körperliche Anstrengung, Frösteln, Berührung	Ruhen, erholsamen Schlaf	SANGUINARIA
Schreckliche Hitzeempfindlichkeit mit ausgesprochener Verschlimmerung der Beschwerden nach dem Baden	Rasch überhitzt oder Frösteln, Hitzewallungen meist nachts im Bett viel schlimmer, muß die Füße unter der Decke herausstrecken, Beschwerden verstärken sich bei körperlicher Anstrengung oder im Stehen, Bedürfnis, sich hinzulegen	Überheizte Räume, Bettwärme, Feuchtigkeit und Kälte, nach dem Waschen, Anregung, beim Erwachen	Hinlegen, Ausruhen, gemäßigte Temperatur	SULFUR

Hiatushernie (Zwerchfellhernie)

Hiatushernien treten gewöhnlich im Alter auf, speziell bei Übergewichtigen, sie können jedoch auch bei Menschen jüngeren Alters auftreten. Das Problem entsteht dadurch, daß Magensäure durch ein geschwächtes Ventil, das die Säure gewöhnlich im Magen zurückhält, in die Speiseröhre gelangt. Wenn die Säure austritt, kommt es zu folgenden Symptomen:

- Brennen und Beschwerden im Brustraum.
- Durch Rülpsen aufsteigende Magensäure.
- Verdauungsbeschwerden, die sich beim Bücken oder Vorbeugen verstärken.

Da die Symptome einer Hiatushernie in der Regel chronisch sind, d. h. über längere Zeit immer wieder ausbrechen, sollte dieses Problem durch einen geschulten Homöopathen behandelt werden. Zwar sind die nachfolgenden Vorschläge zur Selbsthilfe hilfreich, um den Zustand allgemein zu lindern, und eine Gabe eines homöopathischen Mittels kann auch einiges zur Linderung der Verdauungsbeschwerden beitragen. Doch ein echter und dauerhafter Erfolg erfordert eben die Hilfe eines erfahrenen Homöopathen.

Praktische Selbsthilfe

- Essen Sie lieber öfter weniger als zu große, schwere Mahlzeiten auf einmal. Vermeiden Sie es, spätabends viel zu essen, da dies wahrscheinlich große Beschwerden mit entsprechenden Schlafstörungen verursacht.
- Wenn Sie nicht unter geschwollenen Knöcheln leiden, ist es Ihnen möglicherweise nachts wohler, wenn Sie das Kopfende des Bettes etwa um 10 cm erhöhen. Sie können auch mit Hilfe einiger Kissen in einer halb sitzenden Lage schlafen.
- Vermeiden Sie möglichst, sich nach dem Essen zu bücken; das fördert das Aufsteigen von Säure in die Speiseröhre.
- Achten Sie darauf, das Essen nicht hinunterzuschlingen, sondern jeden Bissen gut durchzukauen. Wenn Sie sich Zeit lassen, Ihr Essen zu genießen, geraten Sie weniger in Versuchung, die Mahlzeit hinunterzuschlingen, wobei man leicht zuviel Luft schluckt.
- Viele Menschen mit einer Hiatushernie sind auch übergewichtig. Wenn Sie denken, Ihre überflüssigen Kilos trügen zum Leiden bei, sollten Sie unbedingt etwas unternehmen, um auf Ihr Idealgewicht herunterzukommen.
- Rauchen, Kaffee und Alkohol sollten Sie am besten vermeiden; sie reizen die Magenwände enorm und tragen zu Übersäuerung und Übelkeit bei.
- Leiden Sie nach den Mahlzeiten unter Völlegefühl und Blähungen, ist es meist hilfreich, lockere Kleider oder solche mit einem elastischen Bund zu tragen.

Homöopathische Hilfe

Art der Verdauungsbeschwerden	*Allgemeine Symptome*	*Verschlimmerung (durch)*	*Besserung (durch)*	*Mittel*
Beschwerden treten nicht lange nach dem Essen auf	Übelkeit und Druck im Magen wie von einem Stein setzen bald nach dem Essen ein, Magensäure und Sodbrennen mit viel bitter schmeckendem Speichel, Durst nach reichlich kaltem Wasser, reizbar und in sich gekehrt	Bewegung, Überhitzung, Aufsitzen, Essen, Berührung oder Druck	Kühle Umgebung, Stillhalten, Liegen, warme Getränke	BRYONIA
Beschwerden folgen auf ein überaus üppiges Mahl oder übermäßigen Alkoholkonsum	Schreckliche Übelkeit und Anspannung im Magen mit Verstopfung und Kopfschmerzen, »Katergefühl« mit belegter Zunge und schlechtem Geschmack im Mund, Magenschmerzen eine Stunde nach dem Essen mit Sodbrennen und Empfindlichkeit gegen beengende Kleidung	Essen, Kaffeetrinken, Schmerzmittelabusus, Berührung, Schlafmangel, Streß, Kälte	Liegen, Ausruhen, erholsamen Schlaf, Wärme, Ruhe und Stille	NUX VOMICA
Verdauungsbeschwerden in den frühen Morgenstunden	Brennende Schmerzen werden durch Wärme gelindert, Magensäure wird durch häufige Schlucke warmer Getränke gelindert, in der ersten Nachthälfte extrem unruhig, furchtsam und kälteempfindlich	Nachts, Frieren, kalte Getränke oder Speisen, Alleinsein	Wärme, häufige Schlucke warmer Getränke, leichte Bewegung, Gesellschaft	ARSENICUM ALB.

Art der Verdauungsbeschwerden	*Allgemeine Symptome*	*Verschlimmerung (durch)*	*Besserung (durch)*	*Mittel*
Verdauungsbeschwerden nach zu fettem Essen	Schwere, Säure und Blähungen im Magen nach Essen von zuviel rotem Fleisch, Käse oder üppigen Mahlzeiten mit Sahnesoßen, Aufstoßen von einiger Zeit zuvor gegessenen Speisen, Übelkeit und Beschwerden setzen zwei Stunden nach dem Essen oder abends ein, unruhig, weinerlich, braucht Anteilnahme	Heiße, stickige Räume, Hinlegen, warme Speisen oder Getränke, schwere, einengende Kleidung	Kühle, frische Luft, kühle Getränke, leichte Bewegung, Abdecken oder Lockern der Kleidung, Mitgefühl und Zuwendung	PULSATILLA
Extremes Rülpsen, das durch Süßspeisen ausgelöst wird	Übelkeit wird durch Verzehr nahrhafter leichter Speisen besser, heftiges Rülpsen schafft keine Erleichterung, Magenschmerzen beginnen bald nach dem Essen mit Blähungen, Auslöser für die Symptome ist Angst, Streß oder geistige Anspannung	Wärme, stickige Räume, Süßigkeiten, nachts beim Erwachen	Frische Luft, leichte Kleidung, Gehen an frischer Luft	ARGENTUM NIT.
Schwere und übermäßige Darmgase mit Linderung durch Aufstoßen	Der Magen ist so in Unordnung, daß sogar einfache, leichte Speisen schwer und unverdaulich werden, Magenbrennen strahlt in den Rükken aus, Gefühl als ob Speisen nur langsam und schwer verdaut würden, Verlangen nach frischer Luft, Zufächeln frischer Luft erleichtert	Stickige, überheizte Räume, Feuchtigkeit, Bewegung, Spaziergänge im Freien, nach dem Essen	Frische Luft, Zufächeln frischer Luft, Rülpsen, nach dem Schlafen	CARBO VEG.

Art der Verdauungsbeschwerden	*Allgemeine Symptome*	*Verschlimmerung (durch)*	*Besserung (durch)*	*Mittel*
Verdauungsstörungen mit Aufgedunsenheit sowie lautem Rumpeln und Gurgeln	Der Magen füllt sich rasch, setzt sich hungrig an den Tisch und kann nicht aufessen, nach einer Stunde erneut Verlangen zu essen, Säure und Brennen steigen die Speiseröhre auf, häufiges Rülpsen trägt nicht zur Linderung bei	Kalte Getränke, kalte Umgebung, stickige, überheizte Räume, Druck durch den Bund, seelischen Druck, körperliche oder geistige Anstrengung	Warme Getränke, gemäßigte Wärme, Lockern der Kleidung, frische Luft, Ablenkung	LYCOPODIUM

Rufen Sie in folgenden Fällen sofort den Arzt:

- Bei rechtsseitigen starken Schmerzen, die von vorne bis zwischen die Schulterblätter ausstrahlen und sich innerhalb zwei Stunden nicht bessern.
- Bei starker oder hartnäckiger Übelkeit mit Erbrechen und Unterleibsschmerzen.
- Bei Erbrechen mit dunkelroten Blutspuren oder solchen, die wie gemahlener Kaffee aussehen.
- Bei unerklärlicher Gewichtsabnahme oder Appetitverlust.
- Bei hartnäckigem, heftigem Aufstoßen mit aufgetriebenem Magen.

Krampfadern (Varizen)

Krampfadern treten sehr häufig auf, besonders bei Frauen. Die Anlage zu Krampfadern ist manchmal erblich bedingt, aber es können auch andere Faktoren zu einem erhöhten Risiko beitragen. Dazu gehören etwa:

- Eine Arbeit, bei der man längere Zeit stehen muß.
- Übergewicht.
- Schwangerschaften.

Die typischen Krampfadern sehen knotig und geschwollen aus, weil sich zu viel Blut in den Beinvenen staut. Eigentlich sollten die elastischen Venenklappen in den Venen den Blutrückstau verhindern. Können sie jedoch ihre Arbeit nicht mehr vollständig verrichten, entstehen schlauchförmige Ausbuchtungen durch Volumenüberlastung, die an der Hautoberfläche sichtbar sind. Durch den erhöhten Druck in den Gefäßen kommt es zu Stauungen. Zu den allgemeinen Symptomen bei Krampfadern gehören:

- Geschwollene, bläuliche, hervorstehende Venen, die besonders beim Stehen auffallen. Meistens sind die Waden, der Bereich um die Knöchel, Oberschenkel oder Leisten davon befallen.
- Die Venenbeschwerden können sich durch Schmerzen oder Jucken in dem Bereich bemerkbar machen.
- Schwellungen und Schmerzen ziehen manchmal das ganze Bein in Mitleidenschaft, wobei Knöchel und Füße besonders nachts geschwollen sind.
- Bei Frauen können sich die Beschwerden vor und während der Monatsblutung verstärken.
- Bei starken Krampfadern kann sich die Haut um die betreffende Vene öffnen und Krampfadergeschwüre verursachen.

Praktische Selbsthilfe

- Nehmen Sie sich täglich regelmäßig Zeit für einen Spaziergang und vermeiden Sie möglichst, zu stehen oder mit übereinandergeschlagenen Beinen dazusitzen.
- Lagern Sie die Beine beim Sitzen höher als den Körper, um die Venen zu entlasten und den Rückstrom des Blutes anzuregen.
- Achten Sie bei varikösen Geschwüren darauf, daß die entzündete Haut sauber ist und verbinden Sie sie mit einem sterilen Verband, auf den Sie CALENDULA-Creme geben. Wegen ihrer heilenden, beruhigenden, antiseptischen Eigenschaften ist CALENDULA-Creme häufig eine große Hilfe zur raschen Heilung von Hautgeschwüren.
- Obwohl Sie bei Krampfadern ARNICA innerlich einnehmen können, sollten Sie ARNICA-Creme nie auf offene oder vereiterte Hautstellen auftragen, weil Entzündung und Beschwerden dadurch verschlimmert werden.
- Übergewicht erhöht das Risiko für Krampfadern. Gewöhnen Sie sich an eine ballaststoffreiche Ernährung mit wenig Fetten, Zucker, raffi-

nierten Nahrungsmitteln und Alkohol und fangen Sie mit regelmäßigen Körperübungen an, die Ihnen Freude bereiten.

- Verstopfung verstärkt die Beschwerden ebenfalls. Schützen Sie sich also dagegen, indem Sie ballaststoffreich essen. Trinken Sie täglich mindestens fünf Gläser gefilterten Wassers und vermeiden Sie harntreibende Getränke. Lassen Sie raffinierte oder behandelte Nahrungsmittel wie Weißmehl und weißen Zucker sowie Fertiggerichte oder solche mit vielen gesättigten Fettsäuren ebenfalls weg. Dazu gehören Käse, Sahne, rotes Fleisch und Butter.
- Verwenden Sie wenn nötig Stützstrümpfe oder -Strumpfhosen und vermeiden Sie um Hüften oder Oberschenkel einengende Kleider oder feste Gummizüge.
- Bestimmte Nahrungsmittel wirken sich nachweislich günstig auf den Kreislauf aus und sind im Umgang mit Venenbeschwerden oft sehr hilfreich. Dazu gehören die Vitamine C und B_3 (das zum B-Komplex gehört) sowie Vitamin E. Auch Rutin hilft manchmal die befallenen Venenwände stärken. Rutin ist in Buchweizen enthalten oder kann in Tablettenform eingenommen werden.

Homöopathische Hilfe

Art der Krampfadern	*Allgemeine Symptome*	*Verschlimmerung (durch)*	*Besserung (durch)*	*Mittel*
Krampfadern mit extremer Unruhe und Frieren	Die brennenden Schmerzen in den Venen werden durch Wärme stark gelindert, Gefühl, als walle eine eiskalte oder brennende Flüssigkeit durch die Venen, friert wegen schlechter Blutzirkulation unentwegt, furchtsam und geistig wie körperlich unruhig	Kälte in jeder Form, Frösteln, spätabends, Stillhalten	Wärme, warme Umschläge, warmes Baden, Aufsitzen im Bett, leichte Bewegung	ARSENICUM ALB.

Art der Krampfadern	*Allgemeine Symptome*	*Verschlimmerung (durch)*	*Besserung (durch)*	*Mittel*
Starke Schmerzen mit Engegefühl in den Venen	Schlechte Blutzirkulation, auch nach Frostbeulen, zerschlagene, kribbelnde Beine, fehlen typische Symptome oder sind sie schlecht erkennbar, sollte man als erstes dieses Mittel in Erwägung ziehen	Druck, Kontakt mit frischer Luft, Frieren, Bewegung, tagsüber, Berührung, Stoß, blaue Flecken	Nachts	HAMAMELIS
Schlechte Blutzirkulation bei Krampfadern, die im Sitzen oder Stehen schmerzen	Beschwerden manchmal im rechten Bein oder sie sind rechts schlimmer, flüchtige wandernde, reißende Schmerzen mit Neigung zu varikösen Geschwüren, Kreislaufbeschwerden, ständig kalte Hände und Füße, Neigung zu Frostbeulen, niedergeschlagen und weinerlich	Ausruhen, Überwärmung, warmes Baden, schwere Kleider oder Bettdekken, Kälte oder Feuchtigkeit	Kühles Bad, Kontakt mit kühler, frischer Luft, leichte Körperübungen, Abdecken, feste Stütze oder Druck	PULSATILLA
Brennende, juckende Venenschmerzen mit Neigung zur Geschwürbildung	Verbreitung der Venenschwäche auf Arme, Beine und den Genitalbereich, nachts pochende, krampfartige Wadenschmerzen, Brennen in den Venen wird durch kühle Luft gelindert, leicht blutende variköse Geschwüre, die heilen und dann wieder aufbrechen	Hitze, Feuchtigkeit, Bewegung, Frösteln, stickige Umgebung	Kontakt mit kühler Luft, Zufächeln von Luft auf die Stelle, nach dem Schlafen	CARBO VEG.

Art der Krampfadern	*Allgemeine Symptome*	*Verschlimmerung (durch)*	*Besserung (durch)*	*Mittel*
Steife, schmerzende Beine mit Neigung zu blauen Flecken	Geschwollene Füße bei entsetzlich unruhigen Beinen, wälzt sich im Bett ständig hin und her, um eine bequeme Stellung zu finden, Schmerzen wie geschlagen, Venen hochempfindlich auf die kleinste Berührung oder Bewegung, schrecklich müde und erschöpft	Ruckartige Bewegung, körperliche Anstrengung, Berührung, nach dem Schlafen, Bewegung, Kälte und Feuchtigkeit	Ruhen mit tief gelagertem Kopf	ARNICA
Sehr hitzeempfindliche Krampfadern	Purpurfarbene, erweiterte Venen am linken Bein, oder sie beginnen links und wandern dann nach rechts, Bewegung lindert die Schmerzen, pochende, explosionsartige Schmerzen werden durch Kontakt mit Wärme verstärkt	Enge, einengende Kleidung, Hitze, nach dem Schlafen, Stillhalten, in der Menopause	Kontakt mit kühler Luft, kühle, lokale Umschläge, bei Einsetzen von Absonderungen, leichte Übungen	LACHESIS

Wenden Sie sich in folgenden Fällen an einen Arzt:

- Bei schwerer Varikosis mit Geschwüren.
- Ein Schlag auf das Gewebe über einer Krampfader kann einen schweren Blutverlust verursachen, der sofort ärztliche Betreuung erfordert.
- Bei hartnäckigen oder sehr starken Schmerzen in den Krampfadern.
- Bei bräunlicher Verfärbung das Gewebes um die schlecht durchbluteten Stellen.

Ischias

Beim Ischias wird der Ischiasnerv entweder eingeklemmt oder Druck auf ihn ausgeübt. Das kann von einer Knochen- und Gelenkentzündung (Osteoarthritis), einem Bandscheibenvorfall oder zusammengewachsenen Wirbeln herrühren. Zu den Symptomen gehören stechende Schmerzen bis ins Gesäß und das Bein, die sich manchmal beim Sitzen, Niesen, Husten oder Bücken verstärken und sich im Stehen bessern können.
Eine Veranlagung zu Ischiasreizungen entwickelt sich wahrscheinlich zu einem chronischen, wiederkehrenden Problem, das daher am besten von einem Facharzt behandelt wird. Die folgende Aufstellung soll Ihnen einen Überblick über die Auswahl von homöopathischen Mitteln geben, die zur Behandlung einer akuten Ischialgie zur Verfügung steht. Spricht Sie ein Mittel besonders an, weil es Ihren Symptomen genau entspricht, dann könnte es sich lohnen, es vorübergehend zur Schmerzbehandlung einzusetzen, bis Sie mit einem Arzt gesprochen haben. Zusätzlich zur homöopathischen Behandlung können Sie auch Akupunktur, Osteopathie und Chiropraktik als Behandlungsmaßnahmen einsetzen, die alle viel zur Linderung von Ischiasbeschwerden beitragen können.

Praktische Selbsthilfe

- Wärme auf die schmerzende Stelle ist oft sehr wohltuend. Heiße Kompressen können Schmerzen lindern, oder aber eine in ein feuchtes Tuch eingewickelte Wärmflasche.
- Vermeiden Sie Schuhe mit hohen Absätzen oder Taschen, die die Wirbelsäule einseitig belasten.
- Achten Sie darauf, daß Ihre Matratze weder zu hart noch zu weich ist. Legen Sie ein Brett darunter, sollte sie in der Mitte durchhängen.
- Informieren Sie sich über Methoden wie der Alexandertechnik, Feldenkrais, Rolfing, der Atemtherapie oder der Cranio-Sacral-Therapie. Auch ein Osteopath oder Chiropraktiker kann in einer Akutsituation für Erleichterung sorgen.
- Da Übergewicht Rückenschmerzen begünstigt, sollten Sie vernünftige Maßnahmen zum Abnehmen ergreifen, wenn Sie glauben, dies sei auch bei Ihnen ein Problem.

Homöopathische Hilfe

Art des Ischias	*Allgemeine Symptome*	*Verschlimmerung (durch)*	*Besserung (durch)*	*Mittel*
Ischiasschmerz mit schweren, zitternden Beinen	Die Beine sind schwach und wackelig vor Schmerzen, Beschwerden vor allem nachts und verhindern den Schlaf, die erste Bewegung nach Ruhe fällt schwer, ebenso die ersten Schritte beim Gehen (Anlaufschmerz)	Erste Bewegung, Kälte und Feuchtigkeit, Überwärmung	Anhaltende Bewegung, Ruhe im Sitzen, Vorwärtsbeugen	GELSEMIUM
Starke Ischiasschmerzen beim Hinsetzen	Linksseitiger Schmerz, manchmal nach einem Fall oder einer Verletzung, bei denen das Steißbein in Mitleidenschaft gezogen wurde, heftige, schießende, schneidende Schmerzen, Kribbeln, Brennen und Taubheitsgefühl im befallenen Glied	Stoß, Verletzung oder Sturz, Anstrengung, Kälte und Feuchtigkeit, Wetterwechsel	Massage, Liegen auf dem Bauch	HYPERICUM
Ischiasschmerz mit Verschlimmerung durch Ruhe	Schreckliches Unbehagen und Unruhe nachts im Bett, Linderung der Schmerzen durch warme Umschläge und heiße Bäder, allgemeine Besserung bei leichter Bewegung, die nicht anstrengt	Kontakt mit kalter, feuchter Luft, Abdecken, erste Bewegung, Ruhe, Überanstrengung, Stoß	Heißes Bad, Wärme, Massage, wärmende Packungen und Decken, Stütze, Dehnen des Körpers, Lageveränderung, Wärme und Trockenheit	RHUS TOX.
Ischiasschmerz mit Linderung beim Anziehen der Beine	Schwere Schmerzen wechseln mit Taubheitsgefühl oder Krämpfen ab, Verschlimmerung der Beschwerden beim Hinlegen, durch Stoß und Bewegung	Bewegung, kalte, feuchte Luft, Hinlegen	Beugen der Knie, Sitzen auf einem Stuhl	GNAPHALIUM

Art des Ischias	*Allgemeine Symptome*	*Verschlimmerung (durch)*	*Besserung (durch)*	*Mittel*
Zusammenziehender Ischiasschmerz, wie ein Band, mit Linderung durch festen Druck	Patient dreht und wendet sich wegen entsetzlicher Schmerzen, die ihn aufschreien lassen, schneidende, reißende, nagende Schmerzen mit rasch folgender Taubheit, die durch Druck gelindert wird, schießende Schmerzen strahlen vom Bein bis in den Fuß	Kalte Umgebung, Zug, nachts, im Bett, Auskühlung, Liegen auf der schmerzfreien Seite	Leichte Bewegung, festen Druck, Wärme, Ausruhen, Sicheinrollen	COLOCYNTHIS
Ischiasschmerz mit stechenden, rasch von Stelle zu Stelle schießenden Schmerzen	Starke, unerträgliche, schneidende, zerrende, kneifende Schmerzen verursachen Ängste, Schaudern und Zittern, rechtsseitige, brennende Schmerzen schießen den Oberschenkel hinab, Linderung bei Stilliegen	Zusammenkrümmen, abends, nachts, Bewegung, Aufsitzen	Dehnung des Körpers, festen Druck, Stehen, Streckung des Rumpfes nach hinten	DIOSCOREA
Ischiasschmerz mit Ausstrahlung in Unterschenkel und Füße	Heftige, blitzähnlich ausstrahlende Schmerzen verursachen Unruhe oder Entkräftung, die Attacken können durch Frieren und Nässe ausgelöst werden, Verschlimmerung bei Husten oder ruckartigen Bewegungen	Kalte, feuchte Luft, Abdecken, Berührung, nachts, Erschöpfung	Heißes Bad, Wärme, Sicheinrollen, Massage, festen Druck	MAGNESIUM PHOS.
Reißende Ischiasschmerzen in den Oberschenkeln	Die Schmerzen gehen auf der befallenen Seite von der Hüfte zum Knie, Schwäche in den Beinen mit zuckenden, krampfartigen Muskelbewegungen, Glied fühlt sich kalt und schwach an, was Ruhe nötig macht, scharfe, stechende oder pochende Schmerzen beim Liegen auf der schmerzenden Seite	Kalte Zugluft, Überhitzung, Anstrengung, im Winter, Bücken, Wetterwechsel, Berührung, Bewegung	Hitze	KALIUM CARB.

Art des Ischias	*Allgemeine Symptome*	*Verschlimmerung (durch)*	*Besserung (durch)*	*Mittel*
Ischiasschmerzen mit Besserung beim Hinlegen	Linksseitige Schmerzen schlimmer beim Hinsetzen, Anspannung in den Beinmuskeln, besonders in den Kniesehnen, die sich zusammenziehen und beim Gehen schmerzen, Verschlimmerung dieser Beschwerden häufig durch starkes Übergewicht	Abends, Gehen, nachts	Hinlegen	AMMONIUM MUR.

Wenden Sie sich bei häufig auftretenden, bei schweren oder gar beunruhigenden Ischiasschmerzen an einen Arzt.

Knochen-und Gelenkentzündung (Osteoarthritis)

Die Osteoarthritis betrachtet man als unvermeidliche Begleiterscheinung des Alterns, wobei die befallenen Gelenke durch dauerhafte Überlastung und einer daraus resultierenden Abnützung steif und schmerzhaft werden. Gewöhnlich werden die tragenden Gelenke befallen, nämlich Hüftgelenke, Kniegelenke und Wirbelsäule. Sie verformen sich durch Überbelastung der Knorpelenden, indem sich das darunterliegende Knochengewebe verdickt, was eine Bewegungseinschränkung im befallenen Gelenk sowie Schmerzen und Beschwerden zur Folge hat.

Laut Schätzungen leiden etwa neunzig Prozent der Bevölkerung über vierzig Jahren bis zu einem gewissen Grad unter diesen degenerativen Erkrankungen an Knochen und Gelenken. Es hat sich aber auch gezeigt, daß wir mit präventiven Maßnahmen rechtzeitig etwas Schutz und zur Erhaltung der Beweglichkeit unseres Knochengerüsts unternehmen können.

Die unter *Praktische Selbsthilfe* angeführten Hinweise sollen Ihnen Anregungen geben, was wir von der Mitte unseres Lebens an unternehmen können, um unsere Gelenke gesund zu halten.

Praktische Selbsthilfe

- Übergewicht verstärkt die Beschwerden in den tragenden Hüft- und Kniegelenken. Wenn wir überzählige Kilos mit uns herumschleppen, kann eine Diät viel dazu beitragen, den allgemeinen Gesundheitszustand und das Wohlbefinden im Alter zu verbessern.
- Bestimmte Nahrungsmittel sind dafür bekannt, daß sie Knochen- und Gelenkentzündungen begünstigen. Dazu gehören Speisen aus raffiniertem (weißem) Mehl und Zucker, rotes Fleisch, Milchprodukte, Zitrusfrüchte (auch Orangen!), Tomaten, Paprika, Kartoffeln, Tee, Kaffee, Alkohol und Fertiggerichte mit künstlichen Farb- und Konservierungsstoffen, sowie Geschmacksverstärkern. Lassen Sie diese möglichst einen Monat lang aus Ihrem Speisezettel weg und essen Sie statt dessen weißen Fisch, Hülsenfrüchte (Bohnen, Linsen usw.), ab und zu Geflügel oder Eier, Vollkornreis, Roggenbrot, selbstgemachtes Müsli, Obst, mit Ausnahme von Zitrusfrüchten, ungeröstete oder ungesalzene Nüsse, frischgepreßte Fruchtsäfte (außer Zitrusfrüchten), Kräutertees, Kaffee-Ersatz, selbstgemachte Suppen, Mineralwasser oder gefiltertes Wasser und Haferkekse ohne Zucker. Wollen Sie herausfinden, welche Nahrungsmittel Ihre Gelenkschmerzen begünstigen, fügen Sie nach und nach die vorher weggelassenen Nahrungsmittel wieder hinzu. Haben Sie plötzlich wieder stärkere Gelenkschmerzen, streichen Sie die Produkte von Ihrem Speiseplan mindestens so lange, bis Ihre Gelenke wieder in Ordnung sind. Treten die Beschwerden erneut auf, reagieren Sie wahrscheinlich empfindlich auf dieses Nahrungsmittel und sollten es möglichst ganz vermeiden.
- Hartnäckige, chronische Verstopfung kann die Gelenkbeschwerden ebenfalls verschlimmern. Doch statt Abführmittel einzunehmen, um kurzfristig einem unregelmäßigen oder ungenügenden Stuhlgang beizukommen, sollte das Problem besser durch eine sinnvolle Ernährung ausgeglichen werden. Trinken Sie täglich mehr Mineralwasser (ca. zwei Liter), essen Sie möglichst wenig fette, üppige Speisen, wenig Eier und dafür mehr ballaststoffreiche Nahrungsmittel wie Vollkornbrot, rohes Gemüse und Obst, Linsen, Bohnen und Erbsen.
- Bleiben Sie so beweglich wie möglich, um die Beweglichkeit und Kraft Ihrer Muskeln zu erhalten. Suchen Sie sich eine körperliche Be-

tätigung aus, an der Sie Spaß haben, und vermeiden Sie Körperübungen, bei denen Ihr Körper Schläge oder Stöße abfangen muß, wie etwa Joggen. Schwimmen ist ausgezeichnet, weil das Wasser Sie trägt und die Gelenke bei der Bewegung stützt. Weitere Möglichkeiten wären Gehen, Radfahren und Yoga.

– Die folgenden Vitamine spielen manchmal bei der Linderung von Gelenkschmerzen, -steifheit und -degeneration eine wichtige Rolle: Vitamin A, B-Komplex, C und E. Vitamin C und B sind wasserlöslich und werden rasch ausgeschieden. Man sollte jedoch daran denken, daß Vitamin A und E fettlöslich sind. Infolgedessen können sich toxische Nebenwirkungen einstellen, wenn man zuviel davon einnimmt. Um dies zu vermeiden, sollten Sie die empfohlene Tagesdosis dieser Vitamine nie überschreiten. Es ist ratsam, solche Zusätze nach einer Zeit wieder abzusetzen, statt sich auf lange Sicht darauf zu verlassen. Auch die Teufelskralle, die man in einem guten Reformhaus bekommt, kann bei Gelenkschmerzen Linderung verschaffen.
– Treten Gelenk- und/oder Muskelschmerzen regelmäßig auf, dann wenden Sie sich an einen Osteopathen oder Chirotherapeuten. Sind die Schmerzen und Beschwerden jedoch eher auf Muskelverspannungen zurückzuführen, hilft auch eine regelmäßige Massage zur Linderung der Steifheit in Nacken, Schultern und Rücken sehr.

Homöopathische Hilfe

Art der Osteoarthritis	*Allgemeine Symptome*	*Verschlimmerung (durch)*	*Besserung (durch)*	*Mittel*
Schmerzen und Steifheit in den Gelenken, Besserung durch leichte Bewegung	Die Gelenke schmerzen im Bett oder beim Aufwachen, Erleichterung nach dem Aufstehen, starke Verschlimmerung bei kaltem, feuchtem Wetter, Schmerzen machen unruhig, deprimiert und niedergeschlagen, besonders nachts im Bett	Stillhalten, nachts, kaltes, feuchtes Wetter, Auskühlung nach Schwitzen, erste Bewegung, Stoß oder Schlag	Wärme, heißes Bad, anhaltende Bewegung ohne Anstrengung, Stützen des schmerzenden Gelenks, Strecken, Massage	RHUS TOX.

Art der Osteoarthritis	*Allgemeine Symptome*	*Verschlimmerung (durch)*	*Besserung (durch)*	*Mittel*
Gelenkschmerzen und -steifheit bessern sich durch Ausruhen und Stillhalten	Die schmerzenden Gelenke sehen rot, geschwollen und heiß auf, Besserung beim Aufwachen, Steifheit und Beschwerden setzen im Lauf des Tages ein, harter Stuhl, Verstopfung und Kopfschmerzen können hinzukommen, Arthritis nach Verletzung der befallenen Gelenke, reizbar und schlecht gelaunt	Bewegung, Aufstehen vom Sitzen, Bücken, ruckartige Bewegung oder Husten, Berührung	Anlegen eines Stützverbandes, Stillhalten, lokale Wärmeanwendungen, Liegen auf der schmerzenden Seite	BRYONIA
Geschwollene Gelenke mit Überempfindlichkeit auf jede Art von Wärme	Schmerzende, steife, rosafarbene, aufgedunsene Gelenke mit Neigung zu stechenden, kribbelnden Schmerzen, neigt zu geschwollenen Knöcheln, akute Schmerzen, treten plötzlich und heftig ein, zappelig und unruhig	Kontakt mit warmer Luft, warmes Baden, Berührung, Stillhalten, Nach dem Schlafen	Kontakt mit kühler Luft, kühl Baden, sanfte Bewegung, Abdecken	APIS
Steife, schmerzende Gelenke, die sich kalt anfühlen	Obwohl sich die befallenen Gelenke kalt anfühlen, lassen Steifheit und Schmerzen durch Baden in kaltem Wasser nach, Schmerzen beginnen auch in den Fußgelenken und wandern nach oben, auch bei anhaltenden Schmerzen nach einer Steroidinjektion	Hitze, warme Decken, Bewegung, nachts, Alkohol, Verzehr von Eiern	Kühl baden, kühle Umschläge, Ruhen	LEDUM

Art der Osteo-arthritis	*Allgemeine Symptome*	*Verschlimme-rung (durch)*	*Besserung (durch)*	*Mittel*
Gelenk- und Muskel-schmerzen nach Sturz oder einer Verletzung	Schmerzen wie zer-schlagen und wund, steife Gelenke, schlimmer bei der kleinsten Berührung oder Bewegung, Gehschwierigkeiten wegen schmerzen-den Hüften oder schwachen Knien, erschöpft und nieder-geschlagen	Alte Verlet-zungen, Stoß, Berührung, nach dem Schlafen, Überanstren-gung, kaltes, feuchtes Wet-ter, Bewegung	Tieflagern des Kopfes	ARNICA
Steife, schmer-zende Gelen-ke mit Ver-schlimmerung durch Ruhe	Rote, geschwollene Gelenke, Bedürfnis, die Muskeln zu strek-ken, akute Gelenk-schmerzen ver-schlimmern sich durch üppige, schwe-re Speisen mit rotem Fleisch und Milch-produkten, trotz Frie-rens Verschlimme-rung durch Wärme, weinerlich und depri-miert	Hitze, schwe-re Kleidung oder Bettdek-ken, Ruhe, nachts, nasse Füße	Kühle, frische Luft, Abdek-ken, leichte Bewegung, Druck, Massa-ge, kühles Ba-den oder küh-le Umschläge, sich ausweinen	PULSATILLA
Gelenk-schmerzen bei schlechter Knochensub-stanz mit Ver-schlimmerung bei kaltem Wetter	Kälteempfinden in schmerzenden, stei-fen Gelenken, Trep-pensteigen ver-schlimmert die Schwäche, Kraftlo-sigkeit und Schmer-zen in den Hüften, neigt zu Knochen-brüchen infolge schlechter Knochen-substanz, Verstärkte Schmerzen bei kal-tem, feuchtem Wetter	Wetterwech-sel, kalte Zugluft, Aus-trocknung, Bewegung, Heben, Streß, Treppenstei-gen	Wärme und Trockenheit, Ausruhen, im Sommer	CALCIUM PHOS.

Wenden Sie sich in folgenden Fällen an einen Arzt oder Therapeuten:

- Bei anhaltenden oder starken Schmerzen mit zunehmender Unbeweglichkeit der befallenen Gelenke.
- Bei Rötung, Hitze und Schwellung der kleinen Finger- oder Zehengelenke, der Knie oder Knöchel.
- Bei allgemeinem Unwohlsein, Fiebrigkeit und Kränkeln infolge der Gelenkschmerzen.

Osteoporose

Die Anzeichen für Osteoporose (Neigung zu brüchigen Knochen durch Verminderung des Knochengewebes) sind etwa folgende:

- Neigung zu Knochenbrüchen bei einem Ruck, Stoß oder kleinerem Fall. Brechen die Handgelenksknochen bereits nach einem kleineren Stoß, heißt es, daß die Knochendichte gemessen werden sollte. Speziell anfällige Bereiche sind die Oberschenkelhalsknochen und die gesamte Wirbelsäule.
- Starke Schmerzen oder Beschwerden in den Wirbelgelenken des Rückens, der Hüft- und Kniegelenke.
- Eingeschränkte Beweglichkeit oder gar Unbeweglichkeit von Wirbelsäule und Brustbereich.
- Schwäche oder Muskelkrämpfe der Beckenbodenmuskulatur.
- Bei fortgeschrittener Osteoporose wird man oft kleiner und gerät in eine gebückte Haltung, wie man bei älteren Menschen häufig beobachten kann.

Zur Zeit findet eine Diskussion über die Hormonbehandlung statt, die bei Osteoporose allgemein empfohlen wird. Zwar raten viele Schulmediziner zu einer Hormonbehandlung als die beste und einzig erfolgversprechende Therapie, doch es wird immer häufiger die Ansicht vertreten, daß die Risiken größer seien als ihr Nutzen.

Auch Männer können Osteoporose bekommen, doch sind Frauen im allgemeinen mehr gefährdet. Man nimmt an, daß die Osteoporose nach der Menopause durch die Absenkung des Östrogenspiegels begünstigt wird. Beginnen die Wechseljahre in einem Alter von 45 bis 50 Jahren, so kann ein gesteigerter Knochenabbau und eine zunehmende Brüchigkeit der Knochen dennoch schon im Alter von 35 Jahren beginnen; man nimmt an, daß die Knochen dann ihre größte Dichte erreicht haben. Bei osteoporoseanfälligeren Menschen nimmt die Knochendichte jedoch manchmal schon früher ab. Auslösende Faktoren hierfür können u. a. folgende sein:

- Operativ ausgelöste oder sehr frühe Menopause (in seltenen Fällen trifft sie bereits mit 30 Jahren ein). Werden beide Eierstöcke bei einer Totaloperation entfernt, ist das Osteoporoserisiko größer.
- Auch Chemotherapie oder Bestrahlungen können die Menopause bei einer jungen Frau mit oben erwähnten Folgeerscheinungen verfrüht auslösen.
- Die Anlage zu Osteoporose ist genetisch vererbbar durch weibliche Verwandte.
- Die Verwendung von Steroiden kann die Anlage zu Osteoporose verstärken.
- Eine schlechte, kalzium- und magnesiumarme Ernährung in Verbindung mit übermäßigem Kaffee-, Alkohol- oder Teegenuß erhöht das Osteoporoserisiko. Auch Rauchen senkt den Östrogenspiegel.
- Ein sitzende Lebensweise ohne körperliche Anforderungen erhöht die Wahrscheinlichkeit, daß das Knochengewebe unzureichend und mit nicht genügend Kalzium versorgt wird.
- Niedriges Körpergewicht und ausbleibende Regelblutungen im Zusammenhang mit Eßstörungen wie Magersucht oder Bulimie in der Pubertät bereiten den Weg für Osteoporose. Da die Entwicklungsjahre äußerst wichtig zur Bildung der Knochensubstanz sind, wirken sich Hungerkuren in diesem Alter häufig verheerend auf den Knochenbau aus.

Aus ganzheitlicher Sicht haben Homöopathie, Phytotherapie und Akupunktur den Frauen, die unter Wechseljahrbeschwerden einschließlich Osteoporose leiden, sehr viel zu bieten. Wegen ihrer Schwere und möglicher Komplikationen sollten diese Probleme aber durch einen erfahrenen Arzt und nicht einfach selbst behandelt werden. Obschon die nachfolgenden Selbsthilfemaßnahmen allen, die einer Osteoporose frühzeitig vorbeugen wollen, eine wertvolle Hilfe bieten, sollten sich Frauen, die darunter leiden, unbedingt fachärztlich beraten lassen.

Praktische Selbsthilfe

- Körperübungen spielen nach der Lebensmitte eine außerordentlich wichtige Rolle. Sie helfen, die Qualität unseres Knochengewebes zu erhalten, indem sie die Produktion kleiner Mengen Östrogens anregen. Bei regelmäßigen Körperübungen schon vor der Lebensmitte stehen die Chancen besser, im späteren Leben starke, gesunde Knochen zu haben. Ideal für Schutz und Stimulierung der Knochendichte sind rhythmische Übungen. Gute Beispiele dafür sind etwa Gewichtstraining, Radfahren, weiche Aerobicübungen oder rasches Gehen. Weitere Betätigungen zur Förderung der Muskelkraft und des Durchhaltevermögens, die zudem Herz und Lungen zugute kommen, sind etwa Schwimmen, Tennis, Federball und Yoga. Am besten vermeiden Sie Körperübungen wie Joggen oder Ballspiele auf hartem Boden, bei denen die anfälligen Gelenke der Knie, Knöchel oder Hüften zusätzlich belastet werden.
- Erwägen Sie, zusätzlich zu Ihrer Nahrung mehr Kalzium einzunehmen, dann denken Sie daran, daß sich eine Kombination von Kalzium und Magnesium empfiehlt. Die beiden Mineralien ergänzen einander; damit der Körper sie möglichst gut aufnehmen kann, sollte man sie im rechten Verhältnis zueinander einnehmen.
- Versuchen Sie, ein gesundes Maß von kalziumhaltigen Nahrungsmitteln zu sich zu nehmen. Vermeiden Sie aber ein Zuviel an Milchprodukten wie Käse und Gerichten auf Milchbasis. Essen Sie zusätzlich ausreichend Spinat, Tofu, Grünkohl, Brokkoli, wildwachsendes Blattgemüse, Vollkorngetreide, Kichererbsen, Sojasprossen, Mandeln, Haselnüsse, Melasse und Meeresalgen wie Seetang.
- Nehmen Sie stark magnesiumhaltige Nahrungsmittel in Ihren Speisezettel auf wie Mandeln, Vollkorngetreide, Hülsenfrüchte, Eier, Leber, grünes Blattgemüse und Schwarzaugenbohnen.
- Halten Sie bei phosphorhaltigen Speisen Maß. Zwar fördert dieses Mineral die Kalziumverwertung, zuviel davon hat jedoch die gegenteilige Wirkung, so daß Kalzium buchstäblich aus den Knochen rinnt. Am besten vermeiden Sie deshalb folgende Gerichte und Getränke oder essen bei einer Veranlagung zu Osteoporose weniger davon: getrocknete Sofortgerichte wie Tütensuppen und -puddings sowie getrocknete

Nudeln. Auch Limonaden, Schmelzkäse und Fleisch sollten vermieden oder auf ein Minimum reduziert werden.

- Zum Gewebsaufbau und zur Regeneration der Zellen ist zwar ein Minimum an Protein notwendig, doch kann ein Übermaß an tierischen Proteinen, etwa rotes Fleisch, die Osteoporose begünstigen.
- Machen wir uns Gedanken über ein Osteoporoserisiko, dann sollten wir sehr umsichtig mit Alkohol, Koffein und Zigaretten umgehen, da alle drei den Knochen Mineralien entziehen und sie somit porös und brüchig machen. Rauchen hat den zusätzlichen Nachteil, daß es die Östrogenproduktion drosselt und außerdem an einer ganzen Reihe weiterer gesundheitlicher Schädigungen wie Herz- und Lungenkrankheiten beteiligt ist.
- Ergänzend könnte man Vitamin D, C und E, Zink, Silizium und Bor einnehmen, die alle einen Beitrag zur Ernährung des Knochengewebes leisten.

Suchen Sie in folgenden Fällen um ärztliche Hilfe an:

- Starke oder wiederkehrende Rücken-, Nacken- oder Hüftschmerzen.
- Eine Anlage zu Gelenkschwäche oder Ermüdungsbrüchen.

10. Die Arzneimittelbilder

In diesem Kapitel finden Sie eine ausführliche Beschreibung der meisten in den Selbstbehandlungstabellen aufgeführten homöopathischen Mittel. Die Informationen sind so angeordnet, daß Sie einen Überblick über die wichtigsten Eigenschaften jedes Mittels bekommen. Mit zunehmender Vertrautheit werden Sie immer besser und sicherer zwischen ihnen unterscheiden können.
Allerdings wird hier nicht jedes in den Tabellen aufgeführte Mittel ausführlich behandelt; die hier aufgeführten Charakteristika sollten aber auch bei weniger gebräuchlichen Mitteln ausführlich genug sein, um Ihnen einen sicheren Umgang damit zu ermöglichen.

Aconitum (Echter Sturmhut, Blauer Eisenhut)

Angezeigt bei:

- Angstzuständen und Panik
- Atemnot
- Augenverletzungen
- Erkältung
- Frieren
- Grippe
- Halsschmerzen
- Herzklopfen
- Krupp
- Kummer
- Masern
- Mumps
- Neuralgien
- Ohrenschmerzen
- Röteln
- Schlaflosigkeit
- Schock
- Wehen
- Windpocken
- Zahnen

Hauptmerkmale

- Ist meistens im Frühstadium (in den ersten 24 bis 48 Stunden nach) einer plötzlich ausbrechenden Krankheit mit heftigen oder schweren Symptomen erforderlich.
- Diese entstehen häufig nach einer Abkühlung, einem Aufenthalt in trockenen, kalten Winden oder einem schweren seelischen Trauma.

- Schreckliche Angst, Fieber und Unruhe sowie Todesangst sind typische Symptome.
- Übergroße, unerträgliche Schmerzempfindlichkeit mit starker Abneigung gegen Berührung.
- Extremes Frieren mit Muskelzuckungen und -verspannungen.
- Die Symptome vergehen manchmal genauso schnell wie sie aufgetreten sind.

Gemüt
- Angst und Panik unter Streß, etwa bei der Einlieferung ins Krankenhaus, vor einer Operation, besonders wenn man davon überzeugt ist, es würde schiefgehen.
- Schreckliche Angst und Panik, glaubt, dem Tode nahe zu sein.
- Häufig überwältigende Panikattacken mit ausgesprochener Angst vor Menschenansammlungen, offenen Räumen und vor Dunkelheit.
- Die schweren Gemütsreaktionen folgen manchmal auf einen generellen Schock oder ein Trauma, etwa das Mitansehen eines Unfalls.
- Schreckliche Empfindlichkeit auf geistiger, seelischer und körperlicher Ebene.

Kopf
- Plötzliche starke Kopfschmerzen mit Fieber und Zittern.
- Ein erschütterndes oder erschreckendes Ereignis kann Benommenheit oder Kopfschmerzen auslösen.
- Die Kopfschmerzen werden im allgemeinen an frischer Luft besser, in stickigen, sauerstoffarmen Räumen schlimmer.
- Hinlegen und Ausruhen lindern Benommenheit und Kopfschmerzen, alle anderen Symptome werden hingegen schlimmer.

Augen
- Rasch voranschreitende heftige Beschwerden.
- Augenverletzungen mit Schwellung und Brennen.
- Brennende, tränende, rote Augen mit übermäßiger Lichtempfindlichkeit.
- Schmerzhafte Empfindlichkeit gegen Sonnenreflexion durch Schnee.

Ohren, Nase und Hals

- Ohrenschmerzen wegen unbedeckter Ohren bei kaltem Wind.
- Die Nase rinnt nach Abkühlung oder Aufenthalt im kalten Ostwind.
- Durchsichtiges, fließendes, heißes Sekret mit kaltem Kopf.
- Kopfschmerzen mit verstopfter Nase bessern sich an frischer Luft.
- Heiserkeit und trockener, kitzelnder Hals mit Schluckbeschwerden.
- Beim Schlucken stark eingeschnürtes, trockenes Gefühl im Hals.
- Hochroter, entzündeter Hals mit Brennen und Stechen.

Brustraum

- Aufenthalt in der Kälte oder kalte, trockene Winde lösen einen trockenen, bellenden Husten aus.
- Atemnot im Schlaf und beim Erwachen löst Angst aus.
- Der trockene Husten wird durch Aufregung, nachts, Sprechen, Essen oder Trinken schlimmer.
- Häufiges Erwachen nachts mit heftigen Erstickungs- und Hustenanfällen.
- Herzklopfen mit schrecklicher Angst und Hitzewellen.
- Kurzatmigkeit bei Laufen oder Treppensteigen.

Verdauung

- Plötzlich einsetzende Verdauungsstörungen nach einem seelischen Trauma oder Schock.
- Starkes Verlangen nach Wasser, das einzige Getränk, das nicht bitter schmeckt.
- Große Schmerzempfindlichkeit im Magen mit Verschlimmerung durch Bewegung.
- Große Unruhe und Qualen wegen der Magenschmerzen.
- Rasch einsetzender Durchfall nach einem Schock oder Trauma.

Blase

- Schwierigkeiten beim Wasserlassen wie Harnverhaltung bei Neugeborenen.
- Plötzliche heftige, schneidende, rasende Schmerzen mit Blasenentzündung.

- Ständiger Harndrang mit quälenden Ängsten und Schmerzen.
- Konzentrierter, dunkler und/oder blutiger Urin, der sich beim Wasserlassen heiß anfühlt.

Frauenleiden
- Menstruationsbeschwerden, die durch Streß, Angst oder Schock ausgelöst werden.
- Hitzewallungen sowie taubes Gefühl wie Ameisenlaufen mit Schmerzen.
- Starke, schneidende, stechende oder zerreißende Schmerzen.
- Ist außer sich vor Schmerzen, die unerträglich sind.
- Panik mit schweren Blutungen.
- Hervorschießende, hellrote Regelblutungen.

Hitze und Fieber
- Hohes, rasch ansteigendes Fieber und Entzündung oder eisige Kälte nach Aufenthalt im trockenen, kalten Wind.
- Plötzlich einsetzendes hohes Fieber, Angst und Fieberhitze mit heißem Kopf und kaltem, schweißnassen Körper.

Schlaf
- Schlafstörungen nach Unfallschock oder seelischem Trauma.
- Schlaflosigkeit und nächtliche Unruhe, Schläfrigkeit tagsüber.
- Unruhiger Schlaf mit Herumwälzen.
- Angstvoller, gestörter Schlaf durch Hochfahren und Alpträume.

Haut
- Überempfindliche Haut mit Beschwerden bei der geringsten Berührung.

Verschlechterung (durch):
- Trockenen, kalten Wind oder Frieren.
- Aufenthalt in extremer Hitze oder Kälte.
- Schreck, Schock oder seelisches Trauma.
- Nachts.

- Überheizte, stickige Räume.
- Liegen auf der schmerzenden Stelle.

Besserung (durch):
- Erholsamen Schlaf
- Frische Luft
- Schwitzen

Agnus Castus (Mönchspfeffer)

Angezeigt bei:
- Blasenentzündung (Zystitis)
- Gelenkschmerzen nach alten Verletzungen und nicht völlig ausgeheilten Zerrungen oder Verstauchungen
- Koliken
- Kopfschmerzen
- Prämenstrueller Spannung
- Wechseljahrbeschwerden

Hauptmerkmale
- Verringerter Geschlechtstrieb infolge mangelnder Vitalität.
- Abwechselnd Frieren und Hitzewellen in jedem beliebigen Bereich des Körpers.
- Schwere und Zerschlagenheit.
- Muskelschwäche.
- Völlige Apathie und Gleichgültigkeit.

Gemüt
- Rasche Stimmungswechsel zwischen Euphorie und Depression.
- Labiles Selbstwertgefühl, das zwischen übertriebenem Selbstvertrauen und Mangel an Selbstachtung schwankt.
- Libidomangel im weitesten Sinn, wenig Lust und Freude am Leben.
- Depressionen mit der Überzeugung, die besten Jahre seien vorüber und es gebe nichts Erfreuliches und Erstrebenswertes mehr in der Zukunft.
- Wegen allgemeiner Erschöpfung müde und verzagt.

– Grübelt über Krankheiten nach, fürchtet den Tod.
– Gedächtnisschwäche; verliert bei Gesprächen oft den Faden.

Kopf
– Kopfschmerzen am Scheitel, der rechten Schläfe oder über dem rechten Auge.
– Bewegungen verschlimmern generell die Kopfschmerzen, aber auch die Lesebewegungen der Augen.
– Schwere und Druckempfinden im Kopf.

Verdauung
– Stehen verstärkt Unwohlsein und Übelkeit.
– Heißhunger, der trotz Essen nicht vergeht.
– Kolikartige Unterleibsschmerzen mit Verschlimmerung durch Druck beim Sitzen.
– Verstopfung mit Ziehen im Darm: möchte die Gegend mit den Händen unterstützen.
– Laute Winde im Schlaf.
– Schmerzender, berührungsempfindlicher Unterleib.

Blase
– Blasenentzündung mit häufigem Harndrang: Abgang großer Mengen dunkel gefärbten Urins.
– Schmerzen und Beschwerden nach dem Wasserlassen.

Frauenleiden
– Starke, lange Regelblutungen, die manchmal bis zu zwei Wochen dauern.
– Hängendes Schwächegefühl mit Gebärmuttervorfall.
– Durchsichtiger oder gelblicher Scheidenausfluß.
– Abneigung gegen Geschlechtsverkehr wegen allgemeiner Müdigkeit, Erschöpfung oder Gleichgültigkeit.

Gelenke und Muskeln
– Allgemein entzündete und geschwollene Gelenke.

- Gelenke renken sich leicht aus, auch Restschmerzen und Bewegungseinschränkung infolge alter und nicht völlig ausgeheilter Verletzungen.

Verschlechterung (durch):
- Anstrengung
- Bewegung

Besserung (durch):
- Stillhalten
- Ausruhen

Anacardium (Elefantenlaus, ostindischer Tintenbaum)

Angezeigt bei:
- Ängsten
- Depressionen
- Herzklopfen
- Husten
- Kopfschmerzen
- Menstruationsschmerzen
- Morgendlicher Übelkeit
- Rheumatismus
- Verstopfung

Hauptmerkmale
- Extreme Nervosität, Unruhe oder Erschöpfung.
- Engegefühl wie durch einen Kloß, Ring oder Pfropfen in allen möglichen Körperteilen.
- Emotionale Probleme stehen in direktem Zusammenhang mit hormonellen Schwankungen (z. B. bei PMS oder Wechseljahrbeschwerden).

Gemüt
- Empfindet Körper und Geist als getrennt und hat das Gefühl, in einem Traum zu sein, Wirklichkeitsentfremdung.

- Hat das Gefühl, zwei Personen zu sein oder zwei in entgegengesetzte Richtungen ziehende Willenskräfte zu besitzen.
- Fühlt sich gezwungen, Dinge gegen die eigenen Neigungen oder den eigenen Willen zu tun.
- Zwangsvorstellungen oder fixe Ideen, glaubt, verfolgt oder beobachtet zu werden.
- Depressionen, Angst und Verzagtheit mit Todesfurcht.
- Widersprüchliches Verhalten: lacht unkontrolliert über ernste Dinge und wird ernst, wenn etwas Lustiges geschieht.
- Muß ständig schimpfen und fluchen.

Kopf
- Kopfschmerzen mit Benommenheit und Verwirrung infolge Erschöpfung.
- Kopfschmerzen bessern sich durch Essen, verschlimmern sich durch Neigung des Kopfes nach hinten, Lärm und Bewegung.
- Spannngskopfschmerzen durch geistige Anspannung mit Druck hinter der Stirn.

Brustraum
- Kitzeln im Hals mit erstickendem Husten.
- Husten und Würgen nach dem Essen.
- Hustenkrämpfe mit Verschlimmerung nachts und nach den Mahlzeiten.
- Hitzewellen und Kopfschmerzen bei Hustenanfällen.

Verdauung
- Unangenehmer Geschmack im Mund außerhalb der Essenszeiten.
- Übelkeit beim Aufwachen.
- Ißt regelmäßig, um schmerzendes Hungergefühl zu stillen.
- Kalte Getränke verschlimmern die Magenschmerzen, warmes Essen erleichtert.
- Magenbeschwerden nach dem Essen oder bei geistiger Anspannung oder Streß.
- Verstopfung mit Pflockgefühl im After.

– Schwierigkeiten auch bei weichem Stuhlgang mit heftigem Drang zur Entleerung.

Blase
– Nachts häufiger Harndrang.

Frauenleiden
– Häufige, spärliche Regelblutungen.
– Schmierblutungen zwischen den Perioden.
– Jucken, Reizung oder Brennen um die Scheidenöffnung mit Scheidenfluß.

Gelenke und Muskeln
– Häufige Krämpfe oder Schmerzen beim Gehen oder während der Nachtruhe.
– Schwächegefühl oder »Nachgeben« beim Gehen im Kniegelenk.
– Einschnürungsgefühl um die Knie, als seien sie fest bandagiert.
– Taubheitsgefühl oder eingeschlafene Glieder beim Ausruhen.

Schlaf
– Geht früh schlafen, neigt aber zu gestörtem oder schlechtem Schlaf.
– Krämpfe in den Gliedern verhindern einen tiefen Schlaf.
– Erwacht nach Alp- oder Angstträumen mit Kopfschmerzen.

Verschlechterung (durch):
– Morgens
– Erste Bewegung
– Geistige Anstrengung
– Kalte Zugluft
– Leeren Magen

Besserung (durch):
– Ausruhen
– Essen
– Wärme

Apis mellifica (Honigbiene)

Angezeigt bei:

- Allergien
- Bissen
- Blasenentzündung (Zystitis)
- Hitzeblattern
- Halsschmerzen
- Heuschnupfen
- Kehlkopfentzündung (Laryngitis)
- Knochen- und Gelenkentzündung (Osteoarthritis)
- Masern
- Mumps
- Schock
- Stichen
- Windelausschlag
- Wunden

Hauptmerkmale

- Extreme allergische Reaktionen mit rascher Schwellung, Entzündung und Ödemen.
- Schreckliche Hitzeempfindlichkeit mit stark brennenden, stechenden Schmerzen mit Linderung durch kaltes Baden und an der kühlen Luft.
- Die Symptome setzen heftig und plötzlich ein; sie verursachen rasch zunehmende, rosafarbene, aufgedunsene ödematöse Schwellungen.
- Wasseransammlungen mit wassersackähnlichen Schwellungen am ganzen Körper, die bei Druck eine Delle in der Haut hinterlassen.
- Ausgesprochene Berührungs- und Druckempfindlichkeit, besonders am Unterleib.

Gemüt

- Das Problem entsteht nach einer anstrengenden Zeit, einem Trauma oder einer seelischen Verstimmung.
- Äußerste Empfindlichkeit und Abneigung gegen die geringste Berührung oder Körperkontakt.

- Ist nervös, reizbar und überempfindlich.
- Sehr weinerlich, kann gar nicht aufhören zu weinen.
- Schreit im Schlaf vor Schmerzen auf.
- Ist bei Krankheit erregt, geschäftig und unruhig.
- Verlangt nach Gesellschaft und Zuwendung, weist aber Anteilnahme und Zuneigung zurück.

Kopf
- Heißer Kopf mit pochenden Kopfschmerzen.
- Kopfschmerzen mit Verschlimmerung durch ruckartige Bewegungen und durch Wärme.
- Dumpfes, verschwommenes Gefühl im Kopf, Besserung durch Druck.
- Benommenheit mit Kopfschmerzen verstärkt sich beim Ausruhen, Hinlegen und Augenschließen, Besserung durch Bewegung.

Augen
- Stark angeschwollene Tränensäcke.
- Tränende, lichtempfindliche Augen.
- Beschwerden und Schwellungen bessern sich kurzfristig durch kalte Augenbäder.

Ohren, Nase und Hals
- Beide Ohren sind gerötet und geschwollen.
- Heftige Niesanfälle mit allergischen Reaktionen.
- Ständig verstopfte Nase und/oder wenig Sekretion.
- Hals sieht »glänzend« und ödematös aus.
- Entzündeter Hals mit aufgedunsenem, geschwollenem Halszäpfchen.
- Engegefühl im Hals; Schluckbeschwerden, sogar beim Wassertrinken.

Brustraum
- Atembeschwerden mit Verstärkung bei Vorwärts- oder Rückwärtsneigung.
- Verschlimmerung der Atemnot in stickiger Wärme.
- Krupphusten nachts, der sich erst bessert, wenn Schleim abgehustet wird.
- Harter, trockener Husten, der mit einem Engegefühl im Hals beginnt.

Verdauung

- Brennende Schmerzen im Magen mit Verschlimmerung bei Niesanfällen.
- Erweiterter, angespannter Magen mit extremer Empfindlichkeit gegen die geringste Berührung.
- Nach Durchfall bleibt ein brennendes Wundgefühl übrig, das durch kaltes Baden und Umschläge besser wird.

Blase

- Allgemeine Schmerzen, Wundsein und Unbehagen bei Blasen- und Nierenstörungen.
- Nierenleiden verursachen Wasseransammlungen, besonders um die Augen auffallende Aufgedunsenheit.
- Verminderter, konzentrierter, brennender Harnabgang mit großen Schmerzen bei häufigem Harndrang.
- Kein oder wenig Durst bei Blasenbeschwerden.

Frauenleiden

- Brennende, stechende Schmerzen und Beschwerden im Beckenbereich.
- Starke Schmerzen im rechten Eierstock, die nach links übergreifen.

Gelenke und Muskeln

- Geschwollene, rosafarbene, angespannte und entzündete Gelenke; Linderung durch kaltes Baden und Umschläge.
- Stechende, brennende Schmerzen in den befallenen Gelenken.
- Kalte Hände und Füße mit roten, entzündeten Fingern und Zehen.
- Stark geschwollene Finger- und Zehengelenke.

Hitze und Fieber

- Hohes Fieber mit auffallender Durstlosigkeit.
- Der Durst stellt sich ein, wenn das Fieber nachläßt.
- Starke Verschlechterung bei Fieber durch Kontakt mit Hitze in jeglicher Form; fühlt sich bei kalten Anwendungen und an der frischen Luft viel wohler.

Schlaf

- Fühlt sich sehr unwohl und quält sich wegen Überhitzung im Bett.
- Unruhiger Schlaf, schreit im Schlaf.
- Wälzt sich herum, schlägt die Decken zurück, um etwas abzukühlen.

Haut

- Häufig bei Nesselfieber angezeigt, das sich nach Überhitzung einstellt.
- Stechende und juckende Haut wird durch kaltes Baden und an der kalten Luft gelindert, bei Erhitzung jedoch viel schlimmer.
- Fleckiger, rosafarbener, aufgedunsener, ödematöser Ausschlag.

Verschlechterung (durch):

- Geringste Berührung oder Körperkontakt
- Hitze in jeder Form
- Warme Getränke
- Stillhalten
- Hinlegen
- Nach dem Schlafen
- Nachts

Besserung (durch):

- Kühle Luft
- Kalte Umschläge
- Kaltes Baden
- Abdecken
- Leichte Bewegung an frischer, kühler Luft
- Aufsitzen

Argentum nitricum (Silbernitrat)

Angezeigt bei:

- Durchfall
- Erwartungsangst
- Extremer Reaktion auf Streß
- Unruhigem Schlaf durch Angstzustände

- Kopfschmerzen
- Saurem Magen
- Sodbrennen
- Winden und Blähungen

Hauptmerkmale

- Extreme Erwartungsängste.
- Verdauungsstörungen wie Durchfall werden durch Angst und Anspannung ausgelöst.
- Druck- und Engegefühle treten überall im Körper auf.
- Ausgesprochenes Verlangen nach zuckerhaltigen oder salzigen Speisen, die den Allgemeinzustand jedoch verschlimmern.

Gemüt

- Sehr erregt, ängstlich und unruhig vor einem spannungsvollen Ereignis.
- Höhenangst, Angst in engen Räumen, auf Brücken, in hohen Gebäuden oder bei Menschenansammlungen.
- Behält bei Aufregung nicht die Ruhe; eilt ruhelos hin und her, um der Erregung Herr zu werden.
- Ständig in Eile, befürchtet, zu spät zu kommen und Termine zu verpassen.
- Ist im Angstzustand redselig und schwatzhaft.

Kopf

- Pochende Kopfschmerzen verschlimmern sich durch Wärme, während Besserung durch Kontakt mit Kühlem eintritt.
- Ausdehnungsempfindung oder Gefühl, der Kopf werde größer, Besserung durch festen Druck.

Verdauung

- Übelkeit mit anfänglicher Linderung durch Essen.
- Nervöser Durchfall, mit Verschlimmerung durch Verzehr von Süßigkeiten.
- Übelkeit und Blähungen treten kurz nach dem Essen auf; Winde und Rülpsen schaffen keine Linderung.

Blase

- Blut im Urin mit Schmerzen beim Wasserlassen, auch nach Aufregung.
- Brennendes Gefühl während und nach dem Wasserlassen, Abgang kleiner Mengen konzentrierten Urins.

Frauenleiden

- Gereizte, entzündete Scheidenöffnung mit stechenden, bohrenden Schmerzen.
- Intermittierender gelblicher Scheidenausfluß.
- Schmerzhafte, unregelmäßige Perioden; sämtliche Symptome verschlimmern sich vor und während der Regelblutung.
- Schmerzempfindliche Eierstöcke; die Schmerzen strahlen von der Wirbelsäulenbasis bis in die Oberschenkel aus.

Schlaf

- Ist beim Aufwachen erschöpft; alles schmerzt.
- Unruhig und ängstlich; kann beim Gedanken an ein bevorstehendes Ereignis nicht einschlafen.
- Findet wegen Kälteempfinden oder zu großer Hitze im Bett keine behagliche Stellung.

Gelenke und Muskeln

- Starke Rückenschmerzen beim Aufstehen aus dem Sitzen mit Besserung beim Stehen oder Gehen.
- Schmerzen in den kleinen Gelenken von Händen und Füßen.
- Nachts Wadenkrämpfe.

Verschlechterung (durch):

- Zucker
- Streß
- Erwartungsangst
- Stickige Räume
- Wärme
- Nachts

Besserung (durch):
- Festen Druck
- Frische, kühle Luft

Arnica (Bergwohlverleih)

Angezeigt bei:
- Abszessen
- Blutergüssen und Schock nach der Geburt
- Keuchhusten
- Krampfadern
- Knochen- und Gelenkentzündung (Osteoarthritis)
- Kummer
- Muskelkater
- Muskelkrämpfen
- Prellungen, Quetschungen, Schock, Unfall, jede Art von Trauma. Wirkt blutstillend, fördert die Wundheilung und beschleunigt die Blutresorption aus verletztem Gewebe
- Schlaflosigkeit
- Schmerzen und Schock nach Knochenbrüchen
- Trauma nach Zahnbehandlungen
- Trauma vor und nach einer Zahnbehandlung, mildert das Verletzungstrauma, nimmt die Angst
- Zerrungen und Verstauchungen

Hauptmerkmale
- Zerschlagenheit und Wundschmerzen.
- Extreme Unrast wegen der Beschwerden.
- Überempfindlichkeit gegen Berührung.
- Neigung zu blauen Flecken.
- Allgemeine Steifheit und Müdigkeit.
- Verstärkung der Schmerzen und Beschwerden nachts sowie durch Kälte und Feuchtigkeit.

Gemüt

- Unruhig, aufgeregt und schlecht gelaunt bei Schmerzen.
- Verträgt Gesellschaft oder Anteilnahme nicht, ignoriert Hilfe nach Schock oder Unfall.
- Mag wegen Abneigung gegen Berührung überhaupt nicht, wenn sich jemand nähert.
- Besteht darauf, allein gelassen zu werden.
- Extreme geistige und körperliche Überempfindlichkeit mit heftigen Schmerzen.
- Ist in sich gekehrt und verdrießlich.
- Konzentrationsschwierigkeiten; neigt zu Vergeßlichkeit.

Kopf

- Schwindel beim Aufwachen oder bei Bewegung, der sich beim Schließen der Augen verstärkt.
- Einseitige Kopfschmerzen mit Übelkeit.
- Stechende Kopfschmerzen, als werde ein Nagel durch den Schädel getrieben.

Augen

- Bindehautentzündung oder überanstrengte Augen mit Brennen.
- Allgemeines Trauma, Blutungen oder Prellungen nach einer Augenverletzung.
- Geschwollene Augenlider nach Prellung.

Ohren, Nase und Hals

- Stechende Schmerzen in und hinter den Ohren.
- Nasenbluten und Kribbeln in der Nase nach einem Unfall.
- Wundes, rauhes Gefühl im Hals.

Brustbereich

- Brennen und Wundgefühl in der Brust.
- Trockener Kitzelhusten, der morgens schlimmer ist.
- Stechende Schmerzen in der Brust; schmerzhafte Rippen mit Verschlimmerung bei Bewegung und Husten.

- Keuchhusten bei Kindern mit der Neigung, vor den Hustenanfällen zu klagen.

Verdauung
- Übelkeit mit übermäßigem Speichelfluß.
- Extremer oder überhaupt kein Durst.
- Übelkeit wird beim Gedanken an Essen schlimmer.
- Kolikartige Schmerzen im Unterleib mit Winden.
- Unwillkürlicher Durchfall.

Blase
- Häufiger Harndrang mit äußerst schwieriger Entleerung.
- Muß eine Weile bis zum Einsetzen des Harnflusses warten.
- Harnverhaltung nach zuviel Sport.
- Blut im Urin.

Frauenleiden
- Schwere Nachwehen nach einer langen oder traumatischen Geburt.
- Besonders nachts quälende Schmerzen durch Quetschungen.
- Erschöpfung in den Wechseljahren mit Hitzewallungen im Kopf bei kaltem Körper und Herzklopfen.

Schlaf
- Äußerste Unruhe im Bett, die Unterlage erscheint viel zu hart.
- Schwierigkeiten, vor den frühen Morgenstunden einzuschlafen.
- Unruhiger Schlaf; erwacht leicht durch schlechte Träume.
- Alles schmerzt vor Müdigkeit.

Haut
- Bei sehr schmerzhaften Furunkeln oder Abszessen, die jedoch nicht aufbrechen.
- Schmerzen, Wundsein und Empfindlichkeit nach Prellungen, Verletzungen und Quetschungen.

Gelenke und Muskeln

- Alles schmerzt; pochende, brennende Schmerzen vor Erschöpfung nach völliger Verausgabung.
- Schmerzende Schwere in Armen und Beinen mit allgemeiner Müdigkeit und Erschöpfung.
- Wund- und Zerschlagenheitsgefühl in geschwollenen Händen oder Füßen.
- Muskel- und Gelenkschmerzen verschlimmern sich durch Kälte und Feuchtigkeit.

Verschlechterung (durch):

- Zu langen Aufenthalt an der Hitze oder Sonne
- Sportliche Verausgabung
- Alkohol
- Bewegung
- Berührung
- Annäherung
- Feuchtigkeit
- Kälte

Besserung (durch):

- Ruhen mit tiefgelagertem Kopf

Arsenicum album (Weißarsenik)

Angezeigt bei:

- Ängsten
- Blasenentzündung (Zystitis)
- Brustdrüsenentzündung (Mastitis)
- Depressionen
- Durchfall
- Erbrechen
- Erkältung
- Grippe
- Heuschnupfen

- Husten
- Kopfschmerzen
- Krampfadern
- Magenverstimmung
- Menstruationsschmerzen
- Morgendlicher Übelkeit
- Schlaflosigkeit
- Sodbrennen
- Sucht
- Verdauungsstörungen
- Windelausschlag
- Windpocken

Hauptmerkmale

- Extreme körperliche und geistige Unruhe, Frösteln und Angst.
- Alle Symptome setzen bei Einbruch der Nacht ein oder verstärken sich nachts, besonders nach Mitternacht.
- Große Kälteempfindlichkeit mit auffallender Besserung durch Wärme.
- Äußerste körperliche und geistige Ermüdung und Erschöpfung infolge der Beschwerden.
- Bei Brechdurchfall.
- Brennende Schmerzen werden durch Wärme gelindert.
- Friert stark und ist sehr blaß.

Gemüt

- Ist bei Krankheit überempfindlich und schwer zufriedenzustellen.
- Kann sich trotz geistiger, seelischer und körperlicher Erschöpfung in einem unordentlichen Zimmer nicht entspannen.
- Vor Ermüdung körperlich und geistig schrecklich unruhig.
- Entsetzliche Ängste, die sich bis zur Panik auswachsen und im Verlauf der Nacht noch verstärken kann.
- Alleinsein verschlimmert den Zustand sehr, besonders nachts.
- Konkrete Angst vor Dunkelheit, dem Tod, Viren und schweren Erkrankungen.

- Geht im Zimmer auf und ab, um sich unter Kontrolle zu halten.
- Zwanghaftes Verhalten ergibt sich manchmal als Folge von Reinlichkeitswahn.
- Bei Krankheit verzweifelt; glaubt, die Lage sei hoffnungslos und niemand könne helfen.
- Selbstkritisch und voller Konkurrenzdenken; stellt unrealistisch hohe Anforderungen an andere.

Augen
- Geschwollene, gerötete Augen mit brennenden Schmerzen, die bei hellem Licht schlimmer werden.
- Gereizte und geschwollene Lider.
- Tränende, brennende Augen mit extremer Lichtempfindlichkeit.
- Wärme lindert die Augenschmerzen.

Kopf
- Der Kopf ist der einzige Körperteil, bei dem Besserung an kühler, frischer Luft eintritt; alles andere bessert sich durch Wärme und warme Anwendungen.
- Kopfschmerzen setzen nachmittags ein und nehmen im Verlauf des Abends und der Nacht stetig zu.
- Erbrechen und Übelkeit mit Kopfschmerzen.
- Die Kopfschmerzen verstärken sich durch Bewegung, Lärm und grelles Licht.
- Schmerzen beginnen durch Ängste, Überhitzung oder zu große Aufregung.

Ohren, Nase und Hals
- Unerträgliches Jucken, Brennen und/oder Ohrengeräusche.
- Brennende Absonderung aus der Nase führt zu Rötung und Wunden, empfindlichen Nasenlöchern und Oberlippe.
- Heftiges Niesen mit wenig brennendem, durchsichtigem Nasensekret.
- Brennende Halsschmerzen bessern sich durch schluckweises Trinken warmer Flüssigkeiten.
- Schluckschwierigkeiten wegen brennendem Engegefühl im Hals.

Brustraum

- Ängstlich und keuchend bei trockenem Husten.
- Verschlimmerung der Hustenkrämpfe durch flaches Liegen oder Unterkühlung.
- Keuchen ist manchmal eine Reaktion auf Streß und Aufregung.
- Trockener, hartnäckiger Husten, der sich nachts verschlimmert, wird aber durch Aufsitzen im Bett in einem warmen Zimmer besser.

Verdauung

- Kann den Gedanken, Anblick oder Geruch von Essen nicht ertragen.
- Allgemeine nervöse Erschöpfung nach Erbrechen und gleichzeitigem Durchfall.
- Magenbeschwerden und brennende Schmerzen bessern sich durch warme Getränke.
- Trotz großer Berührungsempfindlichkeit des Magens Linderung durch lokale warme Umschläge.
- Schlucke warmer Getränke beruhigen, kalte Getränke werden gleich wieder erbrochen.

Blase

- Fröstelt allgemein bei Nieren- oder Blasenbeschwerden, fiebert, ist unruhig, leidet unter Schwindel mit Übelkeit und Ängsten.
- Nierenbeschwerden hängen manchmal mit einer allgemeinen Austrocknung infolge Brechdurchfalls zusammen.
- Quälendes Brennen beim Wasserlassen.

Frauenleiden

- Qualvolle Menstruationsbeschwerden machen unruhig und führen zu extremer Entkräftung und Erschöpfung.
- Starke Menstruationsschmerzen verursachen Durchfall und/oder Erbrechen.
- Die Schmerzen nehmen bei Wärme allgemein ab, ebenso bei warmen Auflagen auf die schmerzende Körperstelle.
- Empfindlichkeit und Reizung sowie brennende, wäßrige Absonderung aus der Scheide.

Hitze und Fieber

- Brennendes Gefühl und hohes Fieber werden durch Wärme oder lokale heiße Auflagen gelindert.
- Extreme Kälte bei Fiebrigkeit: Es ist, als würden Wellen eiskalten Wassers durch den Körper ziehen.
- Häufiges Verlangen nach kleinen Schlucken warmer statt nach großen Mengen kalter Getränke.

Schlaf

- Bei Ausbruch oder Zunahme der Symptome nachts geistig und körperlich äußerst unruhig.
- Geht nachts aus lauter Unruhe umher, setzt sich auf und liest oder trinkt eine Tasse Tee, um zur Ruhe zu kommen.
- Tagsüber schläfrig, nachts unruhig und schlaflos.
- Erwacht voller Ängste in Gedanken an alles, was am folgenden Tag erledigt werden sollte.
- Erwacht nach Mitternacht (etwa um 1 Uhr nachts) verschwitzt und voller Sorgen.

Haut

- Kratzt sich immer wieder wie zwanghaft; die Haut fängt an zu nässen und zu bluten und wird ganz wund.
- Juckende, brennende Haut, die nach dem Kratzen noch gereizter ist und sich unangenehmer anfühlt.
- Die Reizung hört bei Reiben zeitweilig auf, das Brennen bleibt.
- Hautausschläge bessern sich durch Wärme.

Gelenke und Muskeln

- Unruhe und Schlafschwierigkeiten wegen nächtlicher Schmerzen in den Beinen.
- Schmerzen im Brustwirbelsäulenbereich bessern sich durch Hinlegen und Ausruhen.

Verschlechterung (durch):

- Überhitzung, Unterkühlung

- Kalte Zugluft
- Nachts, nach Mitternacht
- Alleinsein
- Flaches Liegen im Bett
- Kalte Speisen und Getränke
- Alkoholische Getränke

Besserung (durch):
- Wärme
- Häufig kleine Schlucke warmer Getränke
- Lokale warme Auflagen auf die schmerzende Stelle
- Gesellschaft und Ablenkung
- Leichte Bewegung
- Kopfschmerzen mit Besserung an frischer Luft
- Schwitzen

Belladonna (Tollkirsche)

Angezeigt bei:
- Abszessen
- Blasenentzündung (Zystitis)
- Blutungen
- Brustdrüsenentzündung (Mastitis)
- Erkältung
- Furunkeln
- Grippe
- Halsschmerzen
- Hohem Fieber
- Kopfschmerzen
- Krupp
- Masern
- Migräne
- Mumps
- Ohrenschmerzen
- Röteln

- Sonnenstich
- Windelausschlag
- Windpocken
- Zahnen

Hauptmerkmale

- Rasch zunehmende Entzündung oder hohes Fieber mit heißer, trockener, hochroter Haut, die bei Berührung brennt.
- Äußerste Reizbarkeit, Unruhe und schlechte Laune bei sonst sanften, friedlichen Menschen.
- Ausgeprägte Überempfindlichkeit und Sinnenschärfe einschließlich Überreaktionen auf Licht, Lärm und Berührung.
- Pochende, pulsierende, klopfende Schmerzen.
- Die Symptome befallen manchmal die rechte Körperseite oder sind rechts schlimmer als links.
- Friert leicht trotz großer Hitze; daher Abneigung gegen den geringsten Luftzug.
- Fühlt sich im allgemeinen nach dem Schlafen schlechter.

Gemüt

- Intolerant, reizbar und schlecht gelaunt, wenn die Beschwerden einsetzen.
- Wechsel zwischen Übererregung und Schläfrigkeit oder Lethargie.
- Sonst friedliche, gutmütige Menschen werden im Zustand, der BELLADONNA erfordert, rasch aggressiv und nörgelig.
- Fieber steigt rasch an, gerät leicht in einen Fieberwahn.
- Reagiert empfindlich auf Reize, erschrickt leicht oder ist übererregt.
- Unruhig und aufgeregt, aber nicht ganz so schreckhaft oder ängstlich wie jemand, der ACONITUM braucht (das andere Hauptmittel gegen rasch ansteigendes Fieber oder im Frühstadium einer plötzlich einsetzenden Krankheit).
- Wird apathisch und gleichgültig, will nur noch in Ruhe gelassen werden.
- Spricht entweder sehr rasch oder wird völlig wortkarg.
- Eher aggressiv und reizbar als ängstlich oder panisch.

Kopf

- Heftige, pochende Kopfschmerzen mit äußerst empfindlicher Kopfhaut.
- Abneigung gegen Berührung der Haare wegen empfindlicher Kopfhaut.
- Kopfschmerzen lassen nach, wenn der Kopf nach hinten geneigt wird.
- Kopfschmerzen bessern sich deutlich bei kalten Anwendungen und an der frischen Luft (obwohl die meisten Symptome sich dabei verschlimmern).
- Verschlimmerung der Kopfschmerzen durch Flachliegen, Vorbeugen, grelles Licht, Lärm und ruckartige Bewegungen.
- Kopfschmerzen häufig rechts mit Benommenheit, die sich bei Bewegen und Umdrehen im Bett verstärken.

Augen

- Augen fühlen sich heiß und wie voller Sand an, sie sind rot entzündet.
- Schmerzen in den Augenhöhlen strahlen in den ganzen Kopf aus.
- Zuckende, krampfartige Lidmuskelbewegungen.
- Die Kapillaren in den Augen platzen und bluten leicht.
- Hohes Fieber, glasige Augen mit erweiterten Pupillen.

Ohren, Nase und Hals

- Durchdringend scharfe, stechende Ohrenschmerzen.
- Häufig rechtsseitige oder rechts schlimmere Ohrenschmerzen als links.
- Bei Ohrenschmerzen Überempfindlichkeit gegen Lärm.
- Rotes, heißes, glühendes Gesicht mit roter, geschwollener Nasenspitze.
- Sehr feiner Geruchssinn mit unangenehmem Geruch in den Nasenlöchern.
- Äußerst empfindliche, trockene, pochende Schmerzen im Hals, die zu großen Schluckbeschwerden beim Trinken führen. Das Getränk gerät dabei manchmal vor Anstrengung in die Nasengänge.
- Mandeln schwellen rasch an und sind besonders rechts hellrot und entzündet.
- Rasch einsetzende Heiserkeit bis zum Stimmverlust.

Brustraum

- Hustenanfälle folgen auf Kitzeln und Reizung im Hals.
- Trockener, harter, bellender, kruppartiger Husten, der durch Flachliegen nachts schlimmer wird.
- Husten hört zeitweilig nach dem Abhusten von Schleim auf und bessert sich etwas.

Verdauung

- Trotz Verlangens nach Getränken wie Zitronenlimonade fällt das Trinken schwer bei schmerzendem, geschwollenem Hals.
- Überempfindlicher oder übersteigerter Geschmackssinn.
- Krampfartige Koliken bessern sich durch Vor- oder Rückwärtsbeugen.
- Überempfindlichkeit des Magens und Unterleibs: sogar der Kontakt mit Bettdecke und Kleidung verursacht quälende Beschwerden.
- Durchfall mit ständigem Stuhldrang.

Blase

- Konzentrierter, dunkler, blutiger oder trüber Urin bei gestörter Nieren- oder Blasenfunktion.
- Häufiger oder ständiger Harndrang, schmerzhaftes Wasserlassen mit schneidenden, brennenden Empfindungen.
- Engegefühl und Krämpfe in der Blase nach dem Wasserlassen.
- Große Schwierigkeiten und Mühe, die Blase ganz zu entleeren oder ständiges Tröpfeln und Kontrollverlust über die Blase.
- Streßinkontinenz verschlimmert sich manchmal bei Gehen oder langem Stehen.

Frauenleiden

- Rechtsseitig schmerzende Eierstöcke.
- Unregelmäßige oder zu früh einsetzende Periode mit Schmerzen mit überflutenden, krampfartigen Schmerzen.
- Schwere Blutungen mit starken, schmerzhaften Kontraktionen.
- Hervorschießende, heiße, klumpige, hellrote Menstruationsblutungen.
- Zug nach unten mit oder ohne Gebärmuttervorfall.
- Empfindung, als würde der Beckeninhalt gleich hinausfallen.

Hitze und Fieber

- Reagiert trotz großer Hitze sehr empfindlich auf Zugluft oder Abdecken.
- Heißer Kopf bei kalten Gliedmaßen.
- Die zugedeckten Körperteile schwitzen leicht.
- Rasch und heftig einsetzendes hohes Fieber bei sehr heißer, hochroter, trockener Haut.
- Ungleichmäßige Blutzirkulation; neigt zu rasch einsetzender kochender Hitze.
- Die Haut ist glühendrot erhitzt und daher trocken, heiß und brennt bei Berührung.
- Hohes Fieber mit sehr schnellem, pochendem Puls.

Haut

- Stark erhitzte, heiße, trockene, hochrote Haut, die glühende Hitze ausstrahlt.
- Äußerst schmerzhafte und überempfindliche Haut.
- Sonnenverbrannte, empfindliche Haut.

Gelenke und Muskeln

- Ausgesprochene Unruhe bei Gelenkschmerzen: muß stets in Bewegung bleiben.
- Aufenthalt in Zugluft oder in Feuchtigkeit bewirkt einen steifen, schmerzenden Nacken.
- Allgemein geschwollene, heiße und hochrote Gelenke.
- Verschlimmerung der Gelenkschmerzen bei Aufenthalt in der Kälte, Besserung durch Stillhalten und Wärme.

Verschlechterung (durch):

- Kalte Zugluft
- Kälte im allgemeinen
- Liegen auf der schmerzenden, entzündeten Stelle
- Lärm
- Grelles Licht
- Stoß
- Bewegung

Besserung (durch):
- Ausruhen
- Ruhe
- Ruhen in einem verdunkelten Zimmer
- Warme Umgebung
- Neigen des Kopfes nach hinten
- Sichwarmhalten

Bryonia (Weiße Zaunrübe)

Angezeigt bei:
- Brüchen
- Brustdrüsenentzündung (Mastitis)
- Gelenkschmerzen
- Grippe
- Hämorrhoiden
- Husten
- Keuchhusten
- Knochen- und Gelenkentzündung (Osteoarthritis)
- Kopfschmerzen
- Krupp
- Magenverstimmung
- Masern
- Mumps
- Muskelüberanstrengung
- Schlaflosigkeit
- Verdauungsstörungen
- Verstopfung
- Häufig bei langsam und schleichend einsetzenden Krankheiten erforderlich, beispielsweise Husten und Erkältungen, die erst einige Tage nach einigem Unwohlsein ausbrechen oder langsam stärker werdenden Gelenkschmerzen.

Hauptmerkmale
- Sich langsam entwickelnde Beschwerden, die einsetzen, wenn man

nach Überhitzung friert, bei Aufenthalt in der Kälte oder eisigen Ostwinden sowie als Reaktion auf einen Schreck, bei Groll oder Wut.

- Trockene, empfindliche Haut und Schleimhäute, die eine schmerzhafte Trockenheit der Körperöffnungen, etwa der Scheide, zur Folge haben.
- Ausgeprägte Intoleranz gegen Hitze und Wärme.
- Allgemeine Neigung zu Trockenheit verursacht Probleme wie hartnäckige Verstopfung mit Begleiterscheinungen wie Kopfschmerzen, Übelkeit und Schwindel.
- Alle Symptome werden bei der geringsten Bewegung schlimmer und bessern sich erheblich, wenn man sich so ruhig wie möglich verhält.

Gemüt

- Bei Störungen äußerst reizbar, schlecht gelaunt und verärgert.
- Möchte so still wie möglich in einem ruhigen, kühlen Zimmer liegen.
- Ausgeprägte Abneigung gegen jegliche körperliche Anstrengungen oder Gespräche.
- Frustriert und ärgerlich wegen Unwohlseins; wünscht sich normalen Tagesablauf.
- Wird bei nicht kooperativem Verhalten oder Widerspruch wütend und ausfällig.
- Allgemeine Ängstlichkeit bezüglich Geld, Arbeit und fehlender Sicherheit.
- Ist unzufrieden, launisch und schwer zufriedenzustellen: will etwas und weist es wieder zurück.

Kopf

- Kopfschmerzen werden durch Verstopfung verursacht.
- Hält sich bei Schmerzen unwillkürlich fest den Kopf, um ihn so still wie möglich zu halten.
- Verschlimmerung der Kopfschmerzen durch Wärme, Besserung durch Kälte in jeder Form.
- Starke, zersprengende oder pochende Kopfschmerzen hinter der Stirn, die durch die geringste Bewegung, Essen und Bücken schlimmer werden.

- Manchmal beim Erwachen Kopfschmerzen über den Augen oder am Hinterkopf.

Augen

- Heiße, brennende Augen mit Gefühl, als sei Sand darin.
- Rote, schmerzende, entzündete Augen und Lider mit Verschlimmerung bei der kleinsten Bewegung.
- Augenbeschwerden nehmen bei Wärme zu.

Ohren, Nase und Hals

- Stechende Ohrenschmerzen beim Gehen an frischer Luft, die danach aufhören.
- Lärmempfindlichkeit oder Gefühl, als seien die Ohren verstopft.
- Allgemein trockene Nasengänge mit Reizung, die sich auf den Hals und in den oberen Brustraum ausdehnt.
- Stirnschmerzen mit Nasensekret.
- Rote, wunde, geschwollene Nase.

Brustraum

- Spärliche, mit großer Mühe abgehustete Absonderungen.
- Trockener, kitzelnder, irritierender Husten mit Würgen.
- Hustenanfälle bei Eintritt oder Aufenthalt in warmen Räumen.
- Will tief einatmen, was den Husten verstärkt.
- Schmerzen werden durch starken Druck gelindert; preßt daher beim Husten unwillkürlich die Hand auf die schmerzenden Stellen an Brust oder Kopf.

Verdauung

- Schreckliche Verdauungsstörungen mit Schwere und Übelkeit im Magen.
- Trockener, ausgedörrter Mund mit auffallendem Durst nach kalten Getränken.
- Übelkeit wird durch Essen und Bewegung schlimmer, durch Aufstoßen zeitweilig gelindert.
- Wunder, empfindlicher, schmerzender Magen.

- Erschöpfender Durchfall mit Verschlimmerung bei der geringsten Bewegung.
- Durchfall durch Verzehr von zuviel saurem Obst.
- Verstopfung mit trockenem, großem, hartem und dunklem Stuhl, der mit großer Mühe abgegeben wird.

Blase
- Starker Harndrang und Abgabe von dunklem, rötlichem, heißem Urin.
- Schneidende Schmerzen beim Wasserlassen.
- Brennen und Beschwerden vor dem Wasserlassen.
- Streßinkontinenz wird durch Heben schwerer Gewichte oder Bewegung verstärkt.

Frauenleiden
- Allgemeine PMS-Symptome mit äußerst schmerzhaften, geschwollenen Brüsten.
- Brustdrüsenentzündung mit schweren, heißen, schmerzenden Brüsten.
- Verspätete Regelblutungen infolge von Streß oder Überanstrengung vor der Periode.
- Leistenschmerzen vor Einsetzen der Regelblutungen.
- Brennende Schmerzen mit Einsetzen der Blutungen.

Hitze und Fieber
- Möchte weder warmgehalten werden noch in der Wärme sein.
- Fiebrig mit ausgeprägtem Durst nach großen Mengen kalten Wassers.
- Schwitzt nachts vor Fieber.

Schlaf
- Wenig erholsamer Schlaf, erwacht oft beim Einschlafen und ist voller Angst.
- Tagsüber sehr schläfrig, nachts große Schlafschwierigkeiten.
- Hat manchmal Alpträume oder schlafwandelt.

Gelenke und Muskeln
- Blaßrote, angespannte, geschwollene, schmerzende Gelenke.

- Heftige, schneidende, stechende Schmerzen mit Verschlimmerung bei der geringsten Bewegung.
- Obwohl Stillhalten die Gelenkschmerzen lindert, sind sie manchmal so stark, daß der Patient unruhig wird und sie dadurch nur verschlimmert.
- Gehbehinderung wegen wunder, schmerzender Füße oder Muskelschwäche in den Oberschenkeln.

Verschlechterung (durch):
- Die erste Bewegung nach Ruhe
- Körperliche oder geistige Anstrengung
- Aufsitzen nach Ruhe
- Die geringste Bewegung
- Wärme

Besserung (durch):
- Festen Druck auf die schmerzenden Stellen
- Kälte im allgemeinen
- Stillhalten
- Schwitzen
- Ausruhen

Calcium carbonicum (Kohlensaurer Kalk)

Angezeigt bei:
- Aufgesprungener Haut
- Frostbeulen
- Milchschorf
- Prämenstruellem Syndrom
- Schlaflosigkeit
- Soor
- Windelausschlag
- Zahnen
- Hierzu sollte bemerkt werden, daß dieses Mittel selten bei kurzzeitigen, akuten Problemen angezeigt ist, sondern meist für eine langfristi-

ge, tiefgreifende konstitutionelle Behandlung eingesetzt wird. Es sei daher betont, daß dieses Mittel nicht wiederholt einzunehmen ist.

Hauptmerkmale

- Verlangsamung lebenswichtiger Funktionen mit ungenügender Blutzirkulation, schlechter Verdauung und Verstopfung.
- Ständig niedriges Energieniveau und wenig Ausdauer bei Neigung zu Atemnot und Schwitzen bei der kleinsten Anstrengung.
- Langsamer Stoffwechsel mit permanenten Gewichtsproblemen.
- Ungenügender Muskeltonus und zu wenig Kraft verursachen immer wieder Zerrungen und Verstauchungen.
- Ständige Infektionen im Winter wie Erkältungen, Halsschmerzen, Ohrenentzündungen und geschwollene Drüsen, die von einer Infektion zur nächsten bestehenbleiben.
- Seltsames, seltenes und typisches Symptom: fühlt sich bei Verstopfung pudelwohl.
- Kinder, die CALCIUM CARBONICUM brauchen, entwickeln sich allgemein langsamer (die Fontanelle schließt sich später und sie lernen später gehen und sprechen).
- Sauer riechende Absonderungen (z. B. Schweiß, Atem oder Stuhl).

Gemüt

- Von Natur aus empfindsam und ängstlich; konkrete Angst vor Dunkelheit, Alleinsein und allgemein mangelndes Vertrauen.
- Unsicherheit und geringe Selbstachtung seit der Kindheit, als das Kind als übergewichtig und ungesund auffiel. Infolgedessen besteht Angst davor, aufzufallen oder verspottet zu werden.
- Äußerst geringe seelische und geistige Durchhaltekraft: unter Druck setzt rasch Erschöpfung ein.
- Kann nicht klar denken, neigt unter Druck zu Verwirrung.
- Eigenwillige, sture Menschen, die ihre Aufgaben mit zäher Entschlossenheit anpacken und in ihrem eigenen langsamen Tempo ausführen.
- Reagieren hyperempfindlich auf Kritik.
- Als Abwehrmechanismus gegen ihr Minderwertigkeitsgefühl ziehen sie sich zurück, verschließen sich oder reagieren kaum.

- Starke Befangenheit mit Angst, andere würden ihre Verwirrung, Unsicherheit oder seelische Qual durchschauen.
- Lassen sich überhaupt nicht gerne hetzen oder antreiben.
- Träge, langsame körperliche und geistige Reaktionen.

Kopf
- Kopfschmerzen bessern sich gewöhnlich bei Ruhe und Entspannung.
- Übelkeit bei Kopfschmerzen, Besserung durch Wärme, Verstärkung durch Kälte oder kalte Zugluft.
- Schwindel und Kopfschmerzen werden durch Erschöpfung nach einer körperlichen Anstrengung verursacht.
- Kopfschmerzen entstehen manchmal durch helles Licht, Anstrengung beim Reden oder Lärm. Sie bessern sich in einem warmen, verdunkelten Zimmer.

Augen
- Verschleierte oder getrübte Wahrnehmung bei Überanstrengung der Augen.
- Die Augen ermüden beim Lesen oder Fernsehen rasch und werden überanstrengt.

Ohren, Nase und Hals
- Stechende, klopfende Schmerzen in den Ohren.
- Summende, surrende oder knackende Geräusche in den Ohren.
- Dickes Nasensekret bei wunder Nase.
- Schmerzlose Heiserkeit oder Stimmverlust beim Aufwachen.
- Hartnäckige und/oder wiederkehrende Halsschmerzen mit geschwollenen Drüsen.

Brustraum
- Lästiger nächtlicher Kitzelhusten.
- Rasselnde Hustenkrämpfe mit Auswurf großer Mengen süßschmeckenden, dicken gelben Schleims.
- Druck im Magen und/oder schmerzender Kopf beim Husten.

Verdauung

- Abneigung gegen warmes Essen oder milchige, schleimige Speisen wie Milchpudding.
- Seltsames Verlangen nach Unverdaulichem wie Kalk oder Kohle, sonst nach Teigwaren, Eiern, Brot, Süßigkeiten und Salz.
- Langsame, träge Verdauung mit hartnäckiger Verstopfung oder Wechsel zwischen Durchfall und Verstopfung.
- Träge Verdauung verursacht Übelkeit und saures Aufstoßen.
- Fühlt sich im allgemeinen bei Verstopfung besser.

Blase

- Wiederkehrende Blasenentzündung mit konzentriertem, dunklem, bräunlichem Urin.
- Saurer, übelriechender Urin.

Frauenleiden

- Schmerzen im rechten Eierstock, die zum rechten Oberschenkel ausstrahlen.
- Unregelmäßige oder verfrühte Regelblutung nach Streß oder Überanstrengung.
- Menstruationskrämpfe mit nachteiliger Wirkung auf den Magen.
- Dicker, juckender, brennender, sauer riechender Scheidenfluß mit juckendem, schmerzhaftem Soor.
- Prämenstruelles Syndrom mit geschwollenen, schmerzempfindlichen Brüsten vor und nach der Periode.

Hitze und Fieber

- Leicht überhitzt und gerötet, Hände und Füße sind aber stets eiskalt, feucht und ausnehmend klamm.
- Bei Temperatur plötzliche Schweißausbrüche nach Anstrengung.
- Neigt zum Schwitzen und plötzlichen Hitzewallungen, besonders am Kopf und nachts an den Füßen unter der Bettdecke.
- Brennende Hitzewellen werden rasch zu kaltem, klammem Schweiß.
- Häufiger Nachtschweiß oder Schwitzen infolge starker Aufregungen, Angst oder Befürchtungen.

Schlaf

- Schlafstörungen treten schon in der Kindheit mit Neigung zu Alpträumen, Schreien, Zähneknirschen oder Schlafwandeln auf.
- Unterbrochener, gestörter Schlaf, häufig mit wiederkehrenden bösen Träumen.
- Wacht sehr ängstlich und aufgeregt aus dem Schlaf auf, braucht längere Zeit zur Beruhigung.
- Wiederkehrende Einschlafschwierigkeiten mit der Tendenz, zwischen 2 und 3 Uhr nachts zu erwachen.
- Durchnässender Nachtschweiß mit besonders nasser Kopfhaut und klammen Füßen.
- Streckt die Füße wegen brennender Fußsohlen unter der Bettdecke hervor.

Haut

- Chronische Hautleiden seit der Kindheit einschließlich Ausschlägen, Windelausschlag, Nesselsucht, Warzen und Milchschorf.
- Trockene, gerissene oder aufgesprungene Haut in den Wintermonaten.

Gelenke und Muskeln

- Heiße, entzündete, geschwollene Gelenke mit Knötchen- oder Überbeinbildung.
- Steifheit und Schmerzen werden in der Kälte und Feuchtigkeit schlimmer.
- Nachts hartnäckige Wadenkrämpfe.
- Schlaffe Sehnen haben wiederholte rasche Zerrungen und Verstauchungen zur Folge.
- Die Sprunggelenke sind besonders anfällig; verstaucht sich leicht den Fuß.
- Schlechte oder brüchige Knochen wegen schlechten Kalziumstoffwechsels.
- Krümmung der oberen Wirbelsäule infolge eines zu schlaffen Muskeltonus.

Verschlechterung (durch):
- Kälte und Feuchtigkeit
- Kalte Zugluft
- Baden in kaltem Wasser
- Wetterwechsel von warm zu kalt
- Vor und nach der Periode
- Längeres Stehen
- Beobachtetwerden
- Kritik

Besserung (durch):
- Trockene Wärme und schönes Wetter
- Ausruhen
- Gemäßigte Temperaturen
- Verstopfung

Calendula (Gartenringelblume)

Zwar wird das Mittel hauptsächlich äußerlich als Lotion, Creme, Salbe oder verdünnte Tinktur verwendet, kann aber zur schnellen und sauberen Heilung von Schnitten, Schürfungen und Wunden auch innerlich verabreicht werden.
Die antiseptischen Eigenschaften machen dieses Mittel zu einem idealen Balsam bei Wunden und Schürfungen. CALENDULA beschleunigt die Gewebsheilung, stillt Blutungen und beugt Entzündungen vor.

Cantharis (Spanische Fliege)

Angezeigt bei:
- Bindehautentzündung (Konjunktivitis)
- Blasenentzündung (Zystitis)
- Magenschleimhautentzündung (Gastritis)
- Mückenstichen
- Nierenentzündung
- Sonnenbrand

- Verbrennungen
- Verbrühungen
- Windelausschlag

Hauptmerkmale

- Eines der Hauptmittel, die man bei Blasenentzündung mit wenig sonstigen Unterscheidungsmerkmalen in Erwägung zieht.
- Heftige, rasch fortschreitende Symptome, die praktisch ohne Vorwarnung auftreten.
- Friert und fröstelt sehr bei innerem Brennen und Reizungen.

Gemüt

- Äußerste Empfindlichkeit gegen Sinnesreize einschließlich hellem Licht oder leichter Berührung.
- Bei Krankheit reizbar und schlecht gelaunt.
- Ungeordnetes Denken bis zur scheinbaren Abstumpfung.
- Übererregbarkeit oder Fieberwahn.
- Schläfrigkeit und Lethargie bei erhöhter Temperatur.

Kopf

- Vom Nacken ausgehende Spannungskopfschmerzen, die sich beim Gehen bessern.
- Kopfschmerzen mit heftigen, pochenden und stechenden Schmerzen.

Augen

- Bindehautentzündung mit Beißen und Brennen.
- Die Augen verfärben sich gelblich.

Ohren, Nase und Hals

- Brennende Hitze und Ohrenentzündung.
- Brennend heiße, rote und geschwollene Nase bei ausgedehnter Erkältung.
- Schluckbeschwerden beim Trinken wegen brennendem und wundem Hals.
- Engegefühl beim Trinken.

Brustbereich

- Kehlkopfentzündung.
- Brennen in der Brust mit reichlich fadenziehendem Sekret, das sich schwer abhusten läßt.

Verdauung

- Heftiges Magenbrennen, manchmal mit Erbrechen.
- Schmerzempfindlicher, geschwollener Unterleib mit wäßrigem Durchfall.
- Krümmt sich zusammen, um den Schmerz zu lindern.
- Stuhldrang beim Wasserlassen.

Blase

- Akute Schmerzen mit häufigem Harndrang.
- Rasch zunehmende, brennende, schneidende Schmerzen vor, während und nach dem Wasserlassen.
- Ähnliche Schmerzen in den Nieren mit Schmerzempfindlichkeit.
- Beschwerden und Reizung der Blase ziehen sich durch den ganzen Urogenitaltrakt.

Frauenleiden

- Brennender Schmerz in den Eierstöcken.
- Erhöhte Empfindlichkeit des Genitalbereichs bewirkt einen verstärkten Geschlechtstrieb mit Lust auf Sex.
- Brennender Scheidenausfluß.

Hitze und Fieber

- Obwohl sich die Haut kalt anfühlt, wird ein starkes inneres Brennen empfunden.
- Fröstelt, friert, nasser Schweiß an Händen, Füßen und im Genitalbereich.

Schlaf

- Tagsüber schläfrig, kann aber nachts wegen der großen Beschwerden nicht schlafen.

Haut
– Bildung großer, stark brennender Blasen.
– Juckende Blasen mit brennenden Schmerzen.

Verschlechterung (durch):
– Berührung
– Trinken
– Bewegung
– Kaffee

Besserung (durch):
– Wärme
– Windelassen
– Nachts

Carbo vegetabilis (Holzkohle)

Angezeigt bei:
– Blähungen
– Blutverlust
– Bronchitis
– Durchfall
– Erschöpfung
– Grippe
– Kehlkopfentzündung (Laryngitis)
– Keuchhusten
– Kollaps
– Kopfschmerzen
– Krampfadern
– Nasenbluten
– Saurem Magen
– Schock
– Sonnenstich
– Stimmverlust

Hauptmerkmale

- Äußerste Mattigkeit und Schwäche bei blasser, klammer Haut und Lufthunger.
- Häufiges Strecken, Gähnen und Müdigkeit wegen schlechter Blutzirkulation und ungenügender Sauerstoffverwertung.
- Brennende Schmerzen können überall im Körper auftreten.
- Auffallende Erschöpfung bei der geringsten Anstrengung.
- Ist sehr blaß mit einem bläulichen Schimmer.
- Reagiert schlecht auf extreme Temperaturveränderungen.

Gemüt

- Allgemeine Angstzustände mit konkreter Angst vor Dunkelheit.
- Ist verwirrt und in sich gekehrt oder aber reizbar.
- Bei Krankheit der Umgebung gegenüber apathisch und gleichgültig.
- Deprimiert mit Verwirrung und Gedächtnisschwäche.

Hitze und Fieber

- Fühlt sich zwar kalt an, empfindet aber innerlich ein starkes Brennen.
- Schwitzt, ist klamm und fröstelt, braucht frische Luft, möchte Luft zugefächelt bekommen.
- Auf brennende Hitze folgt manchmal unvermittelt ein durchnässender Schweißausbruch mit Frösteln und Kälteempfinden.
- Der Schlaf wird durch ausgiebigen und häufigen Nachtschweiß unterbrochen, speziell an Gliedern und im Gesicht.
- Hitzeausbrüche treten nach scharfem Essen oder Trinken von Wein auf.

Kopf

- Kopfschmerzen mit pochenden Schmerzen in den Schläfen und Benommenheit.
- Gefühl, ein enges Band um den Kopf zu haben.
- Kopfschmerzen werden bei der geringsten Bewegung und Anstrengung verstärkt.
- »Katerkopfschmerz« mit schwerem Kopf.

Augen

- Jucken an den Augenrändern.
- Brennende Augen mit schweren Lidern.

Ohren, Nase und Hals

- Rechtsseitig schmerzendes und gerötetes Ohr mit geschwollenen Drüsen.
- Niesen und häufiges Nasenbluten.
- Allgemeines Unwohlsein mit verschleimten Nasengängen.
- Wunde, rote, kalte Nase mit entzündet aussehender Nasenspitze.
- Brennender Hals mit Heiserkeit und Stimmverlust.
- Halsschmerzen werden durch Aufenthalt in der Feuchtigkeit, Sprechen und Räuspern schlimmer.

Brustraum

- Große Beschwerden wegen Brennen und Schwäche in der Brust.
- Atemnot und Erstickungsgefühle treten nach dem Hinlegen auf, Linderung an frischer Luft.
- Viel rasselnder Schleim in der Brust, der nur mit großer Mühe und Anstrengung abgehustet werden kann.
- Hustenanfälle gehen in Würgen und Erbrechen von Schleim über mit starker Gesichtsrötung.

Verdauung

- Brennen im Magen.
- Hartnäckiges, ständiges Aufstoßen mit nur kurzfristiger Besserung.
- Allgemeines Unwohlsein und Übelkeit wegen übermäßigen Essens und Trinkens.
- Rumpeln und Durchfall mit kolikartigen Schmerzen und Winden, die nicht abgehen.

Blase

- Ständiger, drängender, beunruhigender Harndrang bei Tag und bei Nacht.
- Spärlicher, konzentrierter, dunkler, trüber, flockiger, rötlicher Urin.

- Schwierigkeiten beim Wasserlassen nachts nach dem Schlaf.
- Stechende Schmerzen beim Wasserlassen.

Frauenleiden
- Kopfschmerzen mit Krämpfen vor Einsetzen der Periode.
- Dicker, weißer oder gelblich-grüner Ausfluß vor der Regelblutung.
- Brennender, juckender Ausfluß mit allgemeiner Empfindlichkeit im Genitalbereich.
- Verfrühte oder sehr starke, hellrote Regelblutungen.
- Erschöpfung bei stillenden Müttern mit langsamem Milchfluß.

Schlaf
- Erwacht klamm und schweißnaß aus dem Schlaf.
- Leichter Schlaf mit krampfartigen Zuckungen.

Haut
- Schnelle Geschwürbildung.
- Neigt zu Blutergüssen mit Brennen auf der Haut.

Gelenke und Muskeln
- Schlechte Blutzirkulation, die Gliedmaßen schlafen leicht ein.
- Unruhe mit Schmerzen wie geprellt in Armen, Rücken, Handgelenken und den kleinen Fingergelenken.
- Schmerzen und Schmerzempfindlichkeit an der Wirbelsäulenbasis, die durch Hinsetzen schlimmer werden.

Verschlechterung (durch):
- Warme, stickige Umgebung
- Alkohol
- Feuchtigkeit
- Bewegung
- Nach dem Essen
- Große Kälte

Besserung (durch):
- An frischer Luft

- Luftzufächeln
- Schlaf
- Windelassen

Causticum (Hahnemanns Ätzstoff)

Angezeigt bei:
- Augenentzündungen
- Blasenentzündungen (Zystitis)
- Bronchitis
- Verbrennungen

Hauptmerkmale
- Langsame, schleichende Entwicklung der Symptome nach Streß, seelischem Druck oder allgemeiner Erschöpfung.
- Allgemeine Schwäche und zunehmende Erschöpfung im Krankheitszustand mit überwältigendem Bedürfnis nach Ruhe und Entspannung.
- Die typisch rauhen, brennenden, wunden, krampfartigen Schmerzen treten überall im Körper auf.
- Besonders die Sehnen und kleinen Hand- und Fußgelenke werden befallen, was zu Steifheit, Deformierung und krampfartigen Schmerzen führt.
- Stufenweise fortschreitende Lähmung kann mit Erkrankungen wie Arthritis einhergehen oder das Gesicht befallen *(Fazialisparese)*.
- Die Symptome werden durch heftige Ostwinde oder rauhes, kaltes Wetter hervorgerufen oder verstärkt.

Gemüt
- Häufig bei Fällen lang andauernden seelischen Drucks, Kummer oder Sorgen angezeigt, die die Gesundheit langsam untergraben, wie etwa bei häuslicher Belastung, Pflege oder Sorge für kranke Verwandte, finanziellen Problemen oder zu wenig Schlaf.
- Großes Mitgefühl für das Leiden anderer; kann Ungerechtigkeiten nicht ertragen.
- Verteidigt durch Aktivmitgliedschaft in Wohltätigkeitsvereinen oder

Hilfsorganisationen andere gegen ungerechte Behandlung oder unfaires Verhalten.
- Übermäßige Empfindlichkeit gegen Lärm, Berührung oder Aufregung.
- Schlechtes Gedächtnis mit Geistesabwesenheit.
- Kann bei Unwohlsein kritisch, mißtrauisch oder reizbar werden.
- Scheu, ängstlich und nervös; neigt zu Zwangshandlungen wie Kontrollen, ob geschlossene Türen gut gesichert oder alle Elektrogeräte abgeschaltet sind.
- Seit langem Angst vor der Dunkelheit, fürchtet sich vor dem Zubettgehen; möglicherweise sind dies Überbleibsel aus der Kindheit.
- Überdeckt Unsicherheit oder mangelndes Selbstvertrauen mit Sarkasmus.

Kopf
- Kopfhaut fühlt sich eng und zusammengepreßt an; Besserung durch Wärme.
- Kopfschmerzen mit Neuralgien oder Gesichtslähmungen.
- Übelkeit vor Kopfschmerzen.
- Benommenheit mit mangelndem Koordinationsvermögen.

Augen
- Schwere Lider.
- Wie Sand in den Augen, muß die Augen schließen.

Ohren, Nase und Hals
- Brennende Ohrenschmerzen mit Hörschwierigkeiten.
- Juckende Nasengänge und Nasenspitze.
- Trockene, verstopfte Nase.
- Dicker, gelblich-grüner Schleim im hinteren Rachenraum.
- Wunder, brennender, schmerzender Hals mit Heiserkeit oder völligem Stimmverlust.
- Halsschmerzen, die morgens schlimmer sind.

Brustraum

- Lästiger, trockener, hohler Husten wegen Kitzeln im Hals.
- Enge in der Brust und ständige Atemnot beim Husten.
- Hustenanfälle werden durch Schlucke kalter Getränke besser, durch Aufwärmen im Bett schlimmer.
- Beim Husten brennen Hals und Brustraum.
- Keuchen im Sitzen oder Liegen.
- Unwillkürlicher Harnabgang beim Husten.

Verdauung

- Brennendes Wundgefühl im Magen, Magensäure steigt in der Speiseröhre auf.
- Übelkeit und saurer Magen.
- Brennender Durst nach kalten Getränken.
- Kolikartige Schmerzen, die beim Hinlegen und Sicheinrollen nachlassen.
- Juckende, wunde, schneidende Schmerzen wegen Hämorrhoiden oder Analfissuren.
- Manchmal unwillkürlicher Stuhlabgang.

Blase

- Blasenentzündung mit akuter Kälteempfindlichkeit.
- Streßinkontinenz wird durch Husten, Niesen, Aufregung oder Lachen schlimmer.
- Häufiger Harndrang mit großen Mengen Urins und unwillkürlichem Harnabgang im Schlaf.
- Langsames oder schwieriges Wasserlassen, Erleichterung durch kalte Getränke.
- Reizung und Jucken um die Harnröhrenöffnung.

Frauenleiden

- Schwerer, klumpiger Blutfluß bei verspäteter Regelblutung.
- Der Blutfluß setzt zeitweilig beim Ausruhen oder Hinlegen aus.
- Ist vor der Periode deprimiert, schwindelig und blaß.
- Müde und erschöpft, fehlender Geschlechtstrieb.

- Nächtlicher Scheidenfluß, der tagsüber aufhört.
- Stillschwierigkeiten wegen Milchmangels und rissigen, wunden Brustwarzen.

Schlaf
- Zuckende Beine bei schwerer Schlaflosigkeit.
- Schreckt aus Angstträumen auf.
- Sieht beim Einschlafen erschreckende Bilder.
- Nächtliche Angst durch Furcht vor der Dunkelheit, die möglicherweise seit der Kindheit besteht.

Haut
- Schlecht heilende Haut mit empfindlichen alten Narben, die nicht heilen wollen.
- Leicht blutende Warzen auf Augenlidern, im Gesicht und auf den Händen.
- Pickel und Ausschlag hinter den Ohren.
- Hartnäckige Akne auf Stirn und Wangen.
- Hinterseite der Oberschenkel und Waden jucken stark, was besonders nachts Qualen bereitet.

Gelenke und Muskeln
- Muskelkater nach zu viel Sport.
- Schwäche und zitternde Hände mit ziehendem Schmerz in den Fingern.
- Steife, geschwollene Gelenke fühlen sich beim Aufstehen von einem Stuhl viel schlimmer an.
- Rauhe, rasende Gelenkschmerzen, besonders in den Knien. Verschlimmerung bei windigem, kaltem Wetter, Besserung in der Wärme und Feuchtigkeit.
- Krampfartige Schmerzen befallen speziell die Beinmuskeln und Füße.

Verschlechterung (durch):
- Nach dem Baden
- Bei Einzug einer Kältefront

- Trockene, kalte Ostwinde
- Kalte Zugluft
- Heftige oder plötzliche Temperaturwechsel
- Kaffee
- Nachts
- Beim Aufwachen
- Autoreisen

Besserung (durch):
- Aufwärmen im Bett (nicht bei Brustbeschwerden)
- Kalte Getränke
- Warmes, feuchtes Wetter

Chamomilla (Echte Kamille)

Angezeigt bei:
- Aufstoßen
- Brustdrüsenentzündung (Mastitis)
- Durchfall
- Ischiasschmerzen
- Keuchhusten
- Kopfschmerzen
- Krupp
- Menstruationsschmerzen
- Mumps
- Neuralgien
- Ohrenschmerzen
- Schwindel
- Wehen
- Zahnen
- Zahnschmerzen

Hauptmerkmale
- Äußerste Schmerzempfindlichkeit und Schmerzintoleranz bringt zur Verzweiflung.

- Geistig und körperlich überaus reizbar mit Neigung zu Hitzeentwicklung und Ärgerlichkeit.
- Wird hochrot vor Schmerz und Wut.
- Alle Symptome verstärken sich nachts im Bett.
- Große Schwäche bei Schmerzen.
- Muskelzuckungen.

Gemüt

- Körperliche und seelische Überempfindlichkeit.
- Wird wegen der Schmerzen ungeduldig und äußerst frustriert, glaubt, die Dinge nicht mehr in der Hand zu haben; wird manchmal ausfällig.
- Wirft vor Zorn und Frustration mit Gegenständen um sich.
- Starke Abneigung gegen Berührung.
- Schreit vor Schmerzen.
- Geht auf und ab, um sich zu beruhigen.
- Ist schnell beleidigt, antwortet nicht auf Fragen.
- Kinder schreien und heulen vor Schmerzen und Verzagtheit.
- Kinder lassen sich nur durch Wiegen oder Herumtragen beruhigen.

Hitze und Fieber

- Schweißnasser, heißer Kopf.
- Sieht allgemein heiß und hochrot aus: dabei ist die eine Wange manchmal rot, die andere blaß.
- Durst nach kalten Getränken.
- Fährt mit den heißen Füßen ständig im Bett herum, um eine kühle Stelle zu finden.

Kopf

- Der Kopf fühlt sich warm eingepackt und ganz allgemein bei Wärme besser an.
- Kopfschmerzen werden durch Zorn ausgelöst oder verstärkt.

Augen

- Beim Aufwachen geschwollene, verklebte Augen.

Ohren, Nase und Hals

- Ohrenschmerzen mit geschwollenen, schmerzenden Drüsen an Kopf und Hals.
- Stechende Ohrenschmerzen beim Bücken.
- Niesen bei trockener, gereizter Nase.
- Verstopfte Nasenlöcher mit heißen, wäßrigen Absonderungen.
- Halsschmerzen mit geschwollenen Mandeln und Drüsen.
- Gaumen und Hals sehen dunkelrot entzündet aus.
- Pflockgefühl im Hals mit Schluckschwierigkeiten bei fester Nahrung.

Brustbereich

- Hustenanfälle bei Kindern entstehen durch Zorn und Enttäuschung.
- Schlafunterbrechungen wegen Husten führen zu schlechter Laune beim Aufwachen.
- Abends trockener, hackender Husten, der durch Reden ausgelöst wird.
- Atemnot mit Anspannung in Brust und Kehlkopf.

Verdauung

- Magenschmerzen werden durch Anziehen der Knie an die Brust im Liegen gelindert.
- Kolikartige Schmerzen bessern sich durch warme lokale Auflagen, aber nicht durch Windelassen.
- Magenschmerzen mit grünlichem, wäßrigem Durchfall.
- Durchfall bei zahnenden Kleinkindern.

Blase

- Gelblicher, flockig-trüber, heißer Urin.
- Beschwerden, Jucken und Brennen beim Wasserlassen.

Frauenleiden

- Prämenstruelles Syndrom mit extremen Stimmungsschwankungen und Reizbarkeit.
- Unerträgliche, wehenähnliche Menstruationskrämpfe.
- Tiefrote, klumpige und schwere Blutungen mit Durchbruchblutungen zwischen den Perioden.

- Unerträgliche, erfolglose Wehen, die zur Verzweiflung und Raserei führen. Die Mutter fängt vor Schmerzen an zu schimpfen.
- Geschwollene, äußerst schmerzempfindliche Brüste mit ebenso empfindlichen, wunden Brustwarzen.

Schlaf
- Stöhnt, wälzt sich und schreckt aus dem Schlaf auf.
- Unterbrochener, unruhiger, schlechter Schlaf, häufig mit schlechten Träumen.

Verschlechterung (durch):
- Ärger und Frustration
- Liegen im Bett
- Feuchtigkeit
- Aufenthalt in Wind und Zugluft
- Zugedecktsein
- Windiges Wetter
- Vor oder während der Menstruation
- Kaffee oder Beruhigungsmittel

Besserung (durch):
- Gewiegt- oder Getragenwerden
- Wärme und Feuchtigkeit
- Autofahren

China (Chinarindenbaum)

Angezeigt bei:
- Blutarmut (Anämie)
- Blutungen
- Durchfall
- Erschöpfung
- Gallenkolik
- Grippe
- Katarrh

- Krampfadern
- Menstruationsbeschwerden
- Neuralgien
- Ohrgeräusche (Tinnitus)
- Verstopfung
- Wehen

Hauptmerkmale
- Äußerste geistige wie körperliche Erschöpfung, die manchmal nach einer längeren Periode körperlichen oder seelischen Stresses auftritt.
- Neigt aufgrund einer unterschwelligen Anämie zu Schwäche.
- Zudem folgt Mattigkeit manchmal auf Flüssigkeitsverlust, etwa bei Durchfall, Erbrechen, Schwitzen oder Blutverlust.
- Heftige, reißende, schneidende Schmerzen.
- Allgemeine Neigung zu Wasseransammlung im Körper.
- Extreme Empfindlichkeit der Sinne mit Abneigung sogar gegen leichte Berührungen oder den leisesten kalten Luftzug.

Gemüt
- Allgemeiner Schwächezustand hat Unduldsamkeit und Überempfindlichkeit gegen Lärm zur Folge.
- Reizbarkeit und Empfindlichkeit mit dem Bedürfnis, in Ruhe gelassen zu werden.
- Furcht und allgemeine Ängste besonders nachts, konkrete Angst vor Tieren, z. B. vor Hunden.

Hitze und Fieber
- Häufig durchnässender Nachtschweiß.
- Ausgeprägter Durst mit Schwitzen und Hitzewallungen.
- Labiler Kreislauf mit Fiebern und heißem Schweiß, gefolgt von Frieren und Zittern.

Kopf
- Pochende, seitliche Kopfschmerzen mit schmerzender, empfindlicher Kopfhaut.

- Kopfschmerzen bessern sich in der Regel durch Wärme und festen Druck, werden aber durch kalten Luftzug, Stoß, Berührung und allgemein durch Bewegung schlimmer.

Verdauung

- Unangenehme Schwere im Magen nach dem Essen mit Blähungen und Aufgedunsenheit.
- Wenig oder gar kein Appetit bei ständigem Völlegefühl im Magen.
- Aufstoßen mit bitterem oder saurem Nachgeschmack.
- Kältegefühl im Magen mit Verlangen nach scharfen Speisen.
- Übelkeit bei Gallenblasenleiden oder Gelbsucht.
- Schmerzloser, reichlicher, übelriechender, wäßriger Durchfall, der nachts stärker wird.

Frauenleiden

- Verfrühte, extrem starke, dunkle, klumpige Monatsblutungen.
- Schwere Regelblutungen vor den Wechseljahren, die extreme Müdigkeit und möglicherweise Blutarmut wegen des Blutverlustes zur Folge haben.

Gelenke und Muskeln

- Gelenkbeschwerden verschlimmern sich bei Bewegung.
- Rasch einsetzende Taubheit der Gliedmaßen bei Druck.
- Schwache, zitternde Beine bei der geringsten körperlichen Anstrengung.

Verschlechterung (durch):

- Kälte im allgemeinen
- Bewegung
- Leichte Berührung
- Kalte Zugluft
- Nachts
- Saure Speisen und Früchte
- Essen

Besserung (durch):
- Warme Getränke
- Ruhe
- Festen Druck

Cimicifuga (Wanzenkraut)

Angezeigt bei:
- Depressionen
- Menstruationsbeschwerden
- Neuralgien
- Ohrengeräuschen (Tinnitus)
- Postnataler Depression
- Prämenstruellem Syndrom
- Rückenschmerzen

Hauptmerkmale
- Die Symptome wechseln zwischen seelischen und körperlichen Beschwerden hin und her.
- Wechselnde Symptome, die von einem Körperteil zum anderen wandern.
- Äußerste Unruhe mit dem Bedürfnis, ständig die Lage zu verändern.
- Friert ständig, kann sich fast nicht erwärmen.
- Die Beschwerden befallen häufig die linke Körperseite.
- Schwäche, Zittern und Zerschlagenheit in den Muskeln.
- Schmerzen schießen wie Elektroschocks durch den Körper.
- Alle Symptome verstärken sich während der Menstruation.

Gemüt
- Gesundheitliche Probleme folgen auf Zeiten starken seelischen Drucks oder seelischer Anspannung.
- Bei schweren seelischen Nöten treten die Körpersymptome in den Hintergrund und umgekehrt.
- Schwere Depression wechselt mit Überschwenglichkeit, Euphorie oder Redseligkeit ab.

- Ist düster und deprimiert, Gefühl, als schwebe eine schwarze Wolke über einem.
- Große Angst, den Verstand zu verlieren oder zu sterben.
- Zu redselig, zappelig und angespannt, wechselt ständig das Thema.
- Gegen jeden und alles mißtrauisch, einschließlich gegen Ärzte und ihre Behandlung.
- Häufig nach einer Geburt angezeigt, wenn trübe Stimmung und Depression überhandnehmen.

Kopf
- Kopfschmerzen bessern sich bei Druck sowie an kühler, frischen Luft, verschlimmern sich aber bei Lärm, während der Periode oder durch Bewegung.
- Neuralgie in den Wangenknochen geht nachts zurück, nimmt aber am nächsten Morgen wieder zu.

Augen
- Schmerzende Augäpfel mit Verschlimmerung bei der kleinsten Bewegung, Linderung durch Druck.
- Schmerzen über den Augen strahlen bis ins Genick aus.

Verdauung
- Übelkeit und Aufstoßen mit starken Kopfschmerzen.
- Übelkeit und sinkendes Gefühl im Magen sowie Erbrechen hängen mit gynäkologischen Beschwerden wie Menstruationsschmerzen zusammen.
- Kolikartige Magenkrämpfe werden durch Stuhlgang und festen Druck beim Zusammenkrümmen besser.
- Abwechselnd Durchfall und Verstopfung.

Blase
- Häufiger Harndrang mit vermehrtem Wasserlassen.
- Druckschmerzen im Kreuz und in den Nieren.

Frauenleiden

- Die Beschwerden entstehen oder verschlimmern sich in den Wechseljahren: schwere Menstruationsblutungen, Depression, Kopfschmerzen, Migräne oder Hitzewallungen.
- Bestehendes Problem mit unregelmäßigen, entweder zu häufigen oder verfrühten Monatsblutungen.
- Schwere, dunkle, klumpige Regelblutungen, die große Beschwerden verursachen.
- Krampfartige, nach unten ziehende Schmerzen intensivieren sich mit Verstärkung der Blutungen.
- Brennende Schmerzen in den Brüsten während der Periode.
- Stechende Schmerzen wechseln während der Wehen von Seite zu Seite.

Gelenke und Muskeln

- Stechende, wunde Muskelschmerzen in Nacken, Schultern und Fersen.
- Muskelschmerzen werden durch stete Bewegung besser, an der Kälte und Feuchtigkeit jedoch schlimmer.
- Bestehende Rückenschmerzen und Steifheit werden durch körperliche Anstrengungen oder Kälte und Feuchtigkeit ausgelöst oder verschlimmert.
- Rückenschmerzen gehen bei flachem Liegen zurück, fühlen sich aber bei der ersten Bewegung nach der Ruhe schlimmer an.
- Rückenschmerzen strahlen bis in die Oberschenkel aus.
- Rheumatische Schmerzen verschlimmern sich nachts und während der Periode.

Verschlechterung (durch):

- Berührung
- Feuchtigkeit
- Kälte
- Nachts
- Während der Monatsblutungen
- Bei der ersten Bewegung nach Ruhe

Besserung (durch):
- Druck
- Wärme
- Essen
- Bewegung
- Frische Luft

Gelsemium (Wilder Jasmin)

Angezeigt bei:
- Durchfall
- Erwartungsangst
- Grippe
- Ischiasschmerzen
- Kopfschmerzen
- Masern
- Neuralgien
- Schwindel
- Wehen

Hauptmerkmale
- Die Symptome entwickeln sich schleichend nach und nach über einen längeren Zeitraum, nicht schnell oder heftig.
- Grippeähnlicher Zustand mit allgemeinen Schmerzen, Zittern und Schauern entlang der Wirbelsäule.
- Intensives Gefühl körperlicher und geistiger Schwäche und Erschöpfung.
- Zittern und Gliederschwere bei jeder Anstrengung.

Gemüt
- Die Symptome brechen nach einer schlechten Nachricht, einem Schock, einer Aufregung oder einem plötzlichen Schreck aus.
- Geistige und körperliche Ermattung, Müdigkeit und Erschöpfung.
- Gleichgültig und apathisch; kann sich um nichts kümmern, will nur allein und in Ruhe gelassen werden.

- Kann sich nicht dazu aufraffen, irgend etwas zu tun, was Anstrengung oder Begeisterung erforderte.
- Bei Depression konkrete Angst vor Dunkelheit und Todesfurcht.
- Verwirrt, in sich gekehrt und schweigsam, wenn unter Druck oder ängstlich.
- Bei Angst eher in sich gekehrt und grüblerisch als redselig und schwatzhaft.

Kopf

- Vor Einsetzen der Kopfschmerzen Benommenheit, Schwindel und Koordinationsstörungen beim Gehen.
- Starke Kopfschmerzen mit einem Gefühl, als werde der Kopf durch ein enges Band über den Augen zusammengepreßt.
- Verschlimmerung der Kopfschmerzen bei Wärme, Besserung bei Ruhe und Stillhalten, am besten aufsitzend im Bett, häufig Erleichterung nach Wasserlassen.
- Kopfschmerzen während der Wechseljahre mit Schläfrigkeit, Benommenheit und der Schwierigkeit, Gegenstände scharf zu sehen.
- Die Schmerzen beginnen im Nacken und strahlen bis zur Stirne aus.

Augen

- Schwere, hängende, herabfallende Lider bei Krankheit oder Müdigkeit.
- Benommenheit und verschwommene Sicht sowie Müdigkeit, Verschlimmerung durch Bewegung.

Ohren, Nase und Hals

- Beschlagene Ohren mit stechenden Schmerzen, die beim Schlucken vom Rachen bis in die Ohren wandern.
- Aufgequollener, roter, geschwollener, wunder Hals.
- Schluckbeschwerden wegen Kloßgefühl im Hals.
- Langsam entstehende Erkältungs- oder Grippesymptome beginnen mit heftigem Niesen und heißen Absonderungen aus der Nase.
- Völlig verstopfte Nase mit roten, entzündeten Nasenflügeln.

Brustraum

- Heftige Hustenanfälle mit wundem Gefühl in der Brust.
- Plötzliche Anfälle von Atemnot mit Hochatem.

Verdauung

- Häufiger, schmerzloser Durchfall infolge nervöser Anspannung und Erwartungsängsten.
- Hervorstechendes Merkmal: trockener Mund und Lippen ohne Durst.

Blase

- Harntröpfeln wegen Blasenschwäche oder Verlust der Kontrolle über den Blasenmuskel.

Frauenleiden

- Benommenheit und Schwäche vor der Periode.
- Menstruationsschmerzen strahlen bis in den Rücken und die Oberschenkel aus.
- Bei Schmerzen Schwere und zusammengezogenes Gefühl in der Gebärmutter.
- Fehlgeburt durch Furcht oder Ängste.
- Unergiebige Wehen mit sehr langsamer Öffnung des Muttermundes oder Wehen mit Rückenschmerzen.

Schlaf

- Schreckt plötzlich aus dem Schlaf hoch.
- Allgemeine Unruhe und unterbrochener, gestörter Schlaf durch Schmerzen und Beschwerden.

Hitze und Fieber

- Geröteter, heißer Kopf und Gesicht bei kalten Gliedmaßen.
- Trotz Fröstelns Abneigung gegen warme Räume.
- Zittert und bebt, Schauer laufen die Wirbelsäule auf und ab.
- Schweißausbrüche tragen wenig zur Linderung des allgemeinen Unwohlseins bei.
- Muskelzittern und -schwäche mit unsicheren, wackeligen Beinen.

Gelenke und Muskeln
– Schwache, schwere, schmerzende Arme und Beine.

Verschlechterung (durch):
– Überheizte Räume
– Feuchtigkeit
– Aufenthalt in kalter Zugluft
– Helles Sonnenlicht
– Grübeln über die Krankheit
– Am Vormittag

Besserung (durch):
– Frische Luft
– Gemäßigte Wärme
– Der Kopfschmerzen durch reichliches Wasserlassen
– Stete leichte Bewegung

Hepar sulfuris (Kalkschwefelleber)

Angezeigt bei:
– Abszessen
– Frostbeulen
– Furunkeln
– Gerstenkorn
– Geschwollenen Drüsen
– Halsschmerzen
– Husten
– Kehlkopfentzündung (Laryngitis)
– Keuchhusten
– Krupp
– Nasennebenhöhlenentzündung (Sinusitis)
– Ohrenschmerzen

Hauptmerkmale
– Extreme geistige, seelische und körperliche Empfindlichkeit.

- Langsam heilende Haut und schlecht heilende, sich leicht entzündende Wunden mit Narbenbildung.
- Entzündungen setzen rasch mit dicker, gelblicher Eiter- oder Schleimbildung ein.
- Übelriechende Absonderungen.
- Typisch sind heftige, splitterartige Schmerzen mit zerschlagenem Gefühl.
- Friert im allgemeinen, schrecklich empfindlich gegen kalte Zugluft.

Gemüt
- Entsetzliche körperliche und geistige Empfindlichkeit mit häufigen Ausbrüchen vor Gereiztheit und schlechter Laune.
- Überempfindlich gegen die kleinsten körperlichen Schmerzen und Unbehagen, das nicht vertragen wird.
- Wird bei Krankheit leicht ärgerlich, launischer Patient.
- Gewalttätigkeit vor Enttäuschung und Wut.
- Unzufrieden und allgemein schwer zufriedenzustellen.

Augen
- Bindehautentzündung oder wiederkehrende Gerstenkörner mit dickflüssigen, klebrigen, gelben Absonderungen.
- Extreme Lichtempfindlichkeit.

Ohren, Nase und Hals
- Der geringste Kontakt mit kalter Luft löst sofort Niesen aus.
- Schmerzende Nasennebenhöhlen und Entzündung mit dickem, gelbem, übelriechendem Schleim.
- Druck und Schmerzen an der Nasenwurzel bei Sinusitis.
- Schmerzhafter, wunder Hals mit dem Gefühl, als stecke eine Fischgräte oder scharfer Gegenstand im Hals.
- Rechtsseitige, zum Ohr ausstrahlende Halsschmerzen mit geschwollenen Drüsen.
- Stark entzündete oder vereiterte Mandeln mit gelblichen Pusteln.
- Kehlkopfentzündung mit starker Verschlimmerung bei Kälte.

Brustraum

- Hals und Brust fühlen sich nach warmen Getränken besser an.
- Rasselnder Husten mit reichlich dickem, gelbem Schleim, der sich sehr schwer bewegen oder abhusten läßt.
- Schwere Hustenanfälle, die durch den geringsten kalten Luftzug oder Abdecken ausgelöst oder verschlimmert werden.
- Übelkeit und Schweißausbrüche vor Anstrengung, den Schleim abzuhusten.

Verdauung

- Häufiges Aufstoßen bei aufgetriebenem, geschwollenem Magen.
- Schmerzloser Durchfall unmittelbar nach dem Essen.
- Geschwollene Drüsen im Unterleib mit stechenden Schmerzen.

Schlaf

- Schreckt erregt aus dem Schlaf auf.
- Ist tagsüber schlapp und schläfrig, nachts aber unruhig und schweißgebadet.

Haut

- Besonders bei Furunkeln und Abszessen angezeigt, die nur langsam reifen oder sich zurückbilden, vorausgesetzt, es stimmt mit den anderen Symptomen überein.
- Langsam heilende Haut nach Schnitten, die sich rasch entzünden.
- Wunden und Ausschläge sind überempfindlich gegen kalte Luft.

Hitze und Fieber

- Unangenehme, übelriechende Schweißabsonderungen.
- Überempfindlich gegen kalte Zugluft; muß warm eingepackt sein, sonst verstärken sich die Symptome sehr. Sogar eine Hand oder einen Fuß unter der Bettdecke hervorzustrecken verursacht größtes Unwohlsein.
- Schwitzt leicht und reichlich nach der kleinsten körperlichen Anstrengung.

Gelenke und Muskeln
- Leicht verrenkte Gelenke, die sich beim Gehen schwach und zittrig anfühlen.
- Das Kniegelenk ist besonders anfällig für Verrenkungen.
- Steife, geschwollene, schmerzende Gelenke mit Verschlimmerung bei kaltem, windigem Wetter.
- Wadenkrämpfe und Krämpfe in den Oberschenkeln sind nachts besonders schlimm.

Verschlechterung (durch):
- Kalte Zugluft
- Kalte Getränke und Speisen
- Leichte Berührung
- Liegen auf der schmerzenden Stelle
- Morgens
- Abends
- Im Winter

Besserung (durch):
- Wärme und Feuchtigkeit
- Wärme
- Essen

Hypericum (Johanniskraut)

Angezeigt bei:
- Bissen und Stichen
- Husten
- Ischiasschmerzen
- Nachwehen
- Narbenschmerzen
- Nervenverletzungen
- Neuralgien
- Prellungen
- Stichwunden

Hauptmerkmale

- Besonders angezeigt bei Verletzungen von Körperteilen mit vielen Nervenbahnen, z. B. Quetschungen der Finger oder Zehen.
- Die Schmerzen sind schlimmer, als die Verletzung es vermuten ließe.
- Alle Symptome verstärken sich durch Berührung.

Gemüt

- Qualen, Depression oder Schläfrigkeit nach Verletzung oder Verwundung.

Kopf

- Kopfschmerzen nach einem Fall, bei dem das Kreuz in Mitleidenschaft geraten ist.

Gelenke und Muskeln

- Rasende Schmerzen in Fingern, Zehen oder Kreuz nach einem Unfall.
- Heftige, schneidende, intermittierende Schmerzen durchzucken den Patienten von der verletzten Stelle aus.
- Extreme Berührungsempfindlichkeit der verletzten Körperteile.
- Die verletzte Stelle ist derart schlimm betroffen, daß die kleinste Bewegung große Beschwerden verursacht und Weinen auslöst.
- Besonders starke Schmerzen beim Aufstehen vom Sitzen.

Verschlechterung (durch):

- Berührung
- Kontakt mit feuchter, kalter Luft
- Bewegung

Besserung (durch):

- Stillhalten

Ignatia (Ignatiusbohne)

Angezeigt bei:

- Appetitlosigkeit
- Erschöpfung
- Halsschmerzen
- Kummer
- Ohnmacht
- Postnataler Depression
- Rückenschmerzen
- Schlaflosigkeit
- Schluckauf
- Verdauungsstörungen

Hauptmerkmale

- Widersprüchliche Symptome, etwa Linderung von Übelkeit oder Verdauungsstörungen durch Essen, Halsschmerzen mit Besserung durch Schlucken fester Nahrung, oder Kitzeln im Hals, das sich durch Husten verschlimmert.
- Zittern und Beben mit Muskelkrämpfen und -zuckungen.
- Schluckauf und Seufzen sind allgemeine Merkmale des IGNATIA-Zustands.
- Auch die Symptome nach seelischem Schock, Trauma oder Kummer erfordern häufig IGNATIA.

Gemüt

- Wer IGNATIA braucht, ist meist in einem reizbaren, nervösen oder überempfindlichen Zustand.
- Lindert Heimweh, übermäßige Orientierungslosigkeit, Verzweiflung.
- Heftige, rasche Stimmungsschwankungen mit Wechsel zwischen unkontrollierbarem Weinen und hysterischem Gelächter.
- Unterdrückt trotz Verstimmung die Gefühle so lange, bis sie als hysterisches Zittern und Weinen hervorbrechen.
- Widersprüchliche Stimmungen: Lachen wechselt mit Tränen, Ärger mit Schuldgefühlen und Gewissensbissen ab.

- Überempfindlichkeit gegen Lärm, Kritik, Schmerzen oder starke Gerüche.
- Ist empört und fühlt sich mißverstanden, seufzt ständig.

Kopf
- Kopfschmerzen entstehen als Reaktion auf Streß, Kummer, seelischen Schock oder starke Gerüche.
- Stechende, krampfartige Kopfschmerzen, als stecke ein Nagel seitlich oder hinten im Kopf.
- Benommenheit und Wanken bei heißem, schwerem Kopf.
- Migräne und Schwierigkeit zu fokussieren, helle Blitze ziehen durch das Gesichtsfeld.

Ohren, Nase und Hals
- Entzündung und brennende Hitze in den Ohren.
- Überempfindlichkeit des Gehörs oder Gehörverlust infolge von Streß und Kummer.
- Trockener Schnupfen mit dumpfen Kopfschmerzen.
- Hartnäckiger Stimmverlust und/oder Halsschmerzen, die als Reaktion auf seelischen Druck, ein Trauma oder eine Verstimmung entstehen.
- Typisches Kloßgefühl im Hals erschwert das Schlucken sehr.

Verdauung
- Bitter schmeckender Speichel im Mund.
- Aufstoßen und Schluckauf mit Verschlimmerung durch Essen, wobei der Geschmack unverdauter Speisen vom Magen in die Speiseröhre steigt.
- Gefühl von Absinken des Magens mit unwillkürlichem Verlangen, zur Linderung tief einzuatmen.
- Unangenehmes Leere- und Hungergefühl im Magen hängt mit Ängsten zusammen.
- Quälender Hunger und Leeregefühl werden durch Essen nicht behoben.
- Verlangen nach Unverdaulichem, etwa schweren oder sauren Speisen.
- Verstopfung mit unregelmäßigen, krampfartigen Schmerzen.
- Schmerzloser Durchfall wird durch seelischen Druck ausgelöst.

- Widersprüchliches Symptom: weicher Stuhlgang ist schwieriger abzugeben als harter.

Frauenleiden
- Menstruationsbeschwerden hängen mit hormonellen Störungen und Unausgeglichenheit, häufig nach seelischem Schock oder Trauma, zusammen.
- Krampf- und kolikartige Menstruationsschmerzen, die sich durch Ausruhen, festen Druck oder Lageveränderung bessern.
- Schwere, klumpige, dunkle, übelriechende Regelblutungen.
- Häufig bei postnataler Depression oder unvorhersehbaren Stimmungsschwankungen nach der Geburt erforderlich.

Schlaf
- Stöhnt und wimmert im Schlaf.
- Erwacht leicht aus einem oberflächlichen, unruhigen Schlaf.
- Zuckende, stoß- und ruckartige Bewegungen der Gliedmaßen beim Einschlafen.

Gelenke und Muskeln
- Intermittierende Ischiasschmerzen, die nachts und bei kaltem Wetter schlimmer werden.
- Kribbeln und krampfartige Schmerzen strahlen vom Rücken bis in die Beine aus.

Verschlechterung (durch):
- Gähnen
- Unterdrückte Gefühle
- Seelisches Trauma oder Schock
- Verlust
- Furcht oder Ängste
- Starke Gerüche wie Zigarettenrauch
- Zuckerhaltige Speisen
- Druck auf nicht schmerzende Stellen
- Aufenthalt in der Kälte

Besserung (durch):
- Essen
- Wärme
- Ablenkung
- Druck auf die schmerzenden Stellen

Ipecacuanha (Brechwurzel)

Angezeigt bei:
- Blutungen
- Erbrechen
- Katarrh
- Keuchhusten
- Menstruationsschmerzen
- Übelkeit

Hauptmerkmale
- Schrecklich empfindlich gegen Bewegung, die alles allgemein verschlimmert.
- Starke, ständige Übelkeit ist für den IPECACUANHA-Zustand typisch.
- Atemnot mit Müdigkeit und Erschöpfung.
- Blutet rasch und häufig.

Gemüt
- Bei der geringsten Herausforderung zornig.
- Äußerst lärmempfindlich, besonders gegen laute Musik.
- Sehr unzufrieden, ungeduldig und schlecht gelaunt.
- Ängste und Todesfurcht.

Hitze und Fieber
- Plötzlich einsetzendes Fieber mit Zittern und Beben.
- Durstlosigkeit bei hohem Fieber.
- Friert sehr und reagiert empfindlich auf den geringsten kalten Luftzug.

Kopf

- Übelkeitskopfschmerzen im ganzen Kopf.
- Schreckliche Übelkeit mit Kopfschmerzen, Patient sieht blaß und krank aus.

Augen

- Wäßrige, schmerzende Augen mit Lichtempfindlichkeit.

Ohren, Nase und Hals

- Bei Fieber kalte Ohren.
- Nasenbluten mit verstopfter Nase.
- Triefnase mit Blutspuren im Nasensekret.
- Wunder, schmerzender Hals, der sich eng und zugeschnürt anfühlt.
- Rauhe, stechende Schmerzen im Hals.

Brustraum

- Beschwerden in den Bronchien erschweren das Flachliegen; muß sich aufsetzen, um atmen zu können.
- Plötzliche Hustenanfälle mit Rasseln und Keuchen in der Brust.
- Würgen und Erbrechen nach einem Hustenanfall.
- Trockener Reizhusten durch Kitzeln und Reizung der Luftwege.

Verdauung

- Schreckliche, hartnäckige Übelkeit mit übermäßig großer Speichelansammlung im Mund, die sämtliche Symptome begleitet.
- Brechneigung, die sich durch nichts bessert, auch durch Erbrechen nicht; starke Verschlechterung bei der geringsten Bewegung.
- Geschwollener, aufgedunsener Unterleib mit ständigem Stuhldrang.
- Reichlicher, wäßriger, grünlicher Durchfall.
- Schmerzhafter dünnflüssiger Stuhl nach zuviel Süßigkeiten oder unreifem Obst.

Blase

- Extreme Übelkeit und/oder Erbrechen bei Nieren- oder Blasenentzündungen.

– Blasenbeschwerden mit stechenden Seitenschmerzen.
– Rotverfärbter Urin wegen Blutspuren oder roten Harnsedimenten.

Frauenleiden
– Unregelmäßige Blutungen oder Schmierblutungen zwischen heftigen Menstruationen.
– Übelkeit und Schwäche bei starker Blutung.
– Gußweise hervorschießende, hellrote Regelblutungen.
– Entsetzliche morgendliche Übelkeit in der Schwangerschaft, die sich durch die kleinste Bewegung verschlimmert.
– Äußerst starke Blutungen vor und nach einer Geburt.

Verschlechterung (durch):
– Überhitzung oder Unterkühlung
– Essen
– Die kleinste Bewegung
– Berührung
– Trockenes, feuchtes Wetter
– Rotes Fleisch

Besserung (durch):
– Festen Druck
– Ausruhen
– Geschlossenhalten der Augen
– Stillhalten
– Frische Luft

Kalium bichromicum (Kaliumbichromat)

Angezeigt bei:
– Blähungen
– Bronchitis
– Husten
– Katarrh
– Kopfschmerzen

- Krupp
- Nasennebenhöhlenentzündung (Sinusitis)
- Röteln
- Schleimabsonderung, retronasaler

Hauptmerkmale

- Schreckliche Müdigkeit und Lethargie mit ausgeprägter Kälteempfindlichkeit.
- Typisch fadenziehende, gelbliche, sich schwer lösende Absonderungen mit Katarrh.
- Schmerz befällt betroffene Stellen oder schießt von Ort zu Ort.
- Veränderliche Zustände (z. B. Magenbeschwerden wechseln mit rheumatischen Schmerzen ab oder Kopfschmerzen mit Sehstörungen).
- Wiederholte oder rasche Bildung von Geschwüren.
- Die Symptome werden durch kalte Zugluft oder Abkühlung sehr viel schlimmer.

Gemüt

- Erschöpft und lustlos.
- Abneigung gegen geistige oder körperliche Anstrengungen.
- Ängste steigen aus dem Brustraum auf oder sitzen dort fest.
- Schwierigkeiten, sich zu konzentrieren oder klar zu denken.
- Befangenheit beim Kennenlernen fremder Menschen.

Kopf

- Schwindel mit Übelkeit und/oder Erbrechen.
- Migräne mit Übelkeit und Erbrechen, die nachts schlimmer wird.
- Sinusitis und Kopfschmerzen mit Schmerzen und Wundheit an der Nasenwurzel.
- Einseitiger Kopfschmerz über dem Auge mit Besserung bei festem Druck und Verschlimmerung beim Bücken.
- Am Kopf und im Gesicht schmerzen alle Knochen.

Augen

- Trockene, empfindliche, brennende und juckende Augen.

- Wiederholte Bindehautentzündungen mit heißem, gerötetem Augapfel.
- Entzündete Augen mit geröteten, geschwollenen Lidrändern.

Ohren, Nase und Hals

- Wiederholte oder starke Ohrenschmerzen mit übelriechenden gelben Absonderungen und geschwollenen Drüsen.
- Starkes Jucken und Kitzeln in den Ohren.
- Schmerzhaft trockene, verstopfte Nase infolge klebriger, gelber Absonderungen.
- Nasenbeschwerden verschlimmern sich in warmen, stickigen Räumen, aber bessern sich an kalter Luft.
- Brennende Nasenlöcher und Oberlippe wegen reichlich fließenden Nasensekrets.
- Unangenehmer Geruch in der Nase.
- Fädenziehender, hartnäckiger, schwer abzuhustender Katarrh in den oberen Luftwegen.
- Unangenehmes Gefühl, als liege ein Haar auf der Zunge.
- Halsschmerzen mit ödematös geschwollenem, vergrößertem Halszäpfchen.
- Halsentzündung wird durch warme Getränke gelindert.

Brustraum

- Krupphusten mit Atemnot und Würgen beim Versuch, den Schleim abzuhusten.
- Schweregefühl auf der Brust beim Erwachen, das sich durch Abhusten von Schleim bessert.
- Der Husten ist morgens beim Erwachen schlimmer und häufig von Rückenschmerzen begleitet.
- Hustenanfälle bessern sich durch Hinlegen und durch Wärme.
- Die Speisen werden erbrochen, wenn Hustenanfälle kurz nach dem Essen einsetzen.
- Stechende Schmerzen strahlen von unterhalb des Brustbeins in den Rücken aus.

Verdauung

- Unangenehmes Gefühl von Angst im Magen.
- Aufstoßen lindert Magenverstimmung.
- Kopfschmerzen mit Magenverstimmungen, die sich durch Essen verschlimmern.
- Lethargie und Kopfschmerzen mit hartnäckiger Verstopfung.
- Farbloser, unwillkürlicher Stuhlabgang.
- Aufgedunsener, geschwollener Unterleib nach dem Essen.
- Kolikartige Schmerzen bessern sich bei Wärme und festem Druck.

Blase

- Brennen bei und nach dem Wasserlassen.
- Ständiger Harndrang tagsüber und nachts.
- Wasseransammlung bedingt durch Nierenschwäche.
- Kreuzschmerzen oder stechende Schmerzen.

Schlaf

- Schläfrig, der Schlaf bringt wenig Erholung.
- Erschöpft und lustlos wegen schlechten Schlafs.
- Erwacht plötzlich um 2 Uhr morgens mit Atemnot, Übelkeit und ist überhitzt und verschwitzt.
- Gestörter Schlaf wegen beunruhigender Träume.

Gelenke und Muskeln

- Schmerzen in Hüft- und Kniegelenken werden durch Bewegung oder Stehen schlimmer.
- Ischiasschmerzen schießen vom Gesäß bis in die Waden; Verschlimmerung durch Bewegung.
- Beim Gehen tun die Fersen weh.
- Schulterschmerzen verschlimmern sich nachts.

Verschlechterung (durch):

- Frieren oder Aufenthalt im kalten Wind
- Abdecken
- Im Winter

- Bücken
- Berührung
- Erwachen aus dem Schlaf
- Hunger
- Alleinsein
- Überhitzung
- Zwischen 2-5 Uhr früh

Besserung (durch):
- Sommerliches Wetter
- Festen Druck auf die schmerzenden Stellen
- Tagsüber
- Bewegung
- Wärme
- Sich Warmhalten
- Im Bett

Kalium carbonicum (Kaliumkarbonat)

Angezeigt bei:
- Blutarmut
- Bronchitis
- Ischiasschmerzen
- Katarrh
- Keuchhusten
- Prämenstruellem Syndrom
- Rückenschmerzen
- Soor
- Wehen

Hauptmerkmale
- Äußerste Kälteempfindlichkeit, friert leicht.
- Schwäche ist evtl. bedingt durch eine zugrundeliegende Anämie.
- Allgemeine Neigung zu Wassersucht und Schwellungen.
- Brennende Schmerzen an Körperstellen, die sich kalt anfühlen.

- Die typischen Schmerzen sind überall, wo sie auftreten, stechend, nadelähnlich, scharf oder schneidend.
- Oft wird nur die rechte Seite befallen.

Gemüt
- Nörgelig, hat an allem etwas auszusetzen, ist mit allem und allen im Unfrieden.
- Schreckhaft und nervös, neigt zu Überempfindlichkeit gegen Lärm und jede Art von Schreck.
- Übermüdet, hochempfindlich, kratzbürstig und reizbar.
- Glaubt, mit Streß und starken Stimmungsschwankungen nicht fertig zu werden.
- Viele Befürchtungen und Ängste einschließlich konkreter Angst vor dem Alleinsein, Zukunftsängste oder Todesangst. Manchmal kommt auch Angst vor Okkultem dazu.
- Patient weist Anteilnahme zurück, obwohl er nicht gern allein ist und Gesellschaft braucht.

Kopf
- Brennende Schmerzen an Kopfhaut, den Stirnhöhlen über den Augen oder in den Wangenknochen.
- Wiederkehrende Kopfschmerzen infolge chronischer Nebenhöhlenschmerzen.
- Kopfschmerzen werden durch Kontakt mit kalter Luft sehr viel schlimmer, durch warmes Einpacken und festen Druck gelindert.
- Packt den Kopf gut ein, um keine kalte Luft einzuatmen.

Augen
- Ödematöse Augenlider mit stechenden Schmerzen in den Augen.

Ohren, Nase und Hals
- Stechende Ohrenschmerzen mit geschwollenen Drüsen und gelber Absonderung.
- Nase verstopft in warmer Umgebung, dadurch bessern sich die Kopfschmerzen.

- Unangenehm trockene Nasenlöcher mit hochroter, entzündeter, geschwollener Nase.
- Wiederholte Erkältungen mit Stimmverlust.
- Reichliche Speichelsekretion in Mund und Hals.
- Hustet den Auswurf mühsam ab.
- Stechende, scharfe Halsschmerzen mit dem Gefühl, über einen Ball oder Kloß im Kehlkopf hinweg zu schlucken.
- Hartnäckiger, chronischer, übelschmeckender Auswurf bleibt von einer früheren, nicht völlig ausgeheilten Erkältung übrig.

Brustraum
- Trockener, abgehackter Husten mit geschwollenen Augenlidern.
- Keuchen und Erbrechen mit Kältegefühl in der Brust.
- Keuchhusten läßt beim Aufsitzen und Vorbeugen nach.
- Gelblichgrüne, sehr schwer abzuhustende Schleimklumpen.
- Druck sowie schießende, brennende Schmerzen in der Brust beim Atmen.

Verdauung
- Sinkendes Gefühl mit Schwäche im Magen, das durch Essen schlimmer wird.
- Unangenehme Schwere im Magen nach den Mahlzeiten.
- Brennen im Magen und Sodbrennen werden durch kalte Getränke verstärkt.
- Blähung und Völlegefühl im Unterleib nach dem Essen.
- Viel Aufstoßen und starke Blähungen schon bald nach dem Essen.
- Kolikartige Schmerzen werden durch Wärme, heiße Getränke und heiße Wärmflaschen besser. Krümmt sich vor Schmerzen zusammen.
- Abwechselnd Verstopfung und Durchfall mit Brennen in Enddarm und After; Besserung durch Waschungen mit kaltem Wasser (im Gegensatz zu den brennenden Schmerzen an anderen Körperteilen).

Blase
- Häufiger Harndrang mit brennenden Schmerzen während und nach dem Wasserlassen.

- Erst nach einer Weile setzt der Harnfluß ein.
- Allgemeine Beschwerden mit Ödemen und Wassersucht infolge ungenügend oder träge arbeitender Nieren.

Frauenleiden
- Friert sehr bei krampfartigen Schmerzen vor Einsetzen der Periode.
- Verstopfung mit Menstruationsschmerzen.
- Sehr starke Regelblutungen, die nicht immer auf herkömmliche medizinische Maßnahmen ansprechen (z. B. operative Eingriffe wie Ausweitung und Kürettage des Uterus).
- Nach dem Geschlechtsverkehr erschöpft.
- Neigt zu Fehlgeburten.
- Kreuzschmerzen während der Schwangerschaft oder Wehen mit Kreuzschmerzen.

Schlaf
- Erwacht mit schrecklichen Alpträumen in den frühen Morgenstunden und schläft nur schwer wieder ein.

Gelenke und Muskeln
- Die Beine geben wegen großer Muskelschwäche unversehens nach.
- Rückenschmerzen und -schwäche bis in die Oberschenkel.
- Rückenschmerzen und Muskelschwäche werden oft vor der Menstruation und beim Gehen schlimmer. Besserung durch Hinlegen und festen Druck auf die schmerzende Stelle.

Verschlimmerung (durch)
- Kalte Luft oder Durchzug
- Wetterwechsel
- Leichte Berührung
- Überhitzung
- Kaffee
- Frühmorgens

Besserung (durch)
- Im Verlauf des Tages
- Vornüberbeugen
- Feuchtes, warmes Wetter

Lachesis (Gift der Buschmeisterschlange)

Angezeigt bei:
- Depression
- Halsschmerzen
- Hitzewallungen
- Kehlkopfentzündung (Laryngitis)
- Kopfschmerzen
- Krampfadern
- Krupp
- Menstruationsbeschwerden
- Migräne
- Mumps
- Nachwehen
- Ohrenschmerzen
- Prämenstruellem Syndrom
- Sucht

Hauptmerkmale
- Typisch ist eine gefleckte, violette Hautfärbung infolge schlechter Blutzirkulation mit entsprechender Neigung zu Krampfadern oder leichten Blutergüssen.
- Die Symptome zeigen sich in der Regel linksseitig oder beginnen links und wandern dann nach rechts.
- Die Beschwerden sind gewöhnlich beim Aufwachen, bei Kontakt mit Hitze in jeder Form oder bei Engegefühl (z. B. enge Kleidung um Hals oder Taille) am schlimmsten.
- Der Schlaf verschlimmert generell alles, was eine ausgeprägte Angst, zu Bett zu gehen oder einzuschlafen, zur Folge hat.
- Bei Übereinstimmung mit den anderen Symptomen spricht man bei

Wechseljahrbeschwerden gewöhnlich gut auf LACHESIS an. Meist erzieht man bei folgenden Beschwerden eine Besserung: Wechseljahrdepression, Hitzewallungen, Kreislaufstörungen einschließlich hohen Blutdrucks und Venenentzündung.
- Extreme geistige und körperliche Empfindlichkeit mit ausgesprochener Angst vor und Abneigung gegen Berührung (besonders in der Halsgegend).

Gemüt
- Rasche, heftige Stimmungsschwankungen zwischen Euphorie und Depression.
- Schwatzhaft, redet gerne sehr schnell und springt von einem Thema zum anderen.
- Viele Beschwerden haben ihre Ursache in einem unbefriedigenden oder gestörten Schlaf. Infolgedessen sind die meisten Beschwerden beim Aufwachen schlimmer.
- Von Natur aus ein Nachtmensch: arbeitet nachts am besten, ist energiegeladen und hat meist seine kreative Phase, wenn es Zeit ist, zu Bett zu gehen.
- Mag aus Angst, vor dem Aufwachen zu sterben, nicht einschlafen.
- Geistige und körperliche Erschöpfung und äußerste Mattigkeit bessern sich nicht durch Schlaf.
- Schwere Angstzustände und Depression beim Aufwachen.
- Schübe von Selbstvertrauen und hoher Selbstachtung wechseln mit äußerst deprimierten Phasen und dem Gefühl von Unzulänglichkeit und mangelndem Selbstwertgefühl.

Kopf
- Kopfschmerzen werden u. a. durch helles Licht ausgelöst oder dadurch viel schlimmer.
- Typisch sind Kopfschmerzen oder Migräne beim Erwachen aus dem Schlaf und befallen gewöhnlich die linke Seite oder wandern von links nach rechts.
- Besserung der Kopfschmerzen durch Hinlegen, beim Einsetzen von Nasenlaufen oder Wärme.

- Migräne oder Kopfschmerzen treten bezeichenderweise vor der Menstruation auf oder werden dann viel schlimmer, während sie mit Einsetzen der Blutungen abklingen.
- Starker Schwindel mit migräneartigen Kopfschmerzen, Verschlimmerung beim Schließen der Augen.

Augen
- Schmerzhafte, juckende, stechende und empfindliche Augen mit Verschlimmerung bei Berührung, trotz des starken Dranges, sie zu reiben.
- Überempfindlichkeit gegen Licht mit Rötung und brennenden Schmerzen.

Ohren, Nase und Hals
- Ohrenschmerzen mit Halsweh.
- Niesen und verstopfte Nase beim Erwachen.
- Nase fühlt sich mit einsetzender Absonderung, etwa Nasenbluten, besser an.
- Heiserkeit mit scharfen Schmerzen im Hals, die beim Aufwachen schlimmer sind.
- Erstickungsgefühl und Reizung im Hals.
- Verschlimmerung aller Halsbeschwerden durch Leerschlucken, Besserung beim Schlucken fester Speisen.
- Kühle Getränke verschaffen dem Hals Linderung, warme Getränke verschlimmern die Schmerzen.
- Übermäßig empfindlicher Hals gegen Berührung und Druck, so daß ein Rollkragenpullover oder ein Halstuch schon als sehr einengend empfunden werden.
- Halsschmerzen sind häufig linksseitig oder beginnen links und wandern dann nach rechts.

Verdauung
- Große Schmerzen infolge eines chronischen Gallenblasenleides.
- Völlegefühl, Winde und Blähungen werden durch Stuhlgang besser, bei Druck oder enger, einengender Kleidung sehr viel schlimmer.

- Schwieriger Stuhlgang wegen pochender Schmerzen im Enddarm oder blutender Hämorrhoiden.
- Hartnäckige Verstopfung bei violettfarbenen, sehr leicht blutenden Hämorrhoiden.

Frauenleiden

- Besonders geeignet bei Wechseljahrbeschwerden wie starke Hitzewallungen, schwere Regelblutungen mit starker Klumpenbildung oder aber heftigen Stimmungsschwankungen, vorausgesetzt, die übrigen Symptome passen.
- Starkes Prämenstruelles Syndrom mit linksseitigen Eierstockschmerzen und Reizbarkeit, die bis zum Wahnsinn treiben, äußerst heftige Stimmungsschwankungen.
- Alle Beschwerden bessern sich mit Einsetzen des Blutflusses deutlich.
- Dunkle, klumpige und sehr starke Regelblutungen.

Hitze und Fieber

- Unangenehmes Gefühl von Hitzewellen, die den Körper durchströmen.
- Der Kopf wird rasch sehr heiß, Hände und Füße bleiben aber während einer Hitzewallung eiskalt.
- Hitzeempfindungen werden durch enge Kleidung um den Hals deutlich schlimmer.
- Körpertemperatur ändert sich rasch und wechselt ständig zwischen heiß und kalt.
- Schreckliche Empfindlichkeit gegen Überhitzung; verträgt warme, sauerstoffarme Räume überhaupt nicht, zieht eine kühle, frische Umgebung vor.

Schlaf

- Schreckt beim Einschlafen hoch mit dem Gefühl zu fallen.
- Furchtbare Schlafstörungen einschließlich Nachtschweiß, panische Erstickungsgefühle, Ängste und Panikanfälle.
- Ausgeprägte Angst vor dem Einschlafen, weil morgens alles schlimmer ist.

- Schreckliche Träume, die beim Erwachen zur Verwirrung und Orientierungslosigkeit beitragen.

Haut
- Errötet rasch und neigt zu geplatzten Kapillargefäßen, Krampfadern und einer allgemein fleckigen, violetten Hautfarbe.
- Leichte Bildung rötlich-violetter, stark blutender Furunkel oder Abszesse.

Verschlimmerung (durch):
- Schlaf
- Hitze
- Stickige Räume
- Nachts
- Kalte Zugluft
- Heißen Sonnenschein
- Alkohol
- Enge Kleidung
- Vor der Menstruation

Besserung (durch):
- Frische, kühle Luft
- Kalte Getränke
- kühles Bad
- Bei Einsetzen von Absonderungen
- Bewegung
- Aufnahme fester Nahrung
- Im Verlauf des Tages

Ledum (Sumpfporst)

Angezeigt bei:
- Augenverletzungen (Prellungen, blaues Auge)
- Furunkel
- Gelenkschmerzen

- Hitzeblattern
- Knochen- und Gelenkentzündung (Osteoarthritis)
- Stichen
- Stichwunden
- Verstauchungen
- Zerrungen

Hauptmerkmale
- Typisch sind schneidende, stechende Schmerzen, die herumwandern und häufig von den unteren Gliedmaßen nach oben in den Rumpf steigen.
- Die befallenen Stellen schwellen an und sind gespannt, häufig mit Ödemen.
- Die Haut eitert und entzündet sich sehr rasch und leicht.
- Typisches, ungewöhnliches Merkmal bei LEDUM ist Besserung, kalter, schmerzender, steifer Körperstellen durch kaltes Baden oder kalte Umschläge.
- Zerschlagenheitsgefühl im ganzen Körper.
- Trotz Schwellungen und Hitze sind die Gelenke nicht gerötet.
- Harte, schmerzhafte Schwellungen mit rasenden Schmerzen.

Gemüt
- In sich gekehrt, verstimmt und reizbar.
- Seufzt zwischen Weinkrämpfen, gedrückte Stimmung und Niedergeschlagenheit.

Kopf
- Druckschmerzen im Kopf werden an der kühlen Luft besser, mit Kopfbedeckung jedoch schlimmer.

Verdauung
- Übermäßige Speichelbildung im Mund mit Übelkeit.
- Übelkeit wird beim Gehen an frischer Luft oder durch Schwitzen schlimmer.

Blase

- Rote Sedimente im Urin.
- Gelenkschmerzen stehen in Zusammenhang mit der Abgabe großer Mengen farblosen, durchsichtigen Urins.
- Häufiger Harndrang mit unregelmäßigem, unterbrochenem Urinfluß.
- Unbehagen und Brennen nach dem Wasserlassen.

Frauenleiden

- Fühlt sich während der Periode trotz Fröstelns besser an frischer, kühler Luft.
- Hellrote, starke Regelblutungen.

Hitze und Fieber

- Erträgt trotz Frierens die Bettwärme nicht, wirft die Bettdecken zur Abkühlung zurück.
- Ausgeprägter Durst nach kalten Getränken.

Gelenke und Muskeln

- Geschwollene, heiße, steife Gelenke, die auf kaltes Baden gut ansprechen, sich jedoch bei warmem Waschen oder Bettwärme verschlimmern.
- Knotige, verformte Überbeine der kleinen Finger- und Zehengelenke.
- Gelenkschmerzen wandern durch den Körper von unten nach oben.
- Steifes, schmerzendes Kreuz wird durch langes Sitzen in derselben Stellung schlimmer.

Haut

- Juckender Ausschlag, der sich im allgemeinen bei Wärme verschlimmert, besonders an den bedeckten Körperteilen.
- Jucken und Beschwerden steigern sich durch Erwärmung im Bett, bessern sich jedoch an kühler Luft oder durch Baden in kaltem Wasser unverzüglich.
- Verkrusteter Ausschlag um Nase und Mund.
- Stichwunden fühlen sich kalt an.

Verschlimmerung (durch):
- Wärme
- Nachts
- Bettwärme
- Gehen
- Alkohol

Besserung (durch):
- Kaltes Baden
- Kalte Umschläge
- Kontakt mit kühler Luft
- Ausruhen

Lycopodium (Bärlapp)

Angezeigt bei:
- Ängsten
- Blähungen
- Durchfall
- Gallenkolik
- Halsschmerzen
- Husten
- Keuchhusten
- Magenverstimmung
- Prämenstruellem Syndrom
- Sodbrennen
- Sucht
- Verdauungsstörungen
- Verstopfung

Hauptmerkmale
- Verdauungsstörungen sind besonders typisch; Neigung zur Bildung von übermäßigen Darmgasen sowie Gurgeln und Blähungsgefühl.
- Die Symptome entstehen oder verschlimmern sich im allgemeinen nachmittags oder frühabends und bessern sich im Verlauf des Abends.

- Die Beschwerden befallen bezeichnenderweise anfänglich die rechte Körperseite und wandern dann nach links.
- Geringe körperliche Ausdauer, ermüdet rasch nach kleinen körperlichen Anstrengungen.
- Trotz Kälteempfindens verursacht Überhitzung ebenso große Beschwerden wie Frieren.

Gemüt

- Äußerst ängstlich und unsicher bei öffentlichen Auftritten, etwa einem Vortrag, einem Seminar oder einer geschäftlichen Präsentation. Trotz mangelnden Vertrauens vor dem Ereignis verläuft dann alles sehr gut.
- Abneigung gegen Menschenansammlungen, fürchtet aber auch völliges Alleinsein.
- Sehr schnell gereizt und empfindlich bei Kritik, verträgt kaum Korrekturvorschläge.
- Konkrete Angst vor Dunkelheit, vor Gespenstern und Fremden. Fürchtet Eingeschlossensein, Abneigung gegen einengende Kleidung an Hals oder Taille.
- Kümmert und sorgt sich ständig wegen finanzieller Probleme, fürchtet, die Alltagsgeschäfte nicht mehr in der Hand zu haben, was mit einer grundlegenden Angst, zu versagen oder die Kontrolle zu verlieren, in Zusammenhang steht.
- Gibt sich rauh und sarkastisch, um Ängste und mangelndes Vertrauen zu überspielen.
- Kann gefühllos und distanziert wirken, wobei der Intellekt auf Kosten von Gefühlsäußerungen dominiert.
- Reagiert empfindlich auf Schmerzen und Lärm sowie empfindsam auf Musik.
- Hastige Bewegungen, Sprech- und Eßgewohnheiten. Redet so schnell, daß sich die Worte überschlagen.
- Neigt bei Übermüdung, Vergeßlichkeit und Verwirrtheit.

Hitze und Fieber

- Trotz starken Frierens Abneigung gegen Überhitzung oder Aufenthalt in stickigen, sauerstoffarmen Räumen.

- Plötzliche Hitzewallungen infolge seelischen Drucks oder Befürchtungen.
- Hitzewallungen hinterlassen ein unangenehmes, klammes Gefühl.
- Hitze verschlimmert sich durch enge Kleidung bei Menschenansammlungen oder dem Gefühl von Eingeschlossensein.

Kopf
- Niederschmetternde, heftige Kopfschmerzen, die bei Wärme, Überhitzung und Hinlegen schlimmer werden.
- Die Kopfschmerzen werden manchmal durch einen niedrigen Blutzuckerspiegel infolge verspäteter Mahlzeiten ausgelöst.
- Linderung der Schmerzen durch kühle, frische Luft und leichte Bewegung.
- Benommenheit verstärkt sich durch Gehen, Essen, Trinken oder Reden.

Augen
- Wiederkehrende Gerstenkörner und/oder Augenentzündungen mit klebrigen, eitrigen Absonderungen.
- Trockene, schmerzende, leicht anschwellende Augen und Lider.

Ohren, Nase und Hals
- Singen, Klingeln und Summen in den Ohren.
- Wiederholte Erkältungen mit Nebenhöhlenbeschwerden und verstopfter Nase.
- Reichlich dicke, gelblich-grüne Sekretion, die sich im Rachen festsetzt.
- Erstickungsgefühl und Brennen in der Kehle.
- Entzündeter Hals mit Besserung durch warme, Verschlimmerung durch kalte Getränke.

Brustraum
- Starke Kopfschmerzen infolge hartnäckiger Hustenanfälle.
- Der Husten beginnt nach einem tiefen Atemzug oder Speichelschlukken.

– Atmet im Schlaf oder bei körperlicher Anstrengung nur oberflächlich.
– Rohes, zerschlagenes Druckgefühl in der Brust.
– Schmerzen und Brustbeschwerden werden nach dem Sprechen schlimmer.

Verdauung
– Verdauungsbeschwerden sind häufig nervös bedingt oder treten infolge Erwartungsängsten auf (etwa vor einer Prüfung oder einem Ereignis, bei dem Streß zu erwarten ist). Zu den allgemeinen Reaktionen darauf gehören starkes Rumpeln, Gurgeln, ein flaues Gefühl im Magen, Durchfall oder sehr dünner Stuhl oder aber abwechselnd Durchfall und Verstopfung.
– Setzt sich hungrig zu Tisch und kann wegen extremen Völlegefühls nur wenig essen.
– Saures Aufstoßen mit nachfolgendem Brennen in der Speiseröhre.
– Übelkeit bessert sich an frischer Luft, wird in einem stickigen Raum jedoch schlimmer.
– Verspürt noch 1–2 Stunden nach dem Essen schon wieder Hunger.
– Beschwerden und Übersäuerung treten unmittelbar nach dem Essen auf; Besserung durch warme, Verschlimmerung durch kalte Getränke.
– Druck oder Engegefühl durch Bund oder Gürtel verstärken die Verdauungsbeschwerden.
– Sodbrennen und Magenverstimmung infolge übermäßiger Säurebildung im Magen und Bildung von Darmgasen.

Blase
– Trüber, dunkler, stark riechender Urin.
– Nachts häufiger Harndrang.
– Starke Seitenschmerzen vor dem Wasserlassen, die sich danach bessern.
– Manchmal langsam einsetzender Urinfluß.

Frauenleiden
– Sehr starke Menstruationsschmerzen mit Krämpfen im Kreuz, die bis zur Vorderseite der Oberschenkel ausstrahlen.

- Linderung der Schmerzen durch Anziehen der Knie zum Körper.
- Stark juckende Scheide mit oder ohne reichlichen, nach Fisch riechenden Absonderungen.
- Seltsame Empfindung, als würde Luft durch die Scheide geblasen.
- Depressionen, Kopfschmerzen und stark geblähter Unterleib bei prämenstruellem Syndrom.
- Dunkle, klumpige, gußartige Blutungen vor der Menopause.

Haut
- Trockene, gereizte, entsetzlich brennende und juckende Haut.
- Hautleiden verschlimmert sich durch Erwärmung im Bett, Linderung durch kalte Anwendungen.
- Schrecklich juckende Kopfhaut mit Neigung zu starker, hartnäckiger Schuppenbildung.
- Trockene, spröde, äußerst brüchige Haare und Nägel.

Verschlimmerung (durch):
- Morgens
- Nachmittags
- Am frühen Abend
- Beim Aufwachen
- In warmen, stickigen Räumen
- Überhitzung
- Kalte Zugluft
- Berührung oder einengende Kleidung
- Gewicht der Bettdecke
- Übermüdung

Besserung (durch):
- Frische Luft
- Gemäßigte Wärme
- Abdecken
- Warme Getränke
- Lockerung enger Kleidung
- Leichte Übungen

Mercurius (Quecksilber)

Angezeigt bei:
- Abszessen
- Aphthen
- Bronchitis
- Brustdrüsenentzündung (Mastitis)
- Drüsenschwellungen
- Grippe
- Halsschmerzen
- Katarrh
- Mumps
- Nebenhöhlenentzündung (Sinusitis)
- Ohrenschmerzen
- Windpocken

Hauptmerkmale
- Schreckliche geistige und körperliche Unruhe mit starker Verschlimmerung nachts.
- Äußerste Mattigkeit und Schwäche mit Neigung zu Blutarmut.
- Reaktion auf große Hitze oder Kälte, die Unruhe, Unbehagen und allgemeines Unwohlsein zur Folge haben.
- Wiederholte oder hartnäckige Schmerzen und Schwellungen der Hals-, Achsel- oder Lendendrüsen.
- Verstärkte, manchmal übelriechende Absonderungen von Speichel, Schleim oder Schweiß.
- Ödeme in Gesicht, Fingern, Knöcheln oder Füßen.

Gemüt
- Aus unersichtlichem Grund überängstlich, furchtsam und unruhig; kann nie lange in der gleichen Haltung verweilen.
- Seelisches Unbehagen und Unwohlsein sind nachts viel schlimmer.
- Schwere Panikanfälle, möchte fliehen oder weglaufen.
- Leicht verwirrt und übereilig oder völlig gleichgültig und apathisch.
- Schlechtes Gedächtnis und Depression, Verlust des Zeitgefühls.

Kopf

- Die Kopfschmerzen sind nachts und beim Aufwachen stärker, bessern sich aber gleich nach dem Aufstehen.
- Kopfschmerzen häufig linksseitig oder links stärker als rechts.

Augen

- Äußerste Lichtempfindlichkeit mit verschwommener Sicht oder Mückensehen.
- Augenbeschwerden verschlimmern sich durch Wärme und nachts.

Ohren, Nase und Hals

- Die Ohrenschmerzen sind nachts besonders stark.
- Heftige Ohrenschmerzen mit dicken, üblen Absonderungen.
- Wunde, geschwürige Nasenöffnungen mit dickem, eitrigem, grünem Schleim.
- Schluckbeschwerden, da der Hals sehr trocken und wund ist; dennoch häufiger Schluckreflex infolge verstärkten Speichelflusses.
- Große, schmerzhafte, wiederkehrende Aphthen in Mund und Hals.
- Wiederholt oder hartnäckig geschwollene Drüsen.

Brustraum

- Hustenanfälle mit Übelkeit verschlimmern sich nachts vom Liegen auf der rechten Seite, überhaupt beim Liegen.

Verdauung

- Unangenehmer, metallischer, süßer Geschmack im Mund mit verstärktem Speichelfluß und Übelkeit im Magen.
- Geschwollene, vergrößerte Zunge, an deren Rändern sich Druckstellen von den Zähnen abzeichnen.
- Krampfartige Schmerzen und Durchfall verschlimmern sich beim Bücken oder Vorbeugen.
- Magenverstimmungen treten nach Verzehr von zu viel Süßigkeiten auf.
- Brennender, wäßriger Durchfall, der sich zu Beginn der Nacht verschlimmert.

Frauenleiden
- Stechende, brennende Schmerzen bei der Ovulation (Eisprung).
- Unerträglich juckender, grünlicher Ausfluß mit starker Reizung, der nachts und beim Wasserlassen zunimmt.
- Juckende, gereizte Scheide wird durch kühles Baden gelindert.

Schlaf
- Tagsüber schläfrig, nachts schwere Schlaflosigkeit.
- Überwältigende Unruhe und körperliches Unwohlsein nachts durch Bettwärme.
- Schwere, übelriechende Nachtschweiße.
- Erwacht häufig wegen Nachtschweiß, Ängsten und Herzklopfen.

Hitze und Fieber
- Abwechselnd Hitzewallungen und Kälteschauer.
- Hitzeschübe befallen Kopf und Gesicht, der übrige Körper bleibt eiskalt.
- Schwitzt außerordentlich stark und übelriechend, besonders nachts.
- Extremer Durst bei Schweißausbrüchen.

Gelenke und Muskeln
- Schmerzhafter, steifer Hals und verspannte Rückenmuskeln mit brennenden, bis in die Oberschenkel ausstrahlenden Kreuzschmerzen.
- Starke Schmerzen und Unruhe in den Gliedmaßen, besonders nachts.
- Nachts ständige Beinbewegung, um die Bettwärme erträglicher zu machen.
- Schmerzhafte Gelenke sind geschwollen und weiß; Beschwerden werden durch Kontakt mit großer Hitze oder Kälte noch verstärkt.
- Steifheit und krampfartige Schmerzen in den kleinen Hand- und Fingergelenken.

Verschlimmerung (durch):
- Bettwärme
- Nachts und abends
- Extreme Hitze oder Kälte

- Kalte Zugluft
- Essen
- Schwitzen
- Berührung
- Liegen auf der rechten Seite

Besserung (durch):
- Mäßige Temperatur
- Ausruhen

Natrium muriaticum (Kochsalz)

Angezeigt bei:
- Allergischem Schnupfen
- Aufgesprungener Haut (Schrunden)
- Augenüberanstrengung
- Depressionen
- Herpes
- Heuschnupfen
- Hitzeblattern
- Katarrh
- Kopfschmerzen
- Kummer
- Migräne
- Morgendlicher Übelkeit
- Nesselsucht
- Postnataler Depression
- Prämenstruellem Syndrom
- Soor

Hauptmerkmale
- Ist häufig bei Beschwerden infolge von Hormonstörungen angezeigt, etwa bei Stimmungsschwankungen, prämenstruellen Kopfschmerzen und Migräne oder solchen in den Wechseljahren sowie Wasseransammlungen im Körper.

- Allergische Reaktionen wie allergische Rhinitis, Heuschnupfen, Nesselsucht, Ausschlag und streßbedingte Reaktionen der Haut.
- Trockene und empfindliche Haut und Schleimhäute erzeugen aufgesprungene Lippen und eine trockene Scheide.
- Verschlimmerung und Verstärkung der Symptome durch Wärme oder Aufenthalt in praller Sonne.
- Hauptmerkmale des seelischen Zustandes von NATRIUM MURIATICUM sind Depression, In-sich-gekehrt-Sein und die Ablehnung von Mitgefühl.
- Ausgeprägte Erschöpfung und Mattigkeit, besonders morgens.

Gemüt

- Stark introvertiert und Schwierigkeiten, Gefühle frei zu äußern mit der Neigung, sie in sich aufzustauen und zu verdrängen.
- Weinen lindert die seelischen Qualen nicht, sondern macht alles nur noch schlimmer, besonders dann, wenn man öffentlich Tränen vergießt, was als besonders demütigend und beschämend empfunden wird.
- Die Krankheitssymptome setzen häufig nach einem Verlust, Kummer oder einer Trennung ein, bei denen Gefühle unterdrückt oder verleugnet werden.
- Fühlt sich zwar elend und niedergeschlagen, mag aber dennoch Mitgefühl und Zeichen körperlicher Zuneigung überhaupt nicht.
- Abwechselnde, veränderliche Stimmungen zwischen Erregbarkeit, Euphorie und Traurigkeit.
- Hat Angst vor kleinen, geschlossenen Räumen oder beraubt zu werden.
- Fühlt sich schnell allein und vernachlässigt.
- Weint bei Verstimmungen im Verborgenen und staut Ärger und Groll auf.
- Seelische Symptome treten in Zeiten hormonellen Wechsels verstärkt auf, also in der Pubertät, vor der Regelblutung und zur Menopause.

Kopf

- Kopfschmerzen im Zusammenhang mit einem fluktuierenden Hormonspiegel; häufig vor, während oder nach der Periode oder in den Wechseljahren schlimmer.

- Verspätete Mahlzeiten können Kopfschmerzen auslösen: Blässe und elend vor Schmerzen, Übelkeit mit dem Gefühl, erbrechen zu müssen.
- Verschlimmerung der Schmerzen durch Bewegung, Besserung durch Hinlegen und Schlafen.
- Kopfschmerzen mit Schwindel und Übelkeit bei Reisekrankheit.
- Migräne mit gefühllosen, kribbelnden Lippen, Nase und Zunge sowie Sehstörungen: Zickzackmuster erscheinen vor den Augen.

Augen
- Trockene, leicht tränende Augen, wie Sand in den Augen, besonders beim Gehen und bei kaltem Wind.
- Empfindliche, juckende, geschwollene Augen mit Heuschnupfen.

Ohren, Nase und Hals
- Beim Schlucken schmerzhaftes Knacken in den Ohren.
- Stechende, pochende Ohrenschmerzen mit üblen Absonderungen.
- Rezidivierende Erkältungen, allergische Rhinitis oder Heuschnupfen beginnen mit heftigen, wiederholten Niesanfällen.
- Wiederkehrender Herpes um Mund und Nase, der durch seelischen Druck, Erkältungen oder Aufenthalt an der Sonne ausgelöst wurde.
- Reichlich durchsichtiges, wäßriges Nasensekret, das wie aus einem Wasserhahn läuft, manchmal trockene, unangenehm verstopfte Nase im Wechsel mit Absonderungen wie rohes Eiweiß.
- Die Nase läuft oder tropft ständig beim Bücken oder Vorbeugen.
- Trockener Mund und Lippen, die in der Mitte oder den Mundwinkeln eingerissen sind.
- Heiserkeit mit gereiztem, kitzelndem Hals.

Verdauung
- Magenbeschwerden mit Aufstoßen schon länger zuvor gegessener Speisen.
- Unangenehmes sinkendes Gefühl im Magen mit Übelkeit.
- Verlangen nach Salzigem oder eine ausgesprochene Abneigung dagegen.
- Magenverstimmung mit einer gleichsam »gezeichneten« Zunge (mit

glänzenden, blasigen Stellen, als sei die Zunge an manchen Stellen geschält).
- Unangenehmes Schweregefühl im Magen mit langsamer oder träger Verdauung.
- Chronische Verstopfung mit großer Anstrengung bei Entleerung durch harten, trockenen Stuhl.
- Übelkeit und Kolikschmerzen werden durch Windelassen besser.

Blase
- Wasserlassen im Beisein anderer bereitet großes Unbehagen und Verlegenheit, muß bis zum Einsetzen des Harnflusses lange warten.
- Gibt große Mengen sehr hellen Urins ab.
- Streßinkontinenz mit Harntröpfeln beim Gehen, Niesen oder Husten.

Frauenleiden
- Schlechter Muskeltonus der Organe im Beckenbereich mit Neigung zu Gebärmutter- und Blasenvorfall.
- Hartnäckige, schmerzhafte Trockenheit der Scheide verursacht Abneigung gegen Geschlechtsverkehr, weil Brennen und Schmerzen damit verbunden sind.
- Starke morgendliche Übelkeit in der Schwangerschaft mit Erbrechen wäßrigen, schaumigen Schleims.
- Vorzeitige, starke Regelblutungen oder verspätete Menstruation mit spärlichem Blutfluß.
- Kreuzschmerzen mit oder ohne Gebärmuttervorfall, die durch starken Druck im Kreuz im Sitzen oder Liegen gelindert werden.
- Wassersucht vor der Periode führt zu geschwollenen, schmerzenden Brüsten sowie Unbehagen um die Taille.

Haut
- Trockene, leicht rissige Haut, besonders in den Wintermonaten.
- Allgemein juckende, gereizte, fleckige Haut infolge Aufenthalts in praller Sonne oder in der Wärme.
- Die Haut wird durch Kontakt mit Wärme noch empfindlicher, kaltes Baden und Aufenthalt an kühler, frischer Luft lindert.

Schlaf

- Nachtschweiß in der zweiten Hälfte der Nacht.
- Einschlafschwierigkeiten oder ständiges Aufwachen durch Grübeln und unangenehme Gedanken.

Hitze und Fieber

- Herzklopfen mit Hitzewallungen, völlig aufgelöst.
- Hitzeschübe steigen plötzlich und ohne Vorwarnung in Brust und Kopf, die untere Körperhälfte bleibt jedoch kühl.

Verschlimmerung (durch):

- Seelischen Streß und Druck
- Mitgefühl und Trost
- Körperliche Zuneigung
- Übererregung
- Weinen
- Nach dem Schlafen
- Extreme Temperaturen
- Sonnenschein
- Erhitzung
- Stickige Räume
- Körperliche Anstrengung
- Berührung oder Druck
- Während oder am Ende einer Periode

Besserung (durch):

- Ruhe
- Alleinsein
- Kühle Luft
- Auslassen von Mahlzeiten
- Leichte Bewegung
- Kühles Baden
- Meerluft
- Enge Kleidung

Nux vomica (Brechnuß)

Angezeigt bei:

- Abusus von Alkohol, Drogen, Tabak
- Ängsten
- Blasenentzündung (Zystitis)
- Erbrechen
- Erkältung
- Gallensteinen
- Hämorrhoiden
- Husten
- Kater
- Koliken
- Kopfschmerzen
- Krämpfen
- Krupp
- Magenverstimmung
- Menstruationsschmerzen
- Migräne
- Prämenstruellem Syndrom
- Schlaflosigkeit
- Sodbrennen
- Süchten
- Übelkeit
- Übermäßigem Essen
- Verdauungsstörungen
- Verstopfung
- Wehen

Hauptmerkmale

- Eines der ersten Mittel, das man bei einem Kater in Betracht ziehen sollte, oder wenn man sich nach übermäßigem Genuß von Essen, Alkohol und Zigaretten nicht ganz auf dem Posten fühlt.
- NUX VOMICA ist auch häufig bei Nebenwirkungen einer medikamentösen Behandlung angezeigt. Dazu gehören etwa Verstopfung infolge

übermäßiger Verwendung von Schmerzmitteln oder allgemeine Verdauungsstörungen nach regelmäßiger Einnahme von entzündungshemmenden Mitteln.

- Die Beschwerden entstehen durch die typische, moderne, streßbedingte Lebensweise mit entsprechender Abhängigkeit von Stimulanzien wie Alkohol und Zigaretten, um abzuschalten und zu entspannen, Kaffee und weiteren Reizmitteln, um wach zu bleiben, und einer mangelhaften Ernährung mit unzureichendem Nährstoffgehalt. Zu den allgemeinen Anzeichen, die sich aus einem solchen Lebenswandel ergeben und gut auf NUX VOMICA ansprechen, gehören Kopfschmerzen, Verdauungsstörungen, Übelkeit, Verstopfung und Schlaflosigkeit, vorausgesetzt, die übrigen typischen Mittelsymptome sind ebenfalls vorhanden.
- Körperliche und geistige Überempfindlichkeit führen zu äußerster Reizbarkeit und der Tendenz, beim geringsten Anlaß aus der Haut zu fahren. Die körperliche Überempfindlichkeit verursacht ein starkes Unwohlsein unter lärmigen, kalten, zugigen Umständen und eine deutliche Besserung in einer warmen, ruhigen Umgebung.
- Alle Symptome sind in der Regel beim Aufwachen morgens schlimmer und bessern sich im Verlauf des Tages nach und nach.
- Die Schmerzen sind eher spasmodisch, einschnürend sowie krampfartig.

Gemüt

- Äußerste Empfindlichkeit auf seelischer, geistiger und körperlicher Ebene mit großen oder permanenten Schlafschwierigkeiten.
- Mimosenhaft, reizbar und leicht aufgebracht; neigt ausgesprochen rasch zu Frustration und Unzufriedenheit.
- Reagiert impulsiv und feindselig gegen Zurechtweisungen oder Kritik und mag weder Mitgefühl noch Trost, was mit einer perfektionistischen Konkurrenzhaltung zusammenhängt.
- Ist bei Unwohlsein sofort geneigt, einen Streit vom Zaun zu brechen; fühlt sich nach einem Ausbruch eher erleichtert und besser.
- Nervös, kann nach der Arbeit nicht abschalten, was oft an großen Mengen von Reizmitteln wie Koffein liegt, um tagsüber durchzuhalten.

- Bei einer Abhängigkeit von Stimulanzien wie Beruhigungsmitteln kann eine zusätzliche Drogensucht entstehen.
- Ist allgemein nervös und ängstlich in bezug auf Gesundheit, Arbeit, Zukunft und finanzielle Sicherheit.

Kopf
- Typische Spannungskopfschmerzen, die von einem verspannten Nakken ausgehen.
- Verschlimmerung der Kopfschmerzen durch Zugluft und Kälte, starke Verbesserung durch Wärme und bei festem Druck.
- Übelkeitskopfschmerzen mit Verstopfung und völliger Appetitlosigkeit.
- Typische Katerkopfschmerzen mit Benommenheit, Orientierungslosigkeit, schmerzhafter Schwere im Hinterkopf und schrecklicher Empfindlichkeit gegen Lärm und starke Gerüche sowie permanenter Übelkeit.
- Einengende, krampfartige Kopfschmerzen, die durch ungestörten Schlaf gelindert werden.

Augen
- Extreme Lichtempfindlichkeit beim Erwachen mit tränenden, gereizten Augen.
- Schmerzende, juckende, brennende Augen.

Ohren, Nase und Hals
- Erkältungssymptome sind im allgemeinen in geschlossenen Räumen schlimmer und bessern sich an frischer Luft.
- Schreckliche Lärmempfindlichkeit, sogar bei der eigenen Stimme.
- Lästiges, unangenehmes Jucken in den Ohren.
- Starkes Niesen mit Wundgefühl im Hals.
- Große Empfindlichkeit gegen starke Gerüche bei abwechselnd trockener und verstopfter oder aber laufender Fließnase.
- Halsschmerzen, die in die Ohren schießen, außer beim Schlucken.

Brustraum

- Hustenkrämpfe werden durch warme Getränke gelindert, reagieren jedoch empfindlich auf kalten Luftzug.
- Hustenanfälle erzeugen starke Kopfschmerzen.
- Trockener, kitzelnder Reizhusten mit Verschlimmerung nachts.

Verdauung

- Kräfteraubende, arbeitssüchtige Lebensweise, Verzehr von Fertiggerichten sowie starkem Tee, Kaffee und Alkohol machen die Beschwerden nur noch schlimmer.
- Magenverstimmung, Winde und kolikartige Schmerzen verstärken sich durch Essen oder Druck der Kleider, bessern sich durch Wärme.
- Hartnäckige Übelkeit mit extremer Schwierigkeit, sich zu erbrechen infolge *Retroperistaltik,* bei der die abgeschluckte Nahrung im Magen zurückgehalten wird anstatt nach oben befördert zu werden. Wenn der Magen jedoch entleert werden kann, tritt augenblicklich Linderung ein.
- Errötet rasch und ist nach dem Essen unangenehm erhitzt und schläfrig.
- Unter Streß und Angst fühlt sich der Magen schwer, elend und unbehaglich an, besonders nach dem Essen.
- Schmerzen im Zusammenhang mit Gallenbeschwerden werden durch Druck und Bewegung stärker, durch Wärme aber gelindert.
- Verstopfung mit viel Anstrengung und häufigem Stuhldrang. Die *Retroperistaltik* macht sich auf hier bemerkbar, in dem der Darminhalt in den Mastdarm zurückrutscht anstatt ausgeschieden zu werden.

Blase

- Rechtsseitige brennende Schmerzen und schreckliche Schwierigkeiten beim Wasserlassen.
- Jucken oder Brennen beim Wasserlassen.
- Großes Unbehagen in der Blase nachts.

Frauenleiden

- Schweres prämenstruelles Syndrom mit ausgeprägter Reizbarkeit, Ärger und heftigen Wutausbrüchen.

- Friert und ermüdet bei Menstruationsschmerzen.
- In der Schwangerschaft morgendliche Übelkeit, hartnäckiger Brechreiz sowie Kopfschmerzen.
- Trockenes, schmerzhaftes Erbrechen während der Wehen mit quälenden Schwierigkeiten, den Mageninhalt nach oben zu befördern.

Schlaf

- Hat Schwierigkeiten, abzuschalten und einzuschlafen; bleibt geistig wach und ist ständig mit Ideen beschäftigt.
- Leichter, oft unterbrochener, durch erschreckende Träume gestörter Schlaf.
- Erwacht furchtsam und wenig erholt aus leichtem, unruhigem Schlaf.
- Fühlt sich in den frühen Morgenstunden frisch und bereit, den Tag anzugehen, ist aber nach nochmaligen Einschlafen, wenn es Zeit zum Aufstehen wäre, müde und hat einen schweren Kopf.
- Fühlt sich bei Müdigkeit tagsüber viel besser nach einem Nickerchen.
- Neigung zu Abhängigkeit von Schlafmitteln.

Hitze und Fieber

- Friert und ist reizbar, verträgt überhaupt nicht den geringsten kalten Luftzug.
- Trotz Rötung und erhitzten Aussehens werden die Beschwerden durch unzureichende Bedeckung ausgelöst.

Gelenke und Muskeln

- Besonders frühmorgens bei der ersten Bewegung unangenehm steife, unbewegliche Gelenke und Muskeln.
- Gelenkschwäche wird durch Kälte und körperliche Anstrengung verstärkt.
- Nachts unerträgliche Muskelkrämpfe, besonders in den Waden.
- Krampfartige, heftige Schmerzen, wie zerschlagen in Gelenken und Muskeln, besonders in denen, die vom Nacken zur Wirbelsäulenbasis führen.

Verschlimmerung (durch):
- Aufenthalt an kalter Zugluft
- Morgens
- Schlafmangel
- Essen
- Kaffee
- Zigaretten
- Starke Gerüche
- Lärm
- Streß
- Berührung
- Verstopfung

Besserung (durch):
- Wärme
- Ausruhen
- Erholsamen Schlaf
- Ruhe
- Nachts
- Feuchtigkeit
- Regelmäßigen Stuhlgang

Phosphorus (Gelber Phosphor)

Angezeigt bei:
- Ängsten
- Blutarmut
- Blutverlust
- Drüsenschwellungen
- Durchfall
- Erbrechen
- Frostbeulen
- Halsschmerzen
- Husten
- Katarrh

- Kopfschmerzen
- Krupp
- Nasenbluten
- Nebenhöhlenentzündung (Sinusitis)
- Postnataler Depression
- Sodbrennen

Hauptmerkmale
- PHOSPORUS ist häufig bei unbestimmten Ängsten erforderlich, die sich zu Beginn einer Krankheit an die Oberfläche arbeiten und dann in deren Verlauf ganz konkret werden.
- Rasche Erschöpfung bei Krankheit, was zu einem allgemein geschwächten Zustand mit einem Mangel an Durchhaltevermögen führt. Ursache hierfür kann auch eine zugrundeliegende Anämie sein.
- Äußerst unregelmäßiges Energieniveau mit kurzen Energieschüben, die mit Erschöpfung, Apathie und Introvertiertheit abwechseln.
- Brennende Empfindungen treten überall im Körper auf; sie sind bedingt durch einen instabilen Kreislauf, der abwechselnd zu Frösteln und plötzlichen Hitzeschüben führt.
- Hände, Knöchel, Füße und Augenlider schwellen infolge einer allgemeinen Neigung zu Wassersucht an und bekommen ein ödematöses Aussehen.

Gemüt
- Reagiert äußerst sensibel und rasch auf alle möglichen Reize: Licht, Lärm, Farbe, Berührung, Musik und Parfüm.
- Extreme Empfindsamkeit für Stimmungen und Menschen mit einer manchmal hochentwickelten übersinnlichen Wahrnehmung.
- Großes Verlangen nach körperlicher Zuneigung und Zusicherungen, reagiert sehr empfänglich auf körperliche Zuneigung.
- Ist geistig und körperlich leicht erschöpft.
- Furchtsam und voller Sorgen und Ängste; dazu gehören manchmal Angst vor Donner, Spinnen, Alleinsein, Krankheit und vor Dunkelheit.
- Bei Energieschüben sehr extrovertiert, lebhaft und kontaktfreudig;

rasch setzen körperliche und geistige Erschöpfung mit Apathie und völliger Gleichgültigkeit ein.
- Bei Müdigkeit und Unwohlsein rasch weinerlich.
- Äußerst empfindsam für die Gefühle anderer mit ausgesprochenem Einfühlungsvermögen; brennt infolgedessen seelisch rasch aus.
- Ist bei Alleinsein oder dem Gefühl, vernachlässigt zu werden, allgemein furchtsam und bedrückt. Bekommt aber bei Mitgefühl, Zuwendung und Zuneigungsbekundungen rasch wieder Auftrieb.

Kopf
- Kopfschmerzen sowie Schwächegefühl und Übelkeit werden manchmal durch zu lange Pausen zwischen den Mahlzeiten und vor einem Gewitter ausgelöst.
- Brennendes, gerötetes Gesicht bei Kopfschmerzen.
- Verschlimmerung der Kopfschmerzen in warmen, stickigen Räumen und beim Hinlegen.
- Linderung der Schmerzen an frischer, kühler Luft sowie durch kleine Snacks.
- Bei Veranlagung zu niedrigem Blutdruck werden die Kopfschmerzen bei zu schnellem Aufstehen aus dem Sitzen oder Knien manchmal von Orientierungslosigkeit und Benommenheit begleitet, ebenso bei zu schnellem Kopfdrehen, Essen oder plötzlichem Bücken.

Ohren, Nase und Hals
- Trockene, verstopfte Nase, die nachts das Atmen erschwert.
- Bei Erkältungen gelblich-grünes, brennendes Nasensekret.
- Erkältungen befallen rasch Hals und Brustraum, die Lymphknoten am Hals schwellen an und entzünden sich.
- Schmerzlose Heiserkeit oder völliger Stimmverlust.
- Halsschmerzen mit großer Empfindlichkeit gegen Berührung und Einatmen kalter Luft.
- Hustet ständig, um den Hals frei zu machen.

Brustraum
- Engegefühl in der Brust mit trockenem Husten, Linderung durch Wärme.

- Trockener Reizhusten, der durch Temperaturwechsel und beim Hinlegen schlimmer wird.
- Brustraum fühlt sich bei Aufsitzen im Bett besser an.
- Hustet gelblichen Schleim ab.
- Hustenanfälle werden durch plötzliche Temperaturwechsel ausgelöst.

Verdauung
- Übelkeit und Erbrechen sind in überheizten, stickigen Räumen viel schlimmer.
- Brennende Magenschmerzen mit flauem Gefühl werden kurzfristig durch kalte Getränke gelindert, bis sie sich im Magen erwärmt haben.
- Ständige Übelkeit mit Völlegefühl und Magenbrennen.
- Aufstoßen verursacht Beschwerden wegen des unangenehmen Geschmacks, der jedesmal die Speiseröhre aufsteigt.
- Gurgeln und Rumpeln in Magen und Darm.
- Warme Getränke und Essen werden wieder erbrochen.
- Manchmal geht reichlich schmerzloser Durchfall unwillkürlich ab.
- Durchfall entsteht oder verschlimmert sich bei heißem Wetter.

Blase
- Brennen mit häufigem Harndrang und spärlicher Abgabe konzentrierten Urins.
- Trüber, brauner Urin mit fettartigen Ablagerungen an der Oberfläche und roten Sedimenten.
- Bei häufigem Wasserlassen sehr hellen Urins vermehrter Durst. (Bei diesen Anzeichen sollte man sich untersuchen lassen, um eine mögliche Zuckerkrankheit auszuschließen.)

Frauenleiden
- Bei prämenstruellem Syndrom äußerst niedergeschlagen und weinerlich.
- Schwere, lang anhaltende Regelblutungen.
- Zu den Menstruationsbeschwerden gehören brennende Hitzewallungen, Ängste, Herzklopfen und gußartige, hellrote, klumpige Blutungen.

- Manchmal bei quälenden Ängsten vor oder während der Wehen angezeigt.

Hitze und Fieber
- Angst- und Panikanfälle vor Hitzewallungen.
- Plötzliche Veränderungen im Blutfluß haben abwechselnd Frösteln und sporadische Hitzeschübe zur Folge.
- Trotz Brennens eiskalte Beine und Füße.
- Bei Fieber ist der Durst nach eiskalten Getränken nicht zu löschen, die aber nach Erwärmung im Magen sogleich wieder erbrochen werden.

Gelenke und Muskeln
- Schwache und steife Arme, Nacken, Rücken und Finger, besonders morgens.
- Wunde, schmerzende Wirbelsäule und Hüftgelenke mit großer Empfindlichkeit gegen die kleinste Berührung.
- Nachts brennende Schmerzen in der Wirbelsäule bei sehr kalten Beinen und Knien.
- Brennen, Kribbeln, Jucken und Gefühllosigkeit können in Armen, Fingern, Wirbelsäule oder Rücken auftreten.

Verschlimmerung (durch):
- Zu viele Aufregungen
- Alleinsein
- Am frühen Abend
- Dunkelheit
- Gewitter
- Liegen auf der linken Seite
- Feuchtigkeit und Kälte
- Große Menschenansammlungen
- Höhe

Besserung (durch):
- Massage
- Körperliche Zuneigung, Trost, gutes Zureden

- Erholsamen Schlaf
- Wärme (außer bei Magenbeschwerden)
- Häufiger Verzehr kleiner Mahlzeiten

Pulsatilla (Küchenschelle)

Angezeigt bei:
- Brustdrüsenentzündung (Mastitis)
- Depressionen
- Drüsenschwellungen
- Frostbeulen
- Grippe
- Heuschnupfen
- Hitzewallungen
- Katarrh
- Knochen- und Gelenkentzündung (Osteoarthritis)
- Kopfschmerzen
- Krampfadern
- Krupp
- Kummer
- Magenverstimmung
- Masern
- Menstruationsschmerzen
- Morgendlicher Übelkeit
- Mumps
- Nasennebenhöhlenentzündung (Sinusitis)
- Ohrenschmerzen
- Prämenstruellem Syndrom
- Röteln
- Sodbrennen
- Soor
- Streßinkontinenz
- Unregelmäßiger Periode
- Verdauungsstörungen
- Wehen

- Windpocken
- Zahnen

Hauptmerkmale

- Leiden, die Pulsatilla erfordern, entwickeln sich gewöhnlich langsam und schleichend über einige Tage hinweg. Daher braucht man dieses Mittel selten im Anfangsstadium einer Erkältung, sondern häufig zu einem späteren Zeitpunkt, wenn die Krankheit schon richtig in Gang ist (z. B. wenn der Ausschlag bei Masern ausgebrochen ist oder bei einem offensichtlichen Katarrh.)
- Pulsatilla-Beschwerden wechseln und verändern sich ständig und sehr rasch, sowohl was ihre Art wie ihre Lokalisation angeht. Diese Labilität hat sowohl seelische wie körperliche Auswirkungen und eine entsprechende Neigung zu starken Stimmungsschwankungen zur Folge.
- Viele Beschwerden hängen mit den Auswirkungen eines wechselhaften Hormonspiegels zusammen; infolgedessen ist das Mittel häufig in Pubertät und Schwangerschaft, nach der Geburt sowie in den Wechseljahren angezeigt.
- Alle Pulsatilla-Beschwerden bessern sich bei leichter Bewegung, die den trägen Kreislauf anregt, und verschlimmern sich durch Hinlegen und Ausruhen.
- Bei Pulsatilla treten folgende typische Anzeichen auf: Frösteln, das durch Wärme schlimmer wird und sich an kühler, frischer Luft bessert, trockener Mund ohne Durst.
- Die Beschwerden befallen häufig die rechte Körperseite oder treten dort verstärkt auf.
- Die typischen Absonderungen sind dick, nicht wundmachend und gelblich-grün.

Gemüt

- Das seelische Leiden wird durch Trost, mitfühlende Gesellschaft und körperliche Zuneigung gelindert.
- Labile, veränderliche, äußerst rasch wechselnde Stimmungen von Weinerlichkeit zu Reizbarkeit, Ängsten, Depression oder Glückseligkeit.

- Die seelischen Nöte und Unsicherheiten sind vor der Periode oder in der Schwangerschaft besonders ausgeprägt.
- Braucht in Angstzuständen und Depression Zusprache und Trost.
- Fühlt sich bei Niedergeschlagenheit und nach dem Ausweinen bei einem Freund viel besser.
- Schüchtern und scheu, braucht viel Zuwendung und Aufmunterung.
- Unentschlossen, kann gefaßte Entscheidungen wegen geringer Selbstachtung oder Mangel an Selbstvertrauen nicht einhalten.
- Ist bei empfundenen Übergangenwerden oder mangelnder Umsorgung leicht bedrückt und deprimiert.
- Angst vor Menschenansammlungen, auf offenen Plätzen, vor dem Alleinsein und davor, den Verstand zu verlieren.
- Kinder werden bezeichnenderweise sehr weinerlich und übertrieben anhänglich und stellen hohe Anforderungen, wenn ihnen nicht wohl ist.

Kopf

- Kopfschmerzen mit Magenverstimmung infolge üppiger, fetter Speisen oder langen Aufenthalts in schlecht gelüfteter, stickiger Umgebung.
- Kopfschmerzen entstehen oder verschlimmern sich nach dem Essen oder stellen sich im Laufe des Abends ein.
- Oft beim Aufstehen, nach dem Liegen oder beim Gehen an frischer Luft völlig benommen.
- Fester Druck, ein kühles Tuch oder leichte Übungen an frischer Luft helfen, die Kopfschmerzen zu lindern.

Augen

- Augenentzündungen mit dicken, gelben Absonderungen, die nachts die Lider zusammenkleben.
- Wiederkehrende Gerstenkörner.
- Gereizte, brennende, juckende Augen mit ständigem Bedürfnis, sie zu reiben.
- Lichtempfindlichkeit mit stechenden Augenschmerzen.

Ohren, Nase und Hals

- Ohrenschmerzen treten manchmal nach Aufenthalt an kalter Luft auf.
- Ohrenschmerzen werden häufig von Taubheit und/oder dicken, gelblichen Absonderungen begleitet.
- Hitze, Schmerzen, Rötung und Schwellung der Ohrmuschel.
- Trockener, wunder Hals ohne Durst.
- Wunde, geschwollene Nase bei Erkältungen mit Geruchs- und Geschmacksverlust.
- Nasenverstopfung wandert von einem Nasenloch zum anderen. Besserung an frischer Luft, Verschlimmerung in überheizten und stickigen Räumen.
- Hartnäckiger, gelblich-grüner, dicker, nicht ätzender Katarrh.

Brustraum

- Trockener Husten beim Erwachen wechselt mit lockerem, ergiebigem Husten in der Nacht.
- Unangenehmes Gefühl in der Brust beim Hinlegen, das sich beim Aufsitzen oder Herumgehen bessert.
- Die Schleimabsonderungen sind dick und gelblich-grün.

Verdauung

- Magenverstimmungen mit weißem oder gelbem Zungenbelag.
- Trockener Mund mit unangenehmem Geschmack und Durstlosigkeit.
- Schwäche, Frösteln und anhaltende Übelkeit, die in stickigen, überheizten Räumen quälender werden.
- Brennende Magenverstimmung wird durch warmes Essen oder warme Getränke verschlimmert, durch Kaltes gelindert.
- Aufstoßen von vor einiger Zeit zuvor gegessenen Speisen.
- Verlangen nach Speisen, die dem Magen am schlechtesten bekommen. Dazu gehören fette, cremige, üppige Nahrungsmittel wie Käse, Schweinefleisch, Butter und Sahne.
- Übelkeit und Erbrechen nach großer Aufregung, Verärgerung oder Streß.
- Heftiger, brennender Durchfall, der durch zuviel Obst oder Eis ausgelöst und nachts schlimmer wird.

- Schmerzhafte, juckende, vorfallende Hämorrhoiden, die durch Wärme verschlimmert, durch Kälte gelindert werden und infolge langwieriger Verstopfung mit entsprechender Anstrengung bei der Entleerung entstanden sein können.

Blase

- Hartnäckige oder wiederkehrende Blasenentzündung mit Brennen und Stechen, die sich bei Kontakt mit Wärme stark verschlimmern, bei Kälte bessern.
- Schmerzen und Wundheit halten auch nach dem Wasserlassen an.
- Blasenbeschwerden verschlimmern sich bei Rückenlage und jedem herausgeschobenen Wasserlassen.
- Unwillkürliches Harntröpfeln beim Sitzen, Gehen, Husten oder Hinlegen.

Frauenleiden

- Verspätete oder unregelmäßige Perioden; weiß nie, wann die nächste Blutung zu erwarten ist.
- Veränderlicher Blutfluß; manchmal starke oder klumpige Blutungen, die in sehr spärlichen Blutfluß übergehen.
- Schwere prämenstruelle Beschwerden mit empfindlichen, geschwollenen Brüsten und extremen Stimmungsschwankungen.
- Wiederkehrender Soor, der heftiges Jucken und Reizungen verursacht. Der Ausfluß ist dick und weißlich-gelb.
- Wechseljahrbeschwerden mit plötzlich einsetzender Hitzewallung mit Hitzeunverträglichkeit, Streßinkontinenz, Kreuzschmerzen, auch mit Bandscheibenvorfall, sowie sehr unregelmäßigen, gußartigen Menstruationsblutungen.
- Morgendliche Übelkeit mit Erbrechen den ganzen Tag über oder mit Verschlimmerung abends und nachts.
- Krampfadern, Soor oder Blasenentzündung sind häufig in der Schwangerschaft besonders lästig.
- Auch langsam einsetzende, schwache, wechselhafte oder unergiebige Wehen erfordern häufig PULSATILLA.

Schlaf

- Geht völlig übermüdet zu Bett, erwacht jedoch nachts wegen Überhitzung oder zu starkem Schwitzen.
- Kann es sich nachts nicht bequem machen und wird unruhig. Wirft die Bettdecken zurück, friert und deckt sich wieder zu.
- Schläft mit den Armen über dem Kopf und mit unter der Bettdecke hervorstehenden Füßen, um sich abzukühlen.

Hitze und Fieber

- Trotz allgemeinen Frierens ausgeprägte Abneigung gegen Überhitzung in sauerstoffarmen, stickigen Räumen.
- Abwechselnd heiße und kalte Schauer mit Abneigung gegen zu gutes Zugedecktsein im Bett.
- Herzklopfen mit Hitzeschüben tritt öfters nach üppigem, schwerem Essen auf.
- Fühlt sich in der Nähe eines offenen Fensters mit Zugang zu frischer, kühler Luft am wohlsten.
- Kein Durst, obwohl der Mund durch Fieber trocken und ausgedörrt ist.

Haut

- Schrecklich juckende Haut, Verschlimmerung durch Kontakt mit Wärme in jeder Form.
- Beschwerden werden durch Baden in kühlem Wasser und an kühler Luft besser.

Gelenke und Muskeln

- Veränderliche, schießende Schmerzen, die rasch von einem Körperteil zum anderen huschen.
- Tagsüber schwere, nachts schmerzende Beine.
- Anlaufschmerz steifer, unbeweglicher Gelenke und Muskeln nach Ruhe, Verschlimmerung durch Wärme und Bettruhe. Linderung durch kalte Umschläge, kühle Luft, festen Druck und leichte Bewegung.
- Kreuzschmerzen und -beschwerden durch Wirbelsäulenschäden wie z. B. Skoliose.

Verschlimmerung (durch):
- Heiße, stickige Räume
- Mangel an frischer Luft
- Warmes Zudecken
- Feuchtigkeit
- Ruhen
- Hinlegen
- Abends und nachts
- In der Schwangerschaft

Besserung (durch):
- Zuneigung
- Sich Ausweinen
- Mitgefühl und Zuwendung
- Kühle, frische Luft
- Kühles Baden
- Kalte Umschläge
- Leichte Körperübungen
- Festen Druck auf die schmerzende Stelle

Rhus toxicodendron (Gifteiche)

Anzeigt bei:
- Depressionen
- Drüsenschwellungen
- Frostbeulen
- Grippe
- Herpes
- Ischiasschmerzen
- Knochen- und Gelenkentzündung (Osteoarthritis)
- Mumps
- Muskelüberanstrengung
- Schlaflosigkeit
- Verstauchungen
- Windelausschlag

- Windpocken
- Zerrungen

Hauptmerkmale

- Am häufigsten bei Schmerzen mit Verbesserung durch Bewegung und Verschlimmerung durch Ruhe angezeigt.
- Schmerzen und Steifheit treten ebenso nach Aufenthalt an Kälte und Feuchtigkeit auf.
- Gelenk- und Muskelbeschwerden werden von heftigen, stechenden Schmerzen und Steifheit begleitet.
- Im allgemeinen lindern warme Bäder die Beschwerden sehr.
- Quälende Beschwerden sind nachts typisch stärker; bei Nachtruhe tritt überdies schwere Depression ein.
- Extreme Unruhe begleitet die meisten Beschwerden.
- RHUS TOXICODENDRON ist eines der Hauptmittel gegen blasenbildende, juckende Hautausschläge bei Ekzemen, Nesselsucht (Urtikaria), Windpocken und Herpes.

Gemüt

- Extreme geistige und körperliche, nachts sehr quälende Unruhe.
- Ist deprimiert, apathisch, in sich gekehrt, kein Interesse an irgend etwas.
- Ängste und Furcht mit Traurigkeit und Weinerlichkeit wegen Dingen, die sonst nicht verstimmen würden; bricht ohne ersichtlichen Grund in Tränen aus.
- Depression und Ängste sind nachts im Bett am schlimmsten.
- Reizbar und nervös wegen finanzieller, geschäftlicher und häuslicher Sorgen oder hat generelle, unbestimmte Zukunftsängste.
- Grübelt über beunruhigende, unangenehme vergangene Ereignisse nach, besonders nachts, wenn keine Ablenkung vorhanden ist.

Kopf

- Kopfschmerzen folgen auf Ärger, Frustration oder Abkühlung.
- Starke Kopfschmerzen werden durch Wärme und Rückwärtsbeugen des Kopfes gelindert.
- Migräne, die sich durch Gehen an frischer Luft stark bessert.

Augen

- Wäßrige, gereizte Augen mit steifem Gefühl in den Augäpfeln.
- Gerstenkörner mit sich steif anfühlenden Lidern.

Ohren, Nase und Hals

- Niesen und häufiges Nasenbluten beim Erwachen.
- Rote, heiße und geschwollene Nase mit brennenden Schmerzen bei Berührung der entzündeten Stellen.
- Trockene, schmerzhafte aufgesprungene Lippen mit wiederkehrendem Herpes.
- Heiserkeit beim Sprechen, die sich bei längerem Einsatz der Stimme legt.
- Trockener Hals mit wunden Schmerzen beim Sprechen und stechendem Schmerz beim Schlucken.

Brustraum

- Rohes Gefühl der Atemwege mit unangenehmem Blut- oder Salzgeschmack im Mund.
- Starke Kopfschmerzen wegen der Hustenanfälle.
- Trockener Reizhusten nach dem geringsten kalten, feuchten Luftzug.

Verdauung

- Entzündete, wunde, belegte Zunge mit roter, dreieckiger Spitze.
- Kolikartige starke Schmerzen, die sich durch leichte Bewegung und Sich-Zusammenkrümmen bessern.
- Übelkeit, die beim Hinlegen schlimmer wird.
- Starker, schmerzloser morgendlicher Durchfall.
- Erschöpfung wegen unwillkürlichen Durchfalls.

Schlaf

- Unruhiger, unterbrochener Schlaf, besonders nach Mitternacht.
- Wälzt sich ständig im Bett herum, um eine bequeme Stellung zu finden.
- Ist beim Erwachen aus wenig erholsamem Schlaf mit verwirrenden Träumen niedergeschlagen und erschöpft.

Hitze und Fieber

- Hohes Fieber mit Schwitzen und Zittern, das durch warme Getränke steigt.
- Unendlicher Durst nach kalten Getränken, besonders nachts.
- Phantasiert beim Fiebern und brummt bei Störungen im Schlaf.

Haut

- Nachts im Bett ist die Haut ständig gereizt; ständiger Drang, sich zu kratzen.
- Blasenförmige, aufgedunsene Hautausschläge, die unerträglich jucken und brennen.

Gelenke und Muskeln

- Gelenk- und Muskelschmerzen nach Aufenthalt an der Feuchtigkeit, Kälte oder Zugluft.
- Äußerst quälende Unruhe bei Gelenkschmerzen verleitet ständig zu Bewegung, um etwas Wohlbefinden zu erlangen.
- Muskelschmerzen folgen auf allzu verausgabende und erschöpfende körperliche Betätigung.
- Stark schmerzende, steife, geschwollene Gelenke, die sich durch anhaltende leichte Bewegung bessern. Verschlimmerung durch Ausruhen, bei der ersten Bewegung nach längerem Stillhalten sowie zu lange andauernden und daher erschöpfenden körperlichen Betätigungen.
- Steifer, schmerzender Nacken, der morgens bei der ersten Bewegung nach der Nachtruhe schlimmer ist.

Verschlimmerung (durch):

- Kaltes, feuchtes Wetter
- Ruhen
- Zuviel körperliche Anstrengung
- Im Bett
- Stehen
- Bei der ersten Bewegung nach Ruhe
- Nach der Nachtruhe
- Kratzen

Besserung (durch):
- Anhaltende, leichte Bewegung
- Warmes, trockenes Wetter
- Hitze
- Warme Bäder
- Warme Umschläge
- Sich Warmhalten

Ruta (Weinraute)

Angezeigt bei:
- Achillessehnenentzündung
- Augenüberanstrengung
- Ischiasschmerzen
- Prellungen
- Sehnenentzündung (Tendinitis)
- Verstauchungen

Hauptmerkmale
- Wunde Schmerzen in Knochen und Gelenken sind ein Hauptmerkmal dieses Mittels. Schmerzen, die gut auf RUTA ansprechen, rühren von Verletzungen der Knochenhaut (Periost) her, an denen die Sehnen befestigt sind. Schmerzen dieser Art dauern noch lange nach der ursprünglichen Verletzung und der Ausheilung der oberflächlichen Quetschung an.
- Ausgeprägte Unruhe und unfähig, längere Zeit stillzusitzen.
- Friert in der Regel und möchte es so warm wie möglich haben.
- Tagsüber schläfrig, kann nachts jedoch nicht schlafen und muß häufig die Glieder strecken.
- Wegen der Gelenkschmerzen müde und erschöpft.

Gemüt
- Ist bei Gelenkschmerzen weinerlich und deprimiert oder reizbar.
- Unruhe und Ängstlichkeit sind abends besonders auffällig.

Augen

- Schmerzen in den Augen oder überanstrengte Augen nach dem Lesen oder einer Feinarbeit.
- Heiße, brennende Augen, auch mit verschwommener Sicht und abendlicher Verschlimmerung.
- Die Augen tränen und schmerzen nach dem Reiben.

Verdauung

- Zwickende, nagende Magenschmerzen, die durch Milchgetränke gelindert werden.
- Stechende, reißende Schmerzen im Enddarm werden beim Stillsitzen schlimmer.
- Härmorrhoiden, auch mit möglichem Vorfall und ständigem Drang bei weichem Stuhl.

Blase

- Ständiges Unwohlsein und rasende Schmerzen in der Blase.
- Häufiger Drang, die Blase zu leeren, mit Schwierigkeiten beim Wasserlassen.
- Schlaffer Tonus des Blasenmuskels hat Streßinkontinenz tagsüber oder unwillkürliches Harntröpfeln nachts zur Folge.

Gelenke und Muskeln

- Die Schmerzen befallen besonders die Hand- und Fingergelenke, Knie oder Knöchel.
- Die Gelenkschwäche ist beim Aufstehen vom Sitzen oder Treppengehen (hinauf und hinunter) am stärksten.
- Gehschwierigkeiten wegen Zerschlagenheitsgefühl in den Oberschenkeln.
- Unbehagen und Quetschungsschmerzen an Wirbelsäule und Kreuz werden durch Liegen auf dem Rücken besser, beim Hinsetzen schlimmer.
- Unruhige Beine; sie sind auf der Suche nach einer bequemen Lage ständig in Bewegung.

Verschlimmerung (durch):
- Ruhen
- Berührung
- Bücken
- Liegen auf der schmerzenden Stelle
- Gehen an frischer Luft

Besserung (durch):
- Wärme
- Leichte Bewegung im Haus

Sepia (Tintenfisch)

Angezeigt bei:
- Depressionen
- Eßstörungen
- Kopfschmerzen
- Krampfadern
- Menstruationsschmerzen
- Morgendlicher Übelkeit
- Postnataler Depression
- Prämenstruellem Syndrom
- Rückenschmerzen
- Soor
- Streßinkontinenz
- Unregelmäßigen Perioden
- Verdauungsstörungen
- Vorfall

Hauptmerkmale
- Körperliche, geistige und seelische Mattigkeit, Erschöpfung und Depression.
- Allgemeine Gleichgültigkeit und Antriebsmangel im Zusammenhang mit äußerst geringer Energie.
- Ein ziehendes oder nach unten drängendes Gefühl überall im Körper

ist ein typisches Anzeichen für SEPIA; auch das Gefühl, ein Klumpen oder Kloß würde etwas verstopfen.
- Schlechte Blutzirkulation hat Krampfadern, eine labile Körpertemperatur und Hämorrhoiden zur Folge.
- Übelkeit und Benommenheit werden bezeichnenderweise durch einen zu niedrigen Blutzuckerspiegel ausgelöst und verschlimmert, wenn längere Zeit nichts gegessen wurde. SEPIA ist häufig erforderlich, wenn diese Beschwerden in der Schwangerschaft oder vor der Menstruation auftreten, vorausgesetzt, die anderen Symptome stimmen überein.
- Trotz einer generellen Erschöpfung bessern sich alle seelischen und körperlichen Symptome durch dynamische Übungen, etwa rasches Gehen oder Laufen an frischer Luft, Tanzen.
- Häufig bei Niedergeschlagenheit in den Wechseljahren, nach einer Geburt oder bei schwerem Prämenstruellem Syndrom erforderlich, wenn die Hauptmerkmale übereinstimmen.

Gemüt
- Tiefe Depression mit äußerster Reizbarkeit und starken Stimmungsschwankungen.
- Trotz Weinerlichkeit hilft sich ausweinen kaum oder gar nicht.
- Schrecklich reizbar, aufbrausend und ungeduldig mit den Familienangehörigen, besonders wenn die häuslichen und seelischen Anforderungen überhand nehmen.
- Obwohl voller Energie und absolut fähig, im gesunden Zustand den alltäglichen Anforderungen kompetent gerecht zu werden, macht sich bei Erkrankung ein starkes Gefühl der Unfähigkeit bemerkbar.
- Ängste und Erregung bei Überlastung. Wüten und Schreien vor Enttäuschung oder möchte am liebsten vor Gefühlsbindungen- und -verpflichtungen davonlaufen.
- Völliger Mangel an Energie und Antrieb; fühlt sich bei der geringsten Anstrengung matt und ausgelaugt.
- Ausgeprägte Abneigung gegen Geschlechtsverkehr und völlige Gleichgültigkeit dem Partner gegenüber.
- Geistige und seelische Besserung nach kraftvollen Übungen, etwa Aerobic, Tanzen oder einem Spaziergang an frischer Luft.

- Die seelischen Beschwerden erreichen ihren Höhepunkt nach der Schwangerschaft, in den Wechseljahren oder vor der Menstruation.

Kopf
- Benommenheit beim Erwachen infolge schlechter Blutzirkulation oder niedrigen Blutdrucks.
- Einseitige Kopfschmerzen mit pochenden, stechenden Schmerzen.
- Migräne oder Kopfschmerzen verschlimmern sich durch Licht, Lärm und vor einem Gewitter. Die damit einhergehende Übelkeit verstärkt sich beim Anblick oder Geruch von Essen.
- Die Kopfschmerzen lassen durch erholsamen Schlaf und an frischer Luft nach.

Augen
- Brennendes, tränendes, sandiges Gefühl in den Augen.
- Sehstörungen wie Blitze oder Funken vor den Augen.
- Vor einer Migräne verzerrt sich die Sicht oder geht die Sehkraft vorübergehend verloren.

Ohren, Nase und Hals
- Häufige oder wiederkehrende Erkältungen mit trockenen, wunden, verkrusteten Nasenlöchern.
- Entzündete, geschwollene Nasenspitze mit lästiger Einbuße des Geruchssinns.

Brustraum
- Hustenanfälle lösen Übelkeit, Erbrechen und Würgen aus.
- Lästiger, abgehackter Husten, der nachts oder beim Erwachen schlimmer wird.
- Schmerzen und Beschwerden im Brustraum bessern sich durch festen Druck auf die befallene Stelle.

Verdauung
- Schwäche und Übelkeit setzen rasch ein, wenn Mahlzeiten ausgelassen werden.

- Essen lindert die Übelkeit vorübergehend, wenn diese durch einen niedrigen Blutzuckerspiegel verursacht wurde.
- Säureschmerzen oder unangenehmes Gefühl, es bewege sich ständig etwas im Magen.
- Verstopfung mit kleinem, trockenem, hartem Stuhl, der nur langsam und unter Schwierigkeiten abgegeben wird.
- Nach dem Stuhlgang Gefühl, ein Ball, Klumpen oder Völle bleibe im Enddarm zurück.
- Starke Schmerzen nach dem Stuhlgang wegen blutender, entzündeter Hämorrhoiden.

Blase
- Tag und Nacht ständiger Harndrang mit ausgeprägtem Druck auf der Blase.
- Stark riechender, verfärbter Urin mit rötlichen Sedimenten.

Frauenleiden
- Prämenstruelle Müdigkeit und völlige geistige und körperliche Erschöpfung.
- Fast unerträgliches Prämenstruelles Syndrom mit Stimmungsschwankungen, Lethargie, Reizbarkeit und verspäteten, spärlichen Regelblutungen.
- Schreckliche morgendliche Übelkeit, die durch Auslassen von Mahlzeiten viel schlimmer, durch kleine Snacks zwischendurch gebessert wird.
- Gebärmuttervorfall mit dem Gefühl, alles falle aus dem Becken heraus.
- Die Beschwerden verschlimmern sich durch langes Stehen oder Gehen und bessern sich beim Sitzen mit übereinandergeschlagenen Beinen.
- Große Qualen und Abneigung gegen Geschlechtsverkehr wegen schmerzhaft trockener Scheide, die sich meistens nach den Wechseljahren einstellt.
- Weitere Wechseljahrbeschwerden sind heftige Hitzewallungen und starkes Schwitzen bei der geringsten körperlichen Anstrengung.
- Jucken in der Scheide mit gelblich-grünem Ausfluß.

Hitze und Fieber

- Hitzewallungen wechseln mit unangenehmen, starken Schweißausbrüchen.
- Schwitzt bei der kleinsten körperlichen Anstrengung.
- Trotz überwältigender Hitzewallungen rötet sich die Haut nur wenig.
- Die Hitzewellen steigen von den Beinen nach oben bis zu Hals und Kopf auf.

Schlaf

- Tagsüber schläfrig, kann aber nachts nicht schlafen und liegt stundenlang wach.
- Ist beim Erwachen völlig unausgeschlafen.
- Schwitzen und Hitzewallungen sind nachts besonders schlimm.

Haut

- Die Hautleiden hängen manchmal mit hormonellen Schwankungen zusammen (z. B. bilden sich Akne in der Pubertät, Ekzeme in den Wechseljahren oder eine Nesselsucht (Urtikaria) verschlimmert sich beim Eisprung oder vor der Periode).
- Die juckende, gereizte Haut fühlt sich im Freien schlimmer an und bessert sich bei Wärme. Allerdings verschlimmert sie sich bei Aufwärmen und Überhitzung im Bett.
- Schlechte Blutzirkulation erzeugt fleckige Haut und/oder Krampfadern.

Gelenke und Muskeln

- Schweres, ziehendes Gefühl bei Kreuzschmerzen, die durch festen Druck besser werden und manchmal mit einem Gebärmuttervorfall oder Menstruationsschmerzen zusammenhängen.
- Schwäche und Schwere in den Beinen und Kniegelenken, die beim Gehen nachgeben.
- Knieschmerzen mit Aufgedunsenheit und Schwellung, die sich beim Treppenhinuntergehen verstärken.
- Ausruhen verstärkt die Schmerzen in den Gelenken.

Verschlimmerung (durch):
- Seelische Anforderungen
- Vor, während oder nach der Periode
- Auslassen von Mahlzeiten
- Feuchtigkeit
- Ruhe (besonders Gelenkschmerzen)
- Schwitzen
- Berührung
- Geistige Anstrengung

Besserung (durch):
- Dynamische Körperübungen wie Laufen, Gehen oder Tanzen
- Frische Luft
- Regelmäßige Aufnahme kleiner Mahlzeiten
- Wärme
- Nach dem Schlafen
- Festen Druck
- Hochlagern der Beine

Silicea (Kieselsäure)

Angezeigt bei:
- Abszessen
- Akne
- Drüsenschwellungen
- Eßstörungen
- Furunkeln
- Geschwüren
- Nasennebenhöhlenentzündung (Sinusitis)
- Schwindel
- Streßinkontinenz
- Wunden

Hauptmerkmale
- Die Störungen entwickeln sich schleichend über längere Zeit.

- Die seelischen und körperlichen Krankheitssymptome machen sich sehr langsam nach äußerst anstrengenden belastenden oder schmerzhaften Ereignissen im Leben bemerkbar.
- Extreme Müdigkeit und Lustlosigkeit; kann Hals- und Drüsenentzündungen nicht loswerden. Infolgedessen werden wiederkehrende Drüsenschwellungen und ein entzündeter, wunder Hals immer wieder zum Problem.
- Langsam heilende Wunden entzünden sich leicht oder hinterlassen häßliche Narben. Bei Entzündungen sind die Absonderungen meist dünn, durchsichtig oder eitrig.
- Obwohl wegen der schlechten Blutzirkulation Hitzewallungen auftreten können, ist Frieren für SILICEA typisch.

Gemüt
- Schüchtern, ängstlich und wenig Vertrauen. Jedes Vorhaben wird von vornherein zum Scheitern verurteilt, alle anstrengenden oder anspruchvolleren Situationen werden von vornherein vermieden.
- Ist wegen mangelnden Vertrauens unschlüssig und infolgedessen unfähig, irgendwelche klare Entscheidungen zu treffen.
- Wird manchmal zwanghaft, oder es stellen sich phobische Ängste ein. Dazu gehören etwa Angst vor scharfen oder spitzen Gegenständen, wie z. B. eine ausgeprägte Frucht vor Spritzen.
- Ist unter Druck kurz angebunden und reizbar.
- Hat fixe, starre Ideen, von denen wegen mangelnden Selbstbewußtseins kaum abgelassen werden kann.
- Schreckt bei Nervosität und Überarbeitung durch laute Geräusche auf oder fährt zusammen.
- Seelisches und körperliches Ausgebranntsein beeinträchtigt das klare und konstruktive Denken stark. Aufgrund dieses erschöpften, überarbeiteten Zustands setzt manchmal eine hoffnungslose Depression ein.
- Trotz überaus genauer, gewissenhafter und harter Arbeit im gesunden Zustand führt Krankheit zu einem entgegengesetzten Zustand mit Mangel an Antrieb, Energie und Initiative.

Kopf

- Hitzewellen steigen in den Kopf, besonders in die Scheitelgegend und die rechte Seite.
- Wiederkehrende, zersprengende, starke Kopfschmerzen, die an der Schädelbasis anfangen und sich über den ganzen Kopf ausbreiten.
- Die Kopfschmerzen werden durch festen Druck und Wärme besser. Verschlimmerung durch Kälte, Bewegung, Licht und Lärm.

Augen

- Benommenheit und Sehstörungen bei Kopfschmerzen.
- Trockene, sandige Augen, die an frischer Luft leicht tränen.

Ohren, Nase und Hals

- Die Ohren jucken beim Schlucken.
- Äußerst kälte- und lärmempfindliche Ohren.
- Vorübergehende Hörschwäche vergeht nach dem Schneuzen.
- Hartnäckige Erkältungen mit Niesen und abwechselnd trockener und laufender Nase.
- Unangenehm verstopfte Nase mit schmerzenden Nebenhöhlen.
- Hartnäckige Halsschmerzen oder Mandelentzündung mit geschwollenen Drüsen.
- Geschwollene, schmerzende Speicheldrüsen bei Halsschmerzen und Erkältung.

Brustraum

- Heiserkeit mit trockenem Husten und Verschlimmerung durch kalte Getränke oder beim Sprechen.
- Reizhusten und Kitzeln in der Brust werden durch warme Getränke gelindert.
- Derart schwere Hustenanfälle, daß der Patient danach vor Erschöpfung keucht.

Verdauung

- Übelkeit mit Abneigung gegen Wasser, das unangenehm schmeckt, sowie gegen warme Speisen und Getränke.

- Unterleibsschmerzen und -beschwerden werden durch Wärme besser.
- Schwere oder hartnäckige Verstopfung mit größter Schwierigkeit, sogar weiche Stühle abzugeben. Bohrende Schmerzen halten noch einige Zeit nach dem Stuhlgang an.
- Neigung zu Analfissuren oder schrecklich empfindlichen Hämorrhoiden.

Frauenleiden
- Ausbleibende, unregelmäßige oder schmerzhafte Regelblutungen.
- Unregelmäßige Blutungen oder ab und zu Schmierblutungen zwischen den Perioden.
- Scharfer, milchiger Ausfluß.

Haut
- Leicht entzündliche, schlecht heilende Haut. Kleinste Kratzer oder Wunden fangen an zu eitern oder infizieren sich.
- Weil die Haut so schlecht heilt, treten häufig oder immer Abszesse, Furunkel und Karbunkel auf.
- Narben heilen schlecht oder schmerzen noch sehr lange.
- Poröse oder schlechte, leicht brechende Knochen.

Gelenke und Muskeln
- Schwäche und Krämpfe in Armen und Beinen.
- Kribbeln und Taubheit treten infolge schlechter oder ungenügender Blutzirkulation rasch ein.
- Rückenschmerzen bessern sich bei Wärme und verschlimmern sich bei der ersten Bewegung nach Ruhe.

Verschlimmerung (durch):
- Kalte Luft
- Windige, trockene, kalte Witterung
- Druck
- Liegen auf der schmerzenden Stelle
- Während der Menstruation

Besserung (durch):
- Sommerliches Wetter
- Heiße Umschläge
- Warmhalten
- Ruhe

Staphisagria (Stephanskraut)

Angezeigt bei:
- Bissen
- Blasenentzündung (Zystitis)
- Entzündung der Vorsteherdrüse (Prostatitis)
- Gelenkschmerzen
- Gerstenkörnern
- Gürtelrose
- Kummer
- Mandelentzündung
- Neuralgien
- Postnataler Depression
- Schmerzen nach Schnittwunden (z. B. nach einem Kaiserschnitt)
- Zahnschmerzen

Hauptmerkmale
- Körpersymptome, die eine Behandlung mit STAPHISAGRIA erfordern, treten in der Regel wegen unterdrückter oder zurückgehaltener Wut oder Entrüstung auf sowie durch Nichtartikulieren tiefer Empfindungen.
- Äußerste Empfindlichkeit auf geistiger, seelischer und körperlicher Ebene mit entsetzlicher Sensibilität auf beißende, heftige oder stechende Schmerzen.
- Häufig bei seelischem und/oder sexuellem Mißbrauch angezeigt.
- Die Beschwerden setzen häufig nach einem operativen Eingriff ein, den die Patientin als aufdringlich oder Eindringen in ihren Intimbereich empfindet, was nach einer Untersuchung der Fall sein kann, bei dem in den Genitalbereich eingedrungen wurde, oder nach einer To-

taloperation (einer vollständigen Gebärmutterentfernung), besonders, wenn sie nicht darauf vorbereitet war.
- Ist allgemein empfindlich, fröstelt und friert.

Gemüt
- Innerlich voller Groll und Zorn; neigt zum Grübeln, die Gefühle schwelen, statt frei geäußert zu werden.
- Zittert und bebt vor unterdrückter Wut und wird bei der kleinsten Kritik unverhältnismäßig gereizt und verstimmt.
- Die Krankheitssymptome treten nach Erlebnissen auf, auf die bei Wut, Demütigung, Kummer oder Zurückweisung nicht angemessen reagiert wurde.
- Grübelt über die Vergangenheit nach, macht aber bei unfairer oder ungerechter Behandlung gute Miene zum bösen Spiel.
- Schlafstörungen mit hartnäckigen oder frustrierenden Gedanken erzeugen tagsüber Apathie und Depression.

Kopf
- Kopfschmerzen hinter der Stirn und allgemeines Taubheits-, Enge- oder Prickelgefühl im ganzen Kopf.
- Die Benommenheit bessert sich beim Herumgehen, verschlimmert sich beim Sitzen oder Liegen.

Augen
- Wiederkehrende Gerstenkörner mit juckenden Lidrändern.

Verdauung
- Magenbeschwerden und -reizung mit Verschlimmerung durch Rauchen.
- Erbrechen mit Druck und brennenden Magenschmerzen.
- Magenbeschwerden entstehen durch Anspannung und Reizbarkeit oder nach Trinken kalten Wassers.
- Stechende, brennende, äußerst empfindliche Hämorrhoiden.

Blase

- Zystitis mit ständigem, dringendem Harndrang und quälenden brennenden Schmerzen, die auch nach dem Wasserlassen bestehen bleiben.
- Hartnäckiges oder lästiges Gefühl, als ob ein Tropfen Urin die Harnröhre hinunterliefe.
- Konzentrierter, dunkler Urin.
- Blasenentzündung kann durch Geschlechtsverkehr entstehen oder schlimmer werden.

Frauenleiden

- Juckende, überempfindliche Scheide mit Abneigung gegen sexuellen Kontakt oder aber mit vermehrtem Geschlechtsdrang.
- Unterdrückter Ärger oder Depression nach einem Kaiser- oder Dammschnitt, einer Gebärmutterentfernung oder einem operativen Eingriff, der das Gefühl auslöst, angegriffen, mißbraucht oder schwer enttäuscht worden zu sein (z. B. nach einer schwierigen Geburt, wenn kein ärztlicher Eingriff erwünscht oder erwartet war).
- Stechende Schmerzen oder allgemeine Empfindlichkeit von Narben, die noch lange nach der Operation vorhanden sind.

Schlaf

- Erwacht gereizt, schlecht gelaunt und kaum erholt.
- Gähnt tagsüber ständig und ist schläfrig, hat jedoch die größten Schwierigkeiten, nachts tief zu schlafen.

Haut

- Ständige stechende Schmerzen in langsam heilenden Wunden oder Narben.
- Schuppige, nässende Haut, die vor und nach dem Kratzen brennt.
- Kreislauf von Jucken – Kratzen – Jucken, das sich nach dem Kratzen an eine andere Stelle verlagert.
- Heftige, stechende Schmerzen während und nach einer Gürtelrose.

Gelenke und Muskeln

- Schmerzende, steife Gelenke mit Verschlimmerung durch Berührung und Bewegung.
- Bei fortgeschrittener Gelenkentzündung (Arthritis) verformen sich die Gelenke durch knöcherne Knötchen (Arthrosis deformans).
- Schmerzen in der rechten Schulter verstärken sich bei Bewegung.

Verschlimmerung (durch):

- Unterdrückung von Ärger, Wut oder Enttäuschung
- Geistige Anstrengung
- Leichte Berührung
- Geschlechtsverkehr
- Rauchen
- Frühmorgens

Besserung (durch):

- Ruhe
- Wärme
- Tiefen Schlaf
- Nach dem Frühstück

Sulfur (Gereinigter Schwefel)

Merke: Obwohl SULFUR häufig bei Jucken und Hautreizungen angezeigt ist, sollte es wegen seiner dynamischen und tiefgreifenden Wirkung sehr sparsam und umsichtig verwendet werden. Am besten vermeidet man die häufige Verabreichung dieses Mittels über längere Zeit, besonders in Fällen, in denen Hautleiden wie Ekzeme oder Psoriasis schon einmal vorgekommen sind.

Angezeigt bei:

- Akne
- Bronchitis
- Drüsenschwellungen
- Durchfall

- Ekzem
- Furunkeln
- Hitzewallungen
- Husten
- Katarrh
- Masern
- Milchschorf
- Röteln
- Schlafstörungen
- Soor
- Sucht
- Schwindel
- Windelausschlag

Hauptmerkmale

- Ausgeprägtes Unwohlsein nach Überhitzung in stickigen, schlecht gelüfteten Räumen; große Erleichterung nach Kontakt mit kühler, frischer Luft (vorausgesetzt, sie kühlt nicht zu stark aus).
- Juckende, brennende Haut mit starker Verschlechterung bei Bettwärme oder nach dem Waschen. Die Füße sind besonders hitzeempfindlich und müssen unter der Bettdecke hervorgestreckt werden.
- Rote, heiße Haut, die rasch glüht; manche Stellen um den Mund, die Augenlider und Nasenflügel sehen besonders rot und entzündet aus.
- Wenig Antrieb mit Neigung zu Rückfällen infolge allgemeiner Erschöpfung und generellen Vitalitätsmangels.
- Labiler oder niedriger Blutzuckerspiegel mit deutlicher Energieeinbuße gegen 11 Uhr sowie Schwindel, Schwäche und Heißhunger.
- Die typischen Absonderungen sind reichlich, gelblich-grün verfärbt, übelriechend und aufdringlich.
- Starke Abneigung gegen Waschen, weil es die allgemeinen Beschwerden immer verschlimmert.

Gemüt

- Wenig oder fehlende Ausdauer und Beharrlichkeit bei Aufgaben oder Herausforderungen, die Durchhaltevermögen erfordern.

- Empfindlich, deprimiert und mit sich selbst beschäftigt; braust sehr leicht auf und ist reizbar.
- Ungeduldig, leicht gekränkt und beleidigt.
- Spekuliert und philosophiert endlos; redet um den heißen Brei herum, statt die Dinge geradeheraus zu sagen.
- Kombination von Genauigkeit und Unordentlichkeit: das Arbeitszimmer ist chaotisch, die fertige Arbeit jedoch tadellos.
- Ist in den Wechseljahren ängstlich, weinerlich, in sich gekehrt und deprimiert.
- Manchmal stellen sich Zwangsvorstellungen über religiöse oder ethische Fragen oder Ängste über Gesundheit und Krankheit ein.

Kopf
- Häufige Schwindelattacken, die bei längerem Stehen besonders schlimm werden.
- Benommenheit tritt manchmal mit Übelkeit, Schwindel, Schwäche und Atemnot auf.
- Wiederkehrende Kopfschmerzen (z. B. jedes Wochenende, in den Ferien), manchmal bei nachlassendem Streß in einer Zeit der Entspannung.
- Verschlimmerung der Kopfschmerzen im Freien oder beim Bücken, Besserung durch Ruhe bei mäßiger und gleichbleibender Raumtemperatur.

Augen
- Rote Lidränder mit gelblich verkrusteten Absonderungen.
- Juckende, rote, brennende Augen.

Ohren, Nase und Hals
- In geschlossenen Räumen ist die Nase verstopft, im Freien rinnt sie.
- Hartnäckige oder wiederholte Erkältungen mit dicker, übler, anhaltender Sekretion.
- Wunder, trockener Hals mit Kloßgefühl, das auch beim Schlucken nicht vergeht.

Brustraum

- Beklemmung und Engegefühl in der Brust, nachts schlimmer.
- Erstickende Hustenanfälle bessern sich an frischer Luft.
- Hustenanfälle wechseln mit Hautleiden wie Ausschlägen ab.

Verdauung

- Heißhunger; hat am späteren Vormittag ein äußerst flaues Gefühl im Magen.
- Schwächegefühl im Magen verstärkt sich sehr, wenn Mahlzeiten ausgelassen werden.
- Heftiges Aufstoßen, Verdauungsstörungen mit brennenden Empfindungen.
- Verlangt nach scharfen, fetten Speisen und Alkohol, welche die Verdauungsstörung nur verschlimmern, oder hat eine starke Abneigung gegen Fett, Eier und Milch.
- Schmerzloser, drängender Durchfall frühmorgends, muß schnell zur Toilette.
- Verstopfung und Durchfall wechseln ab.
- Durchfall führt zu einem roten, wunden, brennenden oder juckenden After, der nachts im Bett große Beschwerden bereiten kann.

Blase

- Quälende, brennende Schmerzen beim Wasserlassen.
- Wiederkehrende Nierenprobleme mit allgemeinem Frösteln, kaltem Schweiß und Muskelschmerzen beim Urinieren.

Frauenleiden

- Unregelmäßige Regelblutungen, die einsetzen und wieder versiegen.
- Verspätete oder verfrühte Periode mit dunklem, abwechselnd starkem und spärlichem Blutfluß.
- Hitzewallungen, Frösteln und Schwäche in der Menopause.
- Nach unten ziehendes Gefühl bei Vorfall mit Verschlimmerung durch Stehen.
- Brennen und Jucken in der Scheide werden in den Wechseljahren viel schlimmer.

Schlaf

- Erwacht regelmäßig um 3 Uhr früh und kann nicht mehr einschlafen.
- Schreckt kurz vor dem Einschlafen plötzlich auf.
- Ist nach dem Schlafen nicht erholt, möchte immer liegenbleiben.

Hitze und Fieber

- Bei Hitzewallungen bleibt die Haut allgemein heiß und trocken oder sie wird kurz darauf durch einen unangenehmen Schweißausbruch klamm und naß.
- Trotz Hitze und Glühen ausgeprägte Abneigung sowohl gegen überheizte wie zugige Räume.
- Häufig unangenehm heißer Kopf bei kalten Füßen, oder die Füße fühlen sich brennend heiß an.
- Großer Durst auf reichlich kalte Getränke, dennoch nur sehr geringe Schweißabsonderung.

Haut

- Juckende, entzündete, ungesunde Haut, die nach dem Kratzen brennt, näßt oder blutet.
- Starkes Jucken, das bei Kontakt mit jeglicher Wärme, etwa Bettwärme oder Baden in warmem Wasser, viel schlimmer wird.
- Haut reagiert sehr empfindlich auf Wolle.

Gelenke und Muskeln

- Schmerzende, steife Gelenke, die besonders beim Aufstehen aus dem Sitzen weh tun.
- Bleibt ein Glied länger bewegungslos, fängt es rasch an, pelzig zu werden.
- Krämpfe und Muskelschmerzen entstehen manchmal durch Bettwärme.
- Empfindliche, schmerzende Wirbelsäule; Verschlimmerung durch den geringsten Druck oder ruckartige Bewegung.
- Wirbelsäulenverkrümmung wegen schwacher Wirbelsäulenmuskeln mit schlechtem Muskeltonus.

Verschlimmerung (durch):
- Hitze
- Bettwärme
- Kalte Zugluft oder Abkühlung
- Längeres Stehen
- Waschen
- Essen
- Beim Erwachen
- Am späten Vormittag

Besserung (durch):
- Trockenes, warmes Wetter
- Gemäßigte Temperatur
- Liegen auf der rechten Seite

Auflistung der homöopathischen Mittel und ihre Abkürzungen

Aconitum nappelus	Acon.	Sturmhut
Aesculus hippocastanum	Aesc.	Roßkastanie
Allium cepa	All-c.	Zwiebel
Aloe soccotrina	Aloe.	Aloe
Alumina	Alum.	Tonerde
Ammonium muriaticum	Am-m.	Salmiak
Antimonium tartaricum (Tartarus stibiatus)	Ant-t.	Brechweinstein
Apis mellifica	Apis	Biene
Argentum nitricum	Arg-n.	Höllenstein
Arnica montana	Arni.	Arnika, Bergwohlverleih
Arsenicum album	Ars.	Arsen
Belladonna (Atropa Belladonna)	Bell.	Tollkirsche
Bellis perennis	Bell-p.	Gänseblümchen
Borax	Bor.	Natriumtetramborat
Bryonia alba	Bry.	Weiße Zaunrübe
Calcium carbonicum	Calc.	Kalk

Calcium phosphoricum	Calc-p.	Calicumphosphat
Calendula officinalis	Calen.	Ringelblume
Cantharis vesicatoria	Canth.	Spanische Fliege
Carbo vegetabilis	Carb-v.	Holzkohle
Caulophyllum thalictroides	Caul.	Frauenwurzel
Causticum Hahnemanni	Caust.	Hahnemanns Ätzstoff
Chamomilla vulgaris (Matricaria Chamomilla)	Cham.	Kamille
Cimicifuga racemosa	Cimic.	Wanzenkraut
Coccus cacti	Coc-c.	Cochmillelaus
Colocynthis	Coloc.	Koloquinte
Corallium rubrum	Cor-r.	Edelkoralle
Cuprum metallicum	Cupr.	Kupfer
Dioscorea villosa	Dios.	Yam
Drosera rotundifolia	Dros.	Sonnentau
Eupatorium perfoliatum	Eup-per.	Roter Wasserhanf
Euphrasia officinalis	Euphr.	Augentrost
Ferrum phosphoricum	Fer-p.	Eisenphosphat
Gelsemium sempervirens	Gels.	Jasmin
Glonoinum	Glon.	Nitroglyzerin
Gnaphalium polycephalum	Gnaph.	Vielköpfiges Ruhrkraut
Graphites	Graph.	Reißblei
Hamamelis virginica	Ham.	Zaubernuß

Hepar sulfuris calcareum	Hep.	Hahnemanns Calcium-sulfid
Hypericum perforatum	Hyper.	Johanniskraut
Ignatia amara	Ign.	Ignatiusbohne
Ipecacuanha (Cephaelis ipecacuanha)	Ip.	Brechwurzel
Jaborandi	Jab.	Jaborandisstrauch
Kalium bichromicum	Kali-bi.	Kaliumbichromat
Kalium carbonicum	Kali-c.	Kaliumcarbonat
Kreosotum	Kreos.	Kreosot
Lachesis muta	Lach.	Buschmeister
Ledum palustre	Led.	Wilder Rosmarin, Sumpf-porst
Lycopodium clavatum	Lyc.	Bärlapp
Magnesium phosphoricum	Mag-p.	Magnesiumphosphat
Mercurius vivus (Mercurius solubilis Hahnemanni)	Merc.	Quecksilber (Hahnemanns lösliches Quecksilber)
Natrium muriaticum	Nat-m.	Kochsalz
Nux vomica	Nux-v.	Brechnuß
Phosphorus	Phos.	Phosphor
Phytolacca decandra	Phyt.	Kermesbeere
Podophyllum peltatum	Podo.	Entenfuß
Pulsatilla pratensis	Puls.	Küchenschelle
Rhus toxicodendron	Rhus-t.	Giftefeu

Rumex crispus	Rumx.	Krauser Ampfer
Ruta graveolens	Ruta.	Weinraute
Sabadilla	Sabad.	Läusekraut
Sanguinaria canadensis	Sang.	Kanadische Blutwurzel
Sepia officinalis	Sep.	Tintenfisch
Silicea terra (Silicium)	Sil.	Kieselsäure
Spongia marina tosta	Spong.	Meerschwamm
Staphisagria	Staph.	Stephanskraut
Sulfur lotum	Sulf.	Schwefel
Symphytum officinale	Symph.	Beinwell
Urtica urens	Urt-u.	Brennessel
Veratrum album	Verat.	Weiße Nieswurz

Register